Wolfram Thorwartl • Günther Wagner • Helga Wagner

MATHEMATIK

POSITIV!

5. Klasse Lösungen

G&D

INHALTSVERZEICHNIS

www.kinderbuchverlag.at

ISBN 978-3-7074-0956-7
Schulbuchnummer 8123

4. Auflage, Nachdruck 2008 (4,02)

1 (a) w.A. (b) f.A. (c) f.A. (d) f.A. (e) Aussageform, keine Aussage
(f) keine Aussage (g) f.A. (h) w.A. (i) f.A.

2 (a) L = {Linz, Wien} (b) L = {0,1,2,3} (c) L = {0,3,4,5,...} (d) L = {1,3,5}
(e) L = {5} (f) L = {–4,–3,–2,–1,0,1,2,3,4} (g) L = {3,4,5}

3 (a) $\forall x \in \mathbb{N}: \; x \geq 0$ (b) $\exists x \in \mathbb{N}: \; 5|x$ (c) $\exists! \; x \in \mathbb{N}: \; 20<x<22$
(d) $\forall x,y \in \mathbb{N}_u: \; x+y \in \mathbb{N}_g$ (e) $\forall x \in \mathbb{N}: \; x+1 \in \mathbb{N}$ (f) $\nexists x \in \mathbb{Z}: \; 17<x^2<21$
(g) Es gibt mindestens eine natürliche Zahl, deren Quadratwurzel zwischen 27 und 40 liegt.
(h) Für alle ganzen Zahlen gilt, dass ihr Betrag eine natürliche Zahl ist.
(i) Es gibt keine natürliche ungerade Zahl, die durch 2 teilbar ist.
(j) Es gibt keine natürliche Zahl, deren Kehrwert gleich 0 ist.
(k) Es gibt genau eine rationale Zahl, deren Kehrwert 2 ist.

4 (a) Nicht jede natürliche Zahl ist durch 3 teilbar. (w.A.)
(b) $\exists x \in \mathbb{N}: \; 3 \nmid x$ (w.A.)
Es gibt mindestens eine natürliche Zahl, die nicht durch 3 teilbar ist. (z.B.: 2)
(c) $\exists x \in \mathbb{Q}: \; \frac{1}{x} \geq \frac{1}{x+1}$ (w.A.)
Es gibt mindestens eine rationale Zahl, für die $\frac{1}{x} \geq \frac{1}{x+1}$ eine w.A. ist. (z.B.: 1)
Anmerkung: Die Verneinung von $<$ ist $\geq$, bzw. die Verneinung von $>$ ist $\leq$.
(d) $\exists x \in \mathbb{Z}: \; x^2<x$ (f.A.) Es gibt mindestens eine ganze Zahl, für die gilt: $x^2<x$ (f.A.).
Anmerkung: Die Verneinung von $\geq$ ist $<$, bzw. die Verneinung von $\leq$ ist $>$.
(e) $\forall x \in \mathbb{Q}: \; x^2 \geq 0$ (w.A.) Das Quadrat einer rationalen Zahl ist immer größer gleich 0.
(f) $\forall x \in \mathbb{N}: \; 2x+1 \notin \mathbb{P}$ (f.A.)
Nicht alle natürlichen ungeraden Zahlen sind Primzahlen (z.B.: 9).

5 (a) Affen sind Säugetiere und der Mond ist bewohnt.
Affen sind Säugetiere oder der Mond ist bewohnt.
Wenn Affen Säugetiere sind, dann ist der Mond bewohnt.
Wenn der Mond bewohnt ist, dann sind Affen Säugetiere.
Affen sind genau dann Säugetiere, wenn der Mond bewohnt ist.

A	B	$A \wedge B$	$A \vee B$	$A \Rightarrow B$	$B \Rightarrow A$	$A \Leftrightarrow B$
w	f	f	w	f	w	f

(b) Linz liegt an der Donau und Linz hat einen Donauhafen.
Linz liegt an der Donau oder Linz hat einen Donauhafen.
Wenn Linz an der Donau liegt, dann hat Linz einen Donauhafen.
Wenn Linz einen Donauhafen hat, dann liegt Linz an der Donau.
Linz liegt genau dann an der Donau, wenn Linz einen Donauhafen hat.

A	B	$A \wedge B$	$A \vee B$	$A \Rightarrow B$	$B \Rightarrow A$	$A \Leftrightarrow B$
w	w	w	w	w	w	w

(c) 2 ist gleich 3 und der Kreis ist eckig.
2 ist gleich 3 oder der Kreis ist eckig.
Wenn 2 gleich 3 ist, dann ist der Kreis eckig.
Wenn der Kreis eckig ist, dann ist 2 gleich 3.
2 ist gleich 3 genau dann, wenn der Kreis eckig ist.

A	B	$A \wedge B$	$A \vee B$	$A \Rightarrow B$	$B \Rightarrow A$	$A \Leftrightarrow B$
f	f	f	f	w	w	w

6 (a)

A	B	$\neg A$	$A \wedge B$	$\neg A \vee (A \wedge B)$
w	w	f	w	w
w	f	f	f	f
f	w	w	f	w
f	f	w	f	w

(b)

A	B	$\neg B$	$A \vee \neg B$	$(A \vee \neg B) \Rightarrow A$
w	w	f	w	w
w	f	w	w	w
f	w	f	f	w
f	f	w	w	f

(c)

A	B	$A \wedge B$	$\neg(A \wedge B)$	$\neg B$	$A \Rightarrow \neg B$	$\neg(A \wedge B) \Leftrightarrow (A \Rightarrow \neg B)$
w	w	w	f	f	f	w
w	f	f	w	w	w	w
f	w	f	w	f	w	w
f	f	f	w	w	w	w

7 (a) $A=\{4,5,6,7,8,9,10\}$ $A=\{x \in \mathbb{N} \mid 4 \leq x \leq 10\}$ oder $A=\{x \in \mathbb{N} \mid 3<x<11\}$
(b) $B=\{8,9,10, \ldots\}$ $B=\{x \in \mathbb{Z} \mid x \geq 8\}$ oder $B=\{x \in \mathbb{Z} \mid x>7\}$
(c) $C=\{\ldots,-2,-1,0,1\}$ $C=\{x \in \mathbb{Z} \mid x \leq 1\}$ oder $C=\{x \in \mathbb{Z} \mid x<2\}$
(d) $D=\{18,24,30,36\}$ $D=\{x \in \mathbb{N} \mid (6 \mid x) \wedge (15<x<41)\}$

8 (a) $E=\{x \in \mathbb{N} \mid (7 \mid x) \wedge (7 \leq x \leq 35\}$ (b) $F=\{x \in \mathbb{Z} \mid x \leq -2\}$
(c) $G=\{x \in \mathbb{P} \mid x \leq 17\}$ $\mathbb{P}$ ... Menge der Primzahlen
(d) $H=\{x \in \mathbb{N}_u \mid x \leq 35\}$ $\mathbb{N}_u$ ... Menge der natürlichen ungeraden Zahlen
Anmerkung: Da die mengenbildende Eigenschaft deutlich ersichtlich ist, kann man sich das Anschreiben aller Elemente ersparen. Es werden die ersten und die letzten Elemente angegeben, die dazwischen liegenden durch 3 Punkte ersetzt.

9 (a) Die Allaussage gilt nicht !
Durch die Angabe **eines** Gegenbeispiels wird sie widerlegt (falsifiziert).
z.B.: $A=\{1,2,3,4\}$ $z(A)=4$; $B=\{a,b,c,d\}$ $z(B)=4$ $\Big\}$ $z(A)=z(B)$ aber $A \neq B$
(b) Diese Allaussage gilt ! Gleiche Mengen haben die gleiche Anzahl von Elementen.

10 (a) $A \subseteq B$; $B \supseteq A$ (b) $A=\{1,2,3,4,6,12\}$, $B=\mathbb{N}$: $A \subseteq B$; $B \supseteq A$
(c) $\mathbb{N}^*$ ...Menge der natürlichen Zahlen ohne Null: $\mathbb{N}^*=\{1,2,3,4, \ldots\}$
$A=\{3,6,9,12, \ldots\}$: $A \supseteq B$; $B \subseteq A$
(d) $A=B$; $B=A$

11 $P(B)=\Big\{\{\ \},\{r\},\{s\},\{r,s\}\Big\}$

12 (a) $z(A)=5 \Rightarrow z[P(A)]=2^5=32$ (b) $z(B)=4 \Rightarrow z[P(B)]=2^4=16$ (c) $z(C)=9 \Rightarrow z[P(C)]=2^9=512$
(d) $z(D)=0 \Rightarrow z[P(D)]=2^0=1$ Die leere Menge hat nur sich selbst als Teilmenge.

13 (a) $A=\{3,\ 4,\ 5,\ \underline{6},\ \underline{7},\ \underline{8}\}$ $B=\{\underline{6},\ \underline{7},\ \underline{8},\ 9,\ 10,\ 11\}$
$A \cap B=\{6,7,8\}=\{x \in \mathbb{N} \mid 6 \leq x \leq 8\}$ $A \cup B=\{3,4,5, \ldots, 10,11\}=\{x \in \mathbb{N} \mid 3 \leq x \leq 11\}$
(b) $\mathbb{N}_g=\{0,2,4, \ldots\}$ (laut ÖNORM ist 0 eine gerade Zahl) $\mathbb{N}_u=\{1,3,5, \ldots\}$
$A \cap B=\{\ \}$ $A \cup B=\mathbb{N}$

14 $A=\{1,2,3,4,5\}$ $B=\{-1,0,1,2,3\}$ $C=\{4,5,6\}$
(a) $A \cup B=\{-1,0,1,2,3,4,5\}$ $(A \cup B) \cap C=\{4,5\}$
(b) $B \cup C=\{-1,0,1,2,3,4,5,6\}$ $A \cap (B \cup C)=\{1,2,3,4,5\}=A$

15 (a) Zu zeigen: $A \cap B \subseteq A$, $A \cap B \subseteq B$ bzw. $A \cup B \supseteq A$, $A \cup B \supseteq B$
$A=\{3,5,7,9,11\}$ $B=\{2,3,5,7,11\}$
$A \cap B=\{\underline{3},\ \underline{5},\ \underline{7},\ \underline{11}\} \subseteq \{\underline{3},\ \underline{5},\ \underline{7},\ 9,\ \underline{11}\}$ w.A.
$A \cap B=\{\underline{3},\ \underline{5},\ \underline{7},\ \underline{11}\} \subseteq \{2,\ \underline{3},\ \underline{5},\ \underline{7},\ \underline{11}\}$ w.A.
$A \cup B=\{2,\ \underline{3},\ \underline{5},\ \underline{7},\ \underline{9},\ \underline{11}\} \supseteq \{\underline{3},\ \underline{5},\ \underline{7},\ \underline{9},\ \underline{11}\}$ w.A.
$A \cup B=\{\underline{2},\ \underline{3},\ \underline{5},\ \underline{7},\ 9,\ \underline{11}\} \supseteq \{\underline{2},\ \underline{3},\ \underline{5},\ \underline{7},\ \underline{11}\}$ w.A.
(b) Es gilt: $A \subset B$ Zu zeigen: $A \cap B=A$ bzw. $A \cup B=B$
$A=\{1,3,5,7, \ldots\}$ $B=\{0,1,2,3,4, \ldots\}$
$A \cap B=\{1,3,5,7, \ldots\}=A$ w.A. $A \cup B=\{0,1,2,3,4, \ldots\}=B$ w.A.

16 (a) $A \cup B = B \cup A$

A	B	$A \cup B$	$B \cup A$
$\in$	$\in$	$\in$	$\in$
$\in$	$\notin$	$\in$	$\in$
$\notin$	$\in$	$\in$	$\in$
$\notin$	$\notin$	$\notin$	$\notin$
		L.S.	R.S.

L.S = R.S w.A.

(b) $(A \cap B) \cap C = A \cap (B \cap C)$

A	B	C	$A \cap B$	C	$(A \cap B) \cap C$	A	$B \cap C$	$A \cap (B \cap C)$
$\in$	$\in$	$\in$	$\in$	$\in$	$\in$	$\in$	$\in$	$\in$
$\in$	$\in$	$\notin$	$\in$	$\notin$	$\notin$	$\in$	$\notin$	$\notin$
$\in$	$\notin$	$\in$	$\notin$	$\in$	$\notin$	$\in$	$\notin$	$\notin$
$\notin$	$\in$	$\in$	$\notin$	$\in$	$\notin$	$\notin$	$\in$	$\notin$
$\in$	$\notin$	$\notin$	$\notin$	$\notin$	$\notin$	$\in$	$\notin$	$\notin$
$\notin$	$\in$	$\notin$	$\notin$	$\notin$	$\notin$	$\notin$	$\notin$	$\notin$
$\notin$	$\notin$	$\in$	$\notin$	$\in$	$\notin$	$\notin$	$\notin$	$\notin$
$\notin$	$\notin$	$\notin$	$\notin$	$\notin$	$\notin$	$\notin$	$\notin$	$\notin$
					L.S.			R.S.

L.S. = R.S. w.A.

(c) $(A \cup B) \cup C = A \cup (B \cup C)$

A	B	C	$A \cup B$	C	$(A \cup B) \cup C$	A	$B \cup C$	$A \cup (B \cup C)$
$\in$	$\in$	$\in$	$\in$	$\in$	$\in$	$\in$	$\in$	$\in$
$\in$	$\in$	$\notin$	$\in$	$\notin$	$\in$	$\in$	$\in$	$\in$
$\in$	$\notin$	$\in$	$\in$	$\in$	$\in$	$\in$	$\in$	$\in$
$\notin$	$\in$	$\in$	$\in$	$\in$	$\in$	$\notin$	$\in$	$\in$
$\in$	$\notin$	$\notin$	$\in$	$\notin$	$\in$	$\in$	$\notin$	$\in$
$\notin$	$\in$	$\notin$	$\in$	$\notin$	$\in$	$\notin$	$\in$	$\in$
$\notin$	$\notin$	$\in$	$\notin$	$\in$	$\in$	$\notin$	$\in$	$\in$
$\notin$	$\notin$	$\notin$	$\notin$	$\notin$	$\notin$	$\notin$	$\notin$	$\notin$
					L.S.			R.S.

L.S. = R.S. w.A.

(d) $A \cap (B \cup C) = (A \cap B) \cup (A \cap C)$

A	B	C	A	$B \cup C$	$A \cap (B \cup C)$	$A \cap B$	$A \cap C$	$(A \cap B) \cup (A \cap C)$
$\in$	$\in$	$\in$	$\in$	$\in$	$\in$	$\in$	$\in$	$\in$
$\in$	$\in$	$\notin$	$\in$	$\in$	$\in$	$\in$	$\notin$	$\in$
$\in$	$\notin$	$\in$	$\in$	$\in$	$\in$	$\notin$	$\in$	$\in$
$\notin$	$\in$	$\in$	$\notin$	$\in$	$\notin$	$\notin$	$\notin$	$\notin$
$\in$	$\notin$	$\notin$	$\in$	$\notin$	$\notin$	$\notin$	$\notin$	$\notin$
$\notin$	$\in$	$\notin$	$\notin$	$\in$	$\notin$	$\notin$	$\notin$	$\notin$
$\notin$	$\notin$	$\in$	$\notin$	$\in$	$\notin$	$\notin$	$\notin$	$\notin$
$\notin$	$\notin$	$\notin$	$\notin$	$\notin$	$\notin$	$\notin$	$\notin$	$\notin$
					L.S.			R.S.

L.S. = R.S. w.A.

17

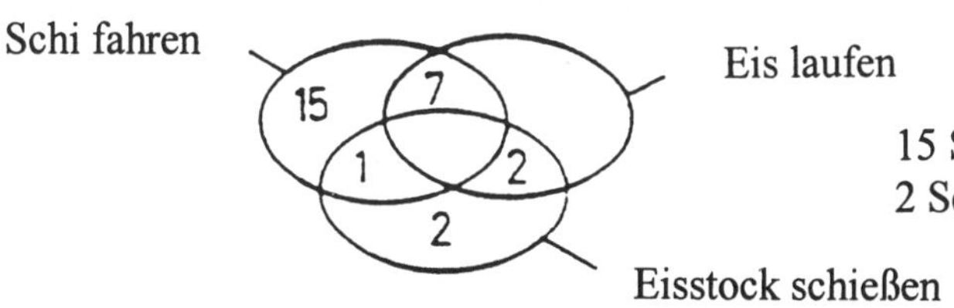

15 Schüler fahren nur Schi
2 Schüler gehen nur Eisstock schießen

Wir zeichnen ein VENN-Diagramm mit 3 Mengen (3 Sportarten), die einander überschneiden.
In die jeweiligen Durchschnitte tragen wir nach Angabe ein:
Schi $\cap$ Eisläufer enthält 7 Elemente
Eisläufer $\cap$ Eisstockschießer enthält 2 Elemente
Schi $\cap$ Eisstockschießer enthält 1 Element
Um die Anzahl der Schüler zu bestimmen, die **nur** Schi fahren, müssen wir von 23 Schülern 7 Eisläufer und einen Eisstockschießer abziehen: 15 Schüler fahren nur Schi.
Genauso verfahren wir mit den Eisstockschießern: $5 - (1 + 2) = 2$ 2 Schüler gehen nur Eisstockschießen.
Kein Schüler geht nur Eis laufen.

18 $(A \setminus B) \setminus C \neq A \setminus (B \setminus C)$

L.S.: $A \setminus B = \{2,4,6\}$ $(A \setminus B) \setminus C = \{6\}$
R.S.: $B \setminus C = \{1,3,9\}$ $A \setminus (B \setminus C) = \{2,4,5,6,7\}$
L.S. $\neq$ R.S.

19 (a)

A	B	C	$A \setminus B$	$(A \setminus B) \cap C$	$A \setminus B$	$C \setminus B$	$(A \setminus B) \cap (C \setminus B)$
$\in$	$\in$	$\in$	$\notin$	$\notin$	$\notin$	$\notin$	$\notin$
$\in$	$\in$	$\notin$	$\notin$	$\notin$	$\notin$	$\notin$	$\notin$
$\in$	$\notin$	$\in$	$\in$	$\in$	$\in$	$\in$	$\in$
$\notin$	$\in$	$\in$	$\notin$	$\notin$	$\notin$	$\notin$	$\notin$
$\in$	$\notin$	$\notin$	$\in$	$\notin$	$\in$	$\notin$	$\notin$
$\notin$	$\in$	$\notin$	$\notin$	$\notin$	$\notin$	$\notin$	$\notin$
$\notin$	$\notin$	$\in$	$\notin$	$\notin$	$\notin$	$\in$	$\notin$
$\notin$	$\notin$	$\notin$	$\notin$	$\notin$	$\notin$	$\notin$	$\notin$
				L.S.			R.S.

L.S. = R.S. w.A. Das Gesetz gilt !

L.S.

R.S.

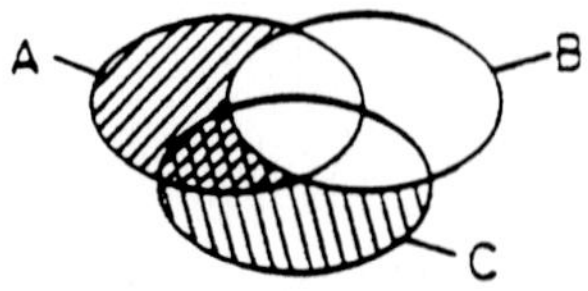

(b)

A	B	C	$A\cap B$	$(A\cap B)\setminus C$	A	$B\cap C$	$A\setminus(B\cap C)$
$\in$	$\in$	$\in$	$\in$	$\notin$	$\in$	$\in$	$\notin$
$\in$	$\in$	$\notin$	$\in$	$\in$	$\in$	$\notin$	$\in$
$\in$	$\notin$	$\in$	$\notin$	$\notin$	$\in$	$\notin$	$\in$
$\notin$	$\in$	$\in$	$\notin$	$\notin$	$\notin$	$\in$	$\notin$
$\in$	$\notin$	$\notin$	$\notin$	$\notin$	$\in$	$\notin$	$\in$
$\notin$	$\in$	$\notin$	$\notin$	$\notin$	$\notin$	$\notin$	$\notin$
$\notin$	$\notin$	$\in$	$\notin$	$\notin$	$\notin$	$\notin$	$\notin$
$\notin$	$\notin$	$\notin$	$\notin$	$\notin$	$\notin$	$\notin$	$\notin$
				L.S.			R.S.

L.S. = R.S. f.A. Das Gesetz gilt nicht ! (Vergleichen Sie die 3. und die 5. Zeile)

L.S.

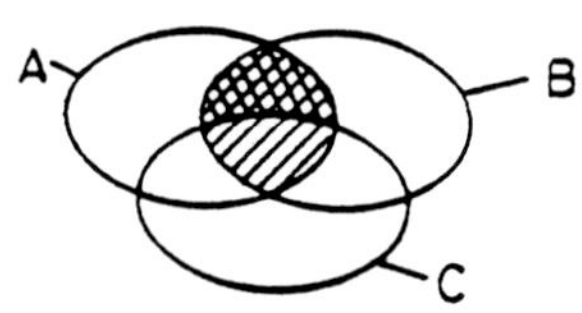

R.S.

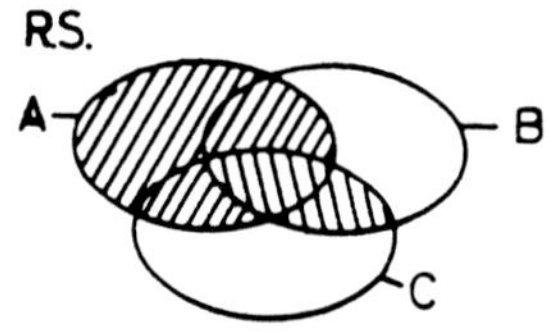

20 (a) L.S.: $B\cup C=\{1,2,3,4,5,6,7,8,9,12,15\}$ $A\setminus(B\cup C)=\{10\}$
R.S.: $A\setminus B=\{2,4,8,10\}$ $(A\setminus B)\setminus C=\{10\}$ L.S. = R.S. w.A.

(b) L.S.: $B\setminus C=\{9,12,15\}$ $A\setminus C=\{10,12\}$ $(B\setminus C)\cap(A\setminus C)=\{12\}$
R.S.: $A\cap B=\{6,12\}$ $(A\cap B)\setminus C=\{12\}$ L.S. = R.S. w.A.

21 (a) $A'=\{10,11,13,15,18,19,20\}$ $A'\cup B=\{10,11,13,15,18,19,20\}$ $(A'\cup B)\cap C=\{15\}$
(b) $A\cap B=\{\ \}$ $C'=\{10,11,12,13,17,18,19,20\}$ $(A\cap B)\cup C'=C'$
(c) $B'=\{10,12,13,14,16,17,20\}$ $A\cap C=\{14,16\}$ $(A\cap C)'=\{10,11,12,13,15,17,18,19,20\}$
$B'\cup(A\cap C)'=\{10,11,12,13,14,15,16,17,18,19,20\}=M$

22

A	B	$A\setminus B$	A'	B	$A'\cup B$	$(A'\cup B)'$
$\in$	$\in$	$\notin$	$\notin$	$\in$	$\in$	$\notin$
$\in$	$\notin$	$\in$	$\notin$	$\notin$	$\notin$	$\in$
$\notin$	$\in$	$\notin$	$\in$	$\in$	$\in$	$\notin$
$\notin$	$\notin$	$\notin$	$\in$	$\notin$	$\in$	$\notin$
		L.S.				R.S.

L.S. = R.S. w.A.

23 (a) $A\times B=\{(-3;-2),(-3;-1),(-2;-2),(-2;-1),(-1;-2),(-1;-1)\}$
(b) $A\times B=\{(1;1),(1;2),(1;3),(2;1),(2;2),(2;3),(3;1)(3;2),(3;3)\}$

(a)

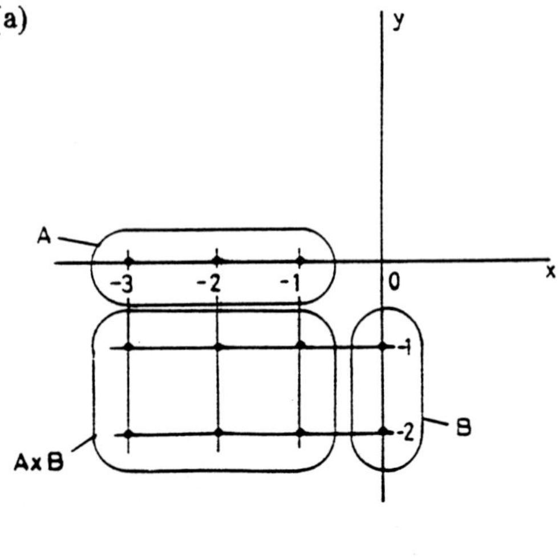

(b)

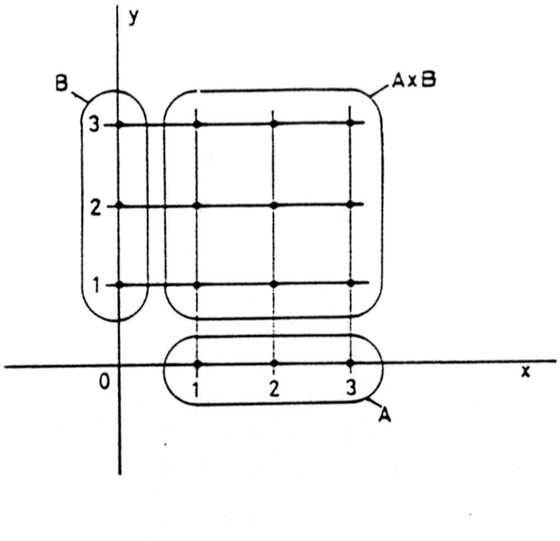

24 (a) L.S.: $B\cap C=\{3,4\}$ $A\times(B\cap C)=\{(2;3),(2;4),(3;3),(3;4)\}$

R.S.: $A\times B=\{(2;2),(2;3),(2;4),(3;2),(3;3),(3;4)\}$ $A\times C=\{(2;3),(2;4),(3;3),(3;4)\}$

$(A\times B)\cap(A\times C)=\{(2;3),(2;4),(3;3),(3;4)\}$ L.S. = R.S. w.A.

(b) L.S.: $B\cup C=\{2,3,4\}$ $A\times(B\cup C)=\{(2;2),(2;3),(2;4),(3;2),(3;3),(3;4)\}$

R.S.: $A\times B=\{(2;2),(2;3),(2;4),(3;2),(3;3),(3;4)\}$ $A\times C=\{(2;3),(2;4),(3;3),(3;4)\}$

$(A\times B)\cup(A\times C)=\{(2;2),(2;3),(2;4),(3;2),(3;3),(3;4)\}$ L.S. = R.S. w.A

(c) L.S.: $B\setminus C=\{2\}$ $A\times(B\setminus C)=\{(2;2),(3;2)\}$

R.S.: $A\times B=\{(2;2),(2;3),(2;4),(3;2),(3;3),(3;4)\}$ $A\times C=\{(2;3),(2;4),(3;3),(3;4)\}$

$(A\times B)\setminus(A\times C)=\{(2;2),(3;2)\}$ L.S. = R.S. w.A.

25 $\bar{0}=\{x\in\mathbb{Z}|x=5k\},\ k\in\mathbb{Z}$ $\bar{0}=\{\ldots,-10,-5,0,5,10,\ldots\}$

$\bar{1}=\{x\in\mathbb{Z}|x=5k+1\},\ k\in\mathbb{Z}$ $\bar{1}=\{\ldots,-9,-4,1,6,11,\ldots\}$

$\bar{2}=\{x\in\mathbb{Z}|x=5k+2\},\ k\in\mathbb{Z}$ $\bar{2}=\{\ldots,-8,-3,2,7,12,\ldots\}$

$\bar{3}=\{x\in\mathbb{Z}|x=5k+3\},\ k\in\mathbb{Z}$ $\bar{3}=\{\ldots,-7,-2,3,8,13,\ldots\}$

$\bar{4}=\{x\in\mathbb{Z}|x=5k+4\},\ k\in\mathbb{Z}$ $\bar{4}=\{\ldots,-6,-1,4,9,14,\ldots\}$

26 (a) w.A., da $99-45=54$ und $9|54$ (b) f.A., da $36-(-12)=48$ und 5 nicht 48 teilt.
(c) w.A., da $-345-(-621)=276$ und $6|276$ (d) f.A., da $321-(-544)=865$ und 13 nicht 865 teilt.

27 (a) (1) $97:8=12$ $97=8\cdot12+1$ $1\equiv97 \mod 8$
1 Rest d.h. 1 ist die kleinste natürliche Zahl, für die die Kongruenz gilt.

(2) Um die größte negative ganze Zahl zu errechnen, subtrahieren wir von 1 den Modul (8), da die Differenz aufeinanderfolgender Elemente derselben Restklasse gleich dem Modul ist: $1-8=-7$ $-7\equiv97 \mod 8$

Vergleichen Sie: $\bar{1}_8=\{x\in\mathbb{Z}|x=8k+1\},\ k\in\mathbb{Z}$ $\bar{1}_8=\{\ldots,-15,-7,1,9,\ldots\}$
$\bar{1}_8$ ... Restklasse 1 modulo 8

(b) (1) $-21=13\cdot(-2)+5$ $5\equiv-21 \mod 13$
(2) $5-13=-8$ $-8\equiv-21 \mod 13$

Anmerkung: Die Division -21 durch 13 liefert die größte negative ganze Zahl als Rest:
$-21:13=-1$
-8 Rest

(c) $-231:17=-13$
-61
-10 Rest

(2) $-10\equiv-231 \mod 17$ (1) $-10+17=7$ ⇒ $7\equiv-231 \mod 17$

28 (a) 1990
$a\equiv1990 \mod 19$ $a=14$
$b\equiv1990 \mod 4$ $b=2$
$c\equiv1990 \mod 7$ $c=2$
$d\equiv(19a+24) \mod 30$ $d=20$
$e\equiv(2b+4c+6d+5) \mod 7$ $e=4$
$d+e=20+4=24>9$
⇨ $d+e-9=20+4-9=15$
Ostersonntag: 15. April 1990

(b) 2004
$a\equiv2004 \mod 19$ $a=9$
$b\equiv2004 \mod 4$ $b=0$
$c\equiv2004 \mod 7$ $c=2$
$d\equiv(19a+24) \mod 30$ $d=15$
$e\equiv(2b+4c+6d+5) \mod 7$ $e=5$
$d+e=15+5=20>9$
⇨ $d+e-9=15+5-9=11$
Ostersonntag: 11. April 2004

(c) 2010
$a\equiv2010 \mod 19$ $a=15$
$b\equiv2010 \mod 4$ $b=2$
$c\equiv2010 \mod 7$ $c=1$
$d\equiv(19a+24) \mod 30$ $d=9$
$e\equiv(2b+4c+6d+5) \mod 7$ $e=4$
$d+e=9+4=13>9$
⇨ $d+e-9=9+4-9=4$
Ostersonntag: 4. April 2010

1 (a) $70-48+144=166$

(b) $180+162-108=234$

(c) $405-184-132=89$

(d) $16+15-8=23$

2 (a) $5\cdot 4+81\cdot 4-27=$
$= 20+324-27=317$

(b) $64:16+12\cdot 27-100:25=$
$= 4+324-4=324$

(c) $8\cdot 9+4\cdot 125-81:9=$
$= 72+500-9=563$

(d) $1025-12\cdot 64-441:49=$
$=1025-768-9=248$

3 (a) $7\cdot(25-12)=$
$=7\cdot 13=91$

(b) $16\cdot(71-32+16)=$
$=16\cdot 55=880$

(c) $840-5\cdot(169-126)=$
$=840-5\cdot 43=$
$=840-215=625$

(d) $(7\cdot 144-13\cdot 9-9\cdot 27):18=$
$=(1008-117-243):18=$
$=648:18=36$

4 (a) $25\cdot[49+3\cdot(512-64+25)]-28\cdot 1000=$
$=25\cdot[49+3\cdot 473]-28000=$
$=25\cdot[49+1419]-28000=$
$=25\cdot 1468-28000=$
$=36700-28000=$
$=8700$

(b) $(25+6+49+64):(16\cdot 3)+343\cdot 5=$
$=144:48+1715=$
$=3+1715=$
$=1718$

(c) $[81-9\cdot 4+5\cdot(169\cdot 2-126:9)]:15=$
$=[81-36+5\cdot(338-14)]:15=$
$=[45+5\cdot 324]:15=$
$=[45+1620]:15=$
$=1665:15=$
$=111$

(d) $[3283-37\cdot(27-12+16)]:8+25\cdot(343-243)=$
$=[3283-37\cdot 31]:8+25\cdot 100=$
$=[3283-1147]:8+2500=$
$=2136:8+2500=$
$=267+2500=$
$=2767$

5 (a) $4\cdot 10^3+7\cdot 10^2+2\cdot 10^1+3\cdot 10^0 = 4723$

(b) $5\cdot 10^2+a\cdot 10^1+6\cdot 10^0 = 506+10a$

(c) $b\cdot 10^3+c\cdot 10^2+0\cdot 10^1+9\cdot 10^0 = 1000b+100c+9$

(d) $5\cdot 10^3+b\cdot 10^2+7\cdot 10^1+c\cdot 10^0 = 5070+100b+c$

6 (a)

$$\begin{array}{r|l} 1820 & 2 \\ 910 & 2 \\ 455 & 5 \\ 91 & 7 \\ 13 & 13 \\ 1 & \end{array} \qquad \begin{array}{r|l} 2520 & 2 \\ 1260 & 2 \\ 630 & 2 \\ 315 & 3 \\ 105 & 3 \\ 35 & 5 \\ 7 & 7 \\ 1 & \end{array}$$

$1820=2^2\cdot 5\cdot 7\cdot 13$
$2520=2^3\cdot 3^2\cdot 5\cdot 7$

$\text{ggT}(1820,2520) = 2^2\cdot 5\cdot 7 = 140$

$$1820=\underbrace{2^2\cdot 5\cdot 7}_{\text{ggT}}\cdot\underbrace{13}_{\text{restlicher Faktor}} = 140\cdot 13$$

$$2520=\underbrace{2^2\cdot 5\cdot 7}_{\text{ggT}}\cdot\underbrace{2\cdot 3^2}_{\text{restliche Faktoren}} = 140\cdot 18$$

(b)

$$\begin{array}{r|l} 5796 & 2 \\ 2898 & 2 \\ 1449 & 3 \\ 483 & 3 \\ 161 & 7 \\ 23 & 23 \\ 1 & \end{array} \qquad \begin{array}{r|l} 6160 & 2 \\ 3080 & 2 \\ 1540 & 2 \\ 770 & 2 \\ 385 & 5 \\ 77 & 7 \\ 11 & 11 \\ 1 & \end{array}$$

$5796=2^2\cdot 3^2\cdot 7\cdot 23$
$6160=2^4\cdot 5\cdot 7\cdot 11$

$\text{ggT}(5796,6160) = 2^2\cdot 7 = 28$

$5796=28\cdot 3^2\cdot 23 = 28\cdot 207$
$6160=28\cdot 2^2\cdot 5\cdot 11 = 28\cdot 220$

(c)

$$\begin{array}{r|l} 39 & 3 \\ 13 & 13 \\ 1 & \end{array} \qquad \begin{array}{r|l} 195 & 3 \\ 65 & 5 \\ 13 & 13 \\ 1 & \end{array} \qquad \begin{array}{r|l} 429 & 3 \\ 143 & 11 \\ 13 & 13 \\ 1 & \end{array}$$

$39=3\cdot 13$
$195=3\cdot 5\cdot 13$
$429=3\cdot 11\cdot 13$

$\text{ggT}(39,195,429) = 3\cdot 13 = 39$

$39=39\cdot 1$
$195=39\cdot 5$
$429=39\cdot 11$

(d)

858	2	1001	7	2145	3
429	3	143	11	715	5
143	11	13	13	143	11
13	13	1		13	13
1				1	

$$858=2\cdot 3\cdot 11\cdot 13$$
$$1001=7\cdot 11\cdot 13$$
$$2145=3\cdot 5\cdot 11\cdot 13$$

$$\text{ggT}(858,1001,2145) = 11\cdot 13 = 143$$

$$858=143\cdot 2\cdot 3 = 143\cdot 6$$
$$1001=143\cdot 7$$
$$2145=143\cdot 3\cdot 5 = 143\cdot 15$$

7 (a)

580	2	768	2
290	2	384	2
145	5	192	2
29	29	96	2
1		48	2
		24	2
		12	2
		6	2
		3	3
		1	

$$580=2^2\cdot 5\cdot 29$$
$$768=2^8\cdot 3$$

$$\text{kgV}(580,768) = 2^8\cdot 3\cdot 5\cdot 29 = 111360$$

$$111360= 580\cdot 2^6\cdot 3 = 580\cdot 192$$
$$111360= \underbrace{768}_{\text{Zahl}}\cdot \underbrace{5\cdot 29}_{\text{restliche Faktoren im kgV}} = \underbrace{768}_{\text{Zahl}}\cdot \underbrace{145}_{\text{Ef}}$$

(b)

560	2	3875	5
280	2	775	5
140	2	155	5
70	2	31	31
35	5	1	
7	7		
1			

$$560=2^4\cdot 5\cdot 7$$
$$3875=5^3\cdot 31$$

$$\text{kgV}(560,3875) = 2^4\cdot 5^3\cdot 7\cdot 31 = 434000$$

$$434000= 560\cdot 5^2\cdot 31 = 560\cdot 775$$
$$434000=3875\cdot 2^4\cdot 7 = 3875\cdot 112$$

(c)

48	2	336	2	2016	2
24	2	168	2	1008	2
12	2	84	2	504	2
6	2	42	2	252	2
3	3	21	3	126	2
1		7	7	63	3
		1		21	3
				7	7
				1	

$$48=2^4\cdot 3$$
$$336=2^4\cdot 3\cdot 7$$
$$2016=2^5\cdot 3^2\cdot 7$$

$$\text{kgV}(48,336,2016) = 2^5\cdot 3^2\cdot 7 = 2016$$

$$2016= 48\cdot 2\cdot 3\cdot 7 = 48\cdot 42$$
$$2016= 336\cdot 2\cdot 3 = 336\cdot 6$$
$$2016= 2016\cdot 1 = 2016\cdot 1$$

(d)

280	2	308	2	350	2
140	2	154	2	175	5
70	2	77	7	35	5
35	5	11	11	7	7
7	7	1		1	
1					

$$280=2^3\cdot 5\cdot 7$$
$$308=2^2\cdot 7\cdot 11$$
$$350=2\cdot 5^2\cdot 7$$

$$\text{kgV}(280,308,350) = 2^3\cdot 5^2\cdot 7\cdot 11 = 15400$$

$$15400=280\cdot 5\cdot 11 = 280\cdot 55$$
$$15400=308\cdot 2\cdot 5^2 = 308\cdot 50$$
$$15400=350\cdot 2^2\cdot 11 = 350\cdot 44$$

8 (a)

$$\begin{aligned}&(-15):(-3)-(+2)\cdot[(-17)+(-9)]=\\&=(-15):(-3)-(+2)\cdot(-26)=\\&=(+5)-(-52)=\\&=5+52=57\end{aligned}$$

(b)

$$\begin{aligned}&(-5)\cdot\{(+28)-[(+15)-(-3)]:(-18)\}=\\&=(-5)\cdot\{(+28)-[15+3]:(-18)\}=\\&=(-5)\cdot\{(+28)-18:(-18)\}=\\&=(-5)\cdot\{(+28)-(-1)\}=\\&=(-5)\cdot\{28+1\}=\\&=(-5)\cdot 29=-145\end{aligned}$$

(c)

$$\begin{aligned}&(+7)-\{[(+5)-(-33)]\cdot(-5)-(-78)\}=\\&=(+7)-\{[5+33]\cdot(-5)-(-78)\}=\\&=(+7)-\{38\cdot(-5)-(-78)\}=\\&=(+7)-\{-190+78\}=\\&=(+7)-(-112)=7+112=119\end{aligned}$$

(d)

$$\begin{aligned}&(+8)-(-12)\cdot\{(-15)-(-36):[-6+12]\}=\\&=(+8)-(-12)\cdot\{(-15)-(-36):(+6)\}=\\&=(+8)-(-12)\cdot\{(-15)-(-6)\}=\\&=(+8)-(-12)\cdot\{-15+6\}=\\&=(+8)-(-12)\cdot(-9)=8-(+108)=8-108=-100\end{aligned}$$

9 (a)
$$\begin{aligned}&(-8)\cdot(+9)-[(+9)\cdot(-8)+(+36):(-12)]:(-15) =\\ &= (-72) - [(-72) + (-3)]:(-15) =\\ &= (-72) - (-75):(-15) =\\ &= (-72) - (+5) =\\ &= -72 - 5 = -77\end{aligned}$$

(b)
$$\begin{aligned}&(-8)-(-5)\cdot(+16)+(+9)\cdot[(-8)\cdot(+3)-(+16)] =\\ &= (-8)-(-5)\cdot(+16)+(+9)\cdot[(-24)-(+16)] =\\ &= (-8)-(-80)+(+9)\cdot(-40) =\\ &= -8 + 80 - 360 = -288\end{aligned}$$

(c)
$$\begin{aligned}&\{(-13)\cdot(+4)-[(+45):(+9)-(-49):(+49)]\}:(-2) =\\ &= \{(-52) - [(+5) - (-1)]\}:(-2) =\\ &= \{(-52) - (+6)\}:(-2) =\\ &= \{-52 - 6\}:(-2) = (-58):(-2) = 29\end{aligned}$$

(d)
$$\begin{aligned}&(+5)\cdot(-27)-(+64)\cdot(+3)-\{[(+4)\cdot(+9)+(+7)\cdot(+4)]:(+64)-(+144):(+16)\} =\\ &= (-135) - (+192) - \{[(+36) + (+28)]:(+64) - (+9)\} =\\ &= -135 - 192 - \{(+64):(+64) - (+9)\} =\\ &= -327 - \{(+1) - (+9)\} =\\ &= -327 - (-8) = -327 + 8 = -319\end{aligned}$$

10 (a)
$$\begin{aligned}&[(-2)^2+(+4)\cdot|-2|]:[-(-2)] =\\ &= [(+4)+(+4)\cdot 2]:(+2) =\\ &= [(+4)+(+8)]:(+2) =\\ &= (+12):(+2) = 6\end{aligned}$$

(b)
$$\begin{aligned}&[(+8)^2+(-36)\cdot|+8|]:[-(+8)] =\\ &= [(+64)+(-36)\cdot 8]:(-8) =\\ &= [(+64)+(-288)]:(-8) =\\ &= (-224):(-8) = 28\end{aligned}$$

(c)
$$\begin{aligned}&[(-6)^2+(-11)\cdot|-6|]:[-(-6)] =\\ &= [(+36)+(-11)\cdot 6]:(+6) =\\ &= [(+36)+(-66)]:(+6) =\\ &= (-30):(+6) = -5\end{aligned}$$

(d)
$$\begin{aligned}&[(+3)^2+(-1)\cdot|+3|]:[-(+3)] =\\ &= [(+9)+(-1)\cdot 3]:(-3) =\\ &= [(+9)+(-3)]:(-3) =\\ &= (+6):(-3) = -2\end{aligned}$$

(e)
$$\begin{aligned}&[(-4)^2+(+5)\cdot|-4|]:[-(-4)] =\\ &= [(+16)+(+5)\cdot 4]:(+4) =\\ &= [(+16)+(+20)]:(+4) =\\ &= (+36):(+4) = 9\end{aligned}$$

11 (a)
$$\begin{aligned}&|(+4)+(-2)|\cdot[(+4)-(-2)]^2 =\\ &= |4 - 2|\cdot[4 + 2]^2 =\\ &= 2\cdot(+6)^2 =\\ &= 2\cdot 36 = 72\end{aligned}$$

(b)
$$\begin{aligned}&|(-8)+(+36)|\cdot[(-8)-(+36)]^2 =\\ &= |-8 + 36|\cdot[-8 - 36]^2 =\\ &= |+28|\cdot(-44)^2 =\\ &= 28\cdot 1936 = 54208\end{aligned}$$

(c)
$$\begin{aligned}&|(-11)+(-6)|\cdot[(-11)-(-6)]^2 =\\ &= |-11 - 6|\cdot[-11 + 6]^2 =\\ &= |-17|\cdot(-5)^2 =\\ &= 17\cdot(+25) = 425\end{aligned}$$

(d)
$$\begin{aligned}&|(+1)+(-3)|\cdot[(+1)-(-3)]^2 =\\ &= |1 - 3|\cdot[1 + 3]^2 =\\ &= |-2|\cdot(+4)^2 =\\ &= 2\cdot(+16) = 32\end{aligned}$$

(e)
$$\begin{aligned}&|(+4)+(-5)|\cdot[(+4)-(-5)]^2 =\\ &= |4 - 5|\cdot[4 + 5]^2 =\\ &= |-1|\cdot(+9)^2 =\\ &= 1\cdot 81 = 81\end{aligned}$$

12 (a) Primfaktorenzerlegung

7056	2
3528	2
1764	2
882	2
441	3
147	3
49	7
7	7
1	

12096	2
6048	2
3024	2
1512	2
756	2
378	2
189	3
63	3
21	3
7	7
1	

Wir kürzen durch den ggT (=Produkt der gemeinsamen Primfaktoren)
Die restlichen Faktoren ergeben den gekürzten Bruch.

$$\frac{7}{2\cdot 2\cdot 3} = \frac{7}{12}$$

(b)

$$\begin{array}{r|l} 18144 & 2 \\ 9072 & 2 \\ 4536 & 2 \\ 2268 & 2 \\ 1134 & 2 \\ 567 & 3 \\ 189 & 3 \\ 63 & 3 \\ 21 & 3 \\ 7 & 7 \\ 1 & \end{array} \qquad \begin{array}{r|l} 8064 & 2 \\ 4032 & 2 \\ 2016 & 2 \\ 1008 & 2 \\ 504 & 2 \\ 252 & 2 \\ 126 & 2 \\ 63 & 3 \\ 21 & 3 \\ 7 & 7 \\ 1 & \end{array} \qquad \frac{3\cdot 3}{2\cdot 2} = \frac{9}{4}$$

13 (a) Wir bringen auf gemeinsamen Nenner und vergleichen

$$\frac{3}{2} = \frac{12}{8} \qquad 1\frac{5}{8} = \frac{13}{8} \qquad \frac{7}{4} = \frac{14}{8} \qquad 2\frac{3}{8} = \frac{19}{8}$$

$$\frac{12}{8} < \frac{13}{8} < \frac{14}{8} < \frac{19}{8}$$

$$\frac{3}{2} < 1\frac{5}{8} < \frac{7}{4} < 2\frac{3}{8}$$

(b)

$$-\frac{3}{4} = -\frac{15}{20} \qquad \frac{2}{5} = \frac{8}{20} \qquad -\frac{4}{5} = -\frac{16}{20} \qquad \frac{1}{2} = \frac{10}{20} \qquad \frac{3}{4} = \frac{15}{20}$$

$$-\frac{16}{20} < -\frac{15}{20} < \frac{8}{20} < \frac{10}{20} < \frac{15}{20}$$

$$-\frac{4}{5} < -\frac{3}{4} < \frac{2}{5} < \frac{1}{2} < \frac{3}{4}$$

14 (a) $13 : 11 = 1,1818\,... = 1,\dot{1}\dot{8}$ (b) $2\frac{1}{5} = 2\frac{2}{10} = 2,2$ (c) $17 : 90 = 0,1888\,... = 0,1\dot{8}$

15 (a) $7\frac{35}{10000} = 7\frac{5}{2000}$

(b) $x = 0,\dot{1}3\dot{1}$

$$\begin{array}{rl} 1000x = & 131,131131\,... \\ x = & 0,131131\,... \\ \hline 999x = & 131 \\ x = & \frac{131}{999} \end{array}\quad -$$

(c) $x = 0,11\dot{3}\dot{5}$

$$\begin{array}{rl} 10000x = & 1135,3535\,... \\ 100x = & 11,3535\,... \\ \hline 9900x = & 1124 \\ x = & \frac{1124}{9900} = \frac{281}{2475} \end{array}\quad -$$

16 (a)

$$5\frac{2}{3} - 3\frac{75}{100} + 2\frac{3}{5} + 4\frac{8}{15} - \frac{6}{10} =$$

Dezimalzahlen in Brüche verwandeln
Kürzen

$$= 5\frac{2}{3} - 3\frac{3}{4} + 2\frac{3}{5} + 4\frac{8}{15} - \frac{3}{5} =$$

Zusammenfassen der Subtrahenden

$$= 5\frac{2}{3} + 2\frac{3}{5} + 4\frac{8}{15} - \left(3\frac{3}{4} + \frac{3}{5}\right) =$$

$$= 11\frac{10+9+8}{15} - 3\frac{15+12}{20} =$$

$$= 11\frac{27}{15} - 3\frac{27}{20} =$$

$$= 11\frac{9}{5} - 3\frac{27}{20} =$$

$$= 11\frac{36}{20} - 3\frac{27}{20} = 8\frac{9}{20}$$

(b)
$$1\frac{4}{5} + 2\frac{1}{3} - 2\frac{75}{100} - 6\frac{7}{15} + \frac{8}{10} =$$
$$= 1\frac{4}{5} + 2\frac{1}{3} - 2\frac{3}{4} - 6\frac{7}{15} + \frac{4}{5} =$$
$$= 1\frac{4}{5} + 2\frac{1}{3} + \frac{4}{5} - \left(2\frac{3}{4} + 6\frac{7}{15}\right) =$$
$$= 3\frac{12+5+12}{15} - 8\frac{45+28}{60} =$$
$$= 3\frac{29}{15} - 8\frac{73}{60} =$$

1.Lösungsweg:
$$= 4\frac{14}{15} - 9\frac{13}{60} =$$
$$= 4 + \frac{14}{15} - \left(9 + \frac{13}{60}\right) =$$
$$= 4 + \frac{56}{60} - 9 - \frac{13}{60} =$$
$$= -5 + \frac{43}{60} =$$
$$= -4\frac{17}{60}$$

2.Lösungsweg:
$$= 4\frac{14}{15} - 8\frac{73}{60} =$$
$$= 4\frac{56}{60} - 8\frac{73}{60} = -4\frac{17}{60}$$

Rationale Zahlen mit verschiedenen Vorzeichen werden subtrahiert, indem man vom größeren Betrag den kleineren abzieht und der Differenz das Vorzeichen der Zahl mit dem größeren Betrag gibt.

17 (a)
$$\left(\frac{5}{8} + 7\frac{3}{8} - 4\frac{6}{8}\right) : 13 - \frac{5}{2} : 2 =$$
$$= \left(7\frac{8}{8} - 4\frac{6}{8}\right) : 13 - \frac{5}{2} \cdot \frac{1}{2} =$$
$$= 3\frac{2}{8} : 13 - \frac{5}{4} =$$
$$= \frac{26}{8} \cdot \frac{1}{13} - \frac{5}{4} =$$
$$= \frac{2}{8} - \frac{5}{4} =$$
$$= \frac{1}{4} - \frac{5}{4} = -1$$

(b)
$$\left[\left(\frac{4}{3}\cdot\frac{9}{8} + \frac{7}{2}:\frac{14}{5}\right):\frac{22}{7} + \frac{5}{4} + \frac{7\cdot 3}{4}\right]\cdot\frac{8}{5} - \frac{7}{12}\cdot\frac{6}{5} =$$
$$= \left[\left(\frac{3}{2} + \frac{7}{2}\cdot\frac{5}{14}\right)\cdot\frac{7}{22} + \frac{5}{4} + \frac{21}{4}\right]\cdot\frac{8}{5} - \frac{7}{10} =$$
$$= \left[\left(\frac{3}{2} + \frac{5}{4}\right)\cdot\frac{7}{22} + \frac{26}{4}\right]\cdot\frac{8}{5} - \frac{7}{10} =$$
$$= \left[\frac{11}{4}\cdot\frac{7}{22} + \frac{26}{4}\right]\cdot\frac{8}{5} - \frac{7}{10} =$$
$$= \left[\frac{7}{8} + \frac{52}{8}\right]\cdot\frac{8}{5} - \frac{7}{10} =$$
$$= \frac{59}{8}\cdot\frac{8}{5} - \frac{7}{10} =$$
$$= \frac{59}{5} - \frac{7}{10} = \frac{118-7}{10} = \frac{111}{10} = 11\frac{1}{10}$$

(c)
$$-\frac{1}{2} - \frac{7\cdot 3}{5} - \frac{4}{3}\cdot\left[-\frac{3}{5\cdot 2} + \frac{5}{2}\cdot\frac{3}{5} - \frac{3}{10}\right] =$$
$$= -\frac{1}{2} - \frac{21}{5} - \frac{4}{3}\cdot\left[-\frac{3}{10} + \frac{3}{2} - \frac{3}{10}\right] =$$
$$= -\frac{5}{10} - \frac{42}{10} - \frac{4}{3}\cdot\left[-\frac{6}{10} + \frac{15}{10}\right] =$$
$$= -\frac{47}{10} - \frac{4}{3}\cdot\frac{9}{10} =$$
$$= -\frac{47}{10} - \frac{4\cdot 3}{10} = -\frac{47}{10} - \frac{12}{10} = -\frac{59}{10} = -5\frac{9}{10}$$

18 (a)

$$-9 + \frac{9}{4} - \frac{3}{4} + 3\cdot(-8) - 5\cdot(-6)^2 + 8\cdot\frac{1}{16} =$$
$$= -9 + \frac{6}{4} - 24 - 5\cdot 36 + \frac{1}{2} =$$
$$= -9 + \frac{3}{2} - 24 - 180 + \frac{1}{2} =$$
$$= -213 + \frac{4}{2} = -211$$

(b)

$$-\frac{4}{9} + \frac{16}{9} - 16 + 4\cdot 16 - 6\cdot(-12)^2 + 6\cdot\frac{1}{9} =$$
$$= \frac{12}{9} - 16 + 64 - 6\cdot 144 + \frac{6}{9} =$$
$$= \frac{18}{9} + 48 - 864 =$$
$$= 2 + 48 - 864 = -814$$

19 (a)

$$\left(7\frac{1}{3} - \frac{6}{9} - \frac{11}{2}\cdot\frac{5}{3}\right) : \left(\frac{8}{3}\cdot\frac{7}{4} + \frac{57-10}{84} : \frac{75-28}{60} + \frac{5}{42}\right) =$$
$$= \left(\frac{22}{3} - \frac{2}{3} - \frac{55}{6}\right) : \left(\frac{2\cdot 7}{3} + \frac{47}{84}\cdot\frac{60}{47} + \frac{5}{42}\right) =$$
$$= \left(\frac{20}{3} - \frac{55}{6}\right) : \left(\frac{14}{3} + \frac{60}{84} + \frac{5}{42}\right) =$$
$$= \frac{40-55}{6} : \frac{196+30+5}{42} =$$
$$= -\frac{15}{6} : \frac{231}{42} =$$
$$= -\frac{15}{6}\cdot\frac{42}{231} = -\frac{15\cdot 42}{6\cdot 231} = -\frac{15\cdot 7}{1\cdot 231} = -\frac{5\cdot 7}{77} = -\frac{5}{11}$$

(b)

$$\left[\left(-\frac{11}{3}\cdot\frac{7}{11} + \frac{26}{5}:\frac{13}{2}\right)\cdot\frac{30}{23}\right] : \left[\left(\frac{15}{4} - \frac{11}{3}\right):\left(\frac{10}{5} - \frac{38}{5}\right)\right] =$$
$$= \left[\left(-\frac{7}{3} + \frac{26}{5}\cdot\frac{2}{13}\right)\cdot\frac{30}{23}\right] : \left[\frac{45-44}{12} : \frac{-28}{5}\right] =$$
$$= \left[\left(-\frac{7}{3} + \frac{2\cdot 2}{5}\right)\cdot\frac{30}{23}\right] : \left[\frac{1}{12}\cdot\left(-\frac{5}{28}\right)\right] =$$
$$= \left[\frac{-35+12}{15}\cdot\frac{30}{23}\right] : \left(-\frac{5}{336}\right) =$$
$$= \left(\frac{-23}{15}\cdot\frac{30}{23}\right)\cdot\left(-\frac{336}{5}\right) =$$
$$= -2\cdot\left(-\frac{336}{5}\right) = \frac{672}{5} = 134\frac{2}{5}$$

1 (a) [CE/C] 23.3 [x] 1950 [+] 38.5 [x] 0.75 [=] 45463,875

(b) [CE/C] 28.75 [+/-] [x] 3.7 [-] 812.57 [÷] 1.73 [=] -576,0686416

(c) [CE/C] 3.36 [x] 2 [$\sqrt{x}$] [-] 80 [INV] [y^x] 3 [=] 0,4428881895

(d) [CE/C] 7 [INV] [y^x] 5 [+] 8.72 [y^x] 3 [=] 664,5306212

(e) [CE/C] 23.45 [-] 28.12 [x] 3.27 [÷] 98.51 [=] 22,51656786

(f) [CE/C] 5.25 [÷] 3.17 [-] 25.19 [÷] 72.5 [=] 1,308703144

2 Anmerkung: Es gibt drei verschiedene Möglichkeiten der Berechnung (Tastenfolge). Vergleichen Sie das entsprechende Musterbeispiel.

(a) [CE/C] [(] 3.8 [x^2] [-] 4.5 [y^x] 3 [)] [÷]
[(] 6 [+] 2 [$\sqrt{x}$] [)] [=] -10,3429 ... = -10,343

(b) [CE/C] [(] 1.73 [x] 2 [INV] [y^x] 3 [+] 8 [x] 0.72 [y^x] 4 [)] [÷]
[(] 130.75 [-] 5.1 [x] 2.4 [x^2] [)] [=] 0,0427 ... = 0,043

(c) [CE/C] 90.19 [x] [(] 8.1 [y^x] 4 [-] 7.3 [)] [=] [STO] 1
[(] 1.4 [x^2] [+] 6.88 [y^x] 3 [)] [$\sqrt{x}$] [EXC] 1
[÷] [RCL] 1 [=] 21412,9103 ... = 21412,910

(d) [CE/C] [(] 89.19 [+] 14.5 [)] [y^x] 3 [÷]
[(] 27.5 [x] 14 [INV] [y^x] 3 [)] [=] 16820,3586 ... = 16820,359

3 (a) 1.Art:

[CE/C] 6000000 [x] 5800000000 [÷] 87 [=] $4{,}0 \cdot 10^{14}$

2.Art:

[CE/C] 6 [EE] 6 [x] 5.8 [EE] 9 [÷] 87 [=] $4{,}0 \cdot 10^{14}$

(b) [CE/C] 3850700 [x] 1.5 [EE] 7 [÷] 750 [=] $7{,}7014 \cdot 10^{10}$

(c) [CE/C] 3.1 [EE] 5 [+] 5.2 [EE] 2 [x]
[(] 7.5 [EE] 3 [+] 1.8 [EE] 3 [)] [=] 5146000

(d) [CE/C] 1.7 [EE] 3 [+/-] [+] 2.6 [EE] 5 [+/-] [x] 1.5 [EE] 2 [÷]
5.8 [EE] 9 [=] $9{,}65517 \ldots \cdot 10^{-13} = 9{,}655 \cdot 10^{-13}$

4 (a) $1\text{dm} = 10^{-1}\text{m}$: $4{,}163 \cdot 10^3\text{dm} = 4{,}163 \cdot 10^3 \cdot 10^{-1}\text{m} = 4{,}163 \cdot 10^2\text{m}$
$1\text{dm} = 10\text{cm}$: $4{,}163 \cdot 10^3\text{dm} = 4{,}163 \cdot 10^3 \cdot 10\text{cm} = 4{,}163 \cdot 10^4\text{cm}$

(b) $1\text{g} = 10^{-3}\text{kg}$: $8{,}345 \cdot 10^2\text{g} = 8{,}345 \cdot 10^2 \cdot 10^{-3}\text{kg} = 8{,}345 \cdot 10^{-1}\text{kg}$
$1\text{g} = 10^{-1}\text{dag}$: $8{,}345 \cdot 10^2\text{g} = 8{,}345 \cdot 10^2 \cdot 10^{-1}\text{dag} = 8{,}345 \cdot 10\text{dag}$

(c) $1\text{km} = 10^3\text{m}$: $7{,}532 \cdot 10^{-2}\text{km} = 7{,}532 \cdot 10^{-2} \cdot 10^3\text{m} = 7{,}532 \cdot 10\text{m}$
$1\text{km} = 10^4\text{dm}$: $7{,}532 \cdot 10^{-2}\text{km} = 7{,}532 \cdot 10^{-2} \cdot 10^4\text{dm} = 7{,}532 \cdot 10^2\text{dm}$

(d) $1\text{t} = 10^3\text{kg}$: $1{,}873 \cdot 10^{-5}\text{t} = 1{,}873 \cdot 10^{-5} \cdot 10^3\text{kg} = 1{,}873 \cdot 10^{-2}\text{kg}$
$1\text{t} = 10^5\text{dag}$: $1{,}873 \cdot 10^{-5}\text{t} = 1{,}873 \cdot 10^{-5} \cdot 10^5\text{dag} = 1{,}873\text{dag}$

5 (a) $1cm = 10^{-2}m \; ; \; 1cm^2 = (10^{-2})^2m^2 = 10^{-4}m^2$
$2{,}4523 \cdot 10^3cm^2 = 2{,}4523 \cdot 10^3 \cdot 10^{-4}m^2 = 2{,}4523 \cdot 10^{-1}m^2$

(b) $1mm = 10^{-2}dm \; ; \; 1mm^2 = (10^{-2})^2dm^2 = 10^{-4}dm^2$
$3{,}3614 \cdot 10^3mm^2 = 3{,}3614 \cdot 10^3 \cdot 10^{-4}dm^2 = 3{,}3614 \cdot 10^{-1}dm^2$

(c) $1m = 10^2cm \; ; \; 1m^2 = (10^2)^2cm^2 = 10^4cm^2$
$4{,}2705 \cdot 10^{-2}m^2 = 4{,}2705 \cdot 10^{-2} \cdot 10^4cm^2 = 4{,}2705 \cdot 10^2cm^2$

(d) $1m = 10^2cm \; ; \; 1m^2 = (10^2)^2cm^2 = 10^4cm^2$
$5{,}1896 \cdot 10^{-3}m^2 = 5{,}1896 \cdot 10^{-3} \cdot 10^4cm^2 = 5{,}1896 \cdot 10cm^2$

6 (a) $5\mu g = 5 \cdot 10^{-6}g \; ; \; 1g = 10^{-3}kg$
$5\mu g = 5 \cdot 10^{-6} \cdot 10^{-3}kg = 5 \cdot 10^{-9}kg$

(b) $120dag = 1{,}2 \cdot 10^2dag \; ; \; 1dag = 10^{-2}kg$
$120dag = 1{,}2 \cdot 10^2 \cdot 10^{-2}kg = 1{,}2kg$

(c) $1800 \cdot 10^{15}t = 1{,}8 \cdot 10^{18}t \; ; \; 1t = 10^3kg$
$1800 \cdot 10^{15}t = 1{,}8 \cdot 10^{18} \cdot 10^3kg = 1{,}8 \cdot 10^{21}kg$

(d) $2\mu m/s = 2 \cdot 10^{-6}m/s$

(e) $50km/h = \frac{50km}{1h} = \frac{50 \cdot 10^3m}{3600s} = 13{,}\dot{8}\,m/s = 13{,}89m/s$

(f) $30 \cdot 10^9cm/s = \frac{30 \cdot 10^9cm}{1s} = \frac{30 \cdot 10^9 \cdot 10^{-2}\,m}{1s} = 30 \cdot 10^7m/s = 3 \cdot 10^8m/s$

7 $V = \frac{4}{3} r^3\pi$

$r_u' = 20{,}0mm - 0{,}5mm = 19{,}5mm \qquad V_u' = \frac{4}{3} \cdot 19{,}5^3 \cdot \pi mm^3 = 31059{,}35 \ldots mm^3 = 31059mm^3$

$r_o' = 20{,}0mm + 0{,}5mm = 20{,}5mm \qquad V_o' = \frac{4}{3} \cdot 20{,}5^3 \cdot \pi mm^3 = 36086{,}95 \ldots mm^3 = 36087mm^3$

$]\,31059 \; ; \; 36087\,[\; mm^3$ Zuverlässigkeitsintervall

8 $l = 48m \pm 0{,}5\%$ 0,5% von 48m: 0,24m $\Rightarrow l = 48m \pm 0{,}24m$
$b = 32m \pm 0{,}5\%$ 0,5% von 32m: 0,16m $\Rightarrow b = 32m \pm 0{,}16m$

$l_u' = 47{,}76m$, $b_u' = 31{,}84m$ $\quad u_u = 2 \cdot (l_u' + b_u') \quad u_u = 2 \cdot (47{,}76 + 31{,}84) \quad u_u = 2 \cdot 79{,}6 \quad u_u = 159{,}2m$

$l_o' = 48{,}24m$, $b_o' = 32{,}16m$ $\quad u_o = 2 \cdot (l_o' + b_o') \quad u_o = 2 \cdot (48{,}24 + 32{,}16) \quad u_o = 2 \cdot 80{,}4 \quad u_o = 160{,}8m$

$]\,159{,}2 \; ; \; 160{,}8\,[\; m$ Zuverlässigkeitsintervall für die Länge des Umfangs

$l_u' = 47{,}76m$, $b_u' = 31{,}84m$ $\quad A_u' = l_u' \cdot b_u' \quad A_u' = 47{,}76 \cdot 31{,}84 \quad A_u' = 1520{,}6784m^2$

$l_o' = 48{,}24m$, $b_o' = 32{,}16m$ $\quad A_o' = l_o' \cdot b_o' \quad A_o' = 48{,}24 \cdot 32{,}16 \quad A_o' = 1551{,}3984m^2$

$]\,1520{,}6784 \; ; \; 1551{,}3984\,[\; m^2$ Zuverlässigkeitsintervall für den Flächeninhalt

1 (a) $7\cdot10^3+9\cdot10^2+0\cdot10^1+5\cdot10^0$ (b) $3\cdot10^4+8\cdot10^3+7\cdot10^2+2\cdot10^1+5\cdot10^0$

(c) $1\cdot10^1+8\cdot10^0+3\cdot10^{-1}+3\cdot10^{-2}+0\cdot10^{-3}+4\cdot10^{-4}$

(d) $8\cdot10^0+0\cdot10^{-1}+5\cdot10^{-2}+3\cdot10^{-3}+1\cdot10^{-4}+8\cdot10^{-5}$

2 (a)

35:2=17	17:2=8	8:2=4	4:2=2	2:2=1	1:2=0	
1	1	0	0	0	1	$(35)_{10}=(100011)_2$

(b)

790:2=395	395:2=197	197:2=98	98:2=49	49:2=24	24:2=12	12:2=6	6:2=3
0	1	1	0	1	0	0	0

3:2=1	1:2=0	
1	1	$(790)_{10}=(1100010110)_2$

(c)

1358:2=679	679:2=339	339:2=169	169:2=84	84:2=42	42:2=21	21:2=10
0	1	1	1	0	0	1

10:2=5	5:2=2	2:2=1	1:2=0	
0	1	0	1	$(1358)_{10}=(10101001110)_2$

(d)

12970:2=6485	6485:2=3242	3242:2=1621	1621:2=810	810:2=405	405:2=202
0	1	0	1	0	1

202:2=101	101:2=50	50:2=25	25:2=12	12:2=6	6:2=3	3:2=1	1:2=0
0	1	0	1	0	0	1	1

$(12970)_{10}=(11001010101010)_2$

(e)

289:16=18	18:16=1	1:16=0	
129	2	1	
1			$(289)_{10}=(121)_{16}$

(f)

5870:16=366	366:16=22	22:16=1	1:16=0	
107	46	6	1	
110	14			
14				$14\hat{=}E \Rightarrow (5870)_{10}=(16EE)_{16}$

(g)

18878:16=1179	1179:16=73	73:16=4	4:16=0	
28	59	9	4	
127	11			
158				
14				$11\hat{=}B,\ 14\hat{=}E \Rightarrow (18878)_{10}=(49BE)_{16}$

(h)

9500:16=593	593:16=37	37:16=2	2:16=0	
150	113	5	2	
60	1			
12				$12\hat{=}C \Rightarrow (9500)_{10}=(251C)_{16}$

(i)

500:16=31	31:16=1	1:16=0	
20	15	1	
4			$15\hat{=}F \Rightarrow (500)_{10}=(1F4)_{16}$

3 (a)

Potenzen von 2	...	2^5	2^4	2^3	2^2	2^1	2^0
Ziffern		1	0	1	1	0	0

Wert der Dezimalzahl: $1\cdot2^5+1\cdot2^3+1\cdot2^2 = 32+8+4 = 44$

(b)

Potenzen von 2	...	2^{10}	2^9	2^8	2^7	2^6	2^5	2^4	2^3	2^2	2^1	2^0
Ziffern		1	1	1	0	0	0	1	1	0	0	1

Wert der Dezimalzahl: $1\cdot2^{10}+1\cdot2^9+1\cdot2^8+1\cdot2^4+1\cdot2^3+1\cdot2^0=$
$=1024+512+256+16+8+1 = 1817$

(c)

Potenzen von 2	...	2^5	2^4	2^3	2^2	2^1	2^0
Ziffern		1	0	0	0	0	0

Wert der Dezimalzahl: $1\cdot2^5 = 32$

(d)

Potenzen von 2	...	2^2	2^1	2^0	2^{-1}	2^{-2}	2^{-3}
Ziffern		1	1	0	0	1	1

Wert der Dezimalzahl: $1\cdot 2^2+1\cdot 2^1+1\cdot 2^{-2}+1\cdot 2^{-3}=$
$=1\cdot 2^2+1\cdot 2^1+1\cdot \frac{1}{2^2}+1\cdot \frac{1}{2^3} =$
$=4+2+\frac{1}{4}+\frac{1}{8} = 6\frac{3}{8} = 6{,}375$

(e)

Potenzen von 16	...	16^1	16^0
Ziffern		1	14

E≙14

Wert der Dezimalzahl: $1\cdot 16^1+14\cdot 16^0 = 16+14 = 30$

(f)

Potenzen von 16	...	16^2	16^1	16^0
Ziffern		10	1	6

A≙10

Wert der Dezimalzahl: $10\cdot 16^2+1\cdot 16^1+6\cdot 16^0 = 10\cdot 256+16+6 = 2582$

(g)

Potenzen von 16	...	16^2	16^1	16^0
Ziffern		10	11	12

A≙10, B≙11, C≙12

Wert der Dezimalzahl: $10\cdot 16^2+11\cdot 16^1+12\cdot 16^0=$
$=10\cdot 256+11\cdot 16+12 = 2560+176+12 = 2748$

(h)

Potenzen von 16	...	16^1	16^0	16^{-1}	16^{-2}
Ziffern		10	1	15	13

A≙10, F≙15, D≙13

Wert der Dezimalzahl: $10\cdot 16^1+1\cdot 16^0+15\cdot 16^{-1}+13\cdot 16^{-2}=$
$=10\cdot 16^1+1\cdot 16^0+15\cdot \frac{1}{16^1}+13\cdot \frac{1}{16^2} =$
$=160+1+\frac{15}{16}+\frac{13}{256} = 161\frac{253}{256} = 161{,}9882\ldots$

4 (a)

```
129:8=16   16:8=2   2:8=0
 49          0        2
  1
```
$(129)_{10}=(201)_8$

(b)

```
1000:8=125   125:8=15   15:8=1   1:8=0
  20           45         7        1
   40           5
    0
```
$(1000)_{10}=(1750)_8$

(c)

```
1992:8=249   249:8=31   31:8=3   3:8=0
  39           09         7        3
   72           1
    0
```
$(1992)_{10}=(3710)_8$

5 (a)

Potenzen von 8	...	8^2	8^1	8^0
Ziffern		7	1	2

Wert der Dezimalzahl: $7\cdot 8^2+1\cdot 8^1+2\cdot 8^0=$
$=7\cdot 64+1\cdot 8+2\cdot 1=$
$=448+8+2 = 458$

(b)

Potenzen von 8	...	8^2	8^1	8^0
Ziffern		1	2	3

Wert der Dezimalzahl: $1\cdot 8^2+2\cdot 8^1+3\cdot 8^0=$
$=1\cdot 64+2\cdot 8+3\cdot 1=$
$=64+16+3 = 83$

(c)

Potenzen von 8	...	8^2	8^1	8^0	8^{-1}	8^{-2}
Ziffern		1	2	5	3	2

Wert der Dezimalzahl: $1\cdot 8^2+2\cdot 8^1+5\cdot 8^0+3\cdot 8^{-1}+2\cdot 8^{-2}=$
$=1\cdot 8^2+2\cdot 8^1+5\cdot 8^0+3\cdot \frac{1}{8}+2\cdot \frac{1}{8^2} =$
$=1\cdot 64+2\cdot 8+5\cdot 1+\frac{3}{8}+\frac{2}{64} =$
$=85\frac{26}{64} = 85{,}40625$

(d) Die Zahl ist in einem Stellenwertsystem mit den 4 Ziffern 0,1,2,3 und der Basis 4 dargestellt.

Potenzen von 4 ...	4^2	4^1	4^0
Ziffern	1	0	3

Wert der Dezimalzahl: $1 \cdot 4^2+0 \cdot 4^1+3 \cdot 4^0=$
$=1 \cdot 16+0 \cdot 4+3 \cdot 1=$
$=16+3 = 19$

(e) Die Zahl ist in einem Stellenwertsystem mit den 5 Ziffern 0,1,2,3,4 und der Basis 5 dargestellt.

Potenzen von 5 ...	5^2	5^1	5^0
Ziffern	4	1	3

Wert der Dezimalzahl: $4 \cdot 5^2+1 \cdot 5^1+3 \cdot 5^0=$
$=4 \cdot 25+1 \cdot 5+3 \cdot 1=$
$=100+5+3 = 108$

(f) Die Zahl ist in einem Stellenwertsystem mit den 12 Ziffern 0,1,2,3,4,5,6,7,8,9,A,B (A entspricht 10, B entspricht 11) und der Basis 12 dargestellt.

Potenzen von 12 ...	12^3	12^2	12^1	12^0
Ziffern	2	10	4	11

Wert der Dezimalzahl: $2 \cdot 12^3+10 \cdot 12^2+4 \cdot 12^1+11 \cdot 12^0=$
$=2 \cdot 1728+10 \cdot 144+4 \cdot 12+11 \cdot 1=$
$=3456+1440+48+11 = 4955$

1 $3x - 2 - x - 1 = 2x - 3x - 1$

$$\begin{aligned} 2x - 3 &= -x - 1 && \mid +x \\ 3x - 3 &= -1 && \mid +3 \\ 3x &= 2 && \mid :3 \\ x &= \frac{2}{3} \end{aligned}$$

$\frac{2}{3} \in G \Rightarrow L=\{\frac{2}{3}\}$

Probe:

$T_1(\frac{2}{3}) = 3\cdot\frac{2}{3} - 2 - (\frac{2}{3} + 1) = 2 - 2 - \frac{5}{3} = -\frac{5}{3}$

$T_2(\frac{2}{3}) = 2\cdot\frac{2}{3} - (3\cdot\frac{2}{3} + 1) = \frac{4}{3} - 3 = -\frac{5}{3}$

$T_1(\frac{2}{3}) = T_2(\frac{2}{3})$ w.A.

2 $x + [x - 1 - x - 2] = 3x - 9$

$$\begin{aligned} x + x - 1 - x - 2 &= 3x - 9 \\ x - 3 &= 3x - 9 && \mid +9 \\ x + 6 &= 3x && \mid -x \\ 6 &= 2x && \mid :2 \\ 3 &= x \\ x &= 3 \end{aligned}$$

$3 \in G \Rightarrow L = \{3\}$

Probe:

$T_1(3) = 3 + [(3 - 1) - (3 + 2)] = 3 + [2 - 5] = 3 - 3 = 0$

$T_2(3) = 9 - 9 = 0$

$T_1(3) = T_2(3)$ w.A.

3 $-3x - [x + 2 - x + 2] = -2x + 3 - 2x - 1$

$$\begin{aligned} -3x - x - 2 + x - 2 &= -4x + 2 \\ -3x - 4 &= -4x + 2 && \mid +4x \\ x - 4 &= 2 && \mid +4 \\ x &= 6 \end{aligned}$$

$6 \in G \Rightarrow L = \{6\}$

Probe:

$T_1(6) = -3\cdot 6 - [(6 + 2) - (6 - 2)] = -18 - [8 - 4] = -18 - 4 = -22$

$T_2(6) = -2\cdot 6 + 3 - (2\cdot 6 + 1) = -12 + 3 - (12 + 1) = -9 - 13 = -22$

$T_1(6) = T_2(6)$ w.A.

4 $12x + 36 = 12x + 36$

"linke Seite" = "rechte Seite "

für jedes $x \in \mathbb{R}$ stellt diese Gleichung eine wahre Aussage dar: $\Rightarrow L=G$

Für die Probe wählen wir ein beliebiges Element aus G.

Probe: $x := 1$

$T_1(1) = 4\cdot(3\cdot 1 + 9) = 4\cdot 12 = 48$

$T_2(1) = 6\cdot(2\cdot 1 + 6) = 6\cdot 8 = 48$

$T_1(1) = T_2(1)$ w.A.

5 $10x - 15 + 8 = 1 - 8 + 10x$

$10x - 7 = 10x - 7$

"linke Seite" = "rechte Seite"

$L = G$

Probe: $x := 1$

$T_1(1) = 5\cdot(2\cdot 1 - 3) + 8 = 5\cdot(-1) + 8 = -5 + 8 = 3$

$T_2(1) = 1 - 2\cdot(4 - 5\cdot 1) = 1 - 2\cdot(-1) = 1 + 2 = 3$

$T_1(1) = T_2(1)$ w.A.

6 $6x + 8 = 3x + 6 + 3x + 2$

$6x + 8 = 6x + 8$

"linke Seite" = "rechte Seite"

$L = G$

Probe: $x := 2$

$T_1(2) = 2\cdot(3\cdot 2 + 4) = 2\cdot 10 = 20$

$T_2(2) = 3\cdot(2 + 2) + 2\cdot(1{,}5\cdot 2 + 1) = 3\cdot 4 + 2\cdot 4 = 12 + 8 = 20$

$T_1(2) = T_2(2)$ w.A.

7 $2x^3 - 12x^2 + 10 = 2x^3 - 10x^2 - 2x^2 - 10x$

$$\begin{aligned} 2x^3 - 12x^2 + 10 &= 2x^3 - 12x^2 - 10x && \mid -2x^3+12x^2 \\ 10 &= -10x && \mid :(-10) \\ -1 &= x \\ x &= -1 \end{aligned}$$

$-1 \in G \Rightarrow L=\{-1\}$

Probe:

$$T_1(-1) = 2\cdot(-1)^2\cdot[(-1) - 6] + 10 = \\ = 2\cdot 1\cdot[-7] + 10 = \\ = -14 + 10 = -4$$

$$T_2(-1) = 2\cdot(-1)^2\cdot[(-1) - 5] - 2\cdot(-1)\cdot[(-1) + 5] = \\ = 2\cdot 1\cdot[-6] + 2\cdot[4] = \\ = -12 + 8 = -4 \qquad T_1(-1) = T_2(-1) \quad \text{w.A.}$$

8 $10x - 8 - 4x + 4 = 3x^2 + 15 - 3x^2 + 4x + 1$

$$6x - 4 = 4x + 16 \qquad |-4x$$
$$2x - 4 = 16 \qquad |+4$$
$$2x = 20 \qquad |:2$$
$$x = 10 \qquad 10 \in G \Rightarrow L=\{10\}$$

Probe:

$$T_1(10) = 2\cdot(5\cdot 10 - 4) - 4\cdot(10 - 1) = \\ = 2\cdot(50 - 4) - 4\cdot 9 = \\ = 2\cdot 46 - 36 = \\ = 92 - 36 = 56$$

$$T_2(10) = 3\cdot(10^2 + 5) - 10\cdot(3\cdot 10 - 4) + 1 = \\ = 3\cdot(100 + 5) - 10\cdot(30 - 4) + 1 = \\ = 3\cdot 105 - 10\cdot 26 + 1 = \\ = 315 - 260 + 1 = 56 \qquad T_1(10) = T_2(10) \quad \text{w.A.}$$

9 $2\cdot(x^2 + x - 6) = 2x^2 - 2x - 4 + 14$

$$2x^2 + 2x - 12 = 2x^2 - 2x + 10 \qquad |-2x^2$$
$$2x - 12 = -2x + 10 \qquad |+2x+12$$
$$4x = 22 \qquad |:4$$
$$x = \frac{22}{4} = \frac{11}{2} \qquad \frac{11}{2} \in G \Rightarrow L=\{\tfrac{11}{2}\}$$

Probe:

$$T_1(\tfrac{11}{2}) = 2\cdot(\tfrac{11}{2} + 3)\cdot(\tfrac{11}{2} - 2) = \\ = 2\cdot\frac{17}{2}\cdot\frac{7}{2} = \frac{2\cdot 17\cdot 7}{2\cdot 2} = \frac{119}{2}$$

$$T_2(\tfrac{11}{2}) = (\tfrac{11}{2} + 1)\cdot(2\cdot\tfrac{11}{2} - 4) + 14 = \\ = \frac{13}{2}\cdot 7 + 14 = \frac{91}{2} + \frac{28}{2} = \frac{119}{2} \qquad T_1(\tfrac{11}{2}) = T_2(\tfrac{11}{2}) \quad \text{w.A.}$$

10 $12x^2 + 4x - 1 = 12x^2 - x - 1 - 15$

$$12x^2 + 4x - 1 = 12x^2 - x - 16 \qquad |-12x^2$$
$$4x - 1 = -x - 16 \qquad |+x+1$$
$$5x = -15 \qquad |:5$$
$$x = -3 \qquad -3 \in G \Rightarrow L=\{-3\}$$

Probe:

$$T_1(-3) = [2\cdot(-3) + 1]\cdot[6\cdot(-3) - 1] = \\ = -5\cdot(-19) = 95$$

$$T_2(-3) = [4\cdot(-3) + 1]\cdot[3\cdot(-3) - 1] - 15 = \\ = -11\cdot(-10) - 15 = \\ = 110 - 15 = 95 \qquad T_1(-3) = T_2(-3) \quad \text{w.A.}$$

11 $3x^2 + 5x - 2 - 9 = 4x^2 - 7x - 2 - x^2$

$$3x^2 + 5x - 11 = 3x^2 - 7x - 2 \qquad |-3x^2$$
$$5x - 11 = -7x - 2 \qquad |+7x+11$$
$$12x = 9 \qquad |:12$$
$$x = \frac{9}{12} = \frac{3}{4} \qquad \frac{3}{4} \in G \Rightarrow L=\{\tfrac{3}{4}\}$$

Probe:

$T_1(\frac{3}{4}) = (\frac{3}{4} + 2)\cdot(3\cdot\frac{3}{4} - 1) - 9 =$
$= \frac{11}{4}\cdot\frac{5}{4} - 9 =$
$= \frac{55}{16} - \frac{144}{16} = -\frac{89}{16}$

$T_2(\frac{3}{4}) = (4\cdot\frac{3}{4} + 1)\cdot(\frac{3}{4} - 2) - (\frac{3}{4})^2 =$
$= 4\cdot(-\frac{5}{4}) - \frac{9}{16} =$
$= -5 - \frac{9}{16} = \frac{-80-9}{16} = -\frac{89}{16}$ $\quad T_2(\frac{3}{4}) = T_2(\frac{3}{4})$ w.A.

12 $4x^2 - 14 = 4x^2 + 12x + 9 + 2x - 2$ $\quad$ Formel: $(a+b)^2 = a^2+2ab+b^2$
$4x^2 - 14 = 4x^2 + 14x + 7 \quad |-4x^2$
$-14 = 14x + 7 \quad |-7$
$-21 = 14x \quad |:14$
$x = -\frac{21}{14} = -\frac{3}{2}$ $\quad -\frac{3}{2} \in G \Rightarrow L=\{-\frac{3}{2}\}$

Probe:

$T_1(-\frac{3}{2}) = 4\cdot(-\frac{3}{2})^2 - 14 =$
$= 4\cdot\frac{9}{4} - 14 =$
$= 9 - 14 = -5$

$T_2(-\frac{3}{2}) = [2\cdot(-\frac{3}{2}) + 3]^2 + 2\cdot(-\frac{3}{2} - 1) =$
$= (-3 + 3)^2 + 2\cdot(-\frac{5}{2}) =$
$= 0 - 5 = -5$ $\quad T_1(-\frac{3}{2}) = T_2(-\frac{3}{2})$ w.A.

13 $16x^2-40x+25-(16x^2+40x+25) = 16x^2-25-16x^2-5x$ $\quad$ Formel: $(a+b)^2 = a^2+2ab+b^2$ bzw. $(a-b)^2 = a^2-2ab+b^2$
$16x^2-40x+25- 16x^2-40x-25 = -25-5x$
$-80x = -25-5x \quad |+5x$
$-75x = -25 \quad |:(-75)$
$x = \frac{-25}{-75} = \frac{1}{3}$ $\quad \frac{1}{3} \in G \Rightarrow L=\{\frac{1}{3}\}$

Probe:

$T_1(\frac{1}{3}) = (4\cdot\frac{1}{3} - 5)^2 - (4\cdot\frac{1}{3} + 5)^2 =$
$= (-\frac{11}{3})^2 - (\frac{19}{3})^2 =$
$= \frac{121}{9} - \frac{361}{9} = -\frac{240}{9} = -\frac{80}{3}$

$T_2(\frac{1}{3}) = 16\cdot(\frac{1}{3})^2 - 25 - \frac{1}{3}\cdot(16\cdot\frac{1}{3} + 5) =$
$= 16\cdot\frac{1}{9} - 25 - \frac{1}{3}\cdot\frac{31}{3} =$
$= \frac{16-225-31}{9} = -\frac{240}{9} = -\frac{80}{3}$ $\quad T_1(\frac{1}{3}) = T_2(\frac{1}{3})$ w.A.

14 $x^3-9x^2+27x-27+3\cdot(x^2-3x-10) = x^3-6x^2+12x-8-1$ $\quad$ Formel: $(a-b)^3 = a^3-3a^2b+3ab^2-b^3$
$x^3-9x^2+27x-27+ 3x^2-9x-30 = x^3-6x^2+12x-9$
$x^3-6x^2+18x-57 = x^3-6x^2+12x-9 \quad |-x^3+6x^2$
$18x-57 = 12x-9 \quad |-12x+57$
$6x = 48 \quad |:6$
$x = 8$ $\quad 8 \in G \Rightarrow L=\{8\}$

Probe:

$T_1(8) = (8-3)^3 + 3\cdot(8-5)\cdot(8+2) =$
$= 5^3 + 3\cdot3\cdot10 =$
$= 125 + 90 = 215$

$T_2(8) = (8-2)^3 - 1 =$
$= 6^3 - 1 =$
$= 216 - 1 = 215$

$T_1(8) = T_2(8)$ w.A.

15 Wir machen die Gleichung bruchfrei; Multiplikation mit dem gemeinsamen Nenner (gN)

$$4\cdot(2x-4)-3\cdot(x+2)=3\cdot 1 \qquad gN = kgV\ (3,4) = 12$$
$$8x-16-3x-6=3$$
$$5x-22=3 \quad |+22$$
$$5x=25 \quad |:5$$
$$x=5 \qquad 5\in G \Rightarrow L=\{5\}$$

Probe:

$$T_1(5)=\frac{2\cdot 5-4}{3}-\frac{5+2}{4}=$$
$$=\frac{6}{3}-\frac{7}{4}=$$
$$=2-\frac{7}{4}=\frac{1}{4}$$
$$T_2(5)=\frac{1}{4} \qquad T_1(5)=T_2(5) \quad \text{w.A.}$$

16 $3\cdot(2x+3)-2\cdot(3x-2)=2\cdot 13x \qquad gN = kgV\ (2,3) = 6$

$$6x+9-6x+4=26x$$
$$13=26x \quad |:26$$
$$x=\frac{13}{26}=\frac{1}{2} \qquad \frac{1}{2}\in G \Rightarrow L=\{\frac{1}{2}\}$$

Probe:

$$T_1(\tfrac{1}{2})=\frac{2\cdot\frac{1}{2}+3}{2}-\frac{3\cdot\frac{1}{2}-2}{3}=$$
$$=\frac{1+3}{2}-\frac{\frac{3}{2}-2}{3}=$$
$$=2-(-\tfrac{1}{2}):3=$$
$$=2-(-\tfrac{1}{2})\cdot\tfrac{1}{3}=$$
$$=2+\frac{1}{6}=2\frac{1}{6}$$

$$T_2(\tfrac{1}{2})=\frac{13\cdot\frac{1}{2}}{3}=$$
$$=\frac{13}{2}:3=$$
$$=\frac{13}{2}\cdot\frac{1}{3}=\frac{13}{6}=2\frac{1}{6}$$

$$T_1(\tfrac{1}{2})=T_2(\tfrac{1}{2}) \quad \text{w.A.}$$

17

$$a^2(x-a^2)=b^2(x-b^2)$$
$$a^2x-a^4=b^2x-b^4 \quad |-b^2x+a^4$$
$$a^2x-b^2x=a^4-b^4$$
$$x(a^2-b^2)=(a^2-b^2)(a^2+b^2)$$

Herausheben, Umformen nach der Formel
$a^4-b^4=(a^2-b^2)(a^2+b^2)$

Fallunterscheidung:

1) $a^2-b^2 \neq 0 \quad \Rightarrow (a-b)(a+b)\neq 0$
$a\neq b;\ a\neq -b$

$$x(a^2-b^2)=(a^2-b^2)(a^2+b^2) \quad |:(a^2-b^2)$$
$$x=a^2+b^2$$

$L=\{a^2+b^2\}$; $a, b \in \mathbb{R}$ mit $a\neq\pm b$

Probe:

$$T_1(a^2+b^2)=a^2(a^2+b^2-a^2)=a^2b^2$$
$$T_2(a^2+b^2)=b^2(a^2+b^2-b^2)=b^2a^2=a^2b^2 \qquad T_1(a^2+b^2)=T_2(a^2+b^2) \quad \text{w.A.}$$

2) $a^2-b^2=0 \quad \Rightarrow (a-b)(a+b)=0$
$a=b;\ a=-b$

$$x\cdot 0=0\cdot(a^2+b^2)$$
$$x\cdot 0=0 \qquad \text{gilt } \forall x\in\mathbb{R}$$

$L=\mathbb{R}$; $a, b\in\mathbb{R}$ mit $a=\pm b$

18 $ax - ab = a^3 - ab + bx - b^3 \qquad |+ab-bx$

$ax - bx = a^3 - b^3$

Herausheben; Umformen nach der Formel: $a^3-b^3 = (a-b)(a^2+ab+b^2)$

$x(a-b) = (a-b)(a^2+ab+b^2)$

Fallunterscheidung:

1) $a - b \neq 0 \quad \Rightarrow a \neq b$

$x(a-b) = (a-b)(a^2+ab+b^2) \quad |:(a-b)$

$x = a^2+ab+b^2$

$L = \{a^2+ab+b^2\}$; $a, b \in \mathbb{R}$ mit $a \neq b$

Probe:

$T_1(a^2+ab+b^2) = a\cdot(a^2+ab+b^2-b) =$

$= a^3+a^2b+ab^2-ab$

$T_2(a^2+ab+b^2) = a\cdot(a^2-b) + b\cdot(a^2+ab+b^2-b^2) =$

$= a^3-ab+a^2b+ab^2 =$

$= a^3+a^2b+ab^2-ab$

$T_1(a^2+ab+b^2) = T_2(a^2+ab+b^2)$ w.A.

2) $a - b = 0 \quad \Rightarrow a = b$

$x\cdot 0 = 0\cdot(a^2+ab+b^2)$

$x \cdot 0 = 0$ gilt $\forall x \in \mathbb{R}$

$L = \mathbb{R}$; a, b $\mathbb{R}$ mit $a = b$

19 $x^2-2ax+a^2-(x^2-2bx+b^2)+3\cdot(a^2-b^2) = 0$

$x^2-2ax+a^2- x^2+2bx-b^2 + 3a^2-3b^2 = 0$

$-2ax+2bx+4a^2-4b^2 = 0 \qquad |-4a^2+4b^2$

$-2ax+2bx = -4a^2+4b^2 \qquad |:(-2)$

$ax- bx = 2a^2-2b^2$

Herausheben; Umformen

$x(a-b) = 2(a^2-b^2)$

$x(a-b) = 2(a-b)(a+b)$

Fallunterscheidung:

1) $a - b \neq 0 \quad \Rightarrow a \neq b$

$x(a-b) = 2(a-b)(a+b) \quad |:(a-b)$

$x = 2(a+b)$

$L = \{2(a+b)\}$; $a, b \in \mathbb{R}$ mit $a \neq b$

Probe:

$T_1[2(a+b)] = [2(a+b)-a]^2 - [2(a+b)-b]^2 + 3(a+b)(a-b) =$

$= (a+2b)^2 - (2a+b)^2 + 3(a^2-b^2) =$

$= a^2+4ab+4b^2-(4a^2+4ab+b^2)+ 3a^2-3b^2 =$

$= a^2+4ab+4b^2- 4a^2-4ab-b^2 + 3a^2-3b^2 = 0$

$T_2[2(a+b)] = 0$

$T_1[2(a+b)] = T_2[2(a+b)]$ w.A.

2) $a - b = 0 \quad \Rightarrow a = b$

$x\cdot 0 = 2\cdot 0\cdot(a+b)$

$x \cdot 0 = 0$ gilt $\forall\ x \in \mathbb{R}$

$L = \mathbb{R}$; $a, b \in \mathbb{R}$ mit $a = b$

20 $a^2x^2-abx-(a^2x^2-2abx+b^2) = a^2b-ab^2-b^2$

$a^2x^2-abx- a^2x^2+2abx-b^2 = a^2b-ab^2-b^2$

$abx-b^2 = a^2b-ab^2-b^2 \qquad |+b^2$

$abx = a^2b-ab^2$

$abx = ab(a-b)$

Fallunterscheidung:

1) $ab \neq 0 \quad \Rightarrow a \neq 0; b \neq 0$

$abx = ab(a-b) \quad |:ab$

$x = a - b$

$L = \{a-b\}$; $a, b \in \mathbb{R}\backslash\{0\}$

Probe:

$$T_1(a-b) = a(a-b)\cdot[a(a-b)-b]-[a(a-b)-b]^2 =$$
$$= (a^2-ab)\cdot(a^2-ab-b)-(a^2-ab-b)^2 =$$
$$= a^4-a^3b-a^3b+a^2b^2-a^2b+ab^2-(a^4+a^2b^2+b^2-2a^3b-2a^2b+2ab^2) =$$
$$= a^4-2a^3b+a^2b^2-a^2b+ab^2-a^4-a^2b^2-b^2+2a^3b+2a^2b-2ab^2 =$$
$$= a^2b-ab^2-b^2$$
$$T_2(a-b) = a^2b-ab^2-b^2 \qquad T_1(a-b) = T_2(a-b) \quad \text{w.A.}$$

2) $ab = 0 \quad \Rightarrow (a = 0) \vee (b = 0)$

$x \cdot 0 = 0 \cdot (a - b)$

$x \cdot 0 = 0 \qquad$ gilt $\forall \ x \in \mathbb{R}$

$L = \mathbb{R}$; $a, b \in \mathbb{R}$ mit $(a = 0) \vee (b = 0)$

21 Wir multiplizieren mit dem gN = kgV (a,b) = ab

$$a(x - a) = b(b - x)$$
$$ax - a^2 = b^2 - bx \qquad |+a^2+bx$$
$$ax + bx = a^2 + b^2 \qquad \text{Herausheben}$$
$$x(a + b) = a^2 + b^2$$

Fallunterscheidung:

1) $a + b \neq 0 \quad \Rightarrow a \neq -b$

$x(a + b) = a^2 + b^2 \quad |:(a + b)$

$x = \frac{a^2 + b^2}{a + b}$

$L = \left\{\frac{a^2 + b^2}{a + b}\right\}$; $a, b \in \mathbb{R}\backslash\{0\}$ mit $a \neq -b$

Probe:

$$T_1\left(\frac{a^2+b^2}{a+b}\right) = \frac{\frac{a^2+b^2}{a+b} - a}{b} =$$
$$= \frac{a^2 + b^2 - a\cdot(a+b)}{a + b} : b =$$
$$= \frac{a^2 + b^2 - a^2 - ab}{a + b} \cdot \frac{1}{b} =$$
$$= \frac{(b^2 - ab)\cdot 1}{(a + b)\cdot b} = \frac{b\cdot(b - a)}{(a + b)\cdot b} = \frac{b - a}{a + b}$$

$$T_2\left(\frac{a^2+b^2}{a+b}\right) = \frac{b - \frac{a^2+b^2}{a+b}}{a} =$$
$$= \frac{(a+b)\cdot b - (a^2+b^2)}{a + b} : a =$$
$$= \frac{ab + b^2 - a^2 - b^2}{a + b} \cdot \frac{1}{a} = \frac{(ab - a^2)\cdot 1}{(a + b)\cdot a} = \frac{a\cdot(b - a)}{(a + b)\cdot a} = \frac{b - a}{a + b}$$

$$T_1\left(\frac{a^2+b^2}{a+b}\right) = T_2\left(\frac{a^2+b^2}{a+b}\right). \quad \text{w.A.}$$

2) $a + b = 0 \quad \Rightarrow a = -b$

$x \cdot 0 = a^2 + b^2$

Da laut Angabe $a \neq 0$ und $b \neq 0$ sein müssen, ist $a^2 + b^2$ immer größer als Null. Die Gleichung $x \cdot 0 = a^2 + b^2$ hat keine reelle Lösung.

22 Wir multiplizieren mit dem gN = kgV$(a,b,ab) = ab$

$$
\begin{aligned}
b(ax + b) + a(bx - a) &= a^2 - b^2 \\
abx + b^2 + abx - a^2 &= a^2 - b^2 \\
2abx + b^2 - a^2 &= a^2 - b^2 && |-b^2+a^2 \\
2abx &= 2a^2 - 2b^2 && |:2 \\
abx &= a^2 - b^2 && |:ab \qquad a \cdot b \neq 0 \Rightarrow a \neq 0 \text{ und } b \neq 0 \text{ (Angabe)} \\
x &= \frac{a^2 - b^2}{ab}
\end{aligned}
$$

$$L = \left\{ \frac{a^2-b^2}{ab} \right\};\ a,b \in \mathbb{R}\setminus\{0\}$$

Probe:

$$
\begin{aligned}
T_1\left(\frac{a^2-b^2}{ab} \right) &= \frac{a \cdot \frac{a^2-b^2}{ab} + b}{a} + \frac{b \cdot \frac{a^2-b^2}{ab} - a}{b} = \\
&= \left(\frac{a^2-b^2}{b} + b \right) : a + \left(\frac{a^2-b^2}{a} - a \right) : b = \\
&= \frac{a^2 - b^2 + b^2}{b} \cdot \frac{1}{a} + \frac{a^2 - b^2 - a^2}{a} \cdot \frac{1}{b} = \\
&= \frac{a^2}{ba} - \frac{b^2}{ab} = \frac{a^2 - b^2}{ab}
\end{aligned}
$$

$$T_2\left(\frac{a^2-b^2}{ab} \right) = \frac{a^2 - b^2}{ab} \qquad T_1\left(\frac{a^2-b^2}{ab} \right) = T_2\left(\frac{a^2-b^2}{ab} \right) \quad \text{w.A.}$$

23 Wir multiplizieren mit dem gN = kgV$(b,a,a^2b^2) = a^2b^2$

$$
\begin{aligned}
a^2b(ax-1) + ab^2(bx-1) &= a^3 + b^3 \\
a^3bx - a^2b + ab^3x - ab^2 &= a^3 + b^3 && |+a^2b+ab^2 \\
a^3bx + ab^3x &= a^3 + a^2b + ab^2 + b^3 \\
x(a^3b + ab^3) &= a^3 + a^2b + ab^2 + b^3 && |:(a^3b+ab^3)
\end{aligned}
$$

$a^3b+ab^3 \neq 0$
$ab(a^2+b^2) \neq 0$
$a \cdot b \neq 0 \Rightarrow a \neq 0$ und $b \neq 0$
a^2+b^2 ist immer ungleich Null,
da $a,b \in \mathbb{R}\setminus\{0\}$

Herausheben

$$
\begin{aligned}
x &= \frac{a^3+a^2b+ab^2+b^3}{a^3b + ab^3} \\
x &= \frac{a^3+ab^2 + a^2b+b^3}{ab(a^2+b^2)} \\
x &= \frac{a(a^2+b^2) + b(a^2+b^2)}{ab(a^2+b^2)} \\
x &= \frac{(a^2+b^2) \cdot (a+b)}{ab(a^2+b^2)} \\
x &= \frac{a + b}{ab}
\end{aligned}
$$

$$L = \left\{ \frac{a + b}{ab} \right\};\ a,b \in \mathbb{R}\setminus\{0\}$$

Probe:

$$
\begin{aligned}
T_1\left(\frac{a+b}{ab} \right) &= \frac{a \cdot \frac{a+b}{ab} - 1}{b} + \frac{b \cdot \frac{a+b}{ab} - 1}{a} = \\
&= \left(\frac{a+b}{b} - 1 \right) : b + \left(\frac{a+b}{a} - 1 \right) : a = \\
&= \frac{a + b - b}{b} \cdot \frac{1}{b} + \frac{a + b - a}{a} \cdot \frac{1}{a} = \\
&= \frac{a}{b} \cdot \frac{1}{b} + \frac{b}{a} \cdot \frac{1}{a} = \\
&= \frac{a}{b^2} + \frac{b}{a^2} = \frac{a^3 + b^3}{a^2 b^2}
\end{aligned}
$$

$$T_2\left(\frac{a+b}{ab} \right) = \frac{a^3 + b^3}{a^2 b^2} \qquad T_1\left(\frac{a+b}{ab} \right) = T_2\left(\frac{a+b}{ab} \right) \quad \text{w.A.}$$

24

x	...	gesuchte Zahl
$5x$	...	das 5fache
$5x + 11$	...	um 11 vergrößert
$(5x+11)\cdot 3$	...	mit 3 multipliziert
$18x$	...	das 18fache der Zahl

$G = \mathbb{R}$

$$\begin{aligned} (5x + 11)\cdot 3 &= 18x \\ 15x + 33 &= 18x && \mid -15x \\ 33 &= 3x && \mid :3 \\ x &= 11 && L = \{11\} \end{aligned}$$

Die gesuchte Zahl lautet 11.

Probe:

$$\begin{aligned} (5\cdot 11+11)\cdot 3 &= (55+11)\cdot 3 = 66\cdot 3 = 198 \\ 18\cdot 11 &= 198 \\ 198 &= 198 \quad \text{w.A.} \end{aligned}$$

25

	Ziffern		Wert der Zahl	Probe			
	Z	E		Z	E		
1.Zahl	x	8	$x\cdot 10 + 8 = 10x + 8$	1	8	18	$18\cdot\frac{9}{2} = 81$
2.Zahl	8	x	$8\cdot 10 + x = 80 + x$	8	1	81	

$G = \{1,2,3,4,5,6,7,8,9\}$

$$\begin{aligned} 80 + x &= 4\tfrac{1}{2}\cdot(10x + 8) \\ 80 + x &= \tfrac{9}{2}\cdot(10x + 8) && \mid \cdot 2 \\ 160 + 2x &= 90x + 72 && \mid -2x-72 \\ 88 &= 88x && \mid :88 \\ x &= 1 && 1 \in G \Rightarrow L = \{1\} \end{aligned}$$

Die gesuchte Zahl heißt 18.

26

	Ziffern			Wert der Zahl	Probe			
	H	Z	E		H	Z	E	
1.Zahl	6	x		$6\cdot 100 + x = 600 + x$	6	2	5	625
2.Zahl	x		6	$x\cdot 10 + 6 = 10x + 6$	2	5	6	256

$G = \{x\in\mathbb{N} \mid 10\le x\le 99\}$

$$\begin{aligned} 600 + x &= 10x + 6 + 369 \\ 600 + x &= 10x + 375 && \mid -x-375 \\ 225 &= 9x && \mid :9 \\ x &= 25 && 25 \in G \Rightarrow L = \{25\} \end{aligned}$$

Probe:

$625 - 369 = 256$ w.A.

Die ursprüngliche Zahl lautet 625.

27

	Ziffern				Wert der Zahl	Probe				
	T	H	Z	E		T	H	Z	E	
1.Zahl	8	x			$8\cdot 1000 + x = 8000 + x$	8	5	1	2	8512
2.Zahl	x			8	$x\cdot 10 + 8 = 10x + 8$	5	1	2	8	5128

$G = \{x\in\mathbb{N} \mid 100\le x\le 999\}$

$$\begin{aligned} 8000 + x &= 10x + 8 + 3384 \\ 8000 + x &= 10x + 3392 && \mid -x-3392 \\ 4608 &= 9x && \mid :9 \\ x &= 512 && 512 \in G \Rightarrow L = \{512\} \end{aligned}$$

Probe:

$8512 - 3384 = 5128$ w.A.

Die Zahl lautet 8512.

28

	Ziffern H	Ziffern Z	Ziffern E	Wert der Zahl	Probe H	Probe Z	Probe E	
1.Zahl	x	11-3x	2x	$100x+10\cdot(11-3x)+2x$	3	2	6	326
2.Zahl	2x	11-3x	x	$200x+10\cdot(11-3x)+x$	6	2	3	623

Anleitung: Die Summe aus Einerziffer und Hunderterziffer ist 3x, daher muss die Zehnerziffer 11-3x sein, da die Ziffernsumme 11 ist.

$$100x + 10\cdot(11-3x) + 2x + 297 = 200x + 10\cdot(11-3x) + x \qquad G = \{1,2,3\}$$
$$100x + 110 - 30x + 2x + 297 = 200x + 110 - 30x + x$$
$$72x + 407 = 171x + 110 \qquad |-72x-110$$
$$297 = 99x \qquad |:99$$
$$x = 3 \qquad 3\in G \Rightarrow L = \{3\}$$

Probe:

$326 + 297 = 623$ w.A.

Die ursprüngliche Zahl heißt 326.

29

	Menge in kg	Feingehalt (Silber)	reines Silber in kg
1.Sorte	x	0,900	$x\cdot 0{,}900$
2.Sorte	11,25-x-0,25=11-x	0,750	$(11-x)\cdot 0{,}750$
Kupfer	0,25	0	$0{,}25\cdot 0$
Mischung	11,25	0,800	$11{,}25\cdot 0{,}800$

$$x\cdot 0{,}900 + (11-x)\cdot 0{,}750 = 11{,}25\cdot 0{,}800 \qquad |\cdot 1000 \qquad G = \mathbb{R}^+$$
$$x\cdot 900 + (11-x)\cdot 750 = 11{,}25\cdot 800$$
$$900x + 8250 - 750x = 9000$$
$$150x = 750 \qquad |:150$$
$$x = 5 \qquad 5 \in G \Rightarrow L = \{5\}$$

Probe:

$$5\cdot 0{,}900 + 6\cdot 0{,}750 = 4{,}500 + 4{,}500$$
$$11{,}25\cdot 0{,}800 = 9 \quad \text{w.A.}$$

Man benötigt 5kg Silber vom Feingehalt 0,900 und 6kg vom Feingehalt 0,750.

30

	Menge in kg	Feingehalt (Silber)	reines Silber in kg
1.Sorte (Kupfer)	x	0	0
2.Sorte	3,825	$3{,}825\cdot 1{,}000$	$3{,}825\cdot 1$
Mischung	3,825+x	0,720	$(3{,}825+x)\cdot 0{,}720$

Anmerkung: reines Silber hat den Feingehalt $\frac{1000}{1000} = 1{,}000$

$$3{,}825 = (3{,}825 + x)\cdot 0{,}720 \qquad |\cdot 1000 \qquad G = \mathbb{R}^+$$
$$3825 = (3{,}825 + x)\cdot 720$$
$$3825 = 2754 + 720x$$
$$1071 = 720x \qquad |:720$$
$$x = 1{,}4875 \qquad 1{,}4875 \in G \Rightarrow L = \{1{,}4875\}$$

Probe:

$$(3{,}825 + 1{,}4875)\cdot 0{,}720 =$$
$$= 5{,}3125\cdot 0{,}720 = 3{,}825 \quad \text{w.A.}$$

Man muss dem reinen Silber 1,4875kg Kupfer zusetzen.

31

	Menge in l	Prozentgehalt	reiner Spiritus in l
1.Sorte	x	$60\% = \frac{60}{100} = 0{,}60$	$x \cdot 0{,}60$
2.Sorte	$10-x$	$90\% = \frac{90}{100} = 0{,}90$	$(10-x) \cdot 0{,}90$
Mischung	10	$80\% = \frac{80}{100} = 0{,}80$	$10 \cdot 0{,}80$

$$\begin{aligned} x \cdot 0{,}60 + (10-x) \cdot 0{,}90 &= 10 \cdot 0{,}80 \quad |\cdot 10 \qquad G = \mathbb{R}^+ \\ 6x + (10-x) \cdot 9 &= 10 \cdot 8 \\ 6x + 90 - 9x &= 80 \\ -3x &= -10 \quad |:(-3) \\ x &= \frac{10}{3} \qquad \frac{10}{3} \in G \Rightarrow L = \{\tfrac{10}{3}\} \end{aligned}$$

Probe:

$$\begin{aligned} \frac{10}{3} \cdot 0{,}60 + \frac{20}{3} \cdot 0{,}90 &= 10 \cdot 0{,}80 \\ 2 + 6 &= 8 \quad \text{w.A.} \end{aligned}$$

Man muss $3\frac{1}{3}$ Liter 60%igen mit $6\frac{2}{3}$ Liter 90%igen Spiritus mischen.

32

	Menge in l	Prozentgehalt	reiner Spiritus in l
1.Sorte	x	$80\% = \frac{80}{100} = 0{,}80$	$x \cdot 0{,}80$
2.Sorte	12	$90\% = \frac{90}{100} = 0{,}90$	$12 \cdot 0{,}90$
Mischung	$x+12$	$86\% = \frac{86}{100} = 0{,}86$	$(x+12) \cdot 0{,}86$

$$\begin{aligned} x \cdot 0{,}80 + 12 \cdot 0{,}90 &= (x+12) \cdot 0{,}86 \quad |\cdot 100 \qquad G = \mathbb{R}^+ \\ 80x + 12 \cdot 90 &= (x+12) \cdot 86 \\ 80x + 1080 &= 86x + 1032 \\ 48 &= 6x \quad |:6 \\ x &= 8 \qquad 8 \in G \Rightarrow L = \{8\} \end{aligned}$$

Probe:

$$\begin{aligned} 8 \cdot 0{,}80 + 12 \cdot 0{,}90 &= 20 \cdot 0{,}86 \\ 17{,}2 &= 17{,}2 \quad \text{w.A.} \end{aligned}$$

Man muss 8 Liter 80%igen mit 12 Liter 90%igen Spiritus mischen, um 20 Liter 86%igen Spiritus zu erhalten.

33

	Menge in kg	Prozentgehalt	(reines) Salz in kg
1.Sorte	x	$100\% = \frac{100}{100} = 1{,}00$	$x \cdot 1{,}00$
2.Sorte	1	$10\% = \frac{10}{100} = 0{,}10$	$1 \cdot 0{,}10$
Mischung	$x+1$	$25\% = \frac{25}{100} = 0{,}25$	$(x+1) \cdot 0{,}25$

$$\begin{aligned} 1 \cdot x + 1 \cdot 0{,}10 &= (x+1) \cdot 0{,}25 \quad |\cdot 100 \qquad G = \mathbb{R}^+ \\ 100x + 10 &= (x+1) \cdot 25 \\ 100x + 10 &= 25x + 25 \\ 75x &= 15 \quad |:75 \\ x &= 0{,}2 \qquad 0{,}2 \in G \Rightarrow L = \{0{,}2\} \end{aligned}$$

Probe:

$$\begin{aligned} 0{,}2 + 1 \cdot 0{,}1 &= 1{,}2 \cdot 0{,}25 \\ 0{,}3 &= 0{,}3 \quad \text{w.A.} \end{aligned}$$

Man muss 0,2kg Salz beisetzen.

34

	Menge in kg	Prozentgehalt	(reines) Salz in kg
1.Sorte (Wasser)	x	0	0
2.Sorte	2	$20\% = \frac{20}{100} = 0{,}20$	$2 \cdot 0{,}20$
Mischung	x+2	$16\% = \frac{16}{100} = 0{,}16$	$(x+2) \cdot 0{,}16$

Anmerkung: Wasser hat keinen Anteil an (reinem) Salz.

$$2 \cdot 0{,}20 = (x+2) \cdot 0{,}16 \quad | \cdot 100 \qquad G = \mathbb{R}^+$$
$$2 \cdot 20 = (x+2) \cdot 16$$
$$40 = 16x + 32$$
$$8 = 16x \quad | :16$$
$$x = 0{,}5 \qquad 0{,}5 \in G \Rightarrow L = \{0{,}5\}$$

Probe:

$$2 \cdot 0{,}20 = 2{,}5 \cdot 0{,}16$$
$$0{,}40 = 0{,}40 \quad \text{w.A.}$$

Man muss 0,5 Liter Wasser beimengen. (Anmerkung: 1kg Wasser entspricht $1\text{dm}^3 = 1\,\text{l}$)

35

	Menge in kg	Preis/kg	Preis in €
1. Sorte	40	13,16	40·13,16
2. Sorte	60	X	60x
Mischung	100	11,96	100·11,96

Anmerkung: Ein Verdienst um 15% bedeutet, dass für die Kaffeerösterei die Herstellungskosten für die Mischung nur 85% des erzielten Preises ausmachen. Der erzielte Preis (100·11,96€) wird daher mit 0,85 multipliziert.

$$40 \cdot 13{,}16 + 60\,x = 100 \cdot 11{,}96 \cdot 0{,}85 \qquad G = \mathbb{R}^+$$
$$526{,}4 + 60\,x = 1016{,}6$$
$$60\,x = 490{,}2$$
$$x = 8{,}17 \qquad 8{,}17 \in G \Rightarrow L = \{8{,}17\}$$

Probe:

$$40 \cdot 13{,}16 + 60 \cdot 8{,}17 = 100 \cdot 11{,}96 \cdot 0{,}85$$
$$1016{,}6 = 1016{,}6 \quad \text{w.A.}$$

Die billigere Sorte kostet pro Kilogramm 8,17€.

Ermittlung des Gewinns:

$$100 \cdot 11{,}96 \cdot 0{,}15 = 179{,}4$$

Der Gewinn beträgt 179,4 €.

36

	Füll- bzw. Abflussdauer	Leistung pro Tag
1. Zufluss	4 Tage	$\frac{V}{4}$
2. Zufluss	3 Tage	$\frac{V}{3}$
Abfluss	$1\frac{1}{3}$ Tage	$V : \frac{4}{3} = \frac{3V}{4}$

x ... Zeit in Tagen

(a)
$$\left(\frac{V}{4} + \frac{V}{3}\right) \cdot x = V \quad | :V \qquad G = \mathbb{R}^+$$
$$\frac{1}{4} \cdot x + \frac{1}{3} \cdot x = 1 \quad | \cdot 12$$
$$7x = 12 \quad | :7$$
$$x = \frac{12}{7} \qquad 1\frac{5}{7} \in G \Rightarrow L = \{\, 1\frac{5}{7} \,\}$$

Probe:
$$\frac{V}{4} \cdot \frac{12}{7} + \frac{V}{3} \cdot \frac{12}{7} = \frac{7V}{7} = V \quad \text{w.A.}$$

(b) $\left[\left(\frac{V}{4} + \frac{V}{3} \right) \cdot 2 - \frac{3V}{4} \right] \cdot x = \frac{V}{2} \quad | : V \qquad G = \mathbb{R}^+$

$\left[\frac{2}{4} + \frac{2}{3} - \frac{3}{4} \right] \cdot x = \frac{1}{2} \quad | \cdot 12$

$[6 + 8 - 9] \cdot x = 6$

$5x = 6 \quad | : 5$

$x = \frac{6}{5} \qquad \frac{6}{5} \in G \Rightarrow L = \{ \frac{6}{5} \}$

Probe:

$\left[\left(\frac{V}{4} + \frac{V}{3} \right) \cdot 2 - \frac{3V}{4} \right] \cdot \frac{6}{5} = \frac{V}{2}$

$\left(\frac{7V}{12} \cdot 2 - \frac{9V}{12} \right) \cdot \frac{6}{5} = \frac{V}{2}$

$\frac{5V}{12} \cdot \frac{6}{5} = \frac{V}{2}$

$\frac{V}{2} = \frac{V}{2}$ w.A.

(a) Sind beide Zuflüsse offen, so ist das Becken in $1\frac{5}{7}$ Tagen voll.

(b) Nach $1\frac{1}{5}$ Tagen fließt das Becken über.

37

	Füll- bzw. Abflussdauer	Leistung pro Minute
1. Zufluss	8 Minuten	$\frac{V}{8}$
2. Zufluss	12 Minuten	$\frac{V}{12}$
Abfluss	5 Minuten	$\frac{V}{5}$

x ... Zeit in Minuten

(a) $\left(\frac{V}{8} + \frac{V}{12} \right) \cdot x = V \quad | : V \qquad G = \mathbb{R}^+$

$\frac{1}{8} \cdot x + \frac{1}{12} \cdot x = 1 \quad | \cdot 24$

$3x + 2x = 24$

$5x = 24 \quad | : 5$

$x = \frac{24}{5} = 4{,}8 \qquad 4{,}8 \in G \Rightarrow L = \{4{,}8\}$

Probe:

$\left(\frac{V}{8} + \frac{V}{12} \right) \cdot \frac{24}{5} = V$

$\frac{5V}{24} \cdot \frac{24}{5} = V$ w.A.

Die Wanne ist in 4,8 Minuten, das sind 4 Minuten und 48 Sekunden, gefüllt.

(b) $\left(\frac{V}{8} + \frac{V}{12} - \frac{V}{5} \right) \cdot x = V \quad | : V \qquad G = \mathbb{R}^+$

$\left(\frac{1}{8} + \frac{1}{12} - \frac{1}{5} \right) \cdot x = 1 \quad | \cdot 120$

$15x + 10x - 24x = 120$

$x = 120 \qquad 120 \in G \Rightarrow L = \{120\}$

Probe:

$\left(\frac{V}{8} + \frac{V}{12} - \frac{V}{5} \right) \cdot 120 = V$

$\frac{V}{120} \cdot 120 = V$ w.A.

Die Wanne ist in 120 Minuten, das sind 2 Stunden, gefüllt.

38

	Arbeitsleistung	Leistung pro Stunde
1.Trupp	72 Tage	$\frac{A}{72}$
2.Trupp	90 Tage	$\frac{A}{90}$

x ... Zeit in Stunden

$$\left(\frac{A}{72} + \frac{A}{90}\right)\cdot x = A \quad |:A \qquad G = \mathbb{R}^+$$
$$\frac{1}{72}\cdot x + \frac{1}{90}\cdot x = 1 \quad |\cdot 360$$
$$5x + 4x = 360$$
$$9x = 360 \quad |:9$$
$$x = 40 \qquad 40 \in G \Rightarrow L = \{40\}$$

Probe:
$$\frac{A}{72}\cdot 40 + \frac{A}{90}\cdot 40 = A$$
$$\frac{A}{9}\cdot 5 + \frac{A}{9}\cdot 4 = A$$
$$\frac{9A}{9} = A \qquad \text{w.A.}$$

Die Arbeit wird von beiden Trupps zusammen in 40 Stunden erledigt.

39 M_1 ... $\frac{3}{2}$ hl/Stunde (M_1 liefert in 2 Stunden 3 hl $\Rightarrow$ in einer Stunde $\frac{3}{2}$ hl)

M_2 ... $\frac{4}{3}$ hl/Stunde M_3 ... $\frac{8}{5}$ hl/Stunde

x ... Zeit in Stunden

$$\frac{3}{2}\cdot x + \frac{4}{3}\cdot x + \frac{8}{5}\cdot x = 133 \quad |\cdot 30 \qquad G = \mathbb{R}^+$$
$$45x + 40x + 48x = 3990$$
$$133x = 3990 \quad |:133$$
$$x = 30 \qquad 30 \in G \Rightarrow L = \{30\}$$

Probe:
$$\frac{3}{2}\cdot 30 + \frac{4}{3}\cdot 30 + \frac{8}{5}\cdot 30 = 133$$
$$45 + 40 + 48 = 133 \qquad \text{w.A.}$$

In 30 Stunden können 133hl gemahlen werden.

40 H_1 ... $\frac{70}{3}$ Maschinen/Tag (H_1 liefert in 3 Tagen 70 Maschinen $\Rightarrow$ in einem Tag $\frac{70}{3}$ Maschinen)

H_2 ... $\frac{110}{4}$ Maschinen/Tag H_3 ... $\frac{90}{2}$ Maschinen/Tag

x ... Zeit in Tagen

$$\frac{70}{3}\cdot x + \frac{110}{4}\cdot x + \frac{90}{2}\cdot x = 3450 \quad |\cdot 12 \qquad G = \mathbb{R}^+$$
$$280x + 330x + 540x = 41400$$
$$1150x = 41400 \quad |:1150$$
$$x = 36 \qquad 36 \in G \Rightarrow L = \{36\}$$

Probe:
$$\frac{70}{3}\cdot 36 + \frac{110}{4}\cdot 36 + \frac{90}{2}\cdot 36 = 3450$$
$$840 + 990 + 1620 = 3450 \qquad \text{w.A.}$$

Die bestellten Maschinen sind in 36 Tagen lieferbereit.

41 $F_1 \ldots \frac{A}{150}$ Leistung/Stunde (10h pro Tag ergeben bei 15 Tagen insgesamt 150h Arbeitsdauer)

$F_2 \ldots \frac{A}{200}$ Leistung/Stunde (8h pro Tag ergeben bei 25 Tagen insgesamt 200h Arbeitsdauer)

x ... Zeit in Stunden

$$\frac{A}{150}\cdot x + \frac{A}{200}\cdot x = A \quad |:A \qquad G = \mathbb{R}^+$$
$$\frac{1}{150}\cdot x + \frac{1}{200}\cdot x = 1 \quad |\cdot 600$$
$$4x + 3x = 600$$
$$7x = 600 \quad |:7$$
$$x = \frac{600}{7} = 85\frac{5}{7} \qquad 85\frac{5}{7} \in G \Rightarrow L = \{ 85\frac{5}{7} \}$$

Probe:
$$\frac{A}{150}\cdot\frac{600}{7} + \frac{A}{200}\cdot\frac{600}{7} = A$$
$$\frac{4A}{7} + \frac{3A}{7} = A \qquad \text{w.A.}$$

Beide Förderanlagen müssen $85\frac{5}{7}$ Stunden im Einsatz sein.

42

	Zeit (t) in min	Geschwindigkeit (v) in m/min	Weg (s) in m
F_1	x	80	80x
F_2	x-20	100	100 · (x-20)

$$80x = 100\cdot(x-20) \qquad G = \mathbb{R}^+$$
$$80x = 100x - 2000 \quad |-100x$$
$$-20x = -2000 \quad |:(-20)$$
$$x = 100 \qquad 100 \in G \Rightarrow L = \{100\}$$

Bis zum Treffpunkt gehen beide Fußgänger die gleiche Wegstrecke.

Probe:
$$80\cdot 100 = 100\cdot(100-20)$$
$$8000 = 100\cdot 80 \qquad \text{w.A.}$$

Der zweite Fußgänger holt den ersten nach 100 Minuten (1 Stunde und 40 Minuten) ein.

43

	Zeit (t) in h	Geschwindigkeit (v) in km/h	Weg (s) in km
L	x	24	24x
S	x-1,5	64	64 · (x-1,5)

$$24x = 64\cdot(x-1{,}5) \qquad G = \mathbb{R}^+$$
$$24x = 64x - 96 \quad |-64x$$
$$-40x = -96 \quad |:(-40)$$
$$x = \frac{96}{40} = \frac{48}{20}$$
$$x = \frac{144}{60} \qquad \frac{144}{60} \in G \Rightarrow L = \{ \frac{144}{60} \} \qquad \frac{144}{60}\text{ h} = 2\text{h } 24\text{min}$$

Weg von A bis zum Treffpunkt B ist für beide Züge gleich.

Wir verwandeln in Sechzigstel, um die Minuten ablesen zu können.

Probe:
$$\frac{24\cdot 48}{20} = 64\cdot\left(\frac{48}{20} - \frac{3}{2}\right)$$
$$\frac{12\cdot 48}{10} = \frac{64\cdot 18}{20}$$
$$57{,}6 = 57{,}6$$

Um 10^{54} fährt der Schnellzug 57,6km von A entfernt am Lastzug vorbei.

44

	Zeit (t) in h	Geschwindigkeit (v) in km/h	Weg (s) in km
P	3	x	3x
S	$1\frac{1}{3}$	2x+7	$(2x+7)\cdot 1\frac{1}{3}$

$3x = (2x+7)\cdot 1\frac{1}{3}$ $G = \mathbb{R}^+$ Beide Strecken sind gleich lang.

$3x = (2x+7)\cdot\frac{4}{3}$ $|\cdot 3$

$9x = (2x+7)\cdot 4$

$9x = 8x + 28$ $|-8x$

$x = 28$ $28 \in G \Rightarrow L = \{28\}$ S: $2\cdot 28+7 = 63$

Probe:

$3\cdot 28 = (2\cdot 28+7)\cdot\frac{4}{3}$

$84 = 63\cdot\frac{4}{3}$

$84 = 84$ w.A.

Der Personenzug fährt mit 28km/h, der Schnellzug mit 63km/h.

45 (a)

	Zeit (t) in h	Geschwindigkeit (v) in km/h	Weg (s) in km
D_K	$\frac{210}{60}$	v_1	$\frac{210}{60}\cdot v_1 = 35$
D_M	$\frac{110}{60}$	v_2	$\frac{110}{60}\cdot v_2 = 35$

$\frac{210}{60}\cdot v_1 = 35$ $\frac{110}{60}\cdot v_2 = 35$

$v_1 = \frac{35\cdot 60}{210}$ $v_2 = \frac{35\cdot 60}{110}$

$v_1 = 10$ $v_2 = 19\frac{1}{11} = 19{,}09$

Stromaufwärts (D_K) fährt der Dampfer mit 10km/h, stromabwärts (D_M) mit $19\frac{1}{11} = 19{,}09$ km/h.

(b)

	Zeit (t) in h	Geschwindigkeit (v) in km/h	Weg (s) in km
D_K	x	10	10x
D_M	$x+\frac{1}{2}$	$19\frac{1}{11}$	$(x+\frac{1}{2})\cdot 19\frac{1}{11}$

$10x + (x+\frac{1}{2})\cdot 19\frac{1}{11} = 35$ $G = \mathbb{R}^+$ Die Wege beider Dampfer zusammen ergibt 35km.

$10x + \frac{210}{11}\cdot x + \frac{210}{22} = 35$

$29\frac{1}{11}\cdot x + \frac{105}{11} = 35$ $|\cdot 11$

$320x + 105 = 385$ $|-105$

$320x = 280$ $|:320$

$x = 0{,}875$ $0{,}875 \in G \Rightarrow L = \{0{,}875\}$

$0{,}875h = 52{,}5min \approx 53min$

Die beiden Dampfer begegnen einander um 11^{23} Uhr.

46

	Zeit (t) in h	Geschwindigkeit (v) in km/h	Weg (s) in km
P	2	v_1	$2v_1$
S	1,25	v_2	$1{,}25v_2$

$2v_1 = 1{,}25v_2 \quad |:2v_2$

$\frac{v_1}{v_2} = \frac{1{,}25}{2}$

$v_1 : v_2 = 1{,}25 : 2$

$v_1 : v_2 = 5 : 8$

Durch die Fahrzeitangabe für die gleiche Strecke ist ein Verhältnis der Geschwindigkeiten der Züge gegeben.

$v_1 = 5k$
$v_2 = 8k$

Die Geschwindigkeiten können mit Hilfe des Proportionalitätsfaktors k angegeben werden.

Strecke AB ... 10k (weil $\overline{AB} = 2v_1$)

Auch die Strecke AB ist mit Hilfe des Proportionalitätsfaktors k gegeben.

	Zeit (t) in h	Geschwindigkeit (v) in km/h	Weg (s) in km
P	x	$5k$	$5k \cdot x$
S	$x - \frac{55}{60}$	$8k$	$8k \cdot (x - \frac{55}{60})$

x ... Zeit in Stunden bis zum Treffpunkt $\quad G = \mathbb{R}^+$

Die Summe der Wege beider Züge ergibt den Gesamtweg.

$5k \cdot x + 8k \cdot (x - \frac{55}{60}) = 10k \quad |:k$

$5x + 8x - \frac{440}{60} = 10$

$13x - \frac{22}{3} = 10 \quad |\cdot 3$

$39x - 22 = 30 \quad |+22$

$39x = 52 \quad |:39$

$x = \frac{52}{39} = \frac{4}{3}$

$\frac{4}{3} \in G \Rightarrow L = \{\frac{4}{3}\}$

$\frac{4}{3}\,h = 1h\ 20min$

Um 8^{40} fahren die Züge aneinander vorbei.

47 $\frac{x}{x+2} = \frac{3}{2} \quad |\cdot HN \qquad HN: 2\cdot(x+2)$

$(x+2) \neq 0$
$x \neq -2 \qquad D = \mathbb{R}\setminus\{-2\}$

$2x = 3\cdot(x+2)$
$2x = 3x + 6$
$-x = 6$
$x = -6 \qquad -6 \in D \Rightarrow L = \{-6\}$

Probe:
$T_1(-6) = \frac{-6}{-6+2} = \frac{-6}{-4} = \frac{3}{2}$

$T_2(-6) = \frac{3}{2}$

$T_1(-6) = T_2(-6)$ w.A.

48 $\frac{x-2}{x} = \frac{x+3}{x+7} \quad |\cdot HN \qquad HN: x\cdot(x+7)$

$x\cdot(x+7) \neq 0$
$x \neq 0 \qquad x+7 \neq 0$
$x \neq -7 \qquad D = \mathbb{R}\setminus\{-7;0\}$

$(x-2)\cdot(x+7) = (x+3)\cdot x$
$x^2-2x+7x-14 = x^2+3x \quad |-x^2-3x+14$
$2x = 14 \quad |:2$
$x = 7 \qquad 7 \in D \Rightarrow L = \{7\}$

Probe:
$T_1(7) = \frac{7-2}{7} = \frac{5}{7}$

$T_2(7) = \frac{7+3}{7+7} = \frac{10}{14} = \frac{5}{7}$

$T_1(7) = T_2(7)$ w.A.

49 HN: $(x-8)(x-13)(3x-16)$

Die 3 Teilnenner sind relativ prim.

$$\begin{aligned}(x-8)(x-13)(3x-16) &\neq 0\\ x-8 \neq 0 &\Rightarrow x \neq 8\\ x-13 \neq 0 &\Rightarrow x \neq 13\\ 3x-16 \neq 0 &\Rightarrow x \neq \frac{16}{3}\end{aligned}$$

$$D = \mathbb{R} \setminus \{ \tfrac{16}{3} ; 8; 13 \}$$

Wir multiplizieren mit dem HN !

$$\begin{aligned}
13(x-13)(3x-16) - 8(x-8)(3x-16) &= 15(x-8)(x-13)\\
13(3x^2-39x-16x+208)-8(3x^2-24x-16x+128) &= 15(x^2-8x-13x+104)\\
13(3x^2-55x+208)-8(3x^2-40x+128) &= 15(x^2-21x+104)\\
39x^2-715x+2704-24x^2+320x-1024 &= 15x^2-315x+1560\\
15x^2-395x+1680 &= 15x^2-315x+1560 && |-15x^2\\
-395x+1680 &= -315x+1560 && |+315x-1680\\
-80x &= -120 && |:(-80)\\
x &= \frac{-120}{-80} = \frac{3}{2} && \frac{3}{2} \in D \Rightarrow L = \{ \tfrac{3}{2} \}
\end{aligned}$$

Probe:

$$T_1(\tfrac{3}{2}) = \frac{13}{\frac{3}{2} - 8} - \frac{8}{\frac{3}{2} - 13} = \frac{13}{\frac{-13}{2}} - \frac{8}{\frac{-23}{2}} = 13 \cdot \frac{2}{-13} - 8 \cdot \frac{2}{-23} = -2 + \frac{16}{23} = -\frac{30}{23}$$

$$T_2(\tfrac{3}{2}) = \frac{15}{3 \cdot \frac{3}{2} - 16} = \frac{15}{\frac{9-32}{2}} = \frac{15}{\frac{-23}{2}} = 15 \cdot \frac{2}{-23} = -\frac{30}{23}$$

$T_1(\tfrac{3}{2}) = T_2(\tfrac{3}{2})$ w.A.

50 HN: $(x+1)(x+2)(2x+3)$

$$\begin{aligned}(x+1)(x+2)(2x+3) &\neq 0\\ x+1 \neq 0 &\Rightarrow x \neq -1\\ x+2 \neq 0 &\Rightarrow x \neq -2\\ 2x+3 \neq 0 &\Rightarrow x \neq -\frac{3}{2}\end{aligned}$$

$$D = \{-2; -\tfrac{3}{2} ; -1 \}$$

Wir multiplizieren mit dem HN !

$$\begin{aligned}
x(x+2)(2x+3) - 2x(x+1)(2x+3) + 2x(x+1)(x+2) &= 3x^2+4x\\
x(2x^2+4x+3x+6)-2x(2x^2+2x+3x+3)+2x(x^2+x+2x+2) &= 3x^2+4x\\
x(2x^2+7x+6)-2x(2x^2+5x+3)+2x(x^2+3x+2) &= 3x^2+4x\\
2x^3+7x^2+6x-4x^3-10x^2-6x+2x^3+6x^2+4x &= 3x^2+4x\\
3x^2+4x &= 3x^2+4x\\
\text{"linke Seite"} &= \text{"rechte Seite"}
\end{aligned}$$

$L = D$

Probe: Wir belegen die Variable x z.B. mit 1

$$T_1(1) = \frac{1}{1+1} - \frac{2 \cdot 1}{1+2} + \frac{2 \cdot 1}{2 \cdot 1+3} = \frac{1}{2} - \frac{2}{3} + \frac{2}{5} = \frac{15-20+12}{30} = \frac{7}{30}$$

$$T_2(1) = \frac{3 \cdot 1^2 + 4 \cdot 1}{(1+1)(1+2)(2 \cdot 1+3)} = \frac{3+4}{2 \cdot 3 \cdot 5} = \frac{7}{30}$$

$T_1(1) = T_2(1)$ w.A.

51

N	Ef
$x^2-4 = (x-2)(x+2)$	$(x-2)$
$x+2 = (x+2)$	$(x-2)^2$
$x^2-4x+4 = (x-2)^2$	$(x+2)$

HN: $(x-2)^2(x+2)$

$$\begin{aligned}(x-2)^2(x+2) &\neq 0\\ (x-2)^2 \neq 0 &\Rightarrow x \neq 2\\ x+2 \neq 0 &\Rightarrow x \neq -2\end{aligned}$$

$$D = \mathbb{R}\setminus\{-2; 2\}$$

Wir multiplizieren mit dem HN !

$$\begin{aligned}
(4x+7)(x-2) - 1\cdot(x-2)^2 &= (3x-1)(x+2) \\
4x^2+7x-8x-14-(x^2-4x+4) &= 3x^2-x+6x-2 \\
4x^2-x-14-x^2+4x-4 &= 3x^2+5x-2 \\
3x^2+3x-18 &= 3x^2+5x-2 \qquad |-3x^2 \\
3x-18 &= 5x-2 \qquad |-3x+2 \\
-16 &= 2x \qquad |:2 \\
-8 &= x \\
x &= -8 \qquad -8 \in D \Rightarrow L = \{-8\}
\end{aligned}$$

Probe:

$$T_1(-8) = \frac{4\cdot(-8)+7}{(-8)^2-4} - \frac{1}{-8+2} = \frac{-32+7}{64-4} - \frac{1}{-6} = \frac{-25}{60} + \frac{1}{6} = \frac{-25+10}{60} = -\frac{15}{60} = -\frac{1}{4}$$

$$T_2(-8) = \frac{3\cdot(-8)-1}{(-8)^2-4\cdot(-8)+4} = \frac{-24-1}{64+32+4} = \frac{-25}{100} = -\frac{1}{4}$$

$T_1(-8) = T_2(-8)$ w.A.

52

N	Ef
$x^2-3x = x(x-3)$	$(x+3)$
$x^2+3x = x\cdot(x+3)$	$(x-3)$
$x^2-9 = (x-3)(x+3)$	x

HN: $x(x-3)(x+3)$

$$\begin{aligned}
x(x-3)(x+3) &\neq 0 \\
x &\neq 0 \\
x-3 &\neq 0 \Rightarrow x \neq 3 \\
x+3 &\neq 0 \Rightarrow x \neq -3
\end{aligned}$$

$D = \mathbb{R}\setminus\{-3; 0; -3\}$

Wir multiplizieren mit dem HN !

$$\begin{aligned}
(x-4)(x+3) - 6x(x-3) &= (1-5x)x \\
x^2-4x+3x-12-6x^2+18x &= x-5x^2 \\
-5x^2+17x-12 &= x-5x^2 \qquad |+5x^2 \\
17x-12 &= x \qquad |-x+12 \\
16x &= 12 \qquad |:16 \\
x &= \frac{12}{16} = \frac{3}{4} \qquad \frac{3}{4} \in D \Rightarrow L = \{\tfrac{3}{4}\}
\end{aligned}$$

Probe:

$$T_1(\tfrac{3}{4}) = \frac{\frac{3}{4} - 4}{(\frac{3}{4})^2 - 3\cdot\frac{3}{4}} - \frac{6\cdot\frac{3}{4}}{(\frac{3}{4})^2 + 3\cdot\frac{3}{4}} = \frac{\frac{3-16}{4}}{\frac{9}{16}-\frac{9}{4}} - \frac{\frac{18}{4}}{\frac{9}{16}+\frac{9}{4}} = \frac{-\frac{13}{4}}{\frac{9-36}{16}} - \frac{\frac{9}{2}}{\frac{9+36}{16}} =$$

$$= -\frac{13}{4}\cdot\frac{16}{-27} - \frac{9}{2}\cdot\frac{16}{45} = \frac{13\cdot4}{27} - \frac{8}{5} = \frac{260-216}{135} = \frac{44}{135}$$

$$T_2(\tfrac{3}{4}) = \frac{1 - 5\cdot\frac{3}{4}}{(\frac{3}{4})^2 - 9} = \frac{\frac{4-15}{4}}{\frac{9-144}{16}} = -\frac{11}{4}\cdot\frac{16}{-135} = \frac{11\cdot4}{135} = \frac{44}{135}$$

$T_1(\frac{3}{4}) = T_2(\frac{3}{4})$ w.A.

53

$$\frac{\frac{x+2}{x}}{\frac{x+1}{x}} + \frac{\frac{x+2+1}{x+2}}{\frac{x+2-1}{x+2}} = 3$$

$$\frac{\frac{x+2}{x}}{\frac{x+1}{x}} + \frac{\frac{x+3}{x+2}}{\frac{x+1}{x+2}} = 3$$

Defintionsmenge:

$x \neq 0$ kommt zweimal als Nenner vor

$\frac{x+1}{x} \neq 0 \Rightarrow x+1 \neq 0 \Rightarrow x \neq -1$

$x+2 \neq 0 \Rightarrow x \neq -2$ kommt zweimal als Nenner vor

$\frac{x+1}{x+2} \neq 0 \Rightarrow x+1 \neq 0 \Rightarrow x \neq -1$

$D = \mathbb{R}\setminus\{-2; -1; 0\}$

$$\frac{x+2}{x} \cdot \frac{x}{x+1} + \frac{x+3}{x+2} \cdot \frac{x+2}{x+1} = 3 \qquad \text{Wir kürzen}$$

$$\frac{x+2}{x+1} + \frac{x+3}{x+1} = 3 \qquad |\cdot \text{HN} = (x+1)$$

$$x + 2 + x + 3 = 3(x+1)$$

$$2x + 5 = 3x + 3 \qquad |-2x-3$$

$$2 = x$$

$$x = 2 \qquad 2 \in D \Rightarrow L = \{2\}$$

Probe:

$$T_1(2) = \frac{1 + \frac{2}{2}}{1 + \frac{1}{2}} + \frac{1 + \frac{1}{2+2}}{1 - \frac{1}{2+2}} =$$

$$= \frac{1 + 1}{\frac{3}{2}} + \frac{1 + \frac{1}{4}}{1 - \frac{1}{4}} =$$

$$= 2 \cdot \frac{2}{3} + \frac{\frac{5}{4}}{\frac{3}{4}} = \frac{4}{3} + \frac{5}{4} \cdot \frac{4}{3} =$$

$$= \frac{4}{3} + \frac{5}{3} = \frac{9}{3} = 3$$

$T_2(2) = 3$ $\qquad$ $T_1(2) = T_2(2)$ w.A.

54 HN: $3 \cdot (\frac{2}{3} + x)$

$\frac{2}{3} + x \neq 0 \Rightarrow x \neq -\frac{2}{3}$

$D = \mathbb{R}\setminus\{-\frac{2}{3}\}$

Wir multiplizieren mit dem HN !

$$(\frac{2}{3} x + \frac{2}{3}) \cdot 3 - 2 \cdot (\frac{2}{3} + x) = 2 \cdot (\frac{2}{3} + x) - \frac{2}{3} \cdot 3$$

$$2x + 2 - \frac{4}{3} - 2x = \frac{4}{3} + 2x - 2$$

$$\frac{2}{3} = -\frac{2}{3} + 2x \qquad |+ \frac{2}{3}$$

$$\frac{4}{3} = 2x \qquad |:2$$

$$\frac{2}{3} = x$$

$$x = \frac{2}{3} \qquad \frac{2}{3} \in D \Rightarrow L = \{\frac{2}{3}\}$$

Probe:

$$T_1(\tfrac{2}{3}) = \frac{\frac{2}{3}\cdot\frac{2}{3} + \frac{2}{3}}{\frac{2}{3} + \frac{2}{3}} - \frac{2}{3} =$$

$$= \frac{\frac{4}{9} + \frac{6}{9}}{\frac{4}{3}} - \frac{2}{3} =$$

$$= \frac{10}{9}\cdot\frac{3}{4} - \frac{2}{3} =$$

$$= \frac{5}{3\cdot 2} - \frac{4}{6} = \frac{1}{6}$$

$$T_2(\tfrac{2}{3}) = \frac{2}{3} - \frac{\frac{2}{3}}{\frac{2}{3} + \frac{2}{3}} = \frac{2}{3} - \frac{\frac{2}{3}}{\frac{4}{3}} =$$

$$= \frac{2}{3} - \frac{2}{3}\cdot\frac{3}{4} = \frac{2}{3} - \frac{1}{2} = \frac{4-3}{6} = \frac{1}{6} \qquad T_1(\tfrac{2}{3}) = T_2(\tfrac{2}{3}) \qquad \text{w.A.}$$

55 HN: $(a+x)$

Definitionsmenge:
$a+x \neq 0 \Rightarrow x \neq -a$

$D = \mathbb{R}\setminus\{-a\};\ a\in\mathbb{R}$

Wir multiplizieren mit dem HN !

$$\begin{aligned} x + 1 &= 2(a+x) - 1 \\ x + 1 &= 2a+2x - 1 \qquad |-x-2a+1 \\ -2a + 2 &= x \\ x &= 2-2a \qquad (2-2a) \in D \Rightarrow L = \{ (2-2a) \};\ a\in\mathbb{R} \end{aligned}$$

Probe:

$$T_1(2-2a) = \frac{(2-2a)+1}{a+(2-2a)} = \frac{3-2a}{2-a}$$

$$T_2(2-2a) = 2 - \frac{1}{a+(2-2a)} =$$

$$= 2 - \frac{1}{2-a} = \frac{2\cdot(2-a)-1}{2-a} =$$

$$= \frac{4-2a-1}{2-a} = \frac{3-2a}{2-a} \qquad T_1(2-2a) = T_2(2-2a) \qquad \text{w.A.}$$

Beachte: Aus der Probe erkennt man das $a \neq 2$ sein muss, sonst ergeben sich Nenner die gleich Null sind.

56

N	Ef
$b(a-x)$	a
a	$b(a-x)$
$a(a-x)$	b

$$\begin{aligned} ab(a-x) &\neq 0 \\ a &\neq 0 \\ b &\neq 0 \\ a-x &\neq 0 \Rightarrow x \neq a \end{aligned}$$

$D = \mathbb{R}\setminus\{a\};\ a,b\in\mathbb{R}\setminus\{0\}$

HN: $ab(a-x)$

Wir multiplizieren mit dem HN !

$$\begin{aligned} ax\cdot a - b\cdot b(a-x) &= 1\cdot ab(a-x) + bx\cdot b \\ a^2x - ab^2+b^2x &= a^2b-abx + b^2x \qquad |-b^2x \\ a^2x - ab^2 &= a^2b - abx \qquad |:a \\ ax - b^2 &= ab - bx \qquad |+b^2+bx \\ ax + bx &= ab + b^2 \\ x(a+b) &= b(a+b) \end{aligned}$$

Fallunterscheidung:

1) $a + b \neq 0 \qquad a \neq -b$

$$x(a+b) = b(a+b) \qquad |:(a+b)$$

$$x = b$$

$L = \{b\};\ a, b \in \mathbb{R}\setminus\{0\}$ mit $a \neq -b$

Probe:

$T_1(b) = \frac{ab}{b(a-b)} - \frac{b}{a} =$

$= \frac{a}{a-b} - \frac{b}{a} =$

$= \frac{a^2 - b(a-b)}{a(a-b)} = \frac{a^2 - ab + b^2}{a(a-b)}$

$T_2(b) = 1 + \frac{b \cdot b}{a(a-b)} = \frac{a(a-b)+b^2}{a(a-b)} =$

$= \frac{a^2 - ab + b^2}{a(a-b)}$

$T_1(b) = T_2(b)$ w.A.

2) $a + b = 0 \quad \Rightarrow a = -b$

$x \cdot 0 = b \cdot 0$

$x \cdot 0 = 0 \quad$ gilt $\forall x \in \mathbb{R}$

$L = \mathbb{R}$; $a, b \in \mathbb{R}\backslash\{0\}$ mit $a = -b$

57

	Arbeitdauer in Tagen	Leistung pro Tag	Leistung in 5 Tagen
A_1	12	$\frac{A}{12}$	$\frac{A}{12} \cdot 5$
A_2	15	$\frac{A}{15}$	$\frac{A}{15} \cdot 5$
A_3	x	$\frac{A}{x}$	$\frac{A}{x} \cdot 5$

$\frac{A}{12} + \frac{A}{15} + \frac{A}{x} = \frac{A}{5} \quad |:A \qquad G = \mathbb{R}^+ \qquad x \neq 0 \Rightarrow D = G$

$\frac{1}{12} + \frac{1}{15} + \frac{1}{x} = \frac{1}{5} \quad |\cdot 60x$

$5x + 4x + 60 = 12x \quad |-9x$

$60 = 3x \quad |:3$

$x = 20 \qquad 20 \in G \Rightarrow L = \{20\}$

Probe:

$\frac{A}{12} + \frac{A}{15} + \frac{A}{20} = \frac{5A+4A+3A}{60} = \frac{12A}{60} = \frac{A}{5}$

Der dritte Arbeiter würde die Arbeit alleine in 20 Tagen erledigen.

58 x ... gesuchte Zahl

$\frac{1}{x}$ ... Kehrwert der gesuchten Zahl

$\frac{1}{2} - \frac{1}{x} = \frac{3}{10} \quad |\cdot 10x \qquad G = \mathbb{R} \qquad x \neq 0 \Rightarrow D = \mathbb{R}\backslash\{0\}$

$5x - 10 = 3x \quad |-3x+10$

$2x = 10 \quad |:2$

$x = 5 \qquad 5 \in D \Rightarrow L = \{5\}$

Probe: $\frac{1}{2} - \frac{1}{5} = \frac{5}{10} - \frac{2}{10} = \frac{3}{10}$

Die gesuchte Zahl lautet 5.

59 x ... gesuchte Zahl

$\frac{1}{x}$ ... Kehrwert

$3 \cdot \frac{1}{x} = \frac{3}{x}$ ... das Dreifache des Kehrwerts

$\frac{2}{x}$ ... das Doppelte des Kehrwerts

$\frac{3}{x} - 4 = \frac{2}{x} \quad |\cdot x \qquad G = \mathbb{R} \qquad x \neq 0 \Rightarrow D = \mathbb{R}\backslash\{0\}$

$3 - 4x = 2 \quad |-3$

$-4x = -1 \quad |:(-4)$

$x = \frac{1}{4} \qquad \frac{1}{4} \in D \Rightarrow L = \{\frac{1}{4}\}$

Probe:

$\frac{1}{4}$ ... gesuchte Zahl, 4 ... Kehrwert

$12 - 4 = 8$

Die gesuchte Zahl lautet $\frac{1}{4}$.

60 x ... gesuchte Zahl

$\frac{1}{x}$ ... Kehrwert

$\frac{1}{3}\cdot\frac{1}{x} = \frac{1}{3x}$ ... das Drittel des Kehrwerts

$\frac{1}{5}\cdot\frac{1}{x} = \frac{1}{5x}$ ... das Fünftel des Kehrwerts

$$\frac{1}{x} + \frac{1}{3x} + \frac{1}{5x} = \frac{23}{75} \quad |\cdot 75x \qquad G = \mathbb{N} \quad x \neq 0 \Rightarrow D = \mathbb{N}^*$$

$$75 + 25 + 15 = 23x$$

$$115 = 23x \quad |:23$$

$$5 = x$$

$$x = 5 \qquad 5 \in D \Rightarrow L = \{5\}$$

Probe: $\frac{1}{5} + \frac{1}{15} + \frac{1}{25} = \frac{15+5+3}{75} = \frac{23}{75}$

Die gesuchte Zahl ist 5.

61 a ... feste Zahl
x ... gesuchte Zahl
a–x ... Differenz

$$\frac{a-x}{x} = a \quad |\cdot x \qquad G = \mathbb{R} \quad x \neq 0 \Rightarrow D = \mathbb{R}\backslash\{0\};\ a \in \mathbb{R}$$

$$a-x = ax \quad |+x$$

$$a = ax+x$$

$$a = x(a+1) \quad |:(a+1) \qquad a+1 \neq 0 \Rightarrow a \neq -1$$

$$\frac{a}{a+1} = x$$

$$x = \frac{a}{a+1} \qquad L = \{\frac{a}{a+1}\};\ a \in \mathbb{R} \text{ mit } a \neq -1 \text{ und } a \neq 0$$

Anmerkung: $a \neq 0$, weil $x=\frac{a}{a+1}$ nicht 0 sein darf.

Probe:

$$\frac{a - \frac{a}{a+1}}{\frac{a}{a+1}} = \frac{\frac{a(a+1)-a}{a+1}}{\frac{a}{a+1}} = \frac{a[(a+1)-1]}{a} = a$$

Die gesuchte Zahl ist $\frac{a}{a+1}$ für $a \in \mathbb{R}\backslash\{-1; 0\}$.

1 (a) $x_{1,2} = \frac{1 \pm \sqrt{1-4\cdot 6\cdot(-1)}}{2\cdot 6}$

$x_{1,2} = \frac{1 \pm \sqrt{1+24}}{12}$

$x_{1,2} = \frac{1 \pm \sqrt{25}}{12}$

$x_{1,2} = \frac{1 \pm 5}{12}$

$(x_1 = \frac{6}{12} = \frac{1}{2}) \vee (x_2 = -\frac{4}{12} = -\frac{1}{3})$ $\qquad L = \left\{ -\frac{1}{3} ; \frac{1}{2} \right\}$

(b) $x_{1,2} = 1 \pm \sqrt{1+15}$

$x_{1,2} = 1 \pm \sqrt{16}$

$x_{1,2} = 1 \pm 4$

$(x_1 = 5) \vee (x_2 = -3)$ $\qquad L = \{ -3 ; 5 \}$

(c) $x_{1,2} = \frac{-7 \pm \sqrt{7^2 - 4\cdot 6\cdot(-5)}}{2\cdot 6}$

$x_{1,2} = \frac{-7 \pm \sqrt{49+120}}{12}$

$x_{1,2} = \frac{-7 \pm \sqrt{169}}{12}$

$x_{1,2} = \frac{-7 \pm 13}{12}$

$(x_1 = \frac{6}{12} = \frac{1}{2}) \vee (x_2 = -\frac{20}{12} = -\frac{5}{3})$ $\qquad L = \left\{ -\frac{5}{3} ; \frac{1}{2} \right\}$

(d) $x_{1,2} = \frac{11 \pm \sqrt{11^2 - 4\cdot 6\cdot 3}}{2\cdot 6}$

$x_{1,2} = \frac{11 \pm \sqrt{121-72}}{12}$

$x_{1,2} = \frac{11 \pm \sqrt{49}}{12}$

$x_{1,2} = \frac{11 \pm 7}{12}$

$(x_1 = \frac{18}{12} = \frac{3}{2}) \vee (x_2 = \frac{4}{12} = \frac{1}{3})$ $\qquad L = \left\{ \frac{1}{3} ; \frac{3}{2} \right\}$

(e) $x_{1,2} = -\frac{17}{12} \pm \sqrt{(\frac{17}{12})^2 - (-\frac{1}{2})}$

$x_{1,2} = -\frac{17}{12} \pm \sqrt{\frac{289}{144} + \frac{72}{144}}$

$x_{1,2} = -\frac{17}{12} \pm \sqrt{\frac{361}{144}}$

$x_{1,2} = -\frac{17}{12} \pm \frac{19}{12}$

$(x_1 = \frac{2}{12} = \frac{1}{6}) \vee (x_2 = -\frac{36}{12} = -3)$ $\qquad L = \{ -3 ; \frac{1}{6} \}$

(f) $x_{1,2} = \frac{38 \pm \sqrt{38^2 - 4\cdot 15\cdot 7}}{2\cdot 15}$

$x_{1,2} = \frac{38 \pm \sqrt{1444-420}}{30}$

$x_{1,2} = \frac{38 \pm \sqrt{1024}}{30} = \frac{38 \pm 32}{30}$

$(x_1 = \frac{70}{30} = \frac{7}{3}) \vee (x_2 = \frac{6}{30} = \frac{1}{5})$ $L = \{ \frac{1}{5} ; \frac{7}{3} \}$

(g) $x_{1,2} = \frac{-12 \pm \sqrt{12^2 - 4 \cdot 8 \cdot 35}}{2 \cdot 8}$

$x_{1,2} = \frac{-12 \pm \sqrt{144-1120}}{2 \cdot 8}$ $D < 0 \Rightarrow$ in $\mathbb{R}$ nicht lösbar: $L = \{ \}$

(h) $9x^2 = 25$

$x^2 = \frac{25}{9}$

$x = \pm \frac{5}{3}$

$(x_1 = -\frac{5}{3}) \vee (x_2 = \frac{5}{3})$ $L = \{ -\frac{5}{3} ; \frac{5}{3} \}$

(j) $x \cdot (16x+3) = 0$

$(x=0) \vee (16x+3 = 0)$

$16x = -3$

$x = -\frac{3}{16}$

$(x_1 = 0) \vee (x_2 = -\frac{3}{16})$ $L = \{ 0; -\frac{3}{16} \}$

(k) $x_{1,2} = \frac{7 \pm \sqrt{7^2 - 4 \cdot 10 \cdot (-6)}}{20}$

$x_{1,2} = \frac{7 \pm \sqrt{49+240}}{20}$

$x_{1,2} = \frac{7 \pm \sqrt{289}}{20} = \frac{7 \pm 17}{20}$

$(x_1 = \frac{24}{20} = \frac{6}{5}) \vee (x_2 = -\frac{10}{20} = -\frac{1}{2})$ $L = \{ -\frac{1}{2} ; \frac{6}{5} \}$

(l) $x_{1,2} = \frac{4 \pm \sqrt{16 - 4 \cdot 4 \cdot 1}}{8}$

$x_{1,2} = \frac{4 \pm \sqrt{16-16}}{8}$ $D = 0 \Rightarrow$ Doppellösung

$x_1 = x_2 = \frac{4}{8} = \frac{1}{2}$ $L = \{ \frac{1}{2}^{(2)} \}$

(m) $x_{1,2} = \frac{-20 \pm \sqrt{20^2 - 4 \cdot 25 \cdot 4}}{2 \cdot 25}$

$x_{1,2} = \frac{-20 \pm \sqrt{400-400}}{50}$ $D = 0 \Rightarrow$ Doppellösung

$x_1 = x_2 = -\frac{20}{50} = -\frac{2}{5}$ $L = \{ -\frac{2}{5}^{(2)} \}$

2 (a) $x_{1,2} = \frac{29 \pm \sqrt{29^2 - 4 \cdot 3 \cdot 56}}{2 \cdot 3}$

$x_{1,2} = \frac{29 \pm \sqrt{841-672}}{6}$

$x_{1,2} = \frac{29 \pm \sqrt{169}}{6} = \frac{29 \pm 13}{6}$

$(x_1 = \frac{42}{6} = 7) \vee (x_2 = \frac{16}{6} = \frac{8}{3})$ $L = \{ \frac{8}{3} ; 7 \}$

(b) $x_{1,2} = \frac{7}{2} \pm \sqrt{(\frac{7}{2})^2 - (-18)}$

$x_{1,2} = \frac{7}{2} \pm \sqrt{\frac{49}{4} + \frac{72}{4}}$

$x_{1,2} = \frac{7}{2} \pm \sqrt{\frac{121}{4}} = \frac{7}{2} \pm \frac{11}{2}$

$(x_1 = \frac{18}{2} = 9) \vee (x_2 = -\frac{4}{2} = -2)$ $L = \{-2 ; 9\}$

(c) $x_{1,2} = -\frac{12}{5} \pm \sqrt{(\frac{12}{5})^2 - (-1)}$

$x_{1,2} = -\frac{12}{5} \pm \sqrt{\frac{144}{25} + \frac{25}{25}}$

$x_{1,2} = -\frac{12}{5} \pm \sqrt{\frac{169}{25}} = -\frac{12}{5} \pm \frac{13}{5}$

$(x_1 = -\frac{25}{5} = -5) \vee (x_2 = \frac{1}{5})$ $L = \left\{-5 ; \frac{1}{5}\right\}$

(d) $x_{1,2} = -\frac{1}{2} \pm \sqrt{(\frac{1}{2})^2 - 5}$ $D < 0 \Rightarrow$ in $\mathbb{R}$ nicht lösbar: $L = \{\ \}$

(e) $x \cdot (5x - 7) = 0$

$(x=0) \vee (5x - 7 = 0)$

$5x = 7$

$x = \frac{7}{5}$

$(x_1 = 0) \vee (x_2 = \frac{7}{5})$ $L = \left\{0 ; \frac{7}{5}\right\}$

(f) $x \cdot (6x + 1) = 0$

$(x = 0) \vee (6x + 1 = 0)$

$6x = -1$

$x = -\frac{1}{6}$

$(x_1 = 0) \vee (x_2 = -\frac{1}{6})$ $L = \left\{-\frac{1}{6} ; 0\right\}$

(g) $8x^2 = 49$

$x^2 = \frac{49}{8}$

$x = \pm \frac{7}{\sqrt{8}} = \pm \frac{7}{2 \cdot \sqrt{2}} \cdot \frac{\sqrt{2}}{\sqrt{2}} = \pm \frac{7 \cdot \sqrt{2}}{4}$

$(x_1 = \frac{7 \cdot \sqrt{2}}{4}) \vee (x_2 = -\frac{7 \cdot \sqrt{2}}{4})$ $L = \left\{-\frac{7 \cdot \sqrt{2}}{4} ; \frac{7 \cdot \sqrt{2}}{4}\right\}$

(h) $4x^2 = -9$ $\sqrt{-9} \notin \mathbb{R} \Rightarrow L = \{\ \}$

(j) $x_{1,2} = -\frac{23}{8} \pm \sqrt{(\frac{23}{8})^2 - (-\frac{3}{2})}$

$x_{1,2} = -\frac{23}{8} \pm \sqrt{\frac{529}{64} + \frac{3}{2}}$

$x_{1,2} = -\frac{23}{8} \pm \sqrt{\frac{529}{64} + \frac{96}{64}}$

$$x_{1,2} = -\frac{23}{8} \pm \sqrt{\frac{625}{64}} = -\frac{23}{8} \pm \frac{25}{8}$$

$$(x_1 = \frac{2}{8} = \frac{1}{4}) \vee (x_2 = -\frac{48}{8} = -6) \qquad L = \left\{ -6 \; ; \frac{1}{4} \right\}$$

3 (a) $a = 0{,}5 \quad b = -12 \quad c = 1:3$
$L = \{ 0{,}0278 \; ; \; 23{,}9721 \}$

(b) $a = 13 \quad b = -25 \quad c = -7$
$L = \{ -0{,}2480 \; ; \; 2{,}1711 \}$

(c) $a = 9 \quad b = 14 \quad c = 0$
$L = \{ -1{,}5556 \; ; \; 0 \}$

(d) $a = 0{,}15 \quad b = 0 \quad c = -9{,}75$
$L = \{ -8{,}0623 \; ; \; 8{,}0623 \}$

(e) $a = 1:100 \quad b = -1:10 \quad c = 1$
$L = \{ \}$

(f) $a = 17{,}5 \quad b = 0 \quad c = 8{,}9$
$L = \{ \}$

(g) $a = 0{,}9 \quad b = -12{,}5 \quad c = 18{,}3$
$L = \{ 1{,}6632 \; ; \; 12{,}2257 \}$

(h) $a = 1 \quad b = -0{,}6 \quad c = 0{,}09$
$L = \{ 0{,}3^{(2)} \}$

(j) $a = 1 \quad b = 6{,}4 \quad c = 10{,}24 \qquad L = \{ -3{,}2^{(2)} \}$

4 (a) $L = \{ -0{,}1833 \; ; \; 3{,}8575 \}$
(b) $L = \{ 3{,}4641^{(2)} \}$
(c) $L = \{ -0{,}4585 \; ; \; 2{,}8155 \}$
(d) $L = \{ -1{,}4142 \; ; \; 1{,}7321 \}$
(e) $L = \{ -1{,}3580 \; ; \; 1{,}3580 \}$
(f) $L = \{ 0 \; ; \; 6{,}3121 \}$

5 (a)
$$\begin{aligned}
(6x^2+9x-8x-12) - (10x^2-4x-45x+18) &= (3x^2-3x+9x-9) + 2x + 42 \\
6x^2+x-12-10x^2+49x-18 &= 3x^2+6x-9+2x+42 \\
-4x^2+50x-30 &= 3x^2+8x+33 \\
-7x^2+42x-63 &= 0 \qquad |:(-7) \\
x^2-6x+9 &= 0 \\
(x-3)^2 &= 0 \\
x^{(2)} &= 3 \qquad L = \{ 3^{(2)} \}
\end{aligned}$$

Probe:

$$\begin{aligned}
T_1(3) &= (2\cdot 3+3)(3\cdot 3-4)-(5\cdot 3-2)(2\cdot 3-9) = \\
&= 9\cdot 5-13\cdot(-3) = 45+39 = 84 \\
T_2(3) &= (3-1)(3\cdot 3+9)+2\cdot 3+42 = \\
&= 2\cdot 18+6+42 = 36+6+42 = 84 \qquad T_1(3) = T_2(3) \quad \text{w.A.}
\end{aligned}$$

(b)
$$\begin{aligned}
6-15x+2x-5x^2-2(x^2-14x+49) &= 8-x \\
6-13x-5x^2-2x^2+28x-98 &= 8-x \\
-7x^2+15x-92 &= 8-x \\
-7x^2+16x-100 &= 0 \qquad |\cdot(-1) \\
7x^2-16x+100 &= 0
\end{aligned}$$

$$x = \frac{16 \pm \sqrt{256-4\cdot 7\cdot 100}}{2\cdot 7} \qquad D < 0 \Rightarrow \text{keine reelle Lösung} : \; L = \{ \}$$

(c)
$$\begin{aligned}
7x^2+9x^2-12x+4 &= 5x^2-15x-(x^2+4x+4)-x+11x^2+1 \\
16x^2-12x+4 &= 5x^2-15x-x^2-4x-4-x+11x^2+1 \\
16x^2-12x+4 &= 15x^2-20x-3 \\
x^2+8x+7 &= 0 \\
x &= -4 \pm \sqrt{16-7} \\
x &= -4 \pm \sqrt{9} = 4 \pm 3
\end{aligned}$$

$$(x_1 = -1) \vee (x_2 = -7) \qquad L = \{ -7 \; ; \; -1 \}$$

Probe:

$x = -1$

$$\begin{aligned}
T_1(-1) &= 7\cdot(-1)^2+[3\cdot(-1)-2]^2 = \\
&= 7\cdot 1+[-5]^2 = 7+25 = 32 \\
T_2(-1) &= 5\cdot(-1)\cdot[-1-3]-[-1+2]^2-(-1)\cdot[1-11\cdot(-1)]+1 = \\
&= -5\cdot(-4)-1^2+12+1 = \\
&= 20-1+12+1 = 32 \qquad T_1(-1) = T_2(-1) \quad \text{w.A.}
\end{aligned}$$

$x = -7$

$T_1(-7) = 7\cdot(-7)^2+[3\cdot(-7)-2]^2 =$
$= 7\cdot 49+(-23)^2 = 872$

$T_2(-7) = 5\cdot(-7)\cdot(-7-3)-(-7+2)^2-(-7)\cdot[1-11\cdot(-7)]+1 =$
$= -35\cdot(-10)-(-5)^2+7\cdot 78+1 =$
$= 350-25+546+1 = 872$ $\quad T_1(-7) = T_2(-7)$ w.A.

6 (a) $x_{1,2} = \frac{3}{4}a \pm \sqrt{(\frac{3}{4}a)^2 - \frac{a^2}{2}}$

$x_{1,2} = \frac{3}{4}a \pm \sqrt{\frac{9}{16}a^2 - \frac{8a^2}{16}}$

$x_{1,2} = \frac{3}{4}a \pm \sqrt{\frac{a^2}{16}} = \frac{3}{4}a \pm \frac{a}{4}$

$(x_1 = \frac{4a}{4} = a) \vee (x_2 = \frac{2a}{4} = \frac{a}{2})$ $\qquad L = \{\frac{a}{2} ; a\}$

Probe:

$x = \frac{a}{2}$

$\frac{a^2}{4} - \frac{3}{2}a\cdot\frac{a}{2} + \frac{a^2}{2} = 0$

$\frac{a^2}{4} - \frac{3}{4}a^2 + \frac{a^2}{2} = 0$

$0 = 0$ w.A.

$x = a$

$a^2 - \frac{3}{2}a\cdot a + \frac{a^2}{2} = 0$

$a^2 - \frac{3}{2}a^2 + \frac{a^2}{2} = 0$

$0 = 0$ w.A.

(b) $x_{1,2} = \frac{(2+a^2)\pm\sqrt{(2+a^2)^2 - 4\cdot a\cdot 2a}}{2\cdot a}$ $\qquad a \neq 0$

$x_{1,2} = \frac{(2+a^2)\pm\sqrt{4+4a^2+a^4-8a^2}}{2a}$

$x_{1,2} = \frac{(2+a^2)\pm\sqrt{4-4a^2+a^4}}{2a}$

$x_{1,2} = \frac{(2+a^2)\pm\sqrt{(2-a^2)^2}}{2a} = \frac{(2+a^2)\pm(2-a^2)}{2a}$

$x_1 = \frac{(2+a^2)+(2-a^2)}{2a} = \frac{2+a^2+2-a^2}{2a} = \frac{4}{2a} = \frac{2}{a}$

$x_2 = \frac{(2+a^2)-(2-a^2)}{2a} = \frac{2+a^2-2+a^2}{2a} = \frac{2a^2}{2a} = a$

$(x_1 = \frac{2}{a}) \vee (x_2 = a)$ $\qquad L = \{\frac{2}{a} ; a\}$ mit $a\in\mathbb{R}\backslash\{0\}$

Probe:

$x = \frac{2}{a}$

$a\cdot(\frac{2}{a})^2 - (2+a^2)\cdot(\frac{2}{a}) + 2a = 0$

$\frac{4a}{a^2} - \frac{4}{a} - \frac{2a^2}{a} + 2a = 0$

$\frac{4}{a} - \frac{4}{a} - 2a + 2a = 0$

$0 = 0$ w.A.

$x = a$

$a\cdot a^2-(2+a^2)\cdot a+2a = 0$

$a^3-2a-a^3+2a = 0$

$0 = 0$ w.A.

(c) $x^2 = a^2$

$x = \pm\sqrt{a^2} = \pm a$

$(x_1 = -a) \vee (x_2 = a)$ $\qquad L = \{-a ; a\}$ mit $a\in\mathbb{R}$

(d) $4x^2 = 3a^2$

$x^2 = \frac{3a^2}{4}$

$x = \pm\sqrt{\frac{3a^2}{4}} = \pm\frac{a}{2}\cdot\sqrt{3}$

$(x_1 = -\frac{a}{2}\cdot\sqrt{3}) \vee (x_2 = \frac{a}{2}\cdot\sqrt{3})$ $\quad L = \left\{ -\frac{a}{2}\cdot\sqrt{3} ; \frac{a}{2}\cdot\sqrt{3} \right\}$ mit $a \in \mathbb{R}$

(e) $x\cdot(4x-3a^2) = 0$

$(x = 0) \vee (4x-3a^2 = 0)$

$4x = 3a^2$

$x = \frac{3a^2}{4}$

$(x_1 = 0) \vee (x_2 = \frac{3a^2}{4})$ $\quad L = \left\{ 0 ; \frac{3a^2}{4} \right\}$ mit $a \in \mathbb{R}$

(f) Multiplikation mit dem HN = 6

$12x^2+(6a-2a^2)\cdot x-a^3 = 0$

$$x_{1,2} = \frac{-(6a-2a^2)\pm\sqrt{(6a-2a^2)^2-4\cdot 12\cdot(-a^3)}}{2\cdot 12}$$

$$x_{1,2} = \frac{-(6a-2a^2)\pm\sqrt{36a^2-24a^3+4a^4+48a^3}}{24}$$

$$x_{1,2} = \frac{-(6a-2a^2)\pm\sqrt{36a^2+24a^3+4a^4}}{24}$$

$$x_{1,2} = \frac{-(6a-2a^2)\pm\sqrt{(6a+2a^2)^2}}{24}$$

$$x_{1,2} = \frac{-(6a-2a^2)\pm(6a+2a^2)}{24}$$

$$x_1 = \frac{-(6a-2a^2)+(6a+2a^2)}{24} = \frac{-6a+2a^2+6a+2a^2}{24} = \frac{4a^2}{24} = \frac{a^2}{6}$$

$$x_2 = \frac{-(6a-2a^2)-(6a+2a^2)}{24} = \frac{-6a+2a^2-6a-2a^2}{24} = \frac{-12a}{24} = -\frac{a}{2}$$

$(x_1 = \frac{a^2}{6}) \vee (x_2 = -\frac{a}{2})$ $\quad L = \left\{ -\frac{a}{2} ; \frac{a^2}{6} \right\}$ mit $a \in \mathbb{R}$

Probe:

$x = -\frac{a}{2}$

$$2\cdot\left(-\frac{a}{2}\right)^2+\left(a-\frac{a^2}{3}\right)\left(-\frac{a}{2}\right)-\frac{a^3}{6} = 0$$

$$\frac{2a^2}{4}-\frac{a^2}{2}+\frac{a^3}{6}-\frac{a^3}{6} = 0$$

$0 = 0$

$x = \frac{a^2}{6}$

$$2\cdot\left(\frac{a^2}{6}\right)^2+\left(a-\frac{a^2}{3}\right)\cdot\frac{a^2}{6}-\frac{a^3}{6} = 0$$

$$\frac{2a^4}{36}+\frac{a^3}{6}-\frac{a^4}{18}-\frac{a^3}{6} = 0$$

$0 = 0$

7 (a) $D = \frac{p^2}{4} - 4$ Doppellösung bei $D = 0$

$k^2+4k+3 = 0$

$k_{1,2} = -2\pm\sqrt{4-3} = -2\pm 1$

$(k_1 = -1) \vee (k_2 = -3)$ $\quad L = \{ -3 ; -1 \}$

Probe: $k = -1$ $\quad x^2+2\cdot(-1)\cdot x-[4\cdot(-1)+3] = 0$

$x^2-2x-[-4+3] = 0$

$x^2-2x+1 = 0$

$(x-1)^2 = 0$ $\quad L = \{ 1^{(2)} \}$

$k = -3$ $\quad x^2+2\cdot(-3)\cdot x-[4\cdot(-3)+3] = 0$

$x^2-6x-[-12+3] = 0$

$x^2-6x+9 = 0$

$(x-3)^2 = 0$ $\quad L = \{ 3^{(2)} \}$

(b) $D = b^2-4ac$ Doppellösung bei $D = 0$

$(k-1)^2-4\cdot 2k\cdot(-k+1) = 0$

$k^2-2k+1+8k^2-8k = 0$

$9k^2-10k+1 = 0$

$$k_{1,2} = \frac{10\pm\sqrt{100-4\cdot 9\cdot 1}}{18} = \frac{10\pm\sqrt{100-36}}{18} = \frac{10\pm\sqrt{64}}{18} = \frac{10\pm 8}{18}$$

$$(k_1 = \frac{18}{18} = 1) \vee (k_2 = \frac{2}{18} = \frac{1}{9}) \qquad L = \{ \frac{1}{9} ; 1 \}$$

Probe: $k = \frac{1}{9}$ $\quad 2 \cdot \frac{1}{9} x^2 + (\frac{1}{9} - 1) \cdot x - \frac{1}{9} + 1 = 0$

$$\frac{2}{9} x^2 - \frac{8}{9} x + \frac{8}{9} = 0 \qquad | \cdot 9$$
$$2x^2 - 8x + 8 = 0 \qquad |:2$$
$$x^2 - 4x + 4 = 0$$
$$(x - 2)^2 = 0 \qquad L = \{ 2^{(2)} \}$$

$k = 1$ $\quad 2x^2 + (1-1) \cdot x - 1 + 1 = 0$

$$2x^2 = 0$$
$$x^2 = 0 \qquad L = \{ 0^{(2)} \}$$

(c) $D = b^2 - 4ac$ Doppellösung bei $D = 0$

$$(3k-1)^2 - 4 \cdot k \cdot 1 = 0$$
$$9k^2 - 6k + 1 - 4k = 0$$
$$9k^2 - 10k + 1 = 0$$
$$k_{1,2} = \frac{10 \pm \sqrt{100 - 4 \cdot 9 \cdot 1}}{2 \cdot 9} = \frac{10 \pm \sqrt{100-36}}{18} = \frac{10 \pm 8}{18}$$
$$(k_1 = 1) \vee (k_2 = \frac{1}{9}) \qquad L = \left\{ \frac{1}{9} ; 1 \right\}$$

Probe: $k = \frac{1}{9}$ $\quad \frac{1}{9} \cdot x^2 + (3 \cdot \frac{1}{9} - 1) \cdot x + 1 = 0$

$$\frac{1}{9} x^2 - \frac{2}{3} x + 1 = 0 \qquad | \cdot 9$$
$$x^2 - 6x + 9 = 0$$
$$(x-3)^2 = 0 \qquad L = \{ 3^{(2)} \}$$

$k = 1$ $\quad x^2 + (3 \cdot 1 - 1) \cdot x + 1 = 0$

$$x^2 + 2x + 1 = 0$$
$$(x+1)^2 = 0 \qquad L = \{ -1^{(2)} \}$$

(d) $D = \left(\frac{p}{2}\right)^2 - q$ Doppellösung bei $D = 0$

$$\left(\frac{k-2}{2}\right)^2 - (3k-8) = 0$$
$$\frac{k^2 - 4k + 4}{4} - 3k + 8 = 0 \qquad | \cdot 4$$
$$k^2 - 4k + 4 - 12k + 32 = 0$$
$$k^2 - 16k + 36 = 0$$
$$k_{1,2} = 8 \pm \sqrt{64-36} = 8 \pm \sqrt{28} = 8 \pm \sqrt{4 \cdot 7} = 8 \pm 2\sqrt{7}$$
$$(k_1 = 8 + 2\sqrt{7}) \vee (k_2 = 8 - 2\sqrt{7}) \qquad L = \{ 8+2\sqrt{7} ; 8-2\sqrt{7} \}$$

Probe: $k = 8 + 2\sqrt{7}$ $\quad x^2 + (8 + 2\sqrt{7} - 2) \cdot x + 3 \cdot (8 + 2\sqrt{7}) - 8 = 0$

$$x^2 + (6 + 2\sqrt{7}) \cdot x + 24 + 6\sqrt{7} - 8 = 0$$
$$x^2 + 2 \cdot (3 + \sqrt{7}) \cdot x + 16 + 6\sqrt{7} = 0$$
$$x_{1,2} = -(3+\sqrt{7}) \pm \sqrt{(3+\sqrt{7})^2 - (16 + 6\sqrt{7})}$$
$$x_{1,2} = -(3+\sqrt{7}) \pm \sqrt{9 + 6\sqrt{7} + 7 - 16 - 6\sqrt{7}}$$
$$x = -(3+\sqrt{7}) \qquad L = \{ -(3+\sqrt{7})^{(2)} \}$$

$k = 8 - 2\sqrt{7}$ $\quad x^2 + (8 - 2\sqrt{7} - 2) \cdot x + 3 \cdot (8 - 2\sqrt{7}) - 8 = 0$

$$x^2 + (6 - 2\sqrt{7}) \cdot x + 24 - 6\sqrt{7} - 8 = 0$$
$$x^2 + 2 \cdot (3 - \sqrt{7}) \cdot x + 16 - 6\sqrt{7} = 0$$
$$x_{1,2} = -(3-\sqrt{7}) \pm \sqrt{(3-\sqrt{7})^2 - (16 - 6\sqrt{7})}$$
$$x_{1,2} = -(3-\sqrt{7}) \pm \sqrt{9 - 6\sqrt{7} + 7 - 16 + 6\sqrt{7}}$$
$$x = -(3-\sqrt{7}) \qquad L = \{ -(3-\sqrt{7})^{(2)} \}$$

8 (a)

N	Ef
$x^2-4 = (x-2)(x+2)$	$(x-2)$
$(x-2)$	$(x-2)(x+2)=(x^2-4)$
$(x-2)^2(x+2)$	1

HN: $(x-2)^2(x+2)$

$$(x-2)^2(x+2) \neq 0$$
$$x-2 \neq 0 \qquad x+2 \neq 0$$
$$x \neq 2 \qquad x \neq -2$$
$$D = \mathbb{R}\setminus\{ -2 ; 2 \}$$

Wir multiplizieren mit dem HN !

$$\begin{aligned}
(2x-5)(x-2)+(3x-8)(x^2-4) &= 3x^3-9x-6\\
2x^2-5x-4x+10+3x^3-8x^2-12x+32 &= 3x^3-9x-6\\
3x^3-6x^2-21x+42 &= 3x^3-9x-6\\
-6x^2-12x+48 &= 0 \qquad |:(-6)\\
x^2+2x-8 &= 0\\
x_{1,2} &= -1 \pm \sqrt{1-(-8)}\\
x_{1,2} &= -1 \pm \sqrt{9} = -1 \pm 3
\end{aligned}$$

$$(x_1 = 2) \vee (x_2 = -4) \qquad 2 \notin D \Rightarrow \quad L = \{ -4 \}$$

Probe:

$$\frac{-8-5}{16-4} + \frac{-12-8}{-4-2} = \frac{3\cdot(-64)-9\cdot(-4)-6}{(-4-2)^2\cdot(-4+2)}$$
$$-\frac{13}{12} + \frac{20}{6} = \frac{-192+36-6}{36\cdot(-2)}$$
$$-\frac{13}{12} + \frac{40}{12} = \frac{-162}{-72}$$
$$\frac{27}{12} = \frac{81}{36}$$
$$\frac{9}{4} = \frac{9}{4}$$

(b)

N	Ef
$4x-6 = 2(2x-3)$	$(x+2)$
$(x+2)$	$2(2x-3)$
$(2x^2+x-6)=(2x-3)(x+2)$	2

HN: $2(x+2)(2x-3)$

$$2(x+2)(2x-3) \neq 0$$
$$x+2 \neq 0 \qquad 2x-3 \neq 0$$
$$x \neq -2 \qquad x \neq \frac{3}{2}$$
$$D = \left\{ -2 ; \frac{3}{2} \right\}$$

Wir multiplizieren mit dem HN !

$$\begin{aligned}
(x-1)(x+2)-(3x-4)(2x-3)\cdot 2 &= (20-10x)\cdot 2\\
x^2+2x-x-2-(6x^2-9x-8x+12)\cdot 2 &= 40-20x\\
x^2+x-2-12x^2+18x+16x-24 &= 40-20x\\
-11x^2+35x-26 &= 40-20x\\
-11x^2+55x-66 &= 0 \qquad |:(-11)\\
x^2-5x+6 &= 0
\end{aligned}$$

$$x_{1,2} = \frac{5}{2} \pm \sqrt{\frac{25}{4} - 6} = \frac{5}{2} \pm \sqrt{\frac{25-24}{4}} = \frac{5}{2} \pm \frac{1}{2}$$

$$(x_1 = 3) \vee (x_2 = 2) \qquad L = \{ 2 ; 3 \}$$

Probe:

$x = 3$

$$\frac{3-1}{12-6} - \frac{9-4}{3+2} = \frac{20-30}{2\cdot 9+3-6}$$
$$\frac{2}{6} - \frac{5}{5} = \frac{-10}{15}$$
$$\frac{1}{3} - 1 = -\frac{2}{3}$$
$$-\frac{2}{3} = -\frac{2}{3}$$

$x = 2$

$$\frac{2-1}{8-6} - \frac{6-4}{2+2} = \frac{20-20}{2\cdot 4+2-6}$$
$$\frac{1}{2} - \frac{2}{4} = 0$$
$$0 = 0$$

(c)

N	Ef
$(x-5)^2$	$(x+5)$
$x^2-25=(x-5)(x+5)$	$(x-5)$
$x+5$	$(x-5)^2$

HN: $(x-5)^2(x+5)$

$$(x-5)^2(x+5) \neq 0$$
$$x-5 \neq 0 \qquad x+5 \neq 0$$
$$x \neq 5 \qquad x \neq -5$$
$$D = \mathbb{R}\setminus\{ -5 ; 5 \}$$

Wir multiplizieren mit dem HN !

$$(x-3)(x+5)-(x+4)(x-5) = 2\cdot(x-5)^2$$
$$x^2+5x-3x-15-(x^2-5x+4x-20) = 2\cdot(x^2-10x+25)$$
$$x^2+2x-15-x^2+5x-4x+20 = 2x^2-20x+50$$
$$2x^2-23x+45 = 0$$
$$x_{1,2} = \frac{23\pm\sqrt{529-360}}{4} = \frac{23\pm\sqrt{169}}{4} = \frac{23\pm 13}{4}$$
$$\left(x_1 = \frac{23+13}{4} = 9\right) \vee \left(x_2 = \frac{10}{4} = 2{,}5\right) \qquad L = \left\{ 2{,}5 ; 9 \right\}$$

Probe:

$x = 2{,}5$

$$\frac{2{,}5-3}{(2{,}5-5)^2} - \frac{2{,}5+4}{2{,}5^2-25} = \frac{2}{2{,}5+5}$$
$$\frac{-0{,}5}{6{,}25} - \frac{6{,}5}{-18{,}75} = \frac{2}{7{,}5}$$
$$\frac{-150+650}{1875} = \frac{2}{7{,}5}$$
$$\frac{500}{1875} = \frac{2}{7{,}5}$$
$$\frac{4}{15} = \frac{4}{15}$$

$x = 9$

$$\frac{9-3}{(9-5)^2} - \frac{9+4}{81-25} = \frac{2}{9+5}$$
$$\frac{6}{16} - \frac{13}{56} = \frac{2}{14}$$
$$\frac{3}{8} - \frac{13}{56} = \frac{1}{7}$$
$$\frac{21-13}{56} = \frac{1}{7}$$
$$\frac{1}{7} = \frac{1}{7}$$

(d)

N	Ef
$3x^2-8x-3 = (x-3)(3x+1)$	1
$x-3$	$(3x+1)$

HN: $(x-3)(3x+1)$

$$3x^2-8x-3 = 0$$
$$(x_1 = 3) \vee \left(x_2 = -\frac{1}{3}\right)$$
$$3x^2-8x-3 = 3(x-3)\left(x+\frac{1}{3}\right) =$$
$$= (x-3)(3x+1)$$

$$(x-3)(3x+1) \neq 0$$
$$x-3 \neq 0 \qquad 3x+1 \neq 0$$
$$x \neq 3 \qquad x \neq -\frac{1}{3}$$
$$D = \mathbb{R} \setminus \{-\tfrac{1}{3}; 3 \}$$

Wir multiplizieren mit dem HN !

$$(2x-2)\cdot 1-(4x+1)(3x+1) = -2\cdot(x-3)(3x+1)$$
$$2x-2-(12x^2+4x+3x+1) = -2(3x^2-8x-3)$$
$$2x-2- 12x^2-4x-3x-1 = -6x^2+16x+6$$
$$-12x^2-5x-3 = -6x^2+16x+6$$
$$0 = 6x^2+21x+9$$
$$6x^2+21x+9 = 0$$
$$2x^2+ 7x+3 = 0$$
$$x_{1,2} = \frac{-7\pm\sqrt{49 - 24}}{4} = \frac{-7\pm\sqrt{25}}{4} = \frac{-7\pm 5}{4}$$
$$\left(x_1 = \frac{-7+5}{4} = \frac{-2}{4} = -0{,}5\right) \vee \left(x_2 = \frac{-7-5}{4} = \frac{-12}{4} = -3\right)$$

$L = \{ -3 ; -0{,}5 \}$

Probe:

$x = -3$

$$\frac{2\cdot(-3)-2}{3\cdot(-3)^2-8\cdot(-3)-3} - \frac{4\cdot(-3)+1}{-3-3} = -2$$
$$\frac{-6-2}{3\cdot 9+24-3} - \frac{-12+1}{-6} = -2$$
$$\frac{-8}{48} - \frac{11}{6} = -2$$

$x = -0{,}5$

$$\frac{2\cdot(-0{,}5)-2}{3\cdot(-0{,}5)^2-8\cdot(-0{,}5)-3} - \frac{4\cdot(-0{,}5)+1}{(-0{,}5)-3} = -2$$
$$\frac{-1-2}{0{,}75+4-3} - \frac{-2+1}{-0{,}5-3} = -2$$
$$\frac{-3}{1{,}75} - \frac{-1}{-3{,}5} = -2$$

$$-\frac{1}{6} - \frac{11}{6} = -2$$
$$-2 = -2 \quad \text{w.A.}$$

$$\frac{-6}{3,5} - \frac{1}{3,5} = -2$$
$$\frac{-7}{3,5} = -2$$
$$-2 = -2$$

(e)

N	Ef
$x-a$	$x+a$
$x^2-a^2 = (x-a)(x+a)$	1
$x+a$	$x-a$

$(x+a)(x-a) \neq 0$
$x+a \neq 0 \quad x-a \neq 0$
$x \neq -a \quad x \neq a$

$D = \mathbb{R}\setminus\{-a\,;\,a\}$ mit $a \in \mathbb{R}$

HN: $(x+a)(x-a)$

Wir multiplizieren mit dem HN !

$$5a(x+a)+2a^2\cdot 1 = x\cdot(x-a)$$
$$5ax+5a^2+2a^2 = x^2-ax$$
$$-x^2+6ax+7a^2 = 0$$
$$x^2-6ax-7a^2 = 0$$
$$x_{1,2} = 3a \pm \sqrt{9a^2+7a^2} = 3a \pm \sqrt{16a^2} = 3a \pm 4a$$
$$(x_1=7a) \vee (x_2 = -a) \qquad -a \notin D \Rightarrow L = \{7a\} \text{ mit } a \in \mathbb{R}$$

Probe:

$x = 7a$

$$\frac{5a}{7a-a} + \frac{2a^2}{(7a)^2-a^2} = \frac{7a}{7a+a}$$
$$\frac{5a}{6a} + \frac{2a^2}{48a^2} = \frac{7a}{8a}$$
$$\frac{5}{6} + \frac{1}{24} = \frac{7}{8}$$
$$\frac{21}{24} = \frac{7}{8} \quad \text{w.A.}$$

Beachte: Ist $a = 0$ gilt $\frac{0}{x} + \frac{0}{x^2} = 1$. Diese Gleichung hat in $\mathbb{R}$ keine Lösung!

(f)

N	Ef
$x-a$	$x+a$
$x+a$	$x-a$
$a^2-x^2 = (-1)(x^2-a^2) =$	
$= (-1)(x-a)(x+a)$	(-1)

$(x-a)(x+a) \neq 0$
$x-a \neq 0 \quad x+a \neq 0$
$x \neq a \quad x \neq -a$

$D = \mathbb{R} \setminus \{-a\,;\,a\}$ mit $a \in \mathbb{R}$

HN: $(x-a)(x+a)$

Wir multiplizieren mit dem HN !

$$x\cdot(x+a) - (2a-3x)\cdot(x-a) = -a^2\cdot(-1)$$
$$x^2 + ax - (2ax-2a^2-3x^2+3ax) = a^2$$
$$x^2 + ax - 5ax+2a^2+3x^2 = a^2$$
$$4x^2-4ax+a^2 = 0$$
$$x_{1,2} = \frac{4a \pm \sqrt{16a^2-16a^2}}{8} = \frac{a}{2}$$

$$L = \left\{ \frac{a}{2}\ (2) \right\}$$

Probe:

$$\frac{\frac{a}{2}}{\frac{a}{2}-a} - \frac{2a-\frac{3a}{2}}{\frac{a}{2}+a} = \frac{-a^2}{a^2-\frac{a^2}{4}}$$
$$\frac{\frac{a}{2}}{-\frac{a}{2}} - \frac{\frac{a}{2}}{\frac{3a}{2}} = \frac{-a^2}{\frac{3a^2}{4}}$$
$$-1 - \frac{1}{3} = -\frac{4}{3} \quad \text{w.A.}$$

Beachte: Ist $a = 0$ gilt $1 + 3 = 0$. Das ist eine f.A. Für $a = 0$ hat die Gleichung in $\mathbb{R}$ keine Lösung!

(g)

N	Ef
$x+2a$	$(x-2a)(x+2a)=(x^2-4a^2)$
$x^2-4a^2 = (x-2a)(x+2a)$	$(x+2a)$
$x^2+4ax+4a^2 = (x+2a)^2$	$(x-2a)$

HN: $(x+2a)^2(x-2a)$

$(x+2a)^2(x-2a) \neq 0$

$x+2a \neq 0 \qquad x-2a \neq 0$

$x \neq -2a \qquad x \neq 2a$

$D = \mathbb{R} \setminus \{-2a\ ;\ 2a\}$ mit $a\in\mathbb{R}$

Wir multiplizieren mit dem HN !

$$\begin{aligned} 2ax(x^2-4a^2) - 4x(x+2a) &= (2ax^2+4a^2x)(x-2a) \\ 2ax^3-8a^3x - 4x^2-8ax &= 2ax^3+4a^2x^2-4a^2x^2-8a^3x \\ -4x^2-8ax &= 0 \\ x^2+2ax &= 0 \\ x(x+2a) &= 0 \end{aligned}$$

$(x_1 = 0) \vee (x_2 = -2a)$ $\qquad -2a \notin D \Rightarrow L = \{0\}$

Probe: $x = 0$

$$\frac{0}{2a} - \frac{0}{-4a^2} = \frac{0+0}{4a^2}$$

$0 = 0$ w.A.

Beachte: Ist $a = 0$ gilt $0 - \frac{4}{x} = 0$. Diese Gleichung hat in $\mathbb{R}$ keine Lösung!

(h)

N	Ef
$3a-2x$	$(3a-2x)(3a+2x) = 9a^2-4x^2$
$9a^2-12ax+4x^2 = (3a-2x)^2$	$(3a+2x)$
$9a^2-4x^2 = (3a-2x)(3a+2x)$	$(3a-2x)$

HN: $(3a-2x)^2(3a+2x)$

$(3a-2x)^2(3a+2x) \neq 0$

$3a-2x \neq 0 \qquad 3a+2x \neq 0$

$x \neq \frac{3a}{2} \qquad x \neq -\frac{3a}{2}$

$D = \mathbb{R} \setminus \{-\frac{3a}{2}\ ;\ \frac{3a}{2}\}$ $a\in\mathbb{R}$

Wir multiplizieren mit dem HN !

$$\begin{aligned} (a+x)(9a^2-4x^2) - (2x-5a)(3a+2x) &= (2x^2+5ax+3a^2)(3a-2x) \\ 9a^3-4ax^2+9a^2x-4x^3-(6ax+4x^2-15a^2-10ax) &= 6ax^2-4x^3+15a^2x-10ax^2+9a^3-6a^2x \\ -4ax^2+9a^2x-6ax-4x^2+15a^2+10ax &= 9a^2x-4ax^2 \\ -4x^2+4ax+15a^2 &= 0 \\ 4x^2-4ax-15a^2 &= 0 \end{aligned}$$

$$x_{1,2} = \frac{4a \pm \sqrt{16a^2+240a^2}}{8} = \frac{4a \pm \sqrt{256a^2}}{8} = \frac{4a \pm 16a}{8}$$

$$\left(x_1 = -\frac{12a}{8} = -\frac{3a}{2}\right) \vee \left(x_2 = \frac{20a}{8} = \frac{5a}{2}\right) \qquad L = \left\{\frac{5a}{2}\right\} \quad a\in\mathbb{R}$$

Probe: $x = \frac{5a}{2}$

$$\frac{a+\frac{5a}{2}}{3a-2\cdot\frac{5a}{2}} - \frac{2\cdot\frac{5a}{2}-5a}{9a^2-12a\cdot\frac{5a}{2}+4\cdot\left(\frac{5a}{2}\right)^2} = \frac{2\cdot\left(\frac{5a}{2}\right)^2+5a\cdot\frac{5a}{2}+3a^2}{9a^2-4\cdot\left(\frac{5a}{2}\right)^2}$$

$$\frac{\frac{7a}{2}}{-2a} - \frac{5a-5a}{9a^2-30a^2+25a^2} = \frac{\frac{25a^2}{2}+\frac{25a^2}{2}+3a^2}{9a^2-25a^2}$$

$$-\frac{7}{4} - 0 = \frac{28a^2}{-16a^2}$$

$$-\frac{7}{4} = -\frac{7}{4} \quad \text{w.A.}$$

Beachte: Ist $a = 0$ gilt $-\frac{1}{2} - \frac{1}{2x} = -\frac{1}{2x}$. Diese Gleichung hat in $\mathbb{R}$ keine Lösung!

9 x ... natürliche Zahl

$x+1$ ... Nachfolger

$\frac{1}{x}$, $\frac{1}{x+1}$ ... Kehrwerte

$$\frac{1}{x} + \frac{1}{x+1} = \frac{9}{20} \qquad G = \mathbb{N}^*$$

$$20(x+1) + 20x = 9x(x+1)$$
$$20x+20 + 20x = 9x^2+9x$$
$$9x^2-31x-20 = 0$$
$$x_{1,2} = \frac{31 \pm \sqrt{961+720}}{18} = \frac{31 \pm 41}{18}$$
$$\left(x_1 = 4 \right) \vee \left(x_2 = -\frac{10}{18} \right) \qquad L = \{ 4 \}$$

Probe: $\frac{1}{4} + \frac{1}{5} = \frac{5+4}{20} = \frac{9}{20}$ Die beiden Zahlen lauten 4 und 5.

10 x ... natürliche Zahl

$\frac{1}{x}$ ... Kehrwert $\frac{3}{x}$ ... dreifacher Kehrwert

$$x - \frac{3}{x} = \frac{1}{4}x \quad | \cdot 4x \qquad G = \mathbb{N}^*$$
$$4x^2 - 12 = x^2$$
$$3x^2 - 12 = 0$$
$$x^2 = 4$$
$$x = \pm 2 \qquad L = \{ 2 \}$$

Probe: $2 - \frac{3}{2} = \frac{1}{2}$

$\frac{1}{4} \cdot 2 = \frac{1}{2}$

Die Zahl lautet 2.

11 x ... Zahl

3x ... Dreifaches dieser Zahl $\frac{1}{x}$ ... Kehrwert der Zahl

$$3x - \frac{1}{x} = \frac{1}{2} \quad | \cdot 2x \qquad G = \mathbb{R} \setminus \{ 0 \}$$
$$6x^2 - 2 = x$$
$$6x^2 - x - 2 = 0$$
$$x_{1,2} = \frac{1 \pm \sqrt{1+48}}{12} = \frac{1 \pm 7}{12}$$
$$\left(x_1 = \frac{8}{12} = \frac{2}{3} \right) \vee \left(x_2 = -\frac{6}{12} = -\frac{1}{2} \right) \qquad L = \left\{ -\frac{1}{2} ; \frac{2}{3} \right\}$$

Probe: $3 \cdot \frac{2}{3} - \frac{3}{2} = 2 - \frac{3}{2} = \frac{1}{2}$ w.A. $3 \cdot \left(-\frac{1}{2}\right) + 2 = -\frac{3}{2} + 2 = \frac{1}{2}$ w.A.

Die Zahlen lauten $\frac{2}{3}$ und $-\frac{1}{2}$.

1 (a)

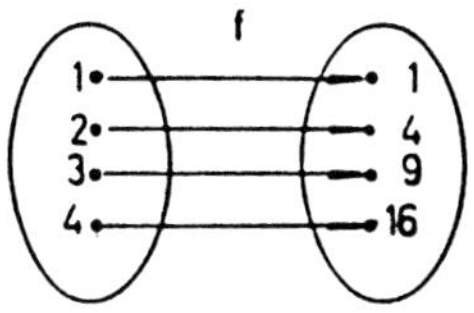

Es liegt eine Funktion vor, da jedem Element x der Menge A (Definitionsmenge) genau ein Element y der Menge B (Bildmenge) zugeordnet wird.

(b)

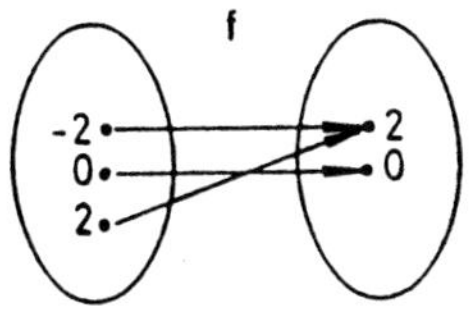

Es liegt eine Funktion vor, da jedem Element x der Menge A (Definitionsmenge) genau ein Element y der Menge B (Bildmenge) zugeordnet wird.

(c)

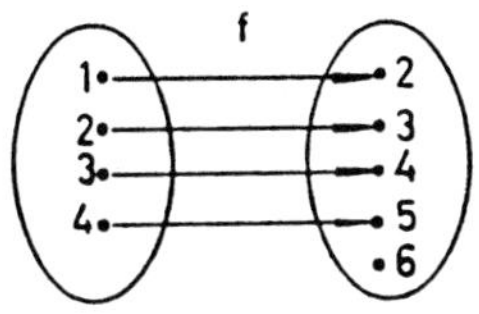

Es liegt eine Funktion vor, da jedem Element x der Menge A (Definitionsmenge) genau ein Element y der Menge B (Bildmenge) zugeordnet wird.

(d)

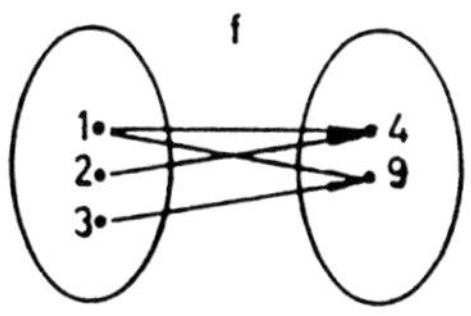

Es liegt keine Funktion vor!
Dem Element 1 werden mehrere Elemente aus B zugeordnet. (Widerspruch zur Definition)

(e)

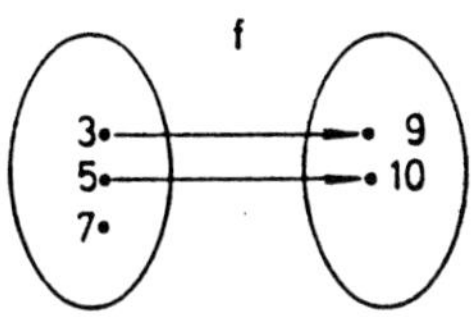

Es liegt keine Funktion vor!
Dem Element 7 wird kein Bildelement zugeordnet.

2 (a) Mengendiagramm

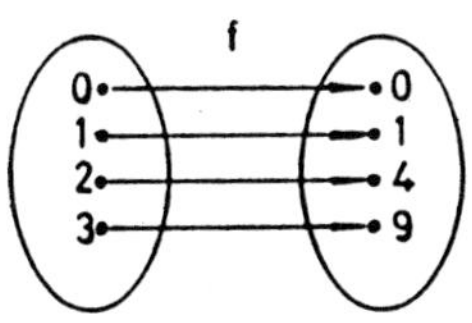

(b) graphische Darstellung

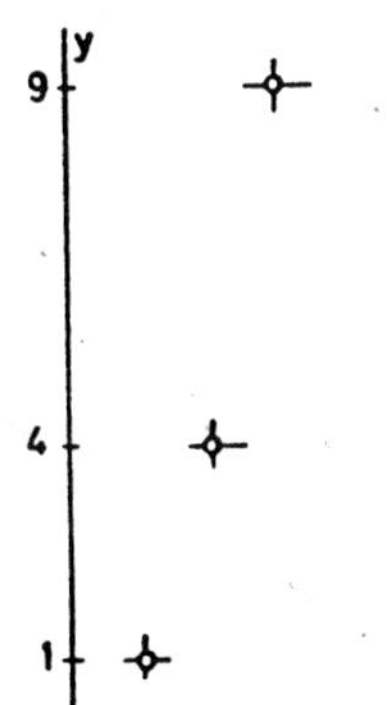

(c) Wertetabelle

x	y
0	0
1	1
2	4
3	9

(d) Paarmenge: $G=\{(0\ ;\ 0)\ ,\ (1\ ;\ 1)\ ,\ (2\ ;\ 4)\ ,\ (3\ ;\ 9)\}$

(e) Funktionsterm: $f:\ D_f \rightarrow B:\ x \mapsto x^2$

3 (a)

x	y
1	2
2	3
3	4
4	5
5	6

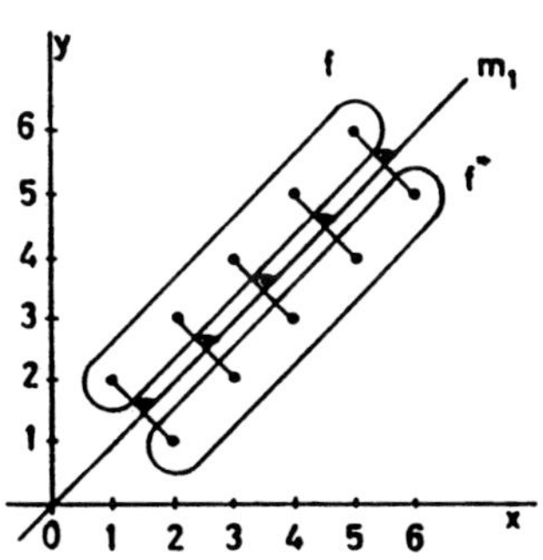

$$
\begin{aligned}
f:&\quad y = x+1 \\
f^*:&\quad x = y+1 \qquad |-1 \\
&\quad x-1 = y \\
&\quad y = x-1
\end{aligned}
$$

(b)

x	y
0	1
3	2
6	3

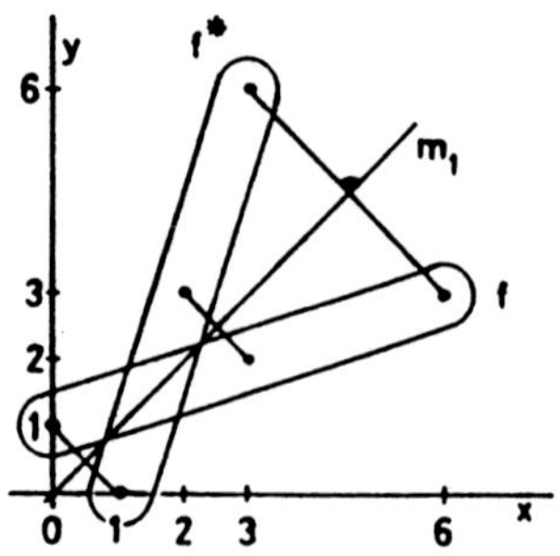

$f: \quad y = \frac{x}{3}+1$

$f^*: \quad x = \frac{y}{3}+1 \qquad |\cdot 3$

$3x = y+3 \qquad |-3$

$3x-3 = y$

$y = 3x-3$

4 (a) $f^*: \quad x = \frac{y}{5}+2 \qquad |\cdot 5$

$5x = y+10$

$y = 5x-10$

Nullstelle:

von f: $0 = \frac{x_1}{5}+2 \qquad |\cdot 5$

$0 = x_1+10$

$x_1 = -10$

$N(-10/0)$

von f*: $0 = 5x_1-10 \qquad |+10$

$10 = 5x_1 \qquad |:5$

$x_1 = 2$

$N^*(2/0)$

(b) $f^*: x = 2y-\frac{1}{2} \qquad |+\frac{1}{2}$

$x+\frac{1}{2} = 2y \qquad |:2$

$y = \frac{x}{2}+\frac{1}{4}$

Nullstelle:

von f: $0 = 2x_1-\frac{1}{2} \qquad |+\frac{1}{2}$

$\frac{1}{2} = 2x_1 \qquad |:2$

$x_1 = \frac{1}{4}$

$N(\frac{1}{4}/0)$

von f*: $0 = \frac{x_1}{2}+\frac{1}{4} \qquad |-\frac{1}{4}$

$-\frac{1}{4} = \frac{x_1}{2} \qquad |\cdot 2$

$x_1 = -\frac{1}{2}$

$N^*(-\frac{1}{2}/0)$

5 (a)

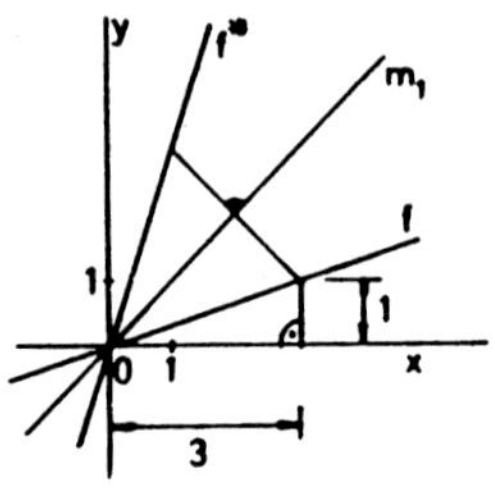

Ist die Steigung k dem Betrag nach klein, so ist es günstig, ein zum Steigungsdreieck ähnliches Dreieck zu zeichnen; die Konstruktion wird dadurch genauer.

$1 : k = 1 : \frac{1}{3} = 3 : 1$

Den Graphen der Umkehrfunktion erhält man durch Spiegelung an der ersten Mediane.

$f^*: \quad x = \frac{1}{3}y \qquad |\cdot 3$

$3x = y$

$y = 3x$

(b)

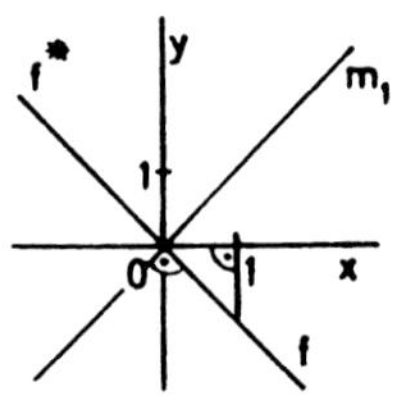

$f^*: \quad x = -y$

$y = -x$

Funktion und Umkehrfunktion sind ident; ihre Graphen fallen zusammen.

(c)

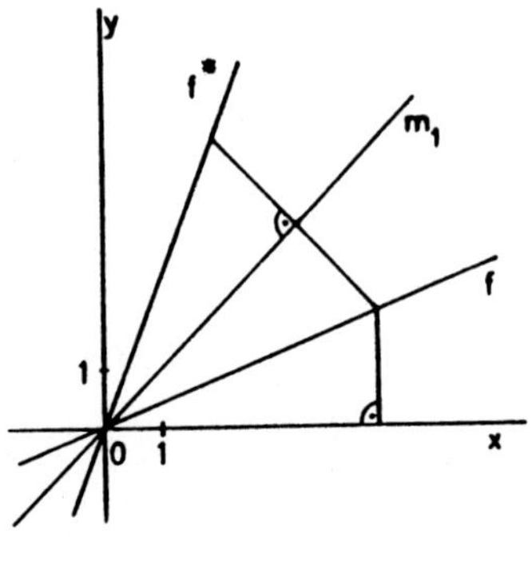

Für das Steigungsdreieck von f gilt:

$1 : k = 1 : 0{,}4 = 10 : 4 = 5 : 2$

$f^*: \quad x = 0{,}4y \qquad |\cdot 5$

$5x = 2y \qquad |:2$

$y = \frac{5}{2}x$

(d)

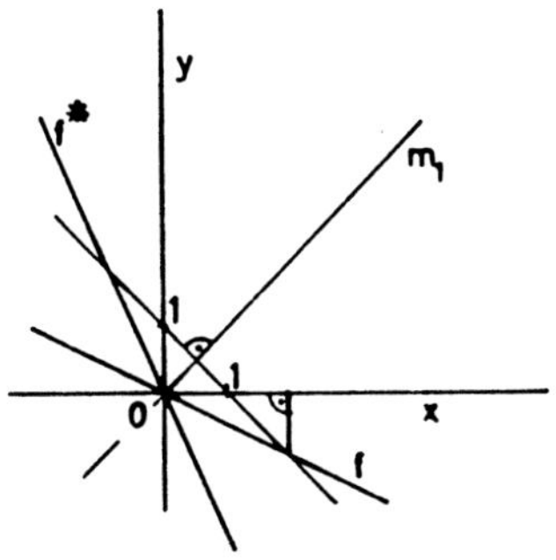

Für das Steigungsdreieck von f gilt:
$1 : k = 1 : (-0{,}5) = 2 : (-1)$

f^*: $x = -0{,}5y \quad |\cdot(-2)$
$y = -2x$

6 (a)

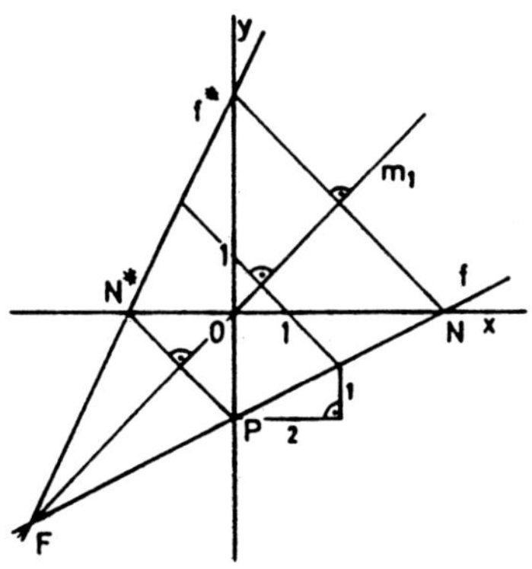

Der Graph ist eine Gerade, die durch P(0/−2) verläuft. In P zeichnen wir das Steigungsdreieck und erhalten die Gerade.
Für das Steigungsdreieck von f gilt:

$1 : k = 1 : \frac{1}{2} = 2 : 1$

f^*: $x = \frac{1}{2}y-2 \quad |+2$

$x+2 = \frac{1}{2}y \quad |\cdot 2$

$y = 2x+4$

Kontrolle der Nullstellen:

f: $0 = \frac{1}{2}x_1-2 \quad |+2$ $\qquad$ f^*: $0 = 2x_1+4 \quad |-4$

$2 = \frac{1}{2}x_1 \quad |\cdot 2$ $\qquad$ $-4 = 2x_1 \quad |:2$

$x_1 = 4$ $\qquad$ $x_1 = -2$

N(4/0) $\qquad$ N*(−2/0)

Beachten Sie: Der Punkt P∈f und die Nullstelle N* liegen symmetrisch zur 1. Mediane.

Kontrolle des Fixpunkts:

$x_1 = -\frac{1}{2}x_1-2 \quad |-\frac{1}{2}x_1$

$\frac{1}{2}x_1 = -2 \quad |\cdot 2$

$x_1 = -4$

F(−4/−4)

(b)

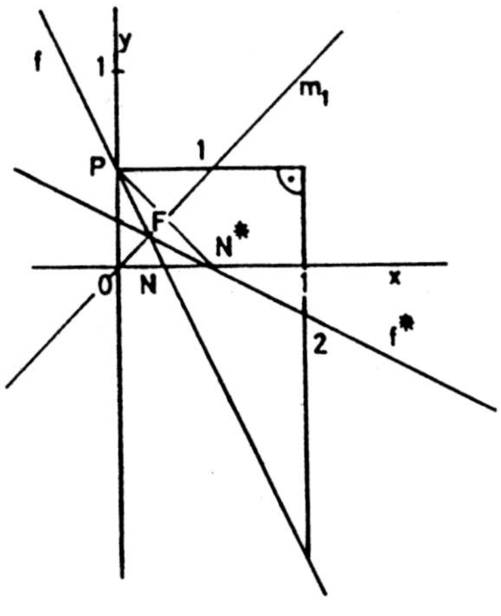

f^*: $x = -2y+\frac{1}{2} \quad |-\frac{1}{2}$

$x-\frac{1}{2} = -2y \quad |:(-2)$

$y = -\frac{1}{2}x+\frac{1}{4}$

Kontrolle der Nullstellen:

f: $0 = -2x_1+\frac{1}{2} \quad |+2x$

$2x_1 = \frac{1}{2} \quad |:2$

$x_1 = \frac{1}{4}$ $\qquad$ $N(\frac{1}{4}/0)$

f^*: $0 = -\frac{1}{2}x_1+\frac{1}{4} \quad |+\frac{1}{2}x_1$

$\frac{1}{2}x_1 = \frac{1}{4} \quad |\cdot 2$

$x_1 = \frac{1}{2}$ $\qquad$ $N^*(\frac{1}{2}/0)$

Kontrolle des Fixpunkts: $x_1 = -2x_1+\frac{1}{2} \Rightarrow 3x_1 = \frac{1}{2} \Rightarrow x_1 = \frac{1}{6}$ $\qquad$ $F(\frac{1}{6}/\frac{1}{6})$

7 (a) A: $2 = \frac{4}{3}\cdot 3-2$

$2 = 4 - 2$ w.A. $\Rightarrow A\in f$

B: $4 = \frac{4}{3}\cdot 6-2$

$4 = 4\cdot 2 - 2$ f.A. $\Rightarrow B\notin f$

(b) A: $3 = \frac{2}{5}\cdot 10+1$

$3 = 4 + 1$ f.A. $\Rightarrow A\notin f$

B: $-1 = \frac{2}{5}\cdot(-5)+1$

$-1 = -2 + 1$ w.A. $\Rightarrow B\in f$

8 (a) $k = \frac{y_2-y_1}{x_2-x_1} = \frac{4-(-1)}{-3-2} = \frac{5}{-5} = -1$

g: $y = kx+d$

$y = -x+d$

$A\in g$: $-1 = -2+d \Rightarrow d=1$

Geradengleichung: $y = -x+1$

Funktionsgleichung: $f: \mathbb{R}\to\mathbb{R} : y = -x+1$

(b) $k = \frac{y_2-y_1}{x_2-x_1} = \frac{5-(-1)}{4-0} = \frac{6}{4} = \frac{3}{2}$

g: $y = kx+d$

$y = \frac{3}{2}x+d$

$A\in g$: $-1 = \frac{3}{2}\cdot 0+d \Rightarrow d=-1$

Geradengleichung: $y = \frac{3}{2}x-1$

Funktionsgleichung: $f: \mathbb{R}\to\mathbb{R} : y = \frac{3}{2}x-1$

9 $k = \frac{y_2-y_1}{x_2-x_1} = \frac{-2-(-4)}{2-(-2)} = \frac{2}{4} = \frac{1}{2}$

g: $y = kx+d$

$y = \frac{1}{2}x+d$

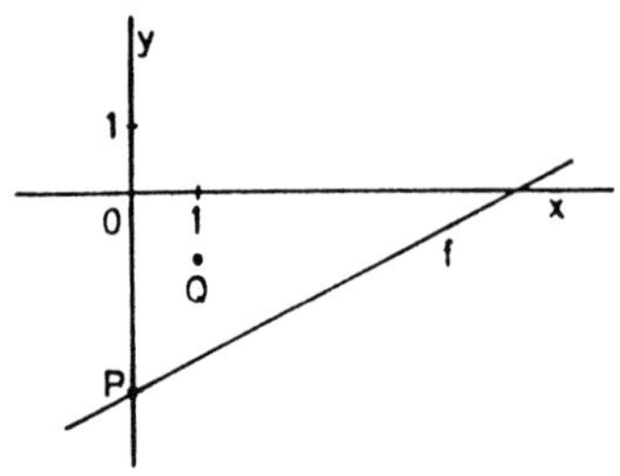

$(2/-2)\in g$: $-2 = \frac{1}{2}\cdot 2+d$

$-2 = 1 + d$

$d = -3$

Geradengleichung: $y = \frac{1}{2}x-3$

Funktionsgleichung: $f: \mathbb{R}\to\mathbb{R} : y = \frac{1}{2}x-3$

$P\in g$? $-3 = \frac{1}{2}\cdot 0-3$ w.A. $\Rightarrow P\in g$

$Q\in g$? $-1 = \frac{1}{2}\cdot 1-3$ f.A. $\Rightarrow Q\notin g$

10 h: $y = kx+d$ Gleichung der Parallelen

$y = -\frac{1}{3}x+d$ Die Parallele h hat dieselbe Steigung k wie die Gerade g

$P\in h$: $1 = -\frac{1}{3}\cdot 6+d$

$1 = -2 + d$

$d = 3$ $y = -\frac{1}{3}x+3$ Gleichung der Geraden h

11 Wir legen durch zwei Punkte (z.B. P, Q) eine Gerade g und überprüfen, ob der dritte Punkt R die Geradengleichung erfüllt.

(a) $k = \frac{y_2-y_1}{x_2-x_1} = \frac{-3-1}{-4-2} = \frac{-4}{-6} = \frac{2}{3}$

g: $y = kx+d$

$y = \frac{2}{3}x+d$

$P\in g$: $1 = \frac{2}{3}\cdot 2+d$

$1 = \frac{4}{3} + d$

$d = -\frac{1}{3}$

g: $y = \frac{2}{3}x-\frac{1}{3}$

$R\in g$? $\frac{1}{3} = \frac{2}{3}\cdot 1-\frac{1}{3}$ w.A. $\Rightarrow R\in g$

P,Q,R liegen auf einer Geraden.

(b) $k = \frac{y_2-y_1}{x_2-x_1} = \frac{-2-(-1)}{0-2} = \frac{-1}{-2} = \frac{1}{2}$

g: $y = kx+d$

$y = \frac{1}{2}x+d$

$Q\in g$: $-2 = \frac{1}{2}\cdot 0+d$

$d = -2$

g: $y = \frac{1}{2}x-2$

$R\in g$? $4 = \frac{1}{2}\cdot(-3)-2$ f.A. $\Rightarrow R\notin g$

P,Q,R liegen nicht auf einer Geraden

12 Lebensmittelhändler: $K_L = 9{,}50 \cdot x$

Bauer: $K_B = 4{,}50 \cdot x + 150$

x ... Kartoffelmenge in kg

K_L, K_B ... Rechnungsbetrag als Funktion von x

150 ... Grundpreis (Fixkosten für Lieferung)

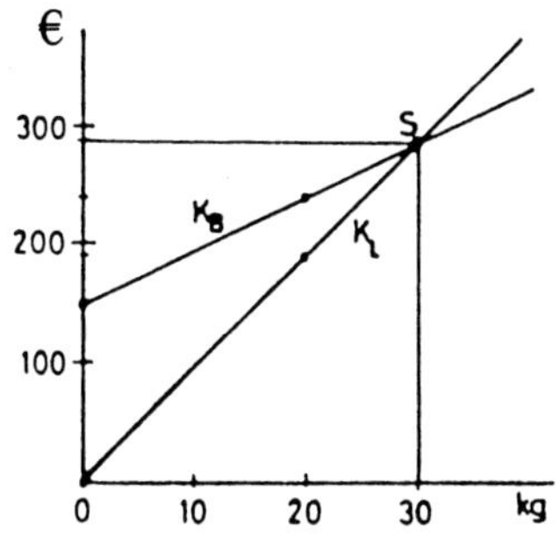

L:

x	K_L
0	0
20	190

B:

x	K_B
0	150
20	240

S(30/285)

Bei 30kg sind die Kosten für den Verbraucher gleich.

Für $x > 30$ gilt: $K_B(x) < K_L(x)$,
d.h. bei Abnahme von mehr als 30kg kauft man direkt beim Bauern günstiger.

13

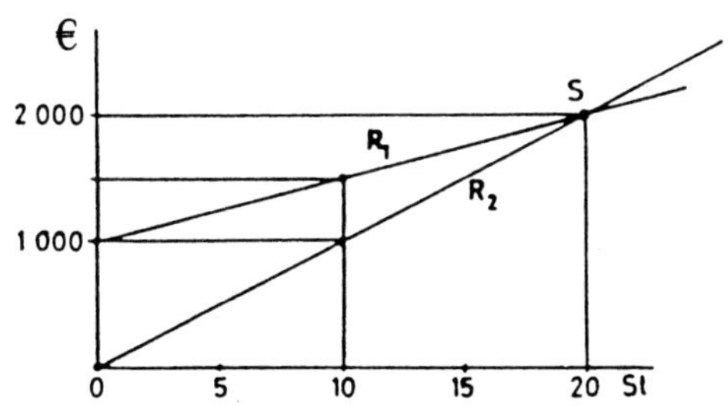

F_1: $R_1 = 50x + 1000$

F_2: $R_2 = 100x$

F_1:

x	R_1
0	1000
10	1500

F_2:

x	R_2
0	0
10	1000

(a) Bei 15 Stück ist das Anbot der Firma F_2 günstiger:
$R_2(15) < R_1(15)$, da im Intervall $[0\ ,\ 20[$ der Funktionsgraph R_2 unterhalb des Funktionsgraphen R_1 verläuft.
Kontrolle: F_1: $R_1(15) = 50 \cdot 15 + 1000 = 1750$
F_2: $R_2(15) = 100 \cdot 15 = 1500$

(b) Im Punkt S(20/2000) schneiden einander die Funktionsgraphen, d.h. für 20 Stück sind beide Anbote gleich.
Kontrolle: F_1: $R_1(20) = 50 \cdot 20 + 1000 = 2000$
F_2: $R_2(20) = 100 \cdot 20 = 2000$

(c) Bei 25 Computern ist das Anbot der Firma F_1 günstiger, da ab einer Stückzahl von 20 der Graph der Funktion R_1 unterhalb des Graphen der Funktion von R_2 verläuft.
Kontrolle: F_1: $R_1(25) = 50 \cdot 25 + 1000 = 2250$
F_2: $R_2(25) = 100 \cdot 25 = 2500$

14 $K = kx + F$ — F ... Fixkosten 48 000 €

k ... Stückkosten 9 €

$K = 9x + 4800$ — Gesamtkosten für x Stück

$E = e \cdot x$ — e ... Erlös pro Stück

(a) $E_1 = e \cdot 3000$
$E_1 = 3000e$ — Gesamterlös bei 3000 Stück
Damit die Selbstkosten bei einer Produktion von 3000 Stück gedeckt sind, müssen die Gesamtkosten K und der Gesamterlös E_1 gleich sein.

$K = 9 \cdot 3000 + 48000$
$K = 75000$ — Gesamtkosten für 3000 Stück

$75000 = 3000e$
$e = 25S$ — Erlösfunktion: $E_1 = 25x$

Der Erlös e muss 25 € pro Stück betragen.

(b) $K = 9x + 48\,000$ Gesamtkosten für x Stück

$E_2 = 27 \cdot x$ Gesamterlös für x Stück bei einem Erlös von 27 € pro Stück

Damit die Selbstkosten für x Stück gedeckt sind, muss der Gesamterlös für x Stück den Gesamtkosten für x Stück gleich sein.

$$27x = 9x + 48000$$
$$18x = 48000$$
$$x = \frac{48000}{18}$$
$$x = 2666{,}66...$$

Da x (Stückzahl) eine natürliche Zahl ist, müssen wir runden:
Bei gleichbleibenden Gesamtkosten gilt:
(1) Erhöhung der Stückzahl ⇒ Erlös pro Stück wird kleiner
(2) Verringerung der Stückzahl ⇒ Erlös pro Stück wird größer
Da der Erlös pro Stück mindestens 27 € (≥ 27 €) sein muss, müssen wir für x die nächste kleinere natürliche Zahl nehmen (2666 Stück).
Kontrolle:
Gesamtkosten für den "genauen" x-Wert: $K = 9 \cdot \frac{48000}{18} + 48000$

$K = 72000$

Bei einer Stückzahl von 2666 ergibt sich für den Erlös pro Stück:

$\frac{72000}{2666} = 27{,}0067... > 27$ €

Bei einer Stückzahl von 2667 ergibt sich für den Erlös pro Stück:

$\frac{72000}{2667} = 26{,}9966... < 27$ €

(c)

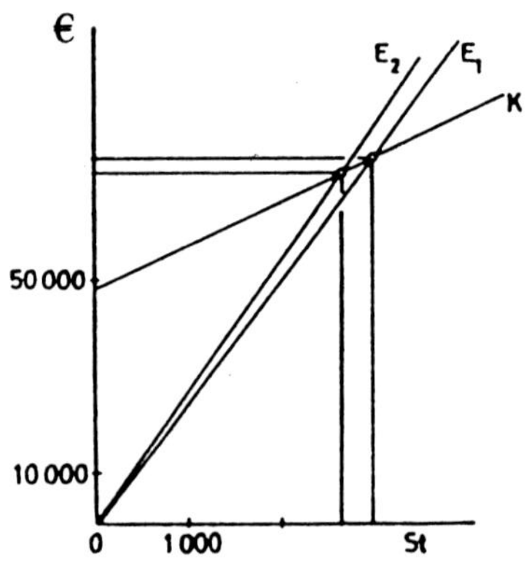

$K = 9x + 48000$
$E_1 = 25x$
$E_2 = 27x$

x	K
0	48000
2000	66000

x	E_1
0	0
2000	50000

x	E_2
0	0
2000	54000

15 $B_x = 15300 - \frac{15300}{4} \cdot x$

(a)
$$3825 = 15300 - \frac{15300}{4} \cdot x$$
$$3825 = 15300 - 3825x$$
$$-11475 = -3825x$$
$$x = 3$$

Nach 3 Jahren beträgt der Buchwert 3825 €.

(b)
$$B_2 = 15300 - \frac{15300}{4} \cdot 2$$
$$B_2 = 7650$$

Preis: $7650 + 1200 = 8850$

Die Maschine muss um 8850 € verkauft werden.

16 $B_x = A - \frac{A}{n} \cdot x$

(a)
$$B_5 = 28125$$
$$28125 = 75000 - \frac{75000}{n} \cdot 5$$
$$-46875 = -\frac{75000}{n} \cdot 5 \quad |:5$$
$$-9375 = -\frac{75000}{n} \quad |\cdot(-n)$$
$$9375n = 75000$$
$$n = 8$$

Die Nutzungsdauer beträgt 8 Jahre.

(b)
$$B_6 = 75000 - \frac{75000}{8} \cdot 6$$
$$B_6 = 18750$$
$$21000 - 18750 = 2250$$

Beim Verkauf wird ein Gewinn von 2250 € erzielt.

17 (a)

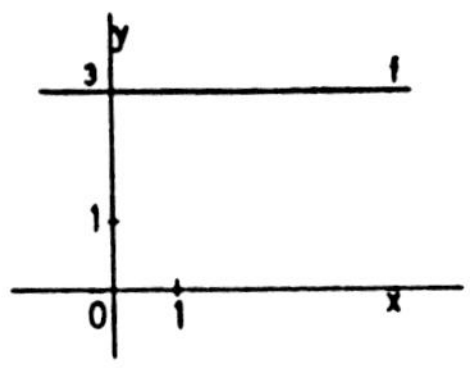

(b)

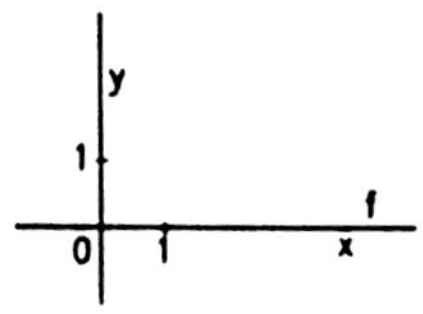

(c)

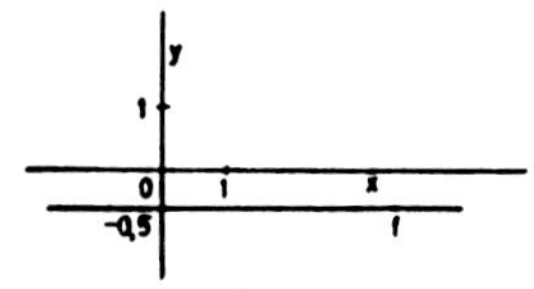

18 (a)

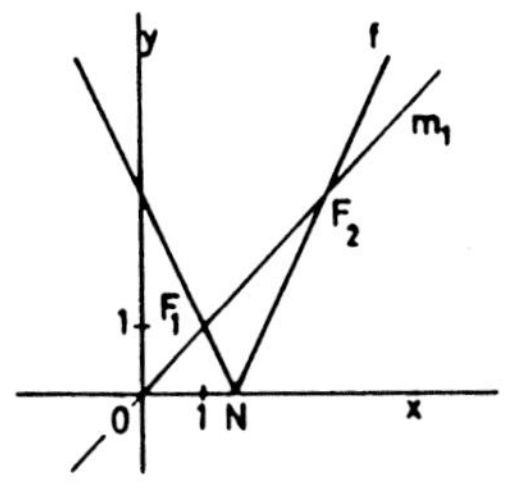

$|2x-3| = 0 \Rightarrow$ Knickstelle bei $x = \frac{3}{2}$

x	y	
-1	5	
0	3	
1	1	F_1
2	1	
3	3	F_2
1,5	0	N

Kontrolle der Nullstelle:

$|2x-3| = 0$

$2x-3 = 0 \Rightarrow x = \frac{3}{2} \Rightarrow N(\frac{3}{2}/0)$

Kontrolle des Fixpunkts: $|2x-3| = x$

1. Fall: $2x-3 \geq 0 \Rightarrow x \geq \frac{3}{2}$

$|2x-3| = x$

$2x-3 = x$

$x = 3$ F(3/3)

2. Fall: $2x-3 < 0 \Rightarrow x < \frac{3}{2}$

$|2x-3| = x$

$-(2x-3) = x$

$-2x+3 = x$

$-3x = -3$

$x = 1$ F(i/1)

(b)

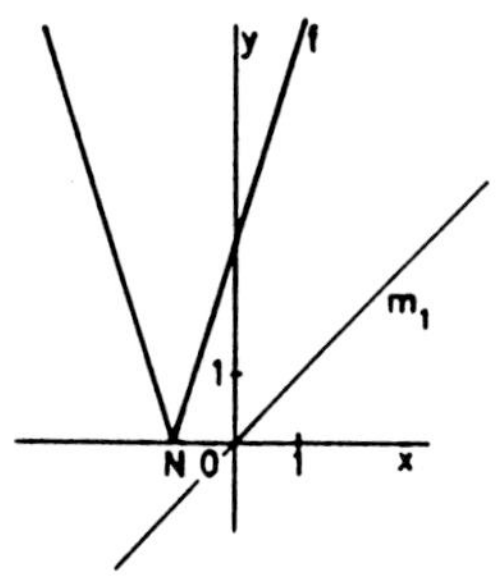

$|x+1| = 0 \Rightarrow$ Knickstelle bei $x=-1$

x	y	
-2	3	
-1	0	N
0	3	

Kontrolle der Nullstelle:

$3|x+1| = 0$

$x+1 = 0 \Rightarrow x = -1 \Rightarrow N(-1/0)$

∄ Fixpunkt F (siehe Graph)

(c)

$|x| = 0$, wenn $x=0$ ... Knickstelle

$|x+1| = 0$, wenn $x=-1$ ... Knickstelle

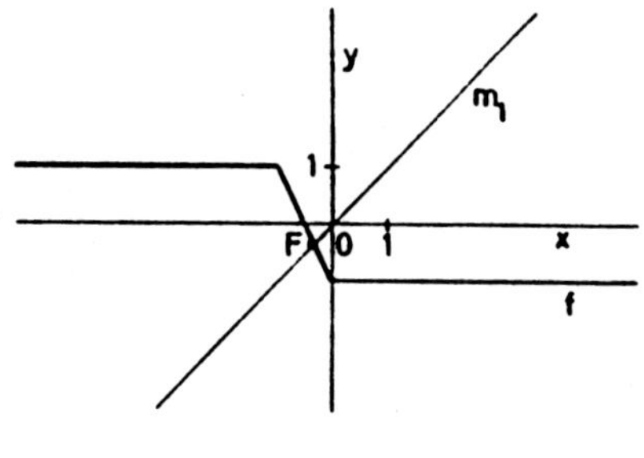

x	y	
-3	1	
-2,5	1	
-2	1	
-1,5	1	
-1	1	
-0,5	0	N
0	-1	
0,5	-1	
1	-1	
2	-1	

Kontrolle der Nullstelle:

$|x| - |x+1| = 0$

$|x| = |x+1|$

1. Fall: $x \geq 0$

$x+1 \geq 0 \Rightarrow x \geq -1$

$x = x+1$

$0 = 1$ f.A.

2. Fall: $x \geq 0$

$x+1 < 0 \Rightarrow x < -1$

$(x \geq 0) \wedge (x < -1)$ f.A.

3. Fall: $x < 0$

$x+1 \geq 0 \Rightarrow x \geq -1$

$-x = x+1$

$-2x = 1$

$x = -\frac{1}{2}$ $\quad N(-\frac{1}{2}/0)$

4. Fall: $x < 0$

$x+1 < 0 \Rightarrow x<-1$

$-x = -(x+1)$

$-x = -x-1$

$0 = -1$ $\quad$ f.A.

Kontrolle des Fixpunktes:

$|x| - |x+1| = x$

1. Fall: $\left.\begin{array}{l} x \geq 0 \\ x+1 \geq 0 \Rightarrow x \geq -1 \end{array}\right\} \Rightarrow x \geq 0$

$|x| - |x+1| = x$

$x - (x+1) = x$

$x - x-1 = x$

$x = -1$

$\nexists x: (x\geq 0)\wedge(x=-1)$

2. Fall: $\left.\begin{array}{l} x \geq 0 \\ x+1 < 0 \Rightarrow x<-1 \end{array}\right\} \Rightarrow \nexists x: (x\geq 0)\wedge(x<-1)$

3. Fall: $\left.\begin{array}{l} x < 0 \\ x+1 \geq 0 \Rightarrow x \geq -1 \end{array}\right\} \Rightarrow -1\leq x<0$

$-x - (x+1) = x$

$-x - x - 1 = x$

$-3x = 1$

$x = -\frac{1}{3}$

$F(-\frac{1}{3}/-\frac{1}{3})$

4. Fall: $\left.\begin{array}{l} x < 0 \\ x+1 \leq 0 \Rightarrow x \leq -1 \end{array}\right\} \Rightarrow x \leq -1$

$-x - [-(x+1)] = x$

$-x + x + 1 = x$

$x = 1$

$\nexists x: (x\leq -1)\wedge(x=1)$

(d)

x	y
-3	9
-2,5	7,5
-2	6
-1,5	5,5
-1	5
0	4
0,5	3,5
1	3
1,5	4,5
2	6

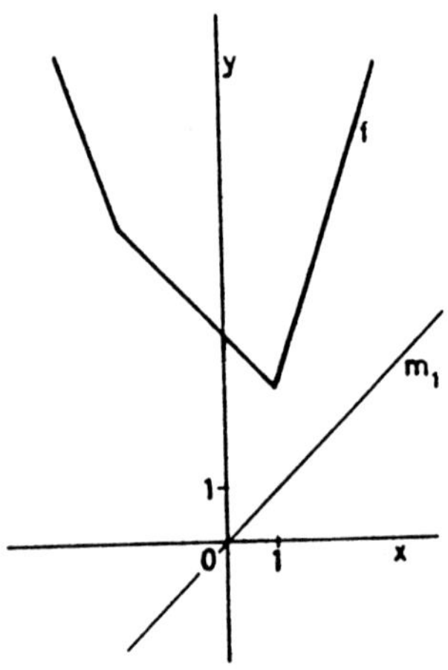

$|x-1| = 0$, wenn $x=1$ ... Knickstelle

$|x+2| = 0$, wenn $x=-2$ ... Knickstelle

$\nexists N$; $\nexists F$

19 (a)

x	y	
-3	3	$\forall x<2$: $sgn(x-2)=-1$
-2	2	
-1	1	
0	0	
1	-1	
1,8	-1,8	
2	0	$x=2$: $sgn(x-2)=0$
2,2	2,2	$\forall x>2$: $sgn(x-2)=1$
3	3	
4	4	

$sgn(x-2) = 0$, wenn $x=2$ ... Sprungstelle

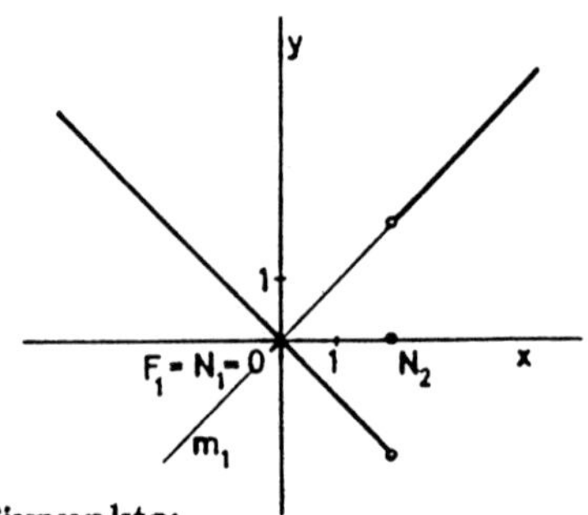

Kontrolle der Nullstelle:

$x \cdot sgn(x-2) = 0$

$(x=0) \vee (sgn(x-2)=0)$

$x=0 \Rightarrow N_1(0/0)$

$sgn(x-2)=0 \Rightarrow x-2=0$

$\Rightarrow x=2 \Rightarrow N_2(2/0)$

Kontrolle der Fixpunkte:

$x \cdot sgn(x-2) = x$

$x \cdot sgn(x-2)-x = 0$

$x[sgn(x-2)-1]=0$

$(x=0) \vee (sgn(x-2)=1)$

$x=0 \Rightarrow F_1(0/0)$

$sgn(x-2)=1$ gilt $\forall x>2 \Rightarrow \infty F$

(b)

x	y
-2	-1
-1	-1
-0,5	-1
0	0
0,5	1
1	1
2	1
3	1

$\forall x<0$: $\operatorname{sgn}(2x)=-1$

$x=0$: $\operatorname{sgn}(2x)=0$

$\forall x>0$: $\operatorname{sgn}(2x)=1$

Kontrolle der Nullstelle:

$\operatorname{sgn}(2x) = 0$

$T(x) = 2x = 0$

$x = 0 \Rightarrow N(0/0)$

$\operatorname{sgn}(2x)=0$, wenn $x=0$ ... Sprungstelle

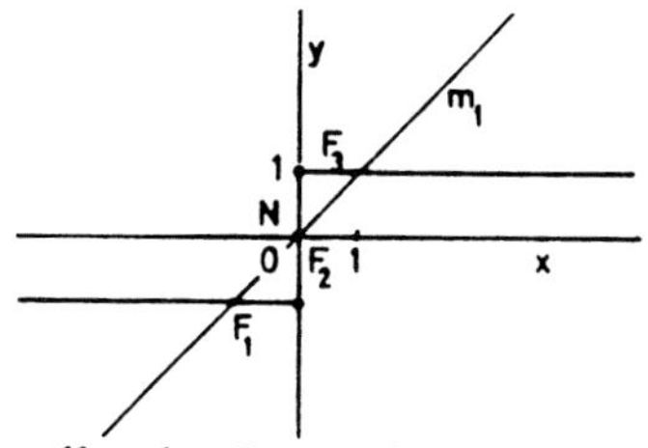

Kontrolle de Fixpunkte:

$\operatorname{sgn}(2x) = x$

1. Fall: $2x < 0 \Rightarrow x < 0$
   $-1 = x$ $\quad F_1(-1/-1)$
2. Fall: $2x = 0 \Rightarrow x = 0$
   $0 = x$ $\quad F_2(0/0)$
3. Fall: $2x > 0 \Rightarrow x > 0$
   $1 = x$ $\quad F_3(1/1)$

(c)

x	y
-3	6
-2	5
-1	4
-0,5	3,5
0	0
0,5	-2,5
1	-2
2	-1
3	0
4	1
5	2

$\forall x<0$: $\operatorname{sgn} x=-1$

$x=0$: $\operatorname{sgn} x=0$

$\forall x>0$: $\operatorname{sgn} x=1$

Kontrolle der Nullstelle:

$(x-3)\cdot \operatorname{sgn} x = 0$

$(x-3 = 0) \vee (\operatorname{sgn} x = 0)$

$(x = 3) \vee (x = 0)$

$N_1(3/0)$ $\quad N_2(0/0)$

$\operatorname{sgn} x=0$, wenn $x=0$ ... Sprungstelle

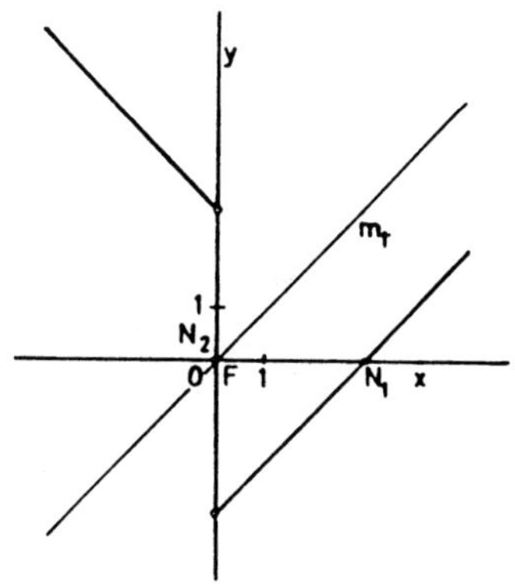

Kontrolle des Fixpunktes:

$(x-3)\cdot \operatorname{sgn} x = x$

1. Fall: $x<0 \Rightarrow \operatorname{sgn} x = -1$
   $-(x-3) = x$
   $-x + 3 = x$
   $-2x = -3$
   $x = \frac{3}{2}$
   $\nexists\, x : (x<0)\wedge(x=\frac{3}{2})$

2. Fall: $x=0 \Rightarrow \operatorname{sgn} x = 0$
   $(x-3)\cdot 0 = 0$
   $0 = 0$ w.A.
   $F(0/0)$

3. Fall: $x>0 \Rightarrow \operatorname{sgn} x = 1$
   $(x-3)\cdot 1 = x$
   $x-3 = x$
   $-3 = 0$ f.A.

(d)

x	y
-2	1
-1	1
-0,5	1
0	0
0,5	1
1	1
2	1

Kontrolle der Nullstelle:

$\operatorname{sgn} |x| = 0$

$|x| = 0$

$x = 0$

$N(0/0)$

$\operatorname{sgn} |x| = 0$, wenn $x = 0$ ... Sprungstelle

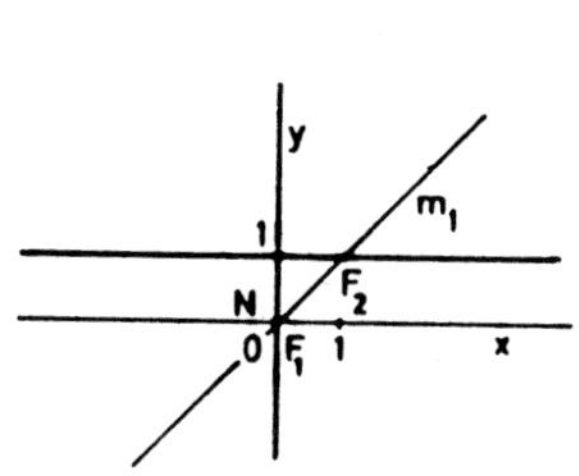

Kontrolle der Fixpunkte: $\operatorname{sgn}|x| = x$

1. Fall: $x=0$: $\operatorname{sgn}|x| = 0$
   $0 = x$
   $F_1(0/0)$

2. Fall: $\forall x \in \mathbb{R}\setminus\{0\}$: $\operatorname{sgn}|x| = 1$
   $1 = x$
   $F_2(1/1)$

Anmerkung: Diese Funktion heißt Heavisidefunktion $f: \mathbb{R} \to \mathbb{R} : x \mapsto H(x)$
$H(x) = 1 \quad \forall x \in \mathbb{R}\setminus\{0\}$
$H(x) = 0 \quad x=0$
Die Heavisidefunktion wird in der EDV verwendet.

20 (a)

x	y
-4	-4
-3	-3
-2,5	-2,5
-2	0
-1,5	1,5
-1	1
0	0
0,5	0,5
1	1

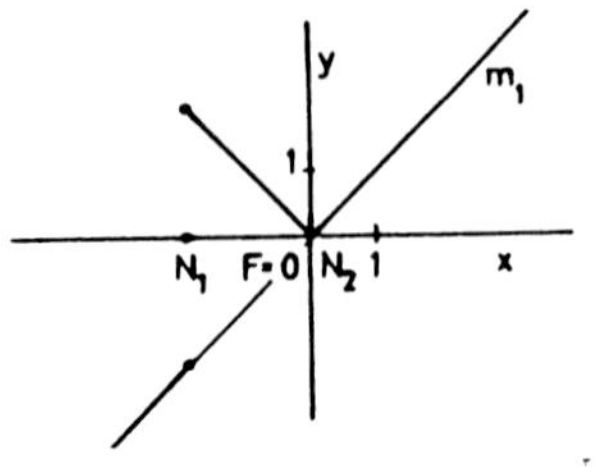

$|x| = 0$, wenn $x=0$ ... Knickstelle
$\operatorname{sgn}(x+2) = 0$, wenn $x=-2$ ... Sprungstelle

Kontrolle der Nullstellen:
$|x| \cdot \operatorname{sgn}(x+2) = 0$
$(|x|=0) \vee (\operatorname{sgn}(x+2)=0)$
$x=0) \vee \quad (x=-2)$
$N_2(0/0)$, $N_1(-2/0)$

Kontrolle der Fixpunkte: $|x| \cdot \operatorname{sgn}(x+2) = x$

1. Fall: $x<-2$
   $-x \cdot (-1) = x$
   $x = x$
   $\exists \infty F$ für $x<-2$
2. Fall: $x=-2$
   $2 \cdot 0 = -2$
   f.A.
3. Fall: $-2<x<0$
   $-x \cdot 1 = x$
   f.A.
4. Fall: $x=0$
   $0 \cdot 0 = 0$
   $F(0/0)$
5. Fall: $x>0$
   $x \cdot 1 = x$
   $\exists \infty F$ für $x>0$

(b)

x	y
-2	-6
-1	-4
-0,5	-3
0	0
0,5	1
1	0
1,5	1
2	2
3	4

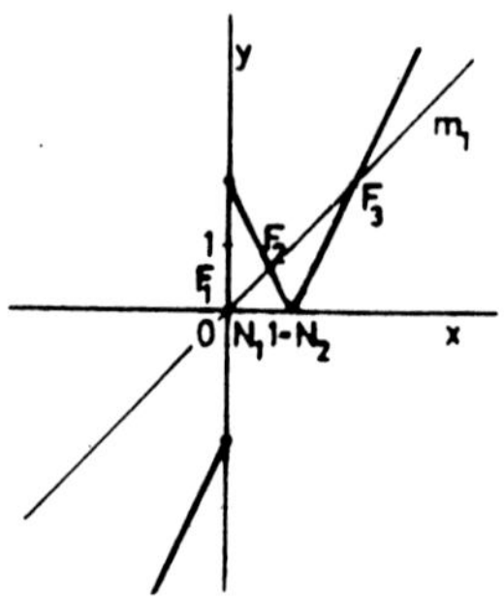

$|x-1| = 0$, wenn $x=1$ ... Knickstelle
$\operatorname{sgn} x = 0$, wenn $x=0$ ... Sprungstelle

Kontrolle der Nullstellen:
$2|x-1| \cdot \operatorname{sgn} x = 0$
$(|x-1|=0) \vee (\operatorname{sgn} x=0)$
$(x=1) \vee \quad (x=0)$
$N_2(1/0)$, $N_1(0/0)$

Kontrolle der Fixpunkte:
$2|x-1| \cdot \operatorname{sgn} x = x$

1. Fall: $x<0$
   $-2 \cdot (x-1) \cdot (-1) = x$
   $2x - 2 = x$
   $x = 2$
   $\nexists x : (x<0) \wedge (x=2)$
2. Fall: $x=0$
   $2 \cdot 1 \cdot 0 = 0$ w.A.
   $F_1(0/0)$
3. Fall: $0<x<1$
   $-2 \cdot (x-1) \cdot 1 = x$
   $-2x + 2 = x$
   $-3x = -2$
   $x = \frac{2}{3}$
   $F_2(\frac{2}{3}/\frac{2}{3})$
4. Fall: $x=1$
   $2 \cdot 0 \cdot 1 = 1$ f.A.
5. Fall: $x>1$
   $2 \cdot (x-1) \cdot 1 = x$
   $2x - 2 = x$
   $x = 2$
   $F_3(2/2)$

21 (a)

x	y
[-2;-1[	-4
[-1; 0[	-2
[0; 1[	0
[1; 2[	2
[2; 3[	4

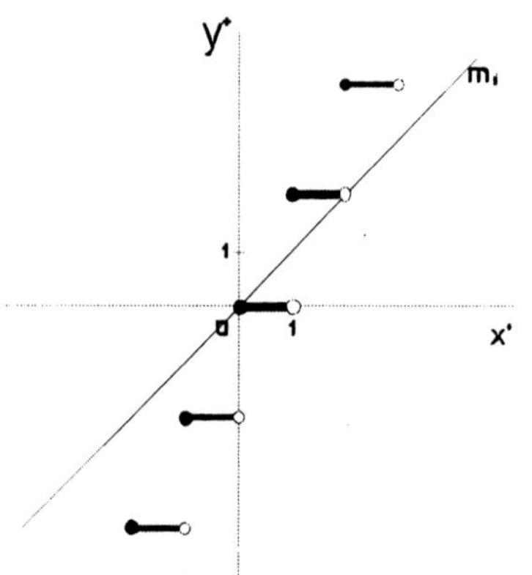

∞ N
$F(0/0)$

(b)

x	y
[−2;−1[	1
[−1; 0[	0,5
[0; 1[	0
[1; 2[	0,5
[2; 3[	1

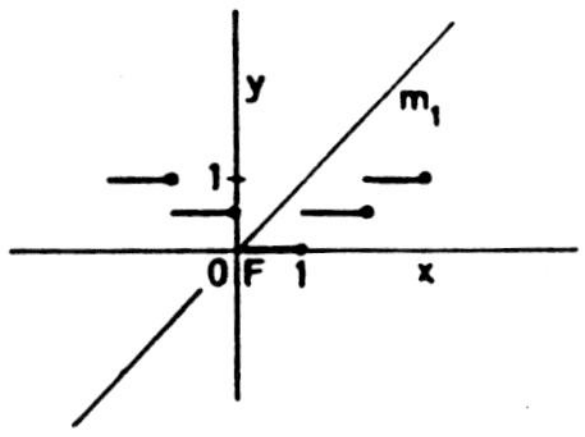

∞ N
F(0/0)

(c)

x	y	
−2	−4	−2+x
−1,5	−3,5	
−1	−2	−1+x
−0,5	−1,5	
0	0	0+x
0,5	0,5	
1	2	1+x
1,5	2,5	
2	4	2+x
2,5	4,5	

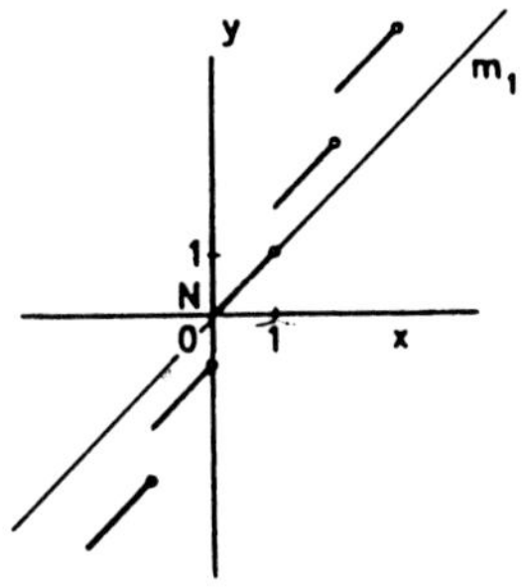

N(0/0)
∞ F

22 (a)

x	y
]−2;−1]	−2
]−1; 0]	0
] 0; 1[	0
[1; 2[	2
[2; 3[	4

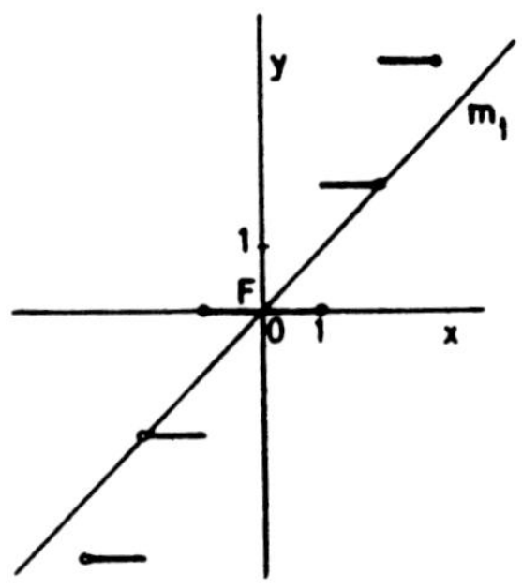

∞ N
F(0/0)

(b)

x	y
]−4;−3]	−3
]−3;−2]	−2,5
]−2;−1]	−2
]−1; 0]	−1,5
] 0; 1]	−1
] 1; 2]	−0,5
] 2; 4[	0
[4; 5[	0,5

2<x<4: int(x−3)=0

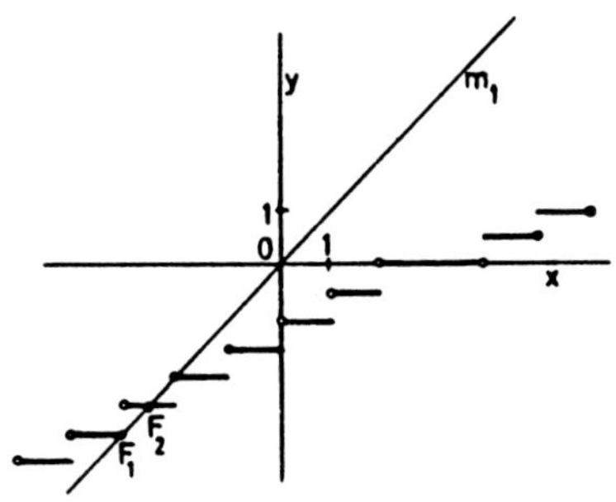

∞ N
$F_1(-3/-3)$
$F_2(-2{,}5/-2{,}5)$

(c)

x	y
−3	0
−2,9	−0,9
−2,1	−0,1
−2	0
−1,9	−0,9
−1,1	−0,1
−1	0
−0,9	−0,9
−0,1	−0,1
0	0
0,1	0,1
0,9	0,9
1	0
1,1	0,1
1,9	1,9
2	0
⋮	

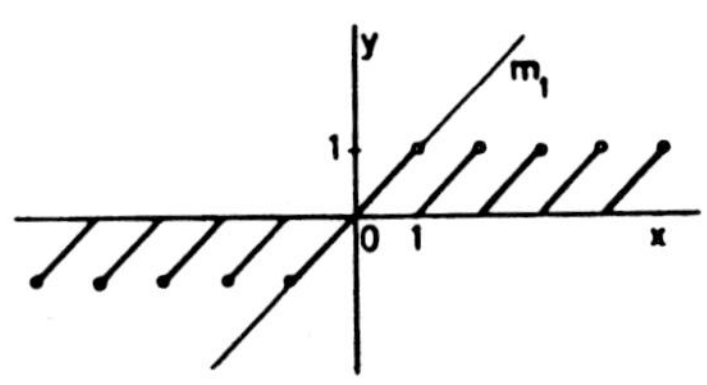

∞ N
∞ F

Anmerkung: Diese Funktion wird manchmal frac(x) bezeichnet.

23 (a)

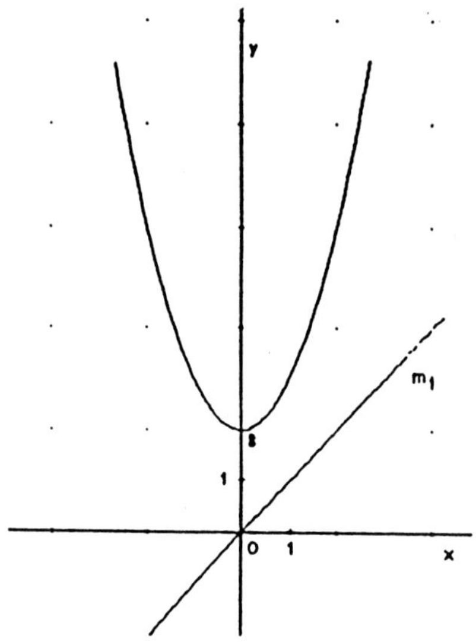

S(0/2)
Der Graph entsteht durch Verschiebung der Grundparabel entlang der y-Achse um den Wert 2.

Nullstelle:

$x^2+2 = 0$ in $\mathbb{R}$ nicht lösbar $\Rightarrow \nexists$ N

Fixpunkt:

$x^2 + 2 = x$
$x^2-x+2 = 0$ in $\mathbb{R}$ nicht lösbar $\Rightarrow \nexists$ F

$]-\infty\ ;\ 0]$ streng monoton fallend
$[\ 0\ ;\ \infty]$ streng monoton steigend

(b)

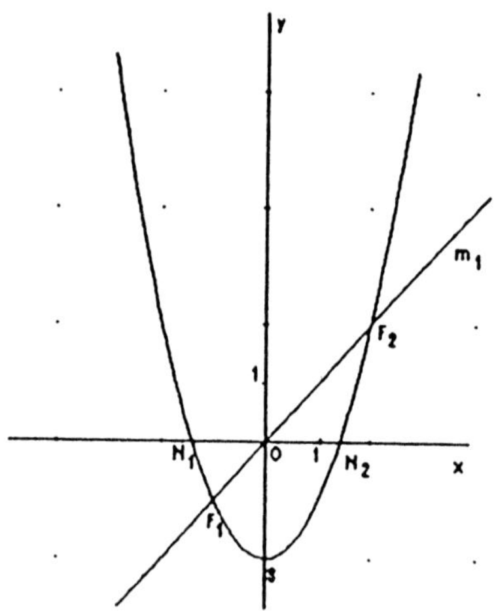

S(0/−2)
Graph entsteht durch Verschiebung der Grundparabel entlang der y-Achse um den Wert −2.

Kontrolle der Nullstellen:
$x^2-2 = 0$
$(x_1=-\sqrt{2}) \vee (x_2=\sqrt{2})$
$N_1(-\sqrt{2}/0)$, $N_2(\sqrt{2}/0)$

Kontrolle der Fixpunkte:
$x^2 - 2 = x$
$x^2-x-2 = 0$
$(x_1=-1) \vee (x_2=2)$
$F_1(-1/-1)$, $F_2(2/2)$

$]-\infty\ ;\ 0]$ streng monoton fallend
$[\ 0\ ;\ \infty]$ streng monoton steigend

24 (a)

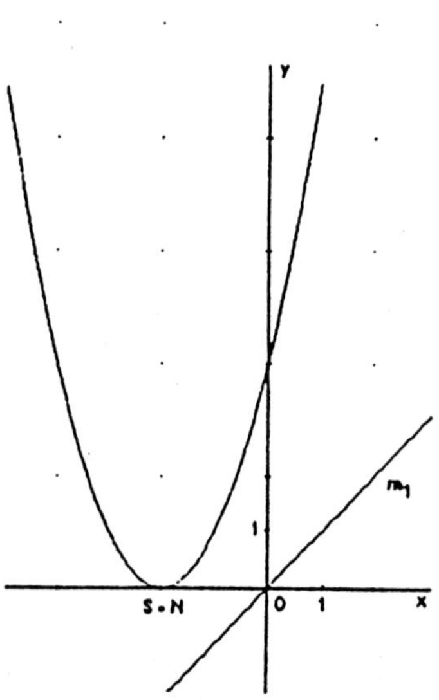

$y = (x+2)^2$
Grundparabel muss um 2 Einheiten entlang der x-Achse nach links verschoben werden.

S = $N^{(2)}(-2/0)$ ... doppelte Nullstelle

Kontrolle der Nullstelle:

$x^2+4x+4 = 0$

$x^{(2)} = -2 \quad N^{(2)}(-2/0)$

Fixpunkt:

$x^2+4x+4 = x$
$x^2+3x+4 = 0$ in $\mathbb{R}$ nicht lösbar $\Rightarrow \nexists$ F

$]-\infty\ ;\ -2]$ streng monoton fallend
$[-2\ ;\ \infty[$ streng monoton steigend

(b)

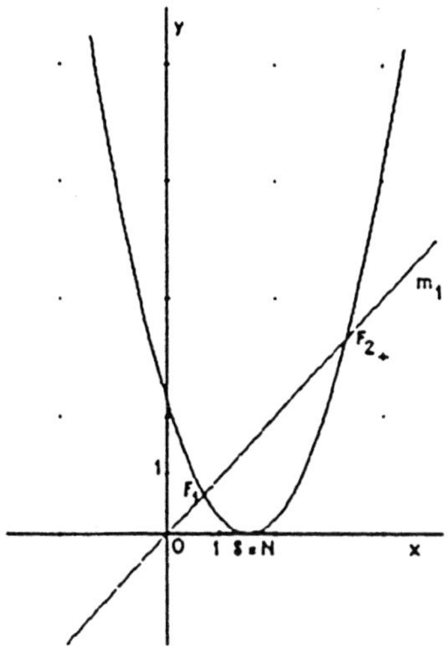

$y = \left(x - \frac{3}{2}\right)^2$

Grundparabel muss um $\frac{3}{2}$ Einheiten entlang der x-Achse nach rechts verschoben werden.

$S = N^{(2)}(\frac{3}{2}/0)$ ... doppelte Nullstelle

Kontrolle der Nullstelle:

$x^2 - 3x + \frac{9}{4} = 0$

$x^{(2)} = \frac{3}{2} \qquad N^{(2)}(\frac{3}{2}/0)$

Kontrolle der Fixpunkte:

$x^2 - 3x + \frac{9}{4} = x$

$x^2 - 4x + \frac{9}{4} = 0$

$(x_1 = 0{,}677) \vee (x_2 = 3{,}323)$

$F_1(0{,}677/0{,}677)$, $F_2(3{,}323/3{,}323)$

$]-\infty\ ;\ \frac{3}{2}]$ streng monoton fallend

$[\ \frac{3}{2}\ ;\ \infty[$ streng monoton steigend

25 (a)

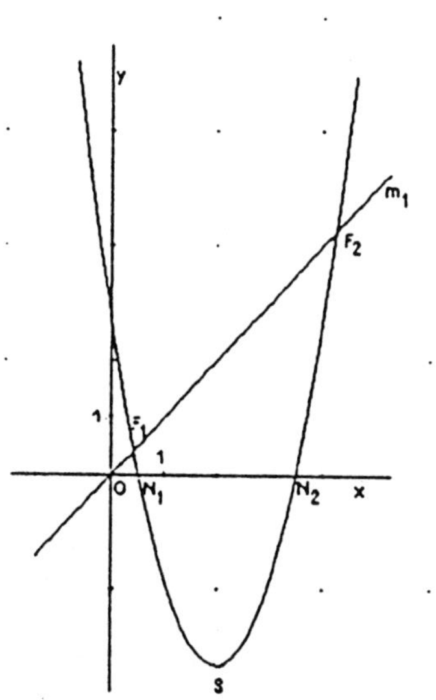

$y = x^2 - 6x + 4 = x^2 - 6x + 9 - 5 =$

$= \underbrace{(x-3)^2}_{\text{Verschiebung entlang der x-Achse}} - \underbrace{5}_{\text{Verschiebung entlang der y-Achse}} \qquad \Rightarrow S(3/-5)$

Kontrolle der Nullstellen:

$x^2 - 6x + 4 = 0$

$(x_1 = 0{,}764) \vee (x_2 = 5{,}236)$

$N_1(0{,}764/0)$, $N_2(5{,}236/0)$

Kontrolle der Fixpunkte:

$x^2 - 6x + 4 = x$

$x^2 - 7x + 4 = 0$

$(x_1 = 0{,}628) \vee (x_2 = 6{,}372)$

$F_1(0{,}628/0{,}628)$, $F_2(6{,}372/6{,}372)$

$]-\infty\ ;\ 3]$ streng monoton fallend

$[\ 3\ ;\ \infty[$ streng monoton steigend

(b)

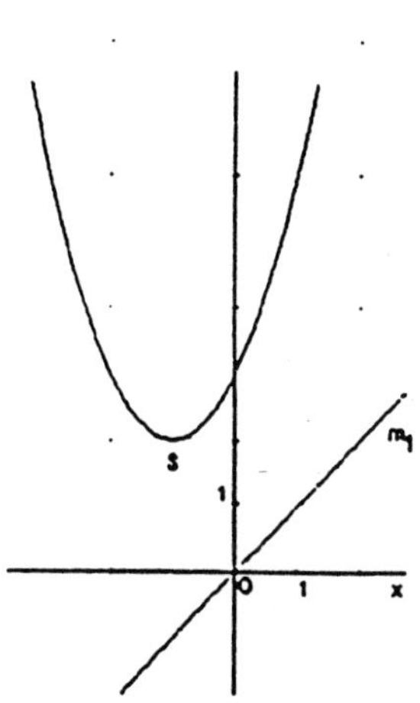

$y = x^2 + 2x + 3 = (x^2 + 2x + 1) + 2 = (x+1)^2 + 2$

$\Rightarrow S(-1/2)$

Nullstelle:

$x^2 + 2x + 3 = 0$ in $\mathbb{R}$ nicht lösbar $\Rightarrow \nexists\ N$

Fixpunkt:

$x^2 + 2x + 3 = x$

$x^2 + x + 3 = 0$ in $\mathbb{R}$ nicht lösbar $\Rightarrow \nexists\ F$

$]-\infty\ ;\ -1]$ streng monoton fallend

$[\ -1\ ;\ \infty[$ streng monoton steigend

26 (a)

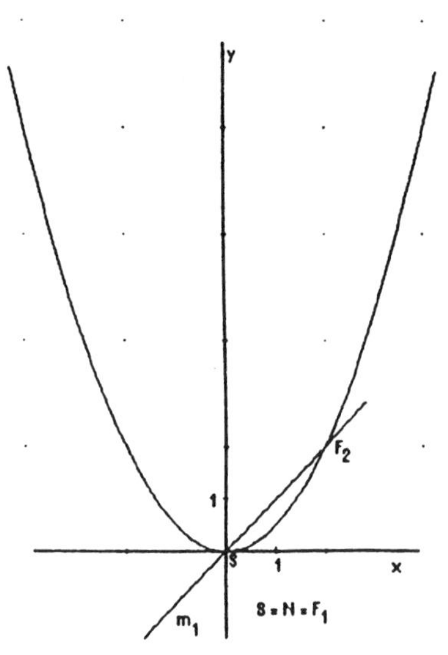

x	y
-2	2
-1	0,5
0	0
1	0,5
2	2

S(0/0)
Kontrolle der Nullstellen:
$0{,}5x^2 = 0$
$x^{(2)} = 0 \quad N^{(2)}(0/0)$

Kontrolle der Fixpunkte:
$0{,}5x^2 = x$
$0{,}5x^2 - x = 0$
$x(0{,}5x-1) = 0$
$(x_1=0) \vee (x_2=2) \quad F_1(0/0),\ F_2(2/2)$

$]-\infty\ ;\ 0]$ streng monoton fallend
$[\ 0\ ;\ \infty[$ streng monoton steigend

(b)

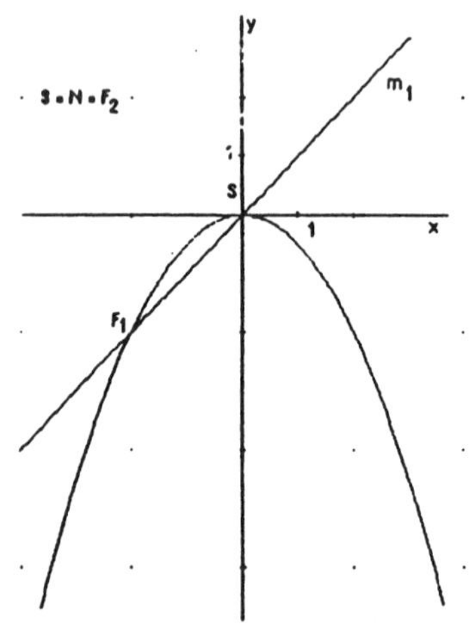

x	y
-2	-2
-1	-0,5
0	0
1	-0,5
2	-2

S(0/0)
Kontrolle der Nullstellen:
$-0{,}5x^2 = 0$
$x^{(2)} = 0 \quad N^{(2)}(0/0)$
Kontrolle der Fixpunkte:
$-0{,}5x^2 = x$
$-0{,}5x^2 - x = 0$
$-x(0{,}5x+1) = 0$
$(x_1=-2) \vee (x_2=0)$

$F_1(-2/-2),\ F_2(0/0)$

$]-\infty\ ;\ 0]$ streng monoton steigend
$[\ 0\ ;\ \infty[$ streng monoton fallend

27 (a)

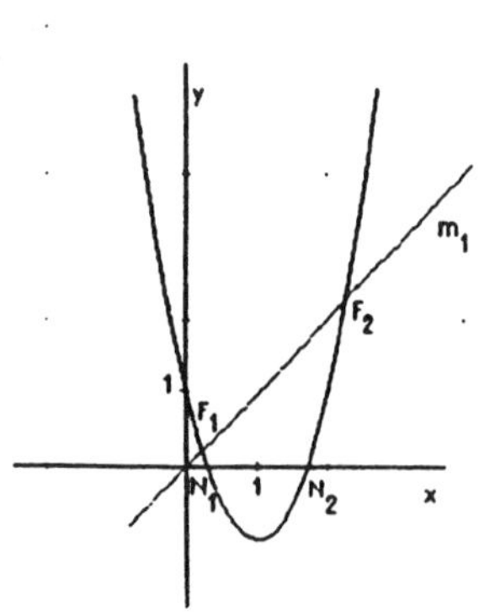

$y = 2(x-1)^2-2+1 = 2(x-1)^2-1 \Rightarrow S(1/-1)$

x	y
-1	7
0	1
0,22	0,22
0,29	0
1	-1
1,7	0
2	1
2,28	2,28
3	7

Kontrolle der Nullstellen:
$2x^2-4x+1 = 0$
$(x_1=0{,}293) \vee (x_2=1{,}707) \quad N_1(0{,}293/0),\ N_2(1{,}707/0)$

Kontrolle der Fixpunkte:
$2x^2-4x+1 = x$
$2x^2-5x+1 = 0$
$(x_1=0{,}219) \vee (x_2=2{,}281)$

$F_1(0{,}219/0{,}219),\ F_2(2{,}281/2{,}281)$
$]-\infty\ ;\ 1]$ streng monoton fallend
$[\ 1\ ;\ \infty[$ streng monoton steigend

(b)

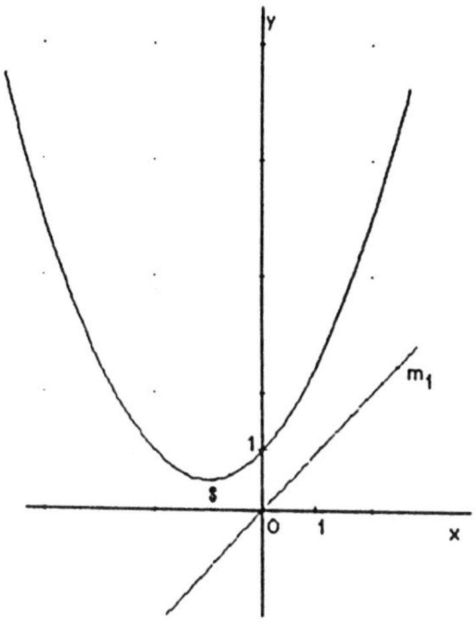

$y = \frac{1}{2}(x+1)^2-\frac{1}{2}+1 = \frac{1}{2}(x+1)^2+\frac{1}{2}$

$\Rightarrow S(-1/\frac{1}{2})$

x	y
-3	2,5
-2	1
-1	0,5
0	1
1	2,5
2	5
3	8,5

Nullstelle:

$\frac{1}{2}x^2+x+1 = 0$ in $\mathbb{R}$ nicht lösbar $\Rightarrow \nexists$ N

Fixpunkt:

$\frac{1}{2}x^2+x+1 = x$

$\frac{1}{2}x^2+1 = 0$ in $\mathbb{R}$ nicht lösbar $\Rightarrow \nexists$ F

$]-\infty\ ;\ -1]$ streng monoton fallend
$[\ -1\ ;\ \infty[$ streng monoton steigend

28 (a)

x	y
-2,5	-15,63
-2	-8
-1,5	-3,38
-1	-1
-0,5	-0,13
0	0
0,5	0,13
1	1
1,5	3,38
2	8
2,5	15,63

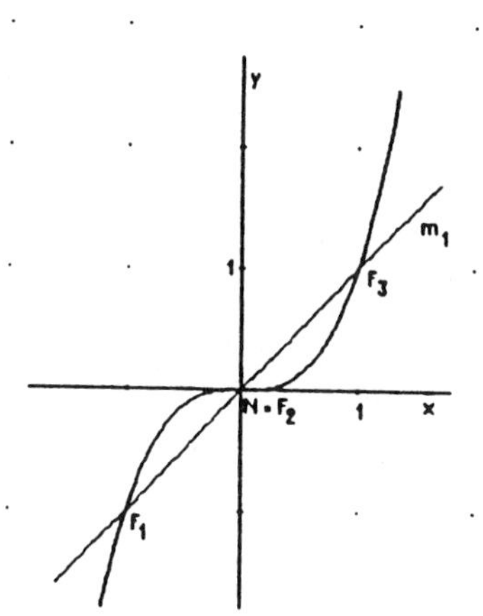

Kontrolle der Nullstelle:
$x^3 = 0$
$x = 0^{(3)}$ $N^{(3)}(0/0)$ dreifache Nullstelle

Kontrolle der Fixpunkte:
$x^3 = x$
$x^3 - x = 0$
$x(x^2-1) = 0$
$(x=0) \vee (x^2-1=0)$
$(x=-1) \vee (x=1)$
$F_1(-1/-1)$, $F_2(0/0)$, $F_3(1/1)$

im gesamten Verlauf streng monoton steigend

(b)

x	y
-2	8
-1,5	3,38
-1	1
-0,5	0,13
0	0
0,5	-0,13
1	-1
1,5	-3,38
2	-8

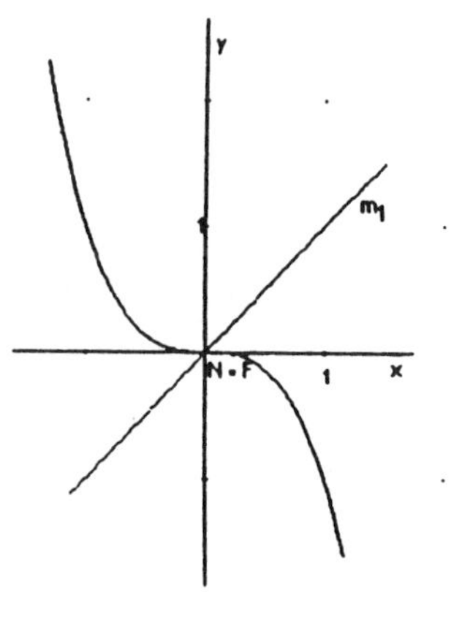

Kontrolle der Nullstelle:

$-x^3 = 0$

$x^3 = 0$

$x = 0^{(3)}$ $N^{(3)}(0/0)$ dreifache Nullstelle

Kontrolle der Fixpunkte:

$-x^3 = x$

$-x^3-x = 0$

$-x(x^2+1) = 0$

$(x=0) \vee \underbrace{(x^2+1=0)}_{\text{in } \mathbb{R} \text{ nicht lösbar}}$ F(0/0)

im gesamten Verlauf streng monoton fallend.

(c)

x	y
−3	−3
−2,5	−1,74
−2	−0,89
−1,5	−0,38
−1	−0,11
−0,5	−0,01
0	0
0,5	0,01
1	0,11
1,5	0,38
2	0,89
2,5	1,74
3	3

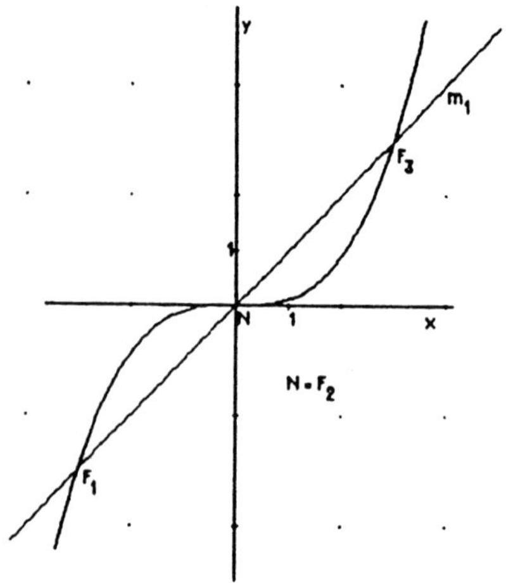

Kontrolle der Nullstelle:

$\frac{1}{9}x^3 = 0$

$x^3 = 0$

$x = 0^{(3)}$ $N^{(3)}(0/0)$ dreifache Nullstelle

Kontrolle der Fixpunkte:

$\frac{1}{9}x^3 = x$

$\frac{1}{9}x^3 - x = 0$

$\frac{1}{9}x(x^2-9) = 0$

$(x=0) \vee (x^2-9=0)$

$(x=-3) \vee (x=3)$

$F_1(-3/-3)$, $F_2(0/0)$, $F_3(3/3)$

im gesamten Verlauf streng monoton steigend.

(d)

x	y
−2,5	1,95
−2	1
−1,5	0,42
−1	0,13
−0,5	0,02
0	0
0,5	−0,02
1	−0,13
1,5	−0,42
2	−1
2,5	−1,95

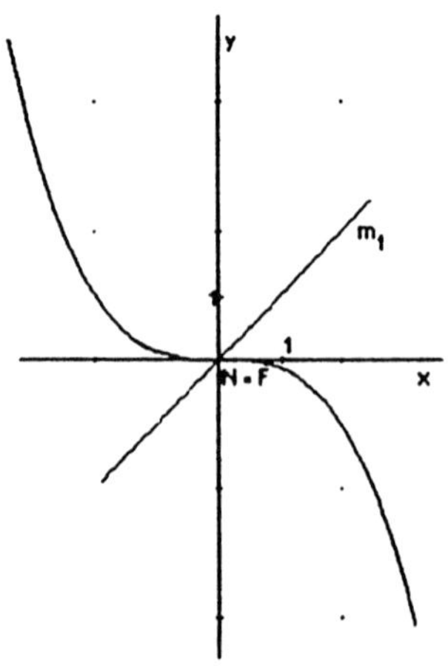

Kontrolle der Nullstelle:

$-\frac{1}{8}x^3 = 0$

$x^3 = 0$

$x = 0^{(3)}$ $N^{(3)}(0/0)$ dreifache Nullstelle

Kontrolle der Fixpunkte:

$-\frac{1}{8}x^3 = x$

$-\frac{1}{8}x^3 - x = 0$

$-\frac{1}{8}x\,(x^2+8) = 0$

$(x=0) \vee \underbrace{(x^2+8=0)}_{\text{in } \mathbb{R} \text{ nicht lösbar}}$ F(0/0)

im gesamten Verlauf streng monoton fallend.

29 (a)

x	y
-7	5,48
-6	1,8
-5	-0,58
-4	-1,87
-3	-2,25
-2	-1,93
-1	-1,12
0	0
1	1,22
2	2,33
3	3,15
4	3,47
5	3,08
6	1,8
7	-0,58
8	-4,27

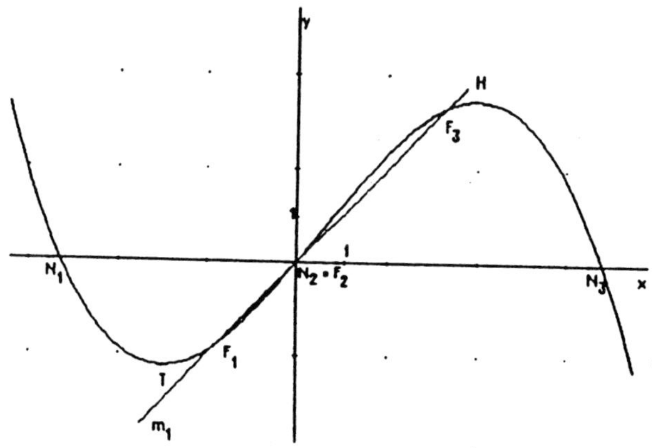

Kontrolle der Nullstellen:

$-\frac{x^3}{30} + \frac{x^2}{20} + \frac{6x}{5} = 0 \quad |\cdot 60$

$-2x^3 + 3x^2 + 72x = 0$

$x\,(-2x^2+3x+72) = 0$

$(x=0) \vee (-2x^2+3x+72=0)$

$(x=-5{,}30) \vee (x=6{,}80)$

$N_1(-5{,}30/0)$, $N_2(0/0)$, $N_3(6{,}8/0)$

Vermutung: x=-3 relatives Minimum
x= 4 relatives Maximum

Kontrolle der Fixpunkte:

$-\frac{x^3}{30} + \frac{x^2}{20} + \frac{6x}{5} = x \quad |\cdot 60$

$-2x^3 + 3x^2 + 72x = 60x \quad |-60x$

$-2x^3 + 3x^2 + 12x = 0$

$x\,(-2x^2+3x+12) = 0$

$(x=0)\vee(-2x^2+3x+12=0) \Rightarrow (x=0)\vee(x=-1{,}81)\vee(x=3{,}31)$

$F_1(-1{,}81/-1{,}81)$, $F_2(0/0)$, $F_3(3{,}31/3{,}31)$

x	y
:	
-3,1	-2,2464...
-3	-2,25 ⇒ T
-2,9	-2,2465...
:	
3,9	3,4632
4	3,4666... ⇒ H
4,1	3,4631

]-∞ ; -3] streng monoton fallend
[-3 ; 4] streng monoton steigend
[4 ; ∞[streng monoton fallend

(b)

x	y
-5	-4,79
-4	-0,08
-3	2,38
-2	3,08
-1	2,54
0	1,25
1	-0,29
2	-1,58
3	-2,13
4	-1,42
5	1,04

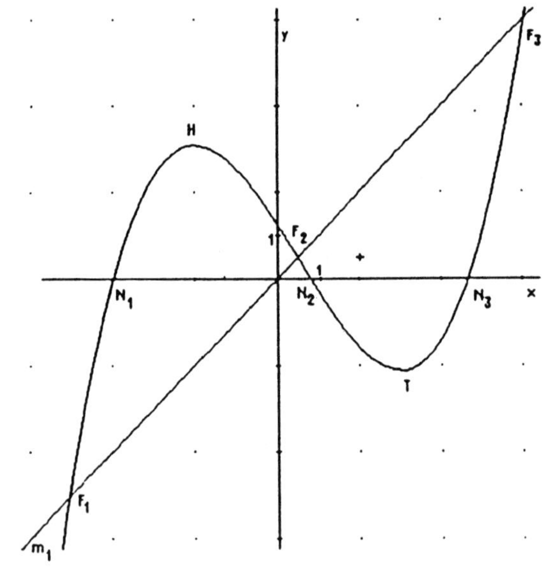

aus der Zeichnung abgelesen:

$N_1(-4/0)$, $N_2(0{,}8/0)$, $N_3(4{,}7/0)$

$F_1(-5/-5)$, $F_2(0{,}5/0{,}5)$, $F_3(6/6)$

Kontrolle der Nullstellen:

$f(-4) = -0{,}083 \approx 0$
$f(0{,}8) = 0{,}012 \approx 0$
$f(4{,}7) = 0{,}090 \approx 0$

Kontrolle der Fixpunkte:

$f(-5) = -4{,}791 \approx -5$
$f(0{,}5) = 0{,}479 \approx 0{,}5$
$f(6) = 5{,}75 \approx 6$

Vermutung: x=-2 relatives Maximum
x= 3 relatives Minimum

x	y	
-2,1	3,077	
-2	3,0833...	⇒ H
-1,9	3,0771...	
⋮		
2,9	-2,1188...	
3	-2,125	⇒ T
3,1	-2,1186...	

]-∞ ; -2] streng monoton steigend
[-2 ; 3] streng monoton fallend
[3 ; ∞[streng monoton steigend

30 (a) $D_f=\mathbb{R}\setminus\{0\}$

x	y
-5	-0,2
-4	-0,25
-3	-0,33
-2	-0,5
-1	-1
-0,5	-2
-0,2	-5
0,2	5
0,5	2
1	1
2	0,5
3	0,33
4	0,25
5	0,2

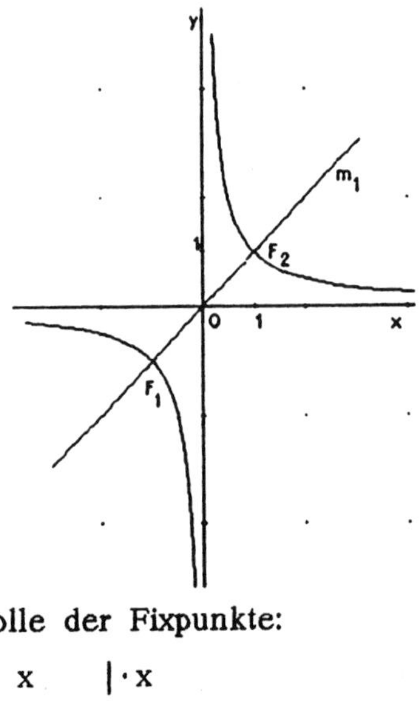

Polstelle: x=0

]-∞; 0[streng monoton fallend
] 0 ; ∞[streng monoton fallend

Asymptoten: x-Achse
y-Achse (Polstelle x=0)

Kontrolle der Fixpunkte:

$\frac{1}{x} = x \quad |\cdot x$
$1 = x^2$
$x = \pm\sqrt{1}$
$(x_1=-1) \vee (x_2=1) \qquad F_1(-1/-1),\ F_2(1/1)$

(b) $D_f=\mathbb{R}\backslash\{0\}$

x	y
-5	0,2
-4	0,25
-3	0,33
-2	0,5
-1	1
-0,5	2
-0,2	5
0,2	-5
0,5	-2
1	-1
2	-0,5
3	-0,33
4	-0,25
5	-0,2

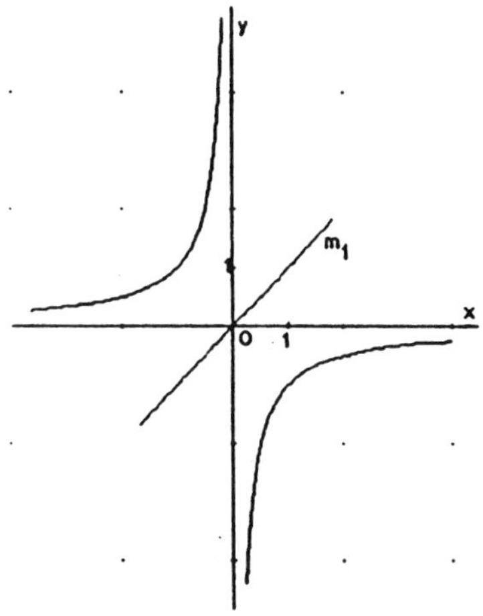

Polstelle: x=0

Asymptoten: x-Achse
y-Achse (Polstelle x=0)

]-∞ ; 0[streng monoton steigend
] 0 ; ∞[streng monoton steigend

Fixpunkt:

$-\frac{1}{x} = x \quad |\cdot x$

$-1 = x^2$ in $\mathbb{R}$ nicht lösbar $\Rightarrow \nexists F$

(c) $D_f=\mathbb{R}\backslash\{0\}$

x	y
-5	0,6
-4	0,75
-3	1
-2	1,5
-1	3
-0,5	6
-0,2	15
0,2	-15
0,5	6
1	-3
2	-1,5
3	-1
4	-0,75
5	-0,6

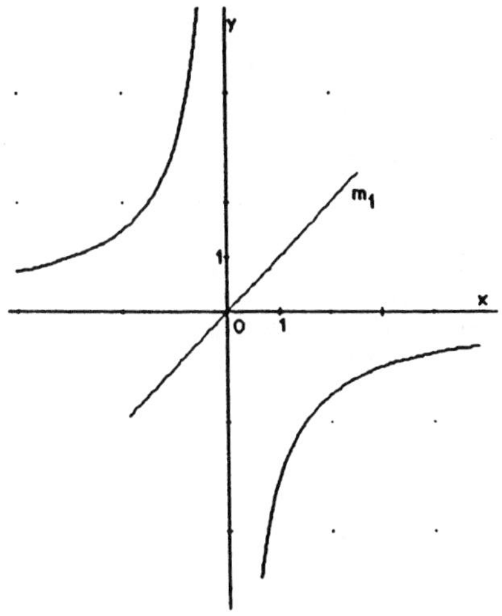

Polstelle: x=0

]-∞ ; 0 [streng monoton steigend
] 0 ; ∞[streng monoton steigend

Asymptoten: x-Achse
y-Achse (Polstelle x=0)

Fixpunkt:

$-\frac{3}{x} = x \quad |\cdot x$

$-3 = x^2$ in $\mathbb{R}$ nicht lösbar $\Rightarrow \nexists F$

(d) $x+1 \neq 0 \Rightarrow x \neq -1 \Rightarrow D_f=\mathbb{R}\backslash\{-1\}$

x	y
-5	-0,5
-4	-0,67
-3	-1
-2	-2
-1,5	-4
-0,5	4
0	2
1	1
2	0,67
3	0,5

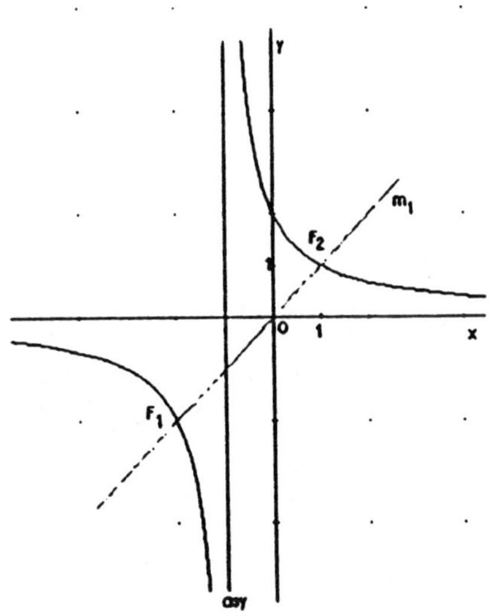

Polstelle: x=-1

]−∞ ; −1[streng monoton fallend
] −1 ; ∞[streng monoton fallend

Asymptoten:
x-Achse (Gleichung der Geraden y=0)
x=−1 (Gleichung der Geraden, die parallel zur y-Achse ist und durch P(−1/0) geht. x=−1 Polstelle)

Kontrolle der Fixpunkte:

$$\frac{2}{x+1} = x \qquad |\cdot(x+1)$$

$$2 = x(x+1)$$

$$2 = x^2 + x \qquad |-2$$

$$x^2+x-2 = 0$$

$(x_1=-2) \vee (x_2=1) \Rightarrow F_1(-2/-2),\ F_2(1/1)$

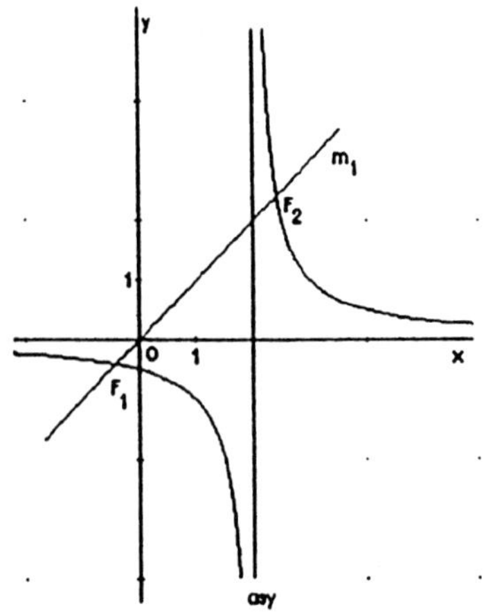

31 (a) $x-2 \neq 0 \Rightarrow x \neq 2 \Rightarrow D_f=\mathbb{R}\setminus\{2\}$

x	y
−3	−0,2
−2	−0,25
−1	−0,33
0	−0,5
1	−1
1,5	−2
1,8	−5
2,2	5
2,5	2
3	1
4	0,5
5	0,33

Polstelle: x=2

]−∞ ; 2 [streng monoton fallend
] 2 ; ∞[streng monoton fallend

Asymptoten: x-Achse (g: y=0)
x=2 (Gleichung der Geraden, die parallel zur y-Achse ist und durch P(2/0) geht. x=2 Polstelle)

Kontrolle der Fixpunkte:

$$\frac{1}{x-2} = x \qquad |\cdot(x-2)$$

$$1 = x(x-2)$$

$$1 = x^2 - 2x$$

$$x^2-2x-1 = 0$$

$(x_1=-0{,}414\ldots) \vee (x_2=2{,}414\ldots)$ $F_1(-0{,}41/-0{,}41),\ F_2(2{,}41/2{,}41)$

(b) $x-3 \neq 0 \Rightarrow x \neq 3 \Rightarrow D_f=\mathbb{R}\setminus\{3\}$

x	y
−3	1,83
−2	1,8
−1	1,75
0	1,67
1	1,5
2	1
2,5	0
2,8	−3
3,2	7
3,5	4
4	3
5	2,5
6	2,33
7	2,25

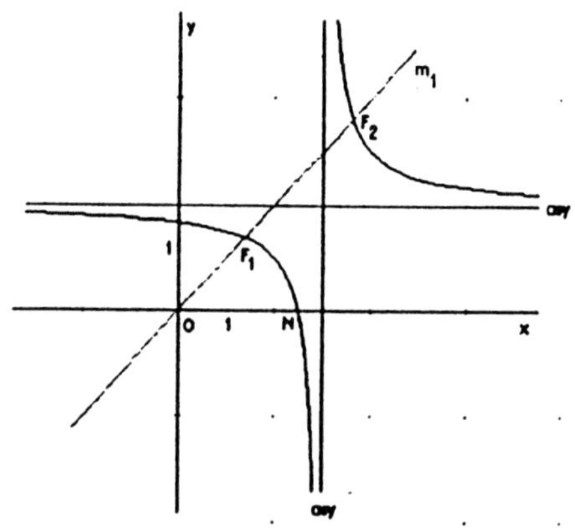

Polstelle: x=3

]−∞ ; 3 [streng monoton fallend
] 3 ; ∞[streng monoton fallend

Asymptoten: x=3 (Parallele zur y-Achse durch P(3/0). x=3 Polstelle)
y=2 (Parallele zur x-Achse durch Q(0/2)).

Kontrolle der Nullstelle:

$$\frac{1}{x-3} + 2 = 0 \qquad |-2$$
$$\frac{1}{x-3} = -2 \qquad |\cdot(x-3)$$
$$1 = -2(x-3)$$
$$1 = -2x + 6$$
$$-5 = -2x$$
$$x = 2{,}5$$

N(2,5/0)

Kontrolle der Fixpunkte:

$$\frac{1}{x-3} + 2 = x \qquad |-2$$
$$\frac{1}{x-3} = x-2 \qquad |\cdot(x-3)$$
$$1 = (x-2)(x-3)$$
$$1 = x^2-2x-3x+6$$
$$x^2-5x+5 = 0$$
$$(x_1=1{,}381\ldots) \vee (x_2=3{,}618\ldots)$$

$F_1(1{,}38/1{,}38)$, $F_2(3{,}62/3{,}62)$

32 (a) $D_f=\mathbb{R}\setminus\{0\}$

x	y
-3	0,11
-2	0,25
-1	1
-0,5	4
0,5	4
1	1
2	0,25
3	0,11

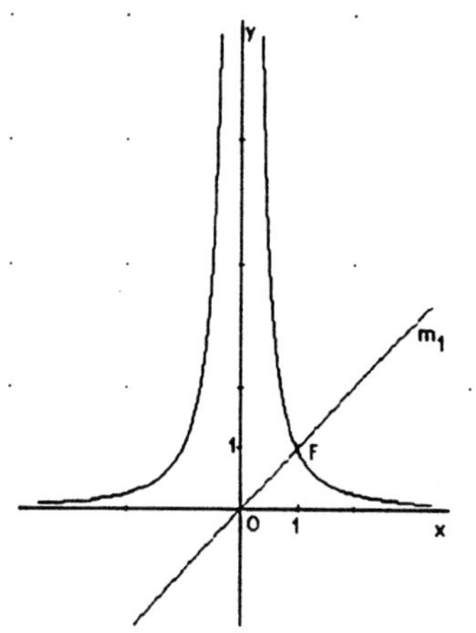

Polstelle: x=0

]−∞ ; 0 [streng monoton steigend
] 0 ; ∞ [streng monoton fallend

Asymptoten: x-Achse
y-Achse (x=0 Polstelle)

Kontrolle des Fixpunktes:

$$\frac{1}{x^2} = x \qquad |\cdot x^2$$
$$1 = x^3 \qquad |-1$$
$$x^3-1 = 0$$

Beachten Sie: $1 = 1^3$
Wir zerlegen nach der Formel: $a^3-b^3 = (a-b)(a^2+ab+b^2)$

$$(x-1)(x^2+x+1) = 0$$
$$(x-1=0) \vee (\underbrace{x^2+x+1}_{\text{in } \mathbb{R} \text{ nicht lösbar}}=0)$$

x=1 in $\mathbb{R}$ nicht lösbar F(1/1)

(b) $D_f=\mathbb{R}\setminus\{0\}$

x	y
-4	-0,13
-3	-0,22
-2	-0,5
-1	-2
-0,5	-8
0,5	-8
1	-2
2	-0,5
3	-0,22
4	-0,13

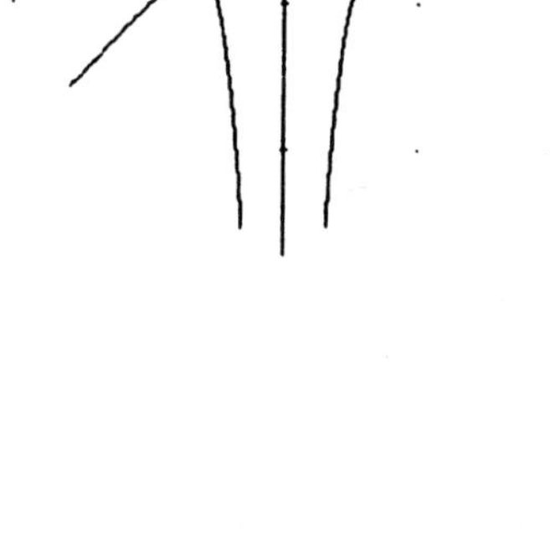

Polstelle: x=0

]−∞ ; 0 [streng monoton fallend
] 0 ; ∞ [streng monoton steigend

Asymptoten: x-Achse
y-Achse (x=0 ... Polstelle)

Kontrolle des Fixpunktes:

$$-\frac{2}{x^2} = x \quad |\cdot x$$

$$-2 = x^3 \quad |+2$$

$$x^3+2 = 0$$

Beachten Sie: $2=\left(\sqrt[3]{2}\right)^3$
Wir zerlegen nach der Formel:
$a^3+b^3=(a+b)(a^2-ab+b^2)$

$$\left(x+\sqrt[3]{2}\right)\left(x^2-\sqrt[3]{2}\cdot x+\sqrt[3]{2^2}\right) = 0$$

$$\left(x+\sqrt[3]{2} = 0\right)\vee\underbrace{\left(x^2-\sqrt[3]{2}\,x+\sqrt[3]{2^2} = 0\right)}_{\text{in } \mathbb{R} \text{ nicht lösbar}}$$

$x=-1{,}2599$

F(−1,26/−1,26)

33 (a) $D_f=\mathbb{R}\setminus\{0\}$

x	y
−3	−0,06
−2	−0,19
−1	−1,5
−1,5	−0,44
−0,6	−6,9
0,6	6,9
1	1,5
1,5	0,44
2	0,19
3	0,06

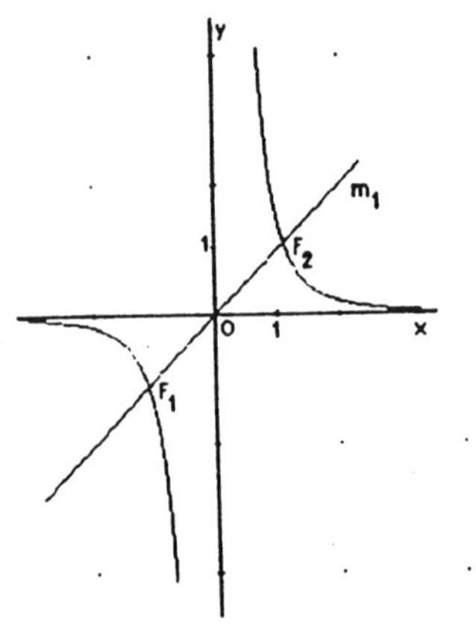

Polstelle: x=0

]−∞ ; 0 [streng monoton fallend
] 0 ; ∞ [streng monoton fallend

Asymptoten: x-Achse
y-Achse (x=0 ... Polstelle)

Kontrolle der Fixpunkte:

$$\frac{3}{2x^3} = x \quad |\cdot 2x^2$$

$$3 = 2x^4 \quad |-3$$

$$2x^4-3 = 0 \quad |:2$$

$$x^4-1{,}5 = 0$$

Beachten Sie: $1{,}5=\left(\sqrt[4]{1{,}5}\right)^4$
Wir zerlegen nach der Formel:
$a^4-b^4=(a+b)(a-b)(a^2+b^2)$

$$\left(x+\sqrt[4]{1{,}5}\right)\left(x-\sqrt[4]{1{,}5}\right)\left(x^2+\sqrt[4]{1{,}5^2}\right) = 0$$

$$\left(x+\sqrt[4]{1{,}5} = 0\right) \vee \left(x-\sqrt[4]{1{,}5} = 0\right) \vee \underbrace{\left(x^2+\sqrt[4]{1{,}5^2} = 0\right)}_{\text{in } \mathbb{R} \text{ nicht lösbar}}$$

$(x_1 = -1{,}1067) \vee (x_2=1{,}1067)$

$F_1(-1{,}11/-1{,}11)$, $F_2(1{,}11/1{,}11)$

(b) $D_f=\mathbb{R}\setminus\{0\}$

x	y
−3	0,03
−2	0,13
−1	1
−0,6	4,63
0,6	−4,63
1	−1
2	−0,13
3	−0,03

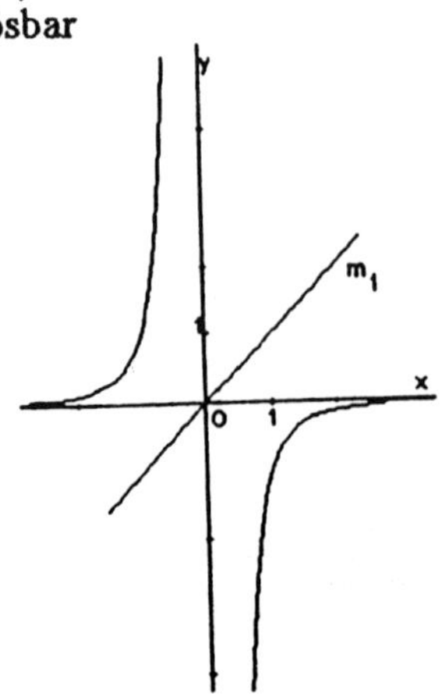

Polstelle: x=0

]−∞ ; 0 [streng monoton steigend
] 0 ; ∞[streng monoton steigend

Asymptoten: x-Achse
y-Achse (x=0 ... Polstelle)

1 (a) $(-3\,;\,-\frac{11}{3})$:

$$\begin{aligned} 2\cdot(-3)-3\cdot(-\tfrac{11}{3}) &= 5 \\ -6 + 11 &= 5 \\ 5 &= 5 \end{aligned}$$

w.A. ⇒ Lösung

$(1\,;\,1)$:

$$\begin{aligned} 2\cdot 1-3\cdot 1 &= 5 \\ 2-3 &= 5 \\ -1 &= 5 \end{aligned}$$

f.A. ⇒ keine Lösung

$(4\,;\,1)$:

$$\begin{aligned} 2\cdot 4-3\cdot 1 &= 5 \\ 8-3 &= 5 \\ 5 &= 5 \end{aligned}$$

w.A. ⇒ Lösung

(b) $(0\,;\,y_1)$:

$$\begin{aligned} 2\cdot 0-3\cdot y_1 &= 5 \\ -3\cdot y_1 &= 5 \quad |:(-3) \\ y_1 &= -\frac{5}{3} \end{aligned}$$

$(2\,;\,y_2)$:

$$\begin{aligned} 2\cdot 2-3\cdot y_2 &= 5 \\ 4-3\cdot y_2 &= 5 \quad |-4 \\ -3\cdot y_2 &= 1 \quad |:(-3) \\ y_2 &= -\frac{1}{3} \end{aligned}$$

$(x_3\,;\,\frac{1}{3})$:

$$\begin{aligned} 2\cdot x_3-3\cdot\frac{1}{3} &= 5 \\ 2\cdot x_3-1 &= 5 \quad |+1 \\ 2\cdot x_3 &= 6 \quad |:2 \\ x_3 &= 3 \end{aligned}$$

$(x_4\,;\,0)$:

$$\begin{aligned} 2\cdot x_4-3\cdot 0 &= 5 \\ 2\cdot x_4 &= 5 \quad |:2 \\ x_4 &= \frac{5}{2} \end{aligned}$$

(c)

$$\begin{aligned} 2x-3y &= 5 \quad |-2x \\ -2y &= -2x+5 \\ y &= \frac{2}{3}x-\frac{5}{3} \end{aligned}$$

$L = \{(x;y)\in\mathbb{R}\times\mathbb{R} \mid y = \frac{2}{3}x-\frac{5}{3}\}$

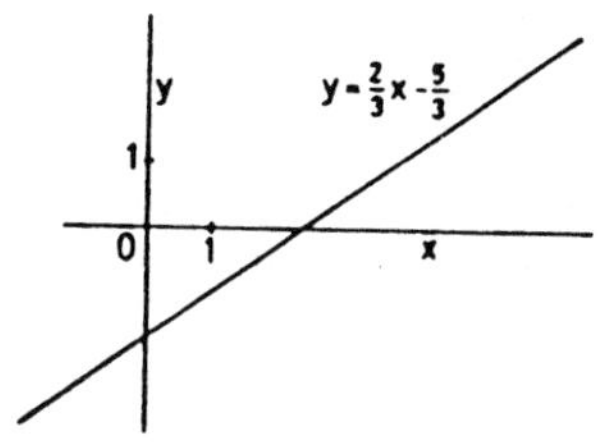

2 (a) $L = \{(x\,;\,y)\in\mathbb{R}\times\mathbb{R} \mid x=1\}$

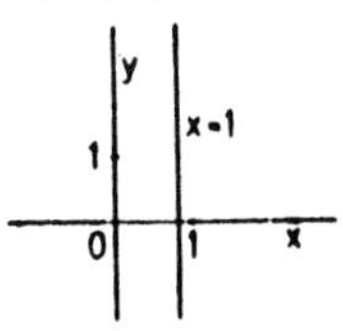

(b) $L = \{(x\,;\,y)\in\mathbb{R}\times\mathbb{R} \mid y=\frac{3}{2}\}$

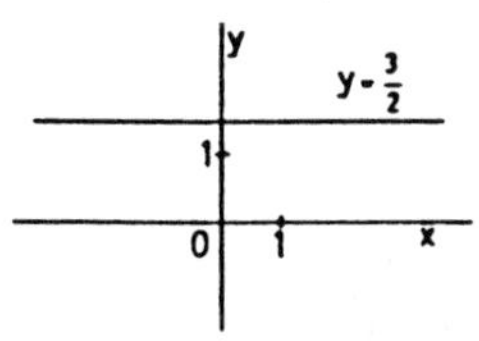

(c) $L = \{(x\,;\,y)\in\mathbb{R}\times\mathbb{R} \mid x=0\}$

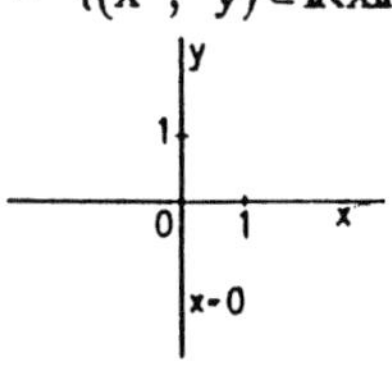

Graph ist die y-Achse

(d) $L = \{(x\,;\,y)\in\mathbb{R}\times\mathbb{R} \mid y=0\}$

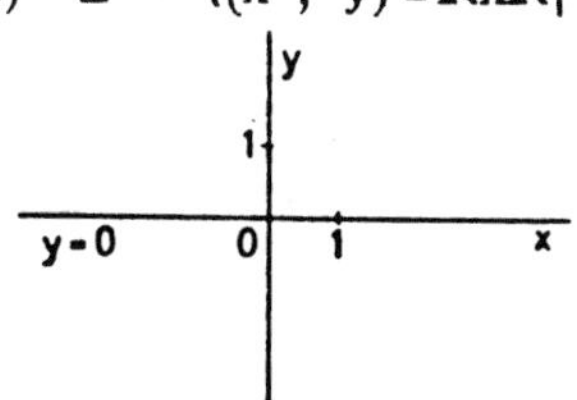

Graph ist die x-Achse

(e) $L = \{(x\,;\,y)\in\mathbb{R}\times\mathbb{R} \mid y=x\}$

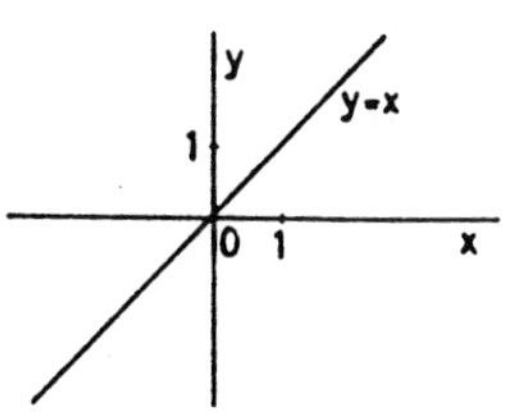

Graph ist die 1. Mediane (m_1)

(f) $L = \{(x\,;\,y)\in\mathbb{R}\times\mathbb{R} \mid y=-x\}$

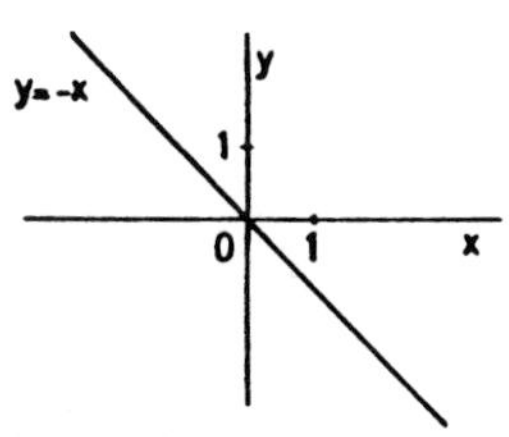

Graph ist die 2. Mediane (m_2)

3 (a)

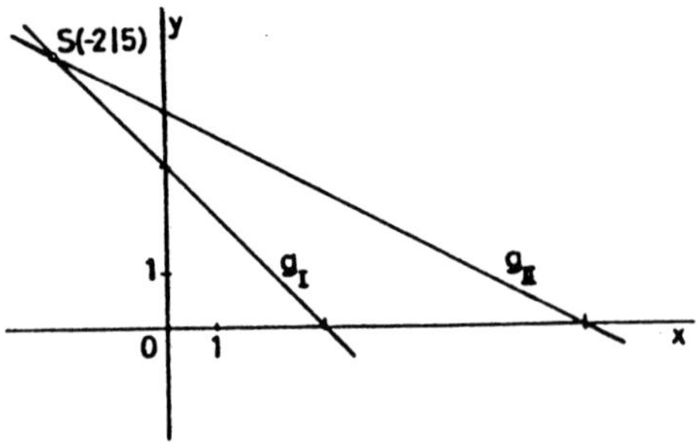

g_1: $x+y=3$

x	y
0	3
3	0

g_2: $2y=-x+8$

x	y
0	4
8	0

Kontrolle durch Rechnung

$$
\begin{array}{lrcll}
\text{I} & x+y & = & 3 & \\
\text{II} & 2y & = & -x+8 & |+x \\
\hline
\text{I} & x+y & = & 3 & \\
\text{II} & x+2y & = & 8 & |\cdot(-1) \\
\hline
 & -y & = & -5 & \\
 & y & = & 5 & \\
\text{aus I:} & x+5 & = & 3 & \\
 & x & = & -2 &
\end{array}
\quad \text{I, II: } +
$$

$L = \{(-2\ ;\ 5)\}$

(b)

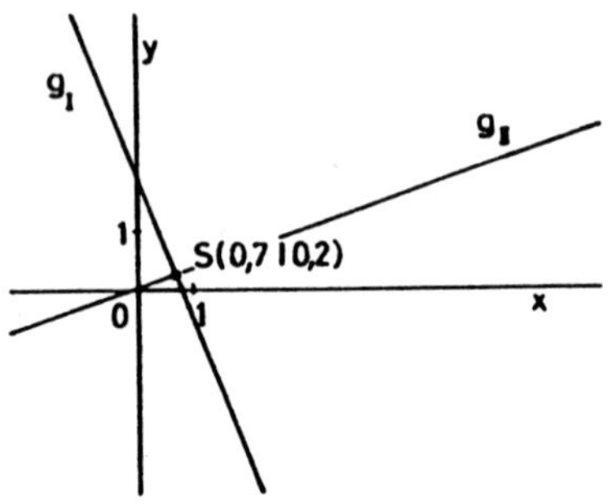

g_1: $5x+2y=4$

x	y
0	2
2	-3

g_2: $x-3y=0$

x	y
0	0
3	1

Kontrolle durch Rechnung

$$
\begin{array}{lrcll}
\text{I} & 5x+2y & = & 4 & \\
\text{II} & x-3y & = & 0 & |\cdot(-5) \\
\hline
 & 17y & = & 4 & \\
 & y & = & \frac{4}{17} = 0{,}2353 & \\
\text{aus II:} & x-3\cdot\frac{4}{17} & = & 0 & \\
 & x-\frac{12}{17} & = & 0 & |+\frac{12}{17} \\
 & x & = & \frac{12}{17} = 0{,}7059 &
\end{array}
\quad \text{I, II: } +
$$

$L = \{(0{,}7059\ ;\ 0{,}2353)\}$

(c)

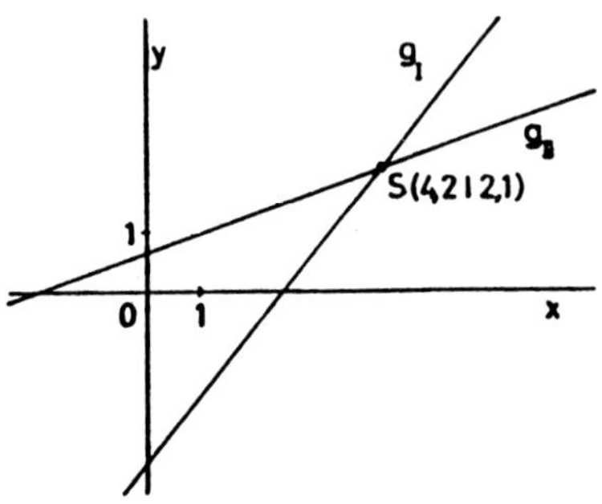

g_1: $6x-5y=15$

x	y
0	-3
5	3

g_2: $3y=x+2$

x	y
1	1
-2	0

Kontrolle durch Rechnung

$$
\begin{array}{lrcll}
\text{I} & 6x-5y & = & 15 & \\
\text{II} & 3y & = & x+2 & |-x \\
\hline
\text{I} & 6x-5y & = & 15 & \\
\text{II} & -x+3y & = & 2 & |\cdot 6 \\
\hline
 & 13y & = & 27 & \\
 & y & = & \frac{27}{13} = 2{,}0769 & \\
\text{aus II:} & 3\cdot\frac{27}{13} & = & x+2 & |-2 \\
 & \frac{81}{13}-2 & = & x & \\
 & \frac{81-26}{13} & = & x & \\
 & x & = & \frac{55}{13} = 4{,}2308 &
\end{array}
\quad \text{I, II: } +
$$

$L = \{(4{,}2308\ ;\ 2{,}0769)\}$

(d)

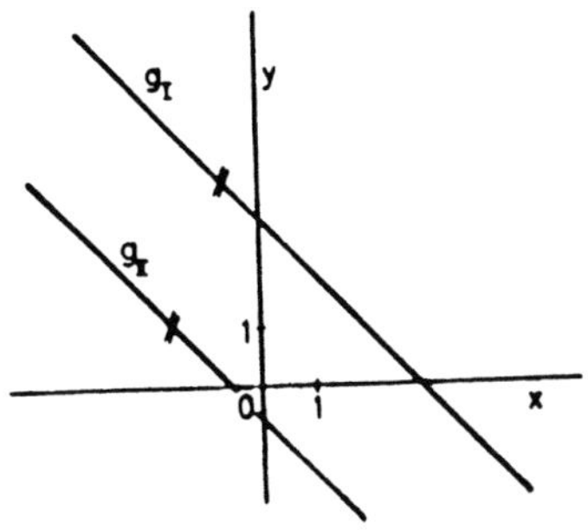

$g_1 \| g_2 \Rightarrow \nexists\, S$

g_1: $y=3-x$

x	y
0	3
3	0

g_2: $-2x-2y=1$

x	y
0	-0,5
-2	1,5

Kontrolle durch Rechnung

$$\begin{array}{ll} \text{I} & y=3-x \\ \text{II} & -2x-2y=1 \end{array}$$

Einsetzverfahren:

$$\begin{array}{ll} \text{II} & -2x-2\cdot(3-x)=1 \\ & -2x-6+2x=1 \\ & -6=1 \quad \text{f.A.} \Rightarrow L=\{\ \} \end{array}$$

(e)

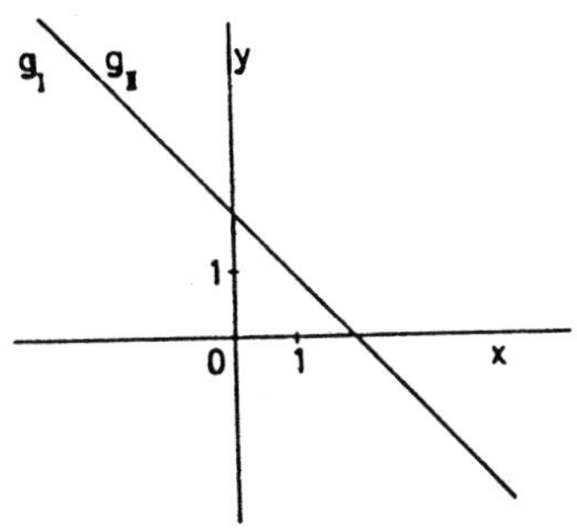

$g_1 = g_2 \Rightarrow \exists\ \infty$ viele S

g_1: $x+y=2$

x	y
0	2
2	0

g_2: $3x=-3y+6$

x	y
0	2
2	0

Kontrolle durch Rechnung

$$\begin{array}{lll} \text{I} & x+y=2 & \\ \text{II} & 3x=-3y+6 & |+3y \\ \hline \text{I} & x+y=2 & \\ \text{II} & 3x+3y=6 & |:3 \\ \hline \text{I} & x+y=2 & \\ \text{II} & x+y=2 & \\ \hline & x+y=2 & |-x \\ & y=-x+2 & \end{array}$$

$L=\{(x\,;\,y)\in\mathbb{R}\times\mathbb{R} \mid y=-x+2\}$

(f)

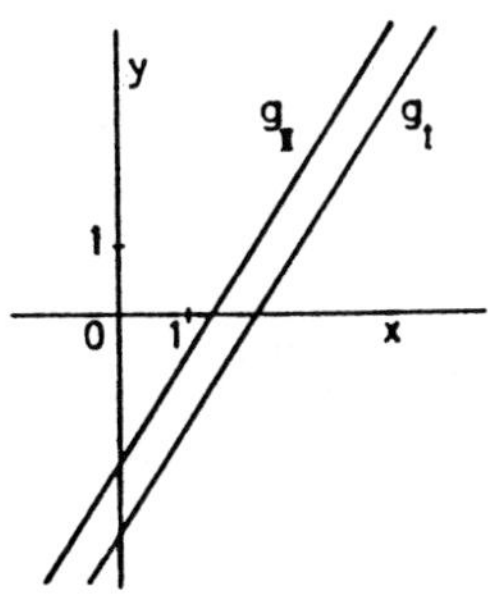

$g_1 \| g_2 \Rightarrow \nexists\, S$

g_1: $\frac{x}{2}-\frac{y}{3}=1$

x	y
0	-3
2	0

g_2: $y=\frac{3}{2}x-2$

x	y
0	-2
2	1

Kontrolle durch Umformen der Gleichung:

$$\begin{array}{ll} g_1:\ \frac{x}{2}-\frac{y}{3}=1 & |\cdot 6 \\ 3x-2y=6 & |-3x \\ -2y=-3x+6 & |:(-2) \\ y=\frac{3}{2}x-3 & \end{array}$$

g_2: $y=\frac{3}{2}x-2$

$g_1 \| g_2$, da $k_1=k_2=\frac{3}{2}$, aber $d_1 \neq d_2$

$\Rightarrow L=\{\ \}$

(g)

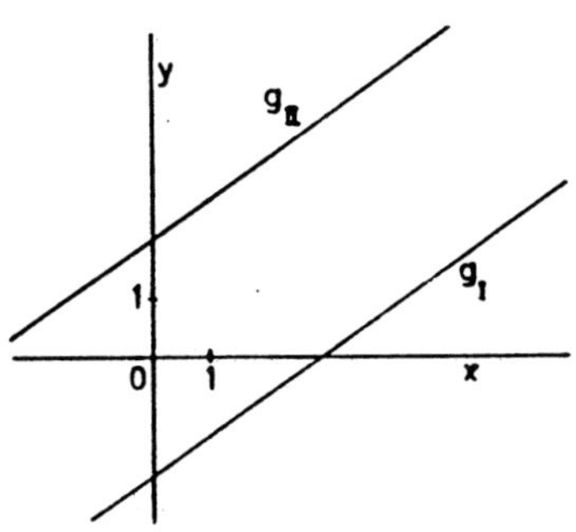

$g_1 \| g_2 \Rightarrow \nexists\, S$

g_1: $\frac{x}{3}-\frac{y}{2}=1$

x	y
0	-2
3	0

g_2: $-2x+3y=6$

x	y
0	+2
-3	0

Kontrolle durch Umformen der Gleichungen:

$$\begin{array}{ll} g_1:\ \frac{x}{3}-\frac{y}{2}=1 & |\cdot 6 \\ 2x-3y=6 & |-2x \\ -3y=-2x+6 & |:(-3) \\ y=\frac{2}{3}x-2 & \end{array}$$

$$\begin{array}{ll} g_2:\ -2x+3y=6 & |+2x \\ 3y=2x+6 & |:3 \\ y=\frac{2}{3}x+2 & \end{array}$$

$g_1 \| g_2$, da $k_1=k_2=\frac{2}{3}$ ist, aber $d_1 \neq d_2 \Rightarrow L=\{\ \}$

(h)

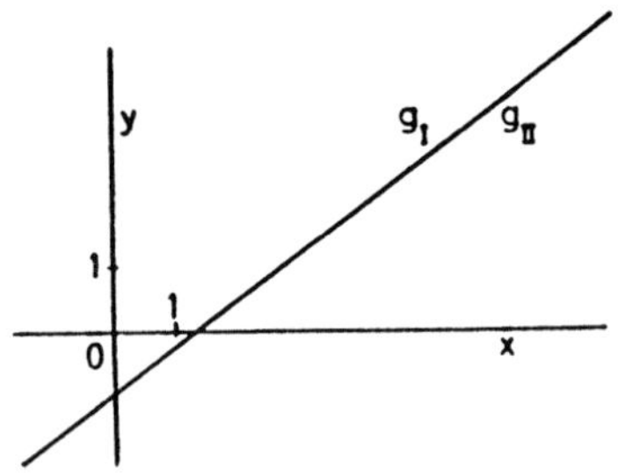

$g_1 = g_2 \Rightarrow \exists\ \infty$ viele Schnittpunkte

g_1: $5x-7y=7$

x	y
0	-1
7	4

g_2: $14y=10x-14$

x	y
0	-1
7	4

Kontrolle durch Umformen der Gleichungen:

g_1: $5x-7y=7 \quad |-5x$
$-7y=-5x+7 \quad |:(-7)$
$y=\frac{5}{7}x-1$

g_2: $14y=10x-14 \quad |:14$
$y=\frac{10}{14}x-1$
$y=\frac{5}{7}x-1$

$g_1=g_2$, da $k_1=k_2=\frac{5}{7}$ und $d_1=d_2=1$ gilt.

Das Gleichungssystem reduziert sich auf eine lineare Gleichung mit 2 Variablen:

$L=\{(x\ ;\ y)\in\mathbb{R}\times\mathbb{R} \mid y=\frac{5}{7}x-1\}$

4 (a) I $y=26-5x$
II $x-y=-1$
II $x-(26-5x)=-1$
$x-26+5x=-1$
$6x-26=-1 \quad |+26$
$6x=25$
$x=\frac{25}{6}$

aus I: $y=26-5\cdot\frac{25}{6}$
$y=26-\frac{125}{6}$
$y=\frac{31}{6}$

$L=\left\{\left(\frac{25}{6}\ ;\ \frac{31}{6}\right)\right\}$

Probe: I $\frac{31}{6}=26-5\cdot\frac{25}{6}$
$\frac{31}{6}=\frac{156-125}{6}$ w.A.

II $\frac{25}{6}-\frac{31}{6}=-1$
$-\frac{6}{6}=-1$ w.A.

(b) I $5x+12y=54$
II $x=3y$
I $5\cdot(3y)+12y=54$
$15y+12y=54$
$27y=54$
$y=2$

aus II: $x=3\cdot 2$
$x=6$

$L=\{(6;2)\}$

Probe: I $5\cdot 6+12\cdot 2=54$
$30+24=54$ w.A.

II $6=3\cdot 2$ w.A.

(c) I $3x-2y=a+5b$
II $y=x-2b$
I $3x-2(x-2b)=a+5b$
$3x-2x+4b=a+5b$
$x+4b=a+5b \quad |-4b$
$x=a+b$

aus II: $y=a+b-2b$
$y=a-b$

$L=\{(a+b\ ;\ a-b)\}\ ;\ a,b\in\mathbb{R}$

Probe: I $3\cdot(a+b)-2\cdot(a-b)=a+5b$
$3a+3b-2a+2b=a+5b$
$a+5b=a+5b$ w.A.

II $a-b=a+b-2b$
$a-b=a-b$ w.A.

5 (a) I $x=9-y$
II $x=14-2y$
$9-y=14-2y \quad |+2y-9$
$y=5$

aus I: $x=9-5$
$x=4$

$L=\{(4\ ;\ 5)\}$

Probe: I $4=9-5$ w.A.

II $4=14-2\cdot 5$

$4=14-10$ w.A.

(b) I $y=\frac{2}{3}x-20$

II $y=\frac{4}{3}x-4$

$\frac{2}{3}x-20=\frac{4}{3}x-4 \quad |\cdot 3$

$2x-60=4x-12 \quad |-2x+12$

$-48=2x \quad |:2$

$x=-24$

aus I: $y=\frac{2}{3}\cdot(-24)-20$

$y=2\cdot(-8)-20$

$y=-16-20$

$y=-36$

$L=\{(-24\ ;\ -36)\}$

Probe: I $-36=\frac{2}{3}\cdot(-24)-20$

$-36=2\cdot(-8)-20$

$-36=-16-20$ w.A.

II $-36=\frac{4}{3}\cdot(-24)-4$

$-36=4\cdot(-8)-4$

$-36=-32-4$ w.A.

(c) I $\frac{1}{x}=3\frac{1}{2}-y$

II $\frac{1}{x}=2\frac{1}{2}+y$

$D=\mathbb{R}\setminus\{0\}\times\mathbb{R}$

$3\frac{1}{2}-y=2\frac{1}{2}+y \quad |+y-2\frac{1}{2}$

$1=2y$

$y=\frac{1}{2}$

aus I: $\frac{1}{x}=3\frac{1}{2}-\frac{1}{2}$

$\frac{1}{x}=3$

$x=\frac{1}{3}$

$L=\{(\frac{1}{3}\ ;\ \frac{1}{2})\}$

Probe: I $\frac{1}{\frac{1}{3}}=3\frac{1}{2}-\frac{1}{2}$

$1:\frac{1}{3}=3$

$3=3$ w.A.

II $\frac{1}{\frac{1}{3}}=2\frac{1}{2}+\frac{1}{2}$

$1:\frac{1}{3}=3$

$3=3$ w.A.

(d) I $x=\frac{b}{a}(1-y)$

II $x=\frac{1}{a}(y-b)$

$\frac{b}{a}(1-y)=\frac{1}{a}(y-b) \quad |\cdot a\neq 0$

$b(1-y)=1\cdot(y-b)$

$b-by=y-b \quad |+by+b$

$2b=y+by$

$2b=y(1+b)$

aus I: $x=\frac{b}{a}\left(1-\frac{2b}{1+b}\right)$

$x=\frac{b}{a}\left(\frac{1+b-2b}{1+b}\right)$

$x=\frac{b}{a}\left(\frac{1-b}{1+b}\right)$

Fallunterscheidung:

1) $1+b\neq 0 \qquad b\neq -1$

$2b=y(1+b) \quad |:(1+b)$

$y=\frac{2b}{1+b}$

$L=\left\{\left(\frac{b(1-b)}{a(1+b)};\ \frac{2b}{1+b}\right)\right\}$; $a, b\in\mathbb{R}$ mit $a\neq 0$, $b\neq -1$

Probe: I $\frac{b(1-b)}{a(1+b)}=\frac{b}{a}\left(1-\frac{2b}{1+b}\right)$

$\frac{b(1-b)}{a(1+b)}=\frac{b}{a}\left(\frac{1+b-2b}{1+b}\right)$

$\frac{b(1-b)}{a(1+b)}=\frac{b(1-b)}{a(1+b)}$ w.A.

II $\frac{b(1-b)}{a(1+b)}=\frac{1}{a}\left(\frac{2b}{1+b}-b\right)$

$\frac{b(1-b)}{a(1+b)}=\frac{1}{a}\left(\frac{2b-b(1+b)}{1+b}\right)$

$\frac{b(1-b)}{a(1+b)}=\frac{1}{a}\left(\frac{2b-b-b^2}{1+b}\right)$

$\frac{b(1-b)}{a(1+b)}=\frac{1}{a}\left(\frac{b-b^2}{1+b}\right)$

$\frac{b(1-b)}{a(1+b)}=\frac{b(1-b)}{a(1+b)}$ w.A.

2) $1+b=0$ ⇨ $b=-1$

$2\cdot(-1)=y\cdot 0$ f.A.

keine Lösung in $\mathbb{R}$

6 (a)

$$\begin{array}{lll} \text{I} & 4x-3y=0 & \\ \text{II} & 2x+3y=36 & \} + \\ \hline & 6x=36 & |:6 \\ & x=6 & \end{array}$$

aus I: $4\cdot 6-3y=0$

$24-3y=0$ $|-24$

$-3y=-24$ $|:(-3)$

$y=8$

$L=\{(6\ ;\ 8)\}$

Probe: I $4\cdot 6-3\cdot 8=0$

$24-24=0$ w.A.

II $2\cdot 6+3\cdot 8=36$

$12+24=36$ w.A.

(b)

$$\begin{array}{lll} \text{I} & 8x+15y=29 & \\ \text{II} & 12x-5y=27 & |\cdot 3 \quad \} + \\ \hline & 44x=110 & |:44 \\ & x=\frac{110}{44}=\frac{5}{2} & \end{array}$$

aus I: $8\cdot\frac{5}{2}+15y=29$

$4\cdot 5+15y=29$

$20+15y=29$ $|-20$

$15y=9$ $|:15$

$y=\frac{9}{15}=\frac{3}{5}$

$L=\left\{\left(\frac{5}{2}\ ;\ \frac{3}{5}\right)\right\}$

Probe: I $8\cdot\frac{5}{2}+15\cdot\frac{3}{5}=29$

$4\cdot 5+3\cdot 3=29$

$20+9=29$ w.A.

II $12\cdot\frac{5}{2}-5\cdot\frac{3}{5}=27$

$6\cdot 5-3=27$

$30-3=27$ w.A.

(c)

$$\begin{array}{lll} \text{I} & \frac{2x}{3}+\frac{y}{2}=56 & |\cdot 6 \\ \text{II} & \frac{x}{4}-\frac{y}{6}=4 & |\cdot 12 \\ \hline \text{I} & 4x+3y=336 & |\cdot 2 \\ \text{II} & 3x-2y=48 & |\cdot 3 \\ \hline \text{I} & 8x+6y=672 & \\ \text{II} & 9x-6y=144 & \} + \\ \hline & 17x=816 & |:17 \\ & x=48 & \end{array}$$

aus I: $\frac{2\cdot 48}{3}+\frac{y}{2}=56$

$2\cdot 16+\frac{y}{2}=56$

$32+\frac{y}{2}=56$ $|-32$

$\frac{y}{2}=24$ $|\cdot 2$

$y=48$

$L=\{(48\ ;\ 48)\}$

Probe: I $\frac{2\cdot 48}{3}+\frac{48}{2}=56$

$2\cdot 16+24=56$

$32+24=56$ w.A.

II $\frac{48}{4}-\frac{48}{6}=4$

$12-8=4$ w.A.

(d)

$$\begin{array}{lll} \text{I} & bx-ay=0 & \\ \text{II} & x+y=(a+b)^2 & |\cdot a\neq 0 \\ \hline \text{I} & bx-ay=0 & \\ \text{II} & ax+ay=a(a+b)^2 & \} + \\ \hline & ax+bx=a(a+b)^2 & \end{array}$$

aus II: $a(a+b)+y=(a+b)^2$

$a^2+ab+y=a^2+2ab+b^2$ $|-ab$

$y=b^2+ab$

$y=b(b+a)$

$x(a+b) = a(a+b)^2$

Fallunterscheidung:

1) $a + b \neq 0 \qquad a \neq -b$

$x(a+b) = a(a+b)^2 \quad |:(a+b)$

$x = a(a+b)$

$L = \{(a(a+b); b(a+b)\}$; $a, b \in \mathbb{R}$ mit $a \neq 0$, $a \neq -b$

Probe: I $b \cdot a(a+b) - a \cdot b(a+b) = 0$
$ab(a+b) - ab(a+b) = 0$ w.A.

II $a(a+b) + b(a+b) = (a+b)^2$
$a^2 + ab + ab + b^2 = a^2 + 2ab + b^2$ w.A.

2) $a + b = 0 \qquad a = -b$

$x \cdot 0 = a \cdot 0 \qquad$ gilt $\forall\ x \in \mathbb{R}$

I $bx + by = 0 \quad |:b$

II $x + y = 0$

$\Rightarrow$ I = II

Die Gleichungen sind ident!

$x + y = 0$

$y = -x$

Man erhält für $a + b = 0$ folgende Lösungsmenge:

$L = \{(x,y) \in \mathbb{R} \times \mathbb{R} \mid y = -x\}$; $a, b \in \mathbb{R}$ mit $a = -b$

7 (a)

$$D = \begin{vmatrix} 4 & 3{,}2 \\ 0{,}81 & -0{,}27 \end{vmatrix} = 4 \cdot (-0{,}27) - 0{,}81 \cdot 3{,}2 = -1{,}08 - 2{,}592 = -3{,}672$$

$$D_x = \begin{vmatrix} 37{,}6 & 3{,}2 \\ 4{,}86 & -0{,}27 \end{vmatrix} = 37{,}6 \cdot (-0{,}27) - 4{,}86 \cdot 3{,}2 = -10{,}152 - 15{,}552 = -25{,}704$$

$$D_y = \begin{vmatrix} 4 & 37{,}6 \\ 0{,}81 & 4{,}86 \end{vmatrix} = 4 \cdot 4{,}86 - 0{,}81 \cdot 37{,}6 = 19{,}44 - 30{,}456 = -11{,}016$$

$$x = \frac{D_x}{D} = \frac{-25{,}704}{-3{,}672} = 7 \qquad y = \frac{D_y}{D} = \frac{-11{,}016}{-3{,}672} = 3$$

$L = \{(7\ ;\ 3)\}$

Probe: I $4 \cdot 7 + 3{,}2 \cdot 3 = 37{,}6$
$28 + 9{,}6 = 37{,}6$ w.A.

II $0{,}81 \cdot 7 - 0{,}27 \cdot 3 = 4{,}86$
$5{,}67 - 0{,}81 = 4{,}86$ w.A.

(b)

$$D = \begin{vmatrix} 2{,}24 & -1{,}68 \\ 0{,}98 & 1{,}47 \end{vmatrix} = 2{,}24 \cdot 1{,}47 - 0{,}98 \cdot (-1{,}68) = 3{,}2928 + 1{,}6464 = 4{,}9392$$

$$D_x = \begin{vmatrix} 0 & -1{,}68 \\ 17{,}64 & 1{,}47 \end{vmatrix} = 0 \cdot 1{,}47 - 17{,}64 \cdot (-1{,}68) = 29{,}6352$$

$$D_y = \begin{vmatrix} 2{,}24 & 0 \\ 0{,}98 & 17{,}64 \end{vmatrix} = 2{,}24 \cdot 17{,}64 - 0{,}98 \cdot 0 = 39{,}5136$$

$$x = \frac{D_x}{D} = \frac{29{,}6352}{4{,}9392} = 6 \qquad y = \frac{D_y}{D} = \frac{39{,}5136}{4{,}9392} = 8$$

$L = \{(6\ ;\ 8)\}$

Probe: I $2{,}24 \cdot 6 - 1{,}68 \cdot 8 = 0$
$13{,}44 - 13{,}44 = 0$ w.A.

II $0{,}98 \cdot 6 + 1{,}47 \cdot 8 = 17{,}64$
$5{,}88 + 11{,}76 = 17{,}64$ w.A.

(c)

$$D = \begin{vmatrix} 0{,}72 & -0{,}54 \\ 8{,}82 & -6{,}3 \end{vmatrix} = 0{,}72 \cdot (-6{,}3) - 8{,}82 \cdot (-0{,}54) = -4{,}536 + 4{,}7628 = 0{,}2268$$

$$D_x = \begin{vmatrix} 0{,}18 & -0{,}54 \\ 2{,}73 & -6{,}3 \end{vmatrix} = 0{,}18 \cdot (-6{,}3) - 2{,}73 \cdot (-0{,}54) = -1{,}134 + 1{,}4742 = 0{,}3402$$

$$D_y = \begin{vmatrix} 0{,}72 & 0{,}18 \\ 8{,}82 & 2{,}73 \end{vmatrix} = 0{,}72 \cdot 2{,}73 - 8{,}82 \cdot 0{,}18 = 1{,}9656 - 1{,}5876 = 0{,}378$$

$x = \frac{D_x}{D} = \frac{0,3402}{0,2268} = 1,5$ $\qquad$ $y = \frac{D_y}{D} = \frac{0,378}{0,2268} = 1,6666... = 1\frac{2}{3} = \frac{5}{3}$

$L=\left\{(1,5 \; ; \; \frac{5}{3})\right\}$

Probe: I $0,72 \cdot 1,5-0,54 \cdot \frac{5}{3}=0,18$ $\qquad$ II $8,82 \cdot 1,5-6,3 \cdot \frac{5}{3}=2,73$

$1,08 - 0,9 = 0,18$ $\qquad$ $13,23 - 10,5 = 2,73$

$0,18 = 0,18$ w.A. $\qquad$ $2,73 = 2,73$ w.A.

8 (a)

$$\begin{aligned}
&\text{I} && x^2+6x+9+1-4y+4y^2 = x^2+4x+4+4y^2 \\
&\text{II} && 4x^2+4x+1-9(y^2-2y+1)=4(x^2+2x+1)-(4-12y+9y^2) \\
&\text{I} && 6x-4y+10 = 4x+4 \\
&\text{II} && 4x^2+4x+1-9y^2+18y-9 = 4x^2+8x+4-4+12y-9y^2 \\
&\text{I} && 2x-4y = -6 \\
&\text{II} && 4x+18y-8 = 8x+12y \\
&\text{I} && 2x-4y = -6 \quad |\cdot 2 \\
&\text{II} && -4x+6y = 8 \\
&\text{I} && 4x-8y = -12 \\
&\text{II} && -4x+6y = 8 \quad + \\
& && -2y = -4 \\
& && y = 2
\end{aligned}$$

aus I:
$$\begin{aligned}
2x-4\cdot 2 &= -6 \\
2x-8 &= -6 \\
2x &= 2 \\
x &= 1
\end{aligned}$$

$L=\{(1 \; ; \; 2)\}$

Probe: I
$$\begin{aligned}
(1+3)^2+(1-2\cdot 2)^2 &= (1+2)^2+4\cdot 2^2 \\
4^2 + (1-4)^2 &= 3^2 + 4\cdot 4 \\
16 + (-3)^2 &= 9 + 16 \\
16 + 9 &= 9 + 16 \quad \text{w.A.}
\end{aligned}$$

II
$$\begin{aligned}
(2\cdot 1+1)^2-9(2-1)^2 &= 4(1+1)^2-(2-3\cdot 2)^2 \\
3^2 - 9\cdot 1^2 &= 4\cdot 2^2 - (2-6)^2 \\
9 - 9 &= 4\cdot 4 - (-4)^2 \\
0 &= 16 - 16 \quad \text{w.A.}
\end{aligned}$$

(b)

$$\begin{aligned}
&\text{I} && \frac{4x+5}{3y+1} = \frac{5}{2} \\
&\text{II} && \frac{12x-9}{20-y} = \frac{3}{1}
\end{aligned}$$

$3y+1 \neq 0 \Rightarrow y \neq -\frac{1}{3}$

$20-y \neq 0 \Rightarrow y \neq 20$ $\qquad$ $D=\mathbb{R}\times\mathbb{R}\setminus\left\{(-\frac{1}{3} \; ; \; 20)\right\}$

$$\begin{aligned}
&\text{I} && 2(4x+5) = 5(3y+1) \\
&\text{II} && 12x-9 = 3(20-y) \\
&\text{I} && 8x+10 = 15y+5 \\
&\text{II} && 12x-9 = 60-3y \\
\\
&\text{I} && 8x-15y = -5 \\
&\text{II} && 12x+3y = 69 \quad |\cdot 5 \\
&\text{I} && 8x-15y = -5 \\
&\text{II} && 60x+15y = 345 \quad + \\
& && 68x = 340 \\
& && x = 5
\end{aligned}$$

aus I:
$$\begin{aligned}
8\cdot 5-15y &= -5 \\
40-15y &= -5 \\
-15y &= -45 \\
y &= 3
\end{aligned}$$

$L=\{(5 \; ; \; 3)\}$

Probe: I
$$\begin{aligned}
(4\cdot 5+5):(3\cdot 3+1) &= 5:2 \\
25 : 10 &= 5:2 \\
5 : 2 &= 5:2 \quad \text{w.A.}
\end{aligned}$$

II
$$\begin{aligned}
(12\cdot 5-9):(20-3) &= 3:1 \\
51 : 17 &= 3:1 \\
3 : 1 &= 3:1 \quad \text{w.A.}
\end{aligned}$$

(c)

$$\begin{aligned}
&\text{I} && 21x+14y+21 = 12x-3y+6 \\
&\text{II} && \frac{8x-3y-1}{3x+2y+10} = \frac{5}{2}
\end{aligned}$$

Definitionsmenge: $3x+2y+10 \neq 0 \Rightarrow y \neq -\frac{3}{2}x-5$

$x,y \in \mathbb{R}$ mit $y \neq -\frac{3}{2}x-5$

$$\begin{aligned}
&\text{I} && 9x+17y = -15 \\
&\text{II} && 2(8x-3y-1) = 5(3x+2y+10) \\
&\text{I} && 9x+17y = -15 \\
&\text{II} && 16x-6y-2 = 15x+10y+50 \\
&\text{I} && 9x+17y = -15 \\
&\text{II} && x-16y = 52 \quad |\cdot(-9) \\
&\text{I} && 9x+17y = -15 \\
&\text{II} && -9x+144y = -468 \quad + \\
& && 161y = -483 \\
& && y = -3
\end{aligned}$$

aus I:
$$\begin{aligned}
9x+17\cdot(-3) &= -15 \\
9x-51 &= -15 \quad |+51 \\
9x &= 36 \\
x &= 4
\end{aligned}$$

$L=\{(4 \; ; \; -3)\}$

Probe:

I $7\cdot[3\cdot4+2\cdot(-3)+3]=3\cdot[4\cdot4-(-3)+2]$
$7\cdot(12-6+3)=3\cdot(16+3+2)$
$7\cdot9 = 3\cdot21$
$63 = 63$ w.A.

II $[8\cdot4-3\cdot(-3)-1]:[3\cdot4+2\cdot(-3)+10]=5:2$
$(32+9-1):(12-6+10)=5:2$
$40 : 16 = 5:2$
$5 : 2 = 5:2$ w.A.

(d) I $\frac{x+1}{y-1} = \frac{x}{y}$

II $xy+12y+6x+72=xy+7y+11x+77$

Definitionsmenge: $y-1\neq0 \Rightarrow y\neq1$
$y\neq0$

$D=\mathbb{R}\times\mathbb{R}\setminus\{0;1\}$

I $y(x+1) = x(y-1)$
II $6x+12y+72 = 11x+7y+77$

I $xy+y = xy-x \quad |+x$
II $-5x+5y = 5 \quad |:5$

I $x+y = 0$
II $-x+y = 1$ } +

$2y = 1$
$y = \frac{1}{2}$

aus I: $x+\frac{1}{2} = 0$
$x = -\frac{1}{2}$

$L=\{(-\frac{1}{2} ; \frac{1}{2})\}$

Probe:

I $(-\frac{1}{2}+1):(\frac{1}{2}-1) = -\frac{1}{2}:\frac{1}{2}$
$\frac{1}{2} : -\frac{1}{2} = -\frac{1}{2}:\frac{1}{2}$
$\frac{1}{2}\cdot(-2) = -\frac{1}{2}\cdot2$
$-1 = -1$ w.A.

II $(-\frac{1}{2}+12)\cdot(\frac{1}{2}+6) = (-\frac{1}{2}+7)\cdot(\frac{1}{2}+11)$
$11\frac{1}{2}\cdot6\frac{1}{2} = 6\frac{1}{2}\cdot11\frac{1}{2}$ w.A.

9 (a) I $\frac{1}{x-3}+\frac{1}{y-5} = 2$
II $\frac{1}{x-3}-\frac{1}{y-5} = 0$ } +

Definitionsmenge: $x-3\neq0 \Rightarrow x\neq3$
$y-5\neq0 \Rightarrow y\neq5$
$D=\mathbb{R}\setminus\{3\}\times\mathbb{R}\setminus\{5\}$

$\frac{2}{x-3} = 2 \quad |\cdot(x-3)$
$2 = 2(x-3) \quad |:2$
$1 = x-3$
$x = 4$

aus II: $\frac{1}{4-3}-\frac{1}{y-5} = 0$
$-\frac{1}{y-5} = -1 \quad |\cdot[-(y-5)]$
$1 = y-5$
$y = 6$

$L=\{(4 ; 6)\}$

Probe: I $\frac{1}{4-3}+\frac{1}{6-5} = 2$
$1+1 = 2$ w.A.

II $\frac{1}{4-3}-\frac{1}{6-5} = 0$
$1-1 = 0$ w.A.

(b) I $\frac{1}{x-4}+\frac{1}{x-y} = \frac{3}{2}$
II $\frac{1}{x-4}-\frac{1}{x-y} = \frac{1}{2}$ } +

Definitionsmenge: $x-4\neq0 \Rightarrow x\neq4$
$x-y\neq0 \Rightarrow x\neq y$
$x,y\in\mathbb{R}$ mit $x\neq4$ und $x\neq y$

$\frac{2}{x-4} = 2 \quad |\cdot(x-4)$
$2 = 2(x-4) \quad |:2$
$1 = x-4$
$x = 5$

aus I: $\frac{1}{5-4}+\frac{1}{5-y} = \frac{3}{2}$
$1+\frac{1}{5-y} = \frac{3}{2} \quad |-1$
$\frac{1}{5-y} = \frac{1}{2} \quad |\cdot2(5-y)$
$2 = 5-y$
$-3 = -y$
$y = 3$

$L=\{(5 ; 3)\}$

Probe: I $\frac{1}{5-4}+\frac{1}{5-3} = \frac{3}{2}$
$1+\frac{1}{2} = \frac{3}{2}$ w.A.

II $\frac{1}{5-4}-\frac{1}{5-3} = \frac{1}{2}$
$1-\frac{1}{2} = \frac{1}{2}$ w.A.

10 (a)

I $\frac{x}{b} + \frac{y}{a} = \frac{a^2+b^2}{ab}$ $\quad | \cdot ab \neq 0 \Rightarrow a \neq 0,\ b \neq 0$

II $\frac{x-a}{y-b} = \frac{b}{a}$ $\quad | \cdot a(y-b) \neq 0 \Rightarrow a \neq 0,\ y \neq b$

I $ax + by = a^2+b^2$

II $a(x-a) = b(y-b)$

I $ax + by = a^2+b^2$

II $ax - a^2 = by-b^2$

I $ax + by = a^2+b^2$ } +

II $ax - by = a^2-b^2$

$2ax = 2a^2 \quad |: 2a \neq 0 \Rightarrow a \neq 0$

$x = a$

aus I: $a \cdot a+by=a^2+b^2$

$a^2 + by = a^2+b^2$

$by = b^2 \quad |: b \neq 0$

$y = b$

da $y \neq b$ sein muß $\Rightarrow L=\{\}$

(b)

I $ax+a^2=by+b^2$

II $bx-ab=ay-ab$

I $ax-by=b^2-a^2$ $\quad | \cdot b \neq 0$

II $bx-ay=0$ $\quad | \cdot (-a) \neq 0 \Rightarrow a \neq 0$

I $abx-b^2y=b^3-a^2b$ } +

II $-abx+a^2y=0$

$a^2y-b^2y=b^3-a^2b$

$y(a^2-b^2)=b(b^2-a^2)$

$y(a^2 - b^2) = b\cdot(-1)\cdot(a^2 - b^2)$

Fallunterscheidung:

1) $a^2 - b^2 \neq 0$ $\quad \Rightarrow (a - b)(a + b) \neq 0$

$a \neq b,\ a \neq -b$

$y(a^2 - b^2) = b \cdot (-1) \cdot (a^2 - b^2) \quad |: (a^2 - b^2)$

$y = -b$

aus II: $bx-a\cdot(-b)=0$

$bx + ab = 0$

$bx = -ab \quad |: b \neq 0$

$x = -a$

$L=\{(-a\ ;\ -b)\}$ $\quad a,b \in \mathbb{R}\setminus\{0\}$ mit $a \neq \pm b$

2) $a^2 - b^2 = 0$ $\quad \Rightarrow (a - b)(a + b) = 0$

$a = b,\ a = -b$

(a) $a - b = 0$ $\quad \Rightarrow a = b$

I $ax + a = ay + a$

II $ax - a = ay - a$

I $ax = ay$

II $ax = ay$

I = II $\Rightarrow x = y$

$L = \{(x,y) \in \mathbb{R} \times \mathbb{R} \mid x = y\}$; $a,b \in \mathbb{R}\setminus\{0\}$ mit $a = b$

(b) $a + b = 0$ $\quad \Rightarrow a = -b$

I $-b(x - b) = b(y + b)$

II $b(x + b) = -b(y - b)$

I $-bx = by$

II $bx = -by$

I = II $\Rightarrow x = -y$

$L = \{(x,y) \in \mathbb{R} \times \mathbb{R} \mid x = -y\}$; $a,b \in \mathbb{R}\setminus\{0\}$ mit $a = -b$

Probe: I $a(-a+a)=b(-b+b)$

$0 = 0$ w.A.

II $b(-a-a)=a(-b-b)$

$-2ab = -2ab$ w.A.

(c)

$$\begin{array}{ll} \text{I} & x+y = \dfrac{ab}{a+b} \\ \text{II} & x-y = \dfrac{ab}{a-b} \end{array} \Bigg\} +$$

$a+b \neq 0 \Rightarrow a \neq -b$
$a-b \neq 0 \Rightarrow a \neq b$

$$2x = \frac{ab}{a+b} + \frac{ab}{a-b}$$
$$2x = \frac{ab(a-b)+ab(a+b)}{(a+b)(a-b)}$$
$$2x = \frac{ab(a-b+a+b)}{a^2-b^2}$$
$$2x = \frac{ab \cdot 2a}{a^2-b^2} \quad |:2$$
$$x = \frac{a^2b}{a^2-b^2}$$

aus I: $\dfrac{a^2b}{a^2-b^2} + y = \dfrac{ab}{a+b}$
$$y = \frac{ab}{a+b} - \frac{a^2b}{(a+b)(a-b)}$$
$$y = \frac{ab(a-b)-a^2b}{(a+b)(a-b)}$$
$$y = \frac{a^2b-ab^2-a^2b}{(a+b)(a-b)}$$
$$y = \frac{-ab^2}{a^2-b^2}$$

$L=\left\{\left(\dfrac{a^2b}{a^2-b^2} ; \dfrac{-ab^2}{a^2-b^2}\right)\right\}$ $a,b \in \mathbb{R}$ mit $a \neq \pm b$

Probe:

I
$$\frac{a^2b}{a^2-b^2} + \frac{-ab^2}{a^2-b^2} = \frac{ab}{a+b}$$
$$\frac{a^2b-ab^2}{(a+b)(a-b)} = \frac{ab}{a+b}$$
$$a^2b-ab^2 = ab(a-b)$$
$$ab(a-b) = ab(a-b) \quad \text{w.A.}$$

II
$$\frac{a^2b}{a^2-b^2} - \frac{-ab^2}{a^2-b^2} = \frac{ab}{a-b}$$
$$\frac{a^2b+ab^2}{(a+b)(a-b)} = \frac{ab}{a-b}$$
$$a^2b+ab^2 = ab(a+b)$$
$$ab(b+a) = ab(a+b)$$
$$ab(a+b) = ab(a+b) \quad \text{w.A.}$$

(d)

$$\begin{array}{ll}
\text{I} & ax - ay + ab = by - b^2 \\
\text{II} & bx - by - a^2 = ab - ay \\ \hline
\text{I} & ax - ay - by = -b^2-ab \\
\text{II} & bx + ay - by = a^2+ab \\ \hline
\text{I} & ax - (a+b)y = -b^2-ab \quad | \cdot b \neq 0 \\
\text{II} & bx + (a-b)y = a^2+ab \quad | \cdot (-a) \Rightarrow a \neq 0 \\ \hline
\text{I} & abx - b(a+b)y = -b^3-ab^2 \\
\text{II} & -abx - a(a-b)y = -a^3-a^2b \\ \hline
\end{array} \Bigg\} +$$

$$-b(a+b)y-a(a-b)y=-a^3-a^2b-ab^2-b^3 \quad | \cdot (-1)$$
$$(ab+b^2)y+(a^2-ab)y=a^3+a^2b+ab^2+b^3$$
$$y(ab+b^2+a^2-ab) = a^2(a+b)+b^2(a+b)$$
$$y(a^2 + b^2) = (a + b)\cdot(a^2 + b^2)$$

Fallunterscheidung:

1) $a^2 + b^2 \neq 0 \quad \Rightarrow a \neq 0,\ b \neq 0$
$$y(a^2 + b^2) = (a + b)\cdot(a^2 + b^2) \quad |: (a^2 + b^2)$$
$$y = a + b$$

aus I: $ax-(a+b)(a+b)=-b^2-ab$
$$ax = -b^2-ab+a^2+2ab+b^2$$
$$ax = a^2+ab$$
$$ax = a(a+b) \quad |: a \neq 0$$
$$x = a+b$$

$L=\{(a+b \ ; \ a+b)\}$ $a,b \in \mathbb{R}\setminus\{0\}$

Probe: I
$$a[(a+b)-(a+b)]+ab=b(a+b-b)$$
$$a \cdot 0 + ab = b \cdot a$$
$$ab=ab \quad \text{w.A.}$$

II
$$b[(a+b)-(a+b)]-a^2=a[b-(a+b)]$$
$$b \cdot 0 - a^2=a[b- a-b]$$
$$-a^2=a\cdot(-a)$$
$$-a^2=-a^2 \quad \text{w.A.}$$

2) $a^2 + b^2 = 0$
ist nur dann möglich, wenn $(a = 0) \wedge (b = 0)$ gilt, das ist aber nicht möglich!
Sowohl die Multiplikation mit b und die Multiplikation mit a als Äquivalenzumformung ist nur dann möglich, wenn $a \neq 0$ bzw. $b \neq 0$ gilt (siehe oben)

11

	Ziffern Z	Ziffern E	Ziffernsumme	Wert der Zahl
Zahl	x	y	11	10x+y
die um 3 größere Zahl	x	y+3		10x+y+3

$G=\{1,2,...,8,9\}\times\{1,2,...,8,9\}$

I $x+y=11$

II $\frac{10x+y+3}{11}=x$

I $x + y = 11$

II $10x + y + 3 = 11x$

I $x + y = 11$

II $-x + y = -3$ (+)

$2y = 8$

$y = 4$

aus I: $x+4=11$

$x = 7$

$(7 ; 4) \in G \Rightarrow L=\{(7 ; 4)\}$

Probe: Zahl: 74 Ziffernsumme: 11 w.A.

um 3 größere Zahl: 77 $\frac{77}{11} = 7$ ... Zehnerziffer der Zahl w.A.

Die Zahl lautet 74.

12

	H	Z	E	Wert der Zahl
1. Zahl	x	7	y	100x+70+y
2. Zahl	y	7	x	100y+70+x

$G=\{1,2,...,8,9\}\times\{1,2,...,8,9\}$

I $100x+70+y+100y+70+x = 847$ Summe der Zahlen

II $(100x+70+y)-(100y+70+x) = 99$ Differenz der Zahlen

I $101x + 101y = 707$ |:101

II $99x - 99y = 99$ |:99

I $x + y = 7$

II $x - y = 1$ (+)

$2x = 8$

$x = 4$

aus I: $4+y=7$

$y=3$

$(4 ; 3) \in G \Rightarrow L=\{(4 ; 3)\}$

Probe: 1. Zahl: 473 Summe: $473+374=847$ w.A.

2. Zahl: 374 Differenz: $473-374=99$ w.A.

Die ursprüngliche Zahl lautet 473.

13

	Z	E	Wert der Zahl	Ziffernsumme
Zahl	x	y	10x+y	x+y
neue Zahl	y	x	10y+x	

$G=\{1,2,...,8,9\}\times\{1,2,...,8,9\}$

I $10x + y = 7(x+y)$

II $(10x+y)-3(x+y)=10y+x$

I $10x + y = 7x+7y$

II $7x - 2y = 10y+x$

I $3x - 6y = 0$

II $6x - 12y = 0$

I=II $x - 2y = 0$

$x = 2y$

Beide Gleichungen sind äquivalent. Daraus erhält man das Verhältnis beider Ziffern: Z : E = 2 : 1

$L=\{(x ; y)\in G |\ x=2y\}$

Folgende Zahlenpaare erfüllen die Gleichung und sind Elemente der Grundmenge G:
$L=\{(2 ; 1), (4 ; 2), (6 ; 3), (8 ; 4)\}$

Probe: I

$21 = 7\cdot 3$ w.A.
$42 = 7\cdot 6$ w.A.
$63 = 7\cdot 9$ w.A.
$84 = 7\cdot 12$ w.A.

II

$21-3(2+1) = 21-9 = 12$ w.A.
$42-3(4+2) = 42-18 = 24$ w.A.
$63-3(6+3) = 63-27 = 36$ w.A.
$84-3(8+4) = 84-36 = 48$ w.A.

Die Ziffern verhalten sich wie 2 : 1. Die Zahlen 21, 42, 63 und 84 erfüllen diese Bedingungen.

14

	Alter jetzt	Alter in 6 Jahren
Vater	x	x+6
Sohn	y	y+6

$G=\mathbb{R}^+\times\mathbb{R}^+$

I $x - y = 39$ Differenz der Lebensalter jetzt

II $x + 6 = 4(y+6)$ Vergleich der Lebensalter in 6 Jahren

I $x - y = 39$

II $x + 6 = 4y + 24$

$$\begin{array}{ll} \text{I} & x - y = 39 \\ \text{II} & x - 4y = 18 \\ \hline & 3y = 21 \\ & y = 7 \end{array} \quad \Big\} -$$

aus I: $x-7=39$
$x=46$

$(46\ ;\ 7)\in G \Rightarrow L=\{(46\ ;\ 7)\}$

Probe: Vergleich der Lebensalter jetzt: $46 - 7 = 39$ w.A.
Vergleich der Lebensalter in 6 Jahren: Vater 52 Jahre, Sohn 13 Jahre
$13 \cdot 4 = 52$ w.A.

Der Vater ist jetzt 46, der Sohn 7 Jahre alt.

15

	Alter jetzt	Alter in 2 Jahren
Sohn	x	x+2
Tochter	y	y+2
Vater	34+(x+y)	36+(x+y)

$G=\mathbb{R}^+ \times \mathbb{R}^+$

$$\begin{array}{ll} \text{I} & x = y + 2 \\ \text{II} & 36+(x+y)=3(x+2+y+2) \\ \hline \text{I} & x - y = 2 \\ \text{II} & 36+x+y = 3x+3y+12 \\ \hline \text{I} & x - y = 2 \quad |\cdot 2 \\ \text{II} & -2x - 2y = -24 \\ \hline & -4y = -20 \\ & y = 5 \end{array}$$

Sohn ist um 2 Jahre älter als die Tochter
Vergleich der Lebensalter in 2 Jahren

aus I: $x=5+2$
$x= 7$

$(7\ ;\ 5)\in G \Rightarrow L=\{(7\ ;\ 5)\}$

Probe: Summe der Lebensalter von Sohn und Tochter jetzt: $7+5 = 12$
Differenz der Lebensalter von Sohn und Tochter: $7-5 = 2$ w.A.
Alter des Vaters: $34+12 = 46$ w.A.

Summe der Lebensalter der Kinder in 2 Jahren: $9+7 = 16$
Alter des Vaters in 2 Jahren: $16 \cdot 3 = 46+2 = 48$ w.A.

Der Sohn ist jetzt 7 Jahre, die Tochter 5 Jahre und der Vater 46 Jahre alt.

16 x ... Anfangskapital
y ... Zinssatz (ganzjährige Verzinsung)

$\frac{x \cdot y}{100}$ Zinsen pro Jahr

$\frac{x \cdot y}{100 \cdot 12}$ Zinsen pro Monat

$\frac{x \cdot y \cdot 6}{100 \cdot 12}$ Zinsen für 6 Monate

$\frac{x \cdot y \cdot 10}{100 \cdot 12}$ Zinsen für 10 Monate

$G=\mathbb{R}^+ \times \mathbb{R}^+$

$$\begin{array}{lll} \text{I} & x + \frac{x \cdot y \cdot 6}{100 \cdot 12} = 15337{,}50 & |\cdot 200 \\ \text{II} & x + \frac{x \cdot y \cdot 10}{100 \cdot 12} = 15562{,}50 & |\cdot 120 \\ \hline \text{I} & 200x + xy = 3067500 & \\ \text{II} & 120x + xy = 1867500 & |\cdot(-1) \\ \hline & 80x = 1200000 & \\ & x = 15000 & \end{array}$$

aus I: $200 \cdot 15000+15000 \cdot y = 3067500$
$y = 4{,}5$

$(15000\ ;\ 4{,}5)\in G \Rightarrow L=\{(15000\ ;\ 4{,}5)\}$

Probe: I $\frac{15000 \cdot 4{,}5 \cdot 6}{100 \cdot 12} = 337{,}50$ II $\frac{15000 \cdot 4{,}5 \cdot 10}{100 \cdot 12} = 562{,}50$

$15000+337{,}50 = 15337{,}50$ w.A. $15000+562{,}50 = 15562{,}50$ w.A.

Das Anfangskapital von 15 000 € wird zu 4,5 % verzinst.

17

	Betrag	Zinssatz in %	Zinsen in S	Betrag	Zinssatz in %	Zinsen in S
Kapital 1	x	3,75	$\frac{x}{100} \cdot 3{,}75$	x	4,5	$\frac{x}{100} \cdot 4{,}5$
Kapital 2	y	4,5	$\frac{y}{100} \cdot 4{,}5$	y	3,75	$\frac{y}{100} \cdot 3{,}75$

$$\begin{array}{lll} \text{I} & \frac{x}{100} \cdot 3{,}75 + 907{,}50 = \frac{y}{100} \cdot 4{,}5 & |\cdot 100 \\ \text{II} & \frac{x}{100} \cdot 4{,}5 = \frac{y}{100} \cdot 3{,}75 & |\cdot 100 \\ \hline \end{array}$$

$G=\mathbb{R}^+ \times \mathbb{R}^+$

$$\begin{array}{llcl}
\text{I} & 3{,}75x + 90750 & = & 4{,}5y \\
\text{II} & 4{,}5\,x & = & 3{,}75y \\
\hline
\text{I} & 3{,}75x - 4{,}5y & = & -90750 \quad |\cdot 4{,}5 \\
\text{II} & 4{,}5\,x - 3{,}75y & = & 0 \quad |\cdot(-3{,}75) \\
\hline
\text{I} & 16{,}875x - 20{,}25y & = & -408375 \\
\text{II} & -16{,}875x + 14{,}0625y & = & 0 \quad \} + \\
\hline
 & -6{,}1875y & = & -408375 \\
 & y & = & 66000
\end{array}$$

aus II: $4{,}5x = 3{,}75 \cdot 66000$
$x = 55000$

$(55000\ ;\ 66000) \in G$
$\Rightarrow L = \{(55000\ ;\ 66000)\}$

Probe: Zinsen 1. Kapital $\frac{55000}{100} \cdot 3{,}75 = 2062{,}50$ bzw. $\frac{55000}{100} \cdot 4{,}5 = 2475{,}-$

2. Kapital $\frac{66000}{100} \cdot 4{,}5 = 2970{,}-$ bzw. $\frac{66000}{100} \cdot 3{,}75 = 2475{,}--$

$2970 - 2062{,}50 = 907{,}50$ w.A.

Das 1. Kapital beträgt 55 000 €, das 2. Kapital 66 000 €.

18 x ... größeres Kapital
y ... kleineres Kapital

$\frac{x \cdot 4{,}5}{100}$ Jahreszinsen des größeren Kapitals $\frac{y \cdot 3{,}75}{100}$ Jahreszinsen des kleineren Kapitals

$G = \mathbb{R}^+ \times \mathbb{R}^+$

$$\begin{array}{llcl}
\text{I} & x - y & = & 16000 \\
\text{II} & \frac{x\cdot 4{,}5}{100} - \frac{y \cdot 3{,}75}{100} & = & 915 \quad |\cdot 100 \\
\hline
\text{I} & x - y & = & 16000 \quad |\cdot(-3{,}75) \\
\text{II} & 4{,}5x - 3{,}75y & = & 91500 \\
\hline
\text{I} & -3{,}75x + 3{,}75y & = & -60000 \\
\text{II} & 4{,}5x - 3{,}75y & = & 91500 \quad \} + \\
\hline
 & 0{,}75x & = & 31500 \\
 & x & = & 42000
\end{array}$$

aus I: $42000 - y = 16000$
$y = 26000$

$(42000\ ;\ 26000) \in G \Rightarrow L = \{(42000\ ;\ 26000)\}$

Probe: I $42000 - 26000 = 16000$ w.A.

II $\frac{42000 \cdot 4{,}5}{100} = 1890$ Zinsen Kapital 1

$\frac{26000 \cdot 3{,}75}{100} = 975$ Zinsen Kapital 2

$1890 - 975 = 915$ w.A.

Die Kapitalien betragen 42 000 € bzw. 26 000 €.

19 x ... Alkoholgehalt der 1. Sorte
y ... Alkoholgehalt der 2. Sorte

	Menge in l	Alkoholgehalt	reiner Alkohol in l	Menge in l	Alkoholgehalt	reiner Alkohol in l
Sorte 1	18	$\frac{x}{100}$	$18 \cdot \frac{x}{100}$	18	$\frac{x}{100}$	$18 \cdot \frac{x}{100}$
Sorte 2	6	$\frac{y}{100}$	$6 \cdot \frac{y}{100}$	9	$\frac{y}{100}$	$9 \cdot \frac{y}{100}$
Mischung	24	$\frac{60}{100}$	$24 \cdot \frac{60}{100}$	27	$\frac{63}{100}$	$27 \cdot \frac{63}{100}$

$G = \mathbb{R}^+ \times \mathbb{R}^+$

$$\begin{array}{llcl}
\text{I} & 18 \cdot \frac{x}{100} + 6 \cdot \frac{y}{100} & = & 24 \cdot \frac{60}{100} \quad |\cdot 100 \\
\text{II} & 18 \cdot \frac{x}{100} + 9 \cdot \frac{y}{100} & = & 27 \cdot \frac{63}{100} \quad |\cdot 100 \\
\hline
\text{I} & 18x + 6y & = & 1440 \\
\text{II} & 18x + 9y & = & 1701 \quad \} - \\
\hline
 & -3y & = & -261 \\
 & y & = & 87
\end{array}$$

aus I: $18x + 6 \cdot 87 = 1440$
$x = 51$

$(51\ ;\ 87) \in G \Rightarrow L = \{(51\ ;\ 87)\}$

Probe: Mischung 1: $18 \cdot \frac{51}{100} = 9{,}18$ $6 \cdot \frac{87}{100} = 5{,}22$

$24 \cdot \frac{60}{100} = 14{,}4$ $9{,}18 + 5{,}22 = 14{,}4$ w.A.

Mischung 2: $18\cdot\frac{51}{100}=9{,}18$ $\quad 9\cdot\frac{87}{100}=7{,}83$

$27\cdot\frac{63}{100}=17{,}01$ $\quad 9{,}18+7{,}83=17{,}01$ w.A.

Die erste Sorte hat 51% Alkohol, die zweite Sorte hat 87% Alkohol.

20 x ... Menge der 1. Sorte in l
y ... Alkoholgehalt der 2. Sorte

	Menge in l	Alkoholgehalt	reiner Alkohol in l	Menge in l	Alkoholgehalt	reiner Alkohol in l
Sorte 1	x	$\frac{65}{100}$	$x\cdot\frac{65}{100}$	2x	$\frac{65}{100}$	$2x\cdot\frac{65}{100}$
Sorte 2	8	$\frac{y}{100}$	$8\cdot\frac{y}{100}$	4	$\frac{y}{100}$	$4\cdot\frac{y}{100}$
Mischung	x+8	$\frac{75}{100}$	$(x+8)\cdot\frac{75}{100}$	2x+4	$\frac{70}{100}$	$(2x+4)\cdot\frac{70}{100}$

I $\quad x\cdot\frac{65}{100}+8\cdot\frac{y}{100}=(x+8)\cdot\frac{75}{100}\quad|\cdot 100$ $\qquad G=\mathbb{R}^+\times\mathbb{R}^+$

II $\quad 2x\cdot\frac{65}{100}+4\cdot\frac{y}{100}=(2x+4)\cdot\frac{70}{100}\quad|\cdot 100$

I $\quad 65x+8y=75x+600$

II $\quad 130x+4y=140x+280$

I $\quad -10x+8y=600$

II $\quad -10x+4y=280$ $\quad \}-$

$4y=320$

$y=80$

aus I: $-10x+8\cdot 80=600$

$x=4$

$(4;80)\in G \Rightarrow L=\{(4;80)\}$

Probe: Mischung 1: $4\cdot 0{,}65+8\cdot 0{,}8=12\cdot 0{,}75$
$9=9$ w.A.

Mischung 2: $8\cdot 0{,}65+4\cdot 0{,}8=12\cdot 0{,}7$
$8{,}4=8{,}4$ w.A.

Man muss 4 l der 1. Sorte dazumengen, der Prozentgehalt der 2. Sorte beträgt 80 %.

21 x ... Menge der 1. Sorte in l
y ... Menge der 2. Sorte in l

	Menge in l	Alkoholgehalt	reiner Alkohol in l
Sorte 1	x	$\frac{96}{100}$	$x\cdot\frac{96}{100}$
Sorte 2	y	$\frac{80}{100}$	$y\cdot\frac{80}{100}$
Mischung	x+y	$\frac{90}{100}$	$(x+y)\cdot\frac{90}{100}$

$x\cdot\frac{96}{100}+y\cdot\frac{80}{100}=(x+y)\cdot\frac{90}{100}\quad|\cdot 100$ $\qquad G=\mathbb{R}^+\times\mathbb{R}^+$

$96x+80y=90x+90y$

$6x=10y\quad|:2$

$3x=5y$

$x:y=5:3$ $\qquad L=\{(x;y)\in G\mid x:y=5:3\}$

Probe: $x:y=5:3\Rightarrow x=\frac{5}{3}y$

$\frac{5}{3}y\cdot\frac{96}{100}+y\cdot\frac{80}{100}=$ $\qquad (\frac{5}{3}y+y)\cdot 0{,}9=$

$=5y\cdot\frac{32}{100}+y\cdot\frac{80}{100}=\frac{240y}{100}=2{,}4y$ $\qquad =\frac{8}{3}y\cdot 0{,}9=2{,}4y$ w.A.

Man muss beide Sorten im Verhältnis 5:3 mischen.

22 x ... Feingehalt der 1. Sorte
y ... Feingehalt der 2. Sorte

	Menge in kg	Feingehalt	reines Silber in kg	Menge in kg	Feingehalt	reines Silber in kg
1. Sorte	3	x	3x	5	x	5x
2. Sorte	4	y	4y	3	y	3y
Legierung	7	0,660	$7\cdot 0{,}660$	8	0,715	$8\cdot 0{,}715$

$$\begin{array}{lll} \text{I} & 3x + 4y = 7\cdot 0{,}660 & |\cdot(-3) \\ \text{II} & 5x + 3y = 8\cdot 0{,}715 & |\cdot 4 \\ \hline \text{I} & -9x - 12y = -13{,}860 & \\ \text{II} & 20x + 12y = 22{,}880 & + \\ \hline & 11x = 9{,}020 & \\ & x = 0{,}820 & \end{array}$$

$G = \mathbb{R}^+ \times \mathbb{R}^+$

Wir vergleichen das reine Silber in kg.

aus I: $3\cdot 0{,}820 + 4y = 7\cdot 0{,}660$

$y = 0{,}540$

$(0{,}820\ ;\ 0{,}540) \in G \Rightarrow L = \{(0{,}820\ ;\ 0{,}540)\}$

Probe: Mischung 1: $3\cdot 0{,}820 + 4\cdot 0{,}540 = 4{,}62$

$7\cdot 0{,}660 = 4{,}62$ w.A.

Mischung 2: $5\cdot 0{,}820 + 3\cdot 0{,}540 = 5{,}72$

$8\cdot 0{,}715 = 5{,}72$ w.A.

Die beiden Sorten haben einen Feingehalt von 0,820 bzw. 0,540.

23 x ... Fülldauer in min

$\frac{V}{x}$ ... Füllmenge / min

y ... Abflussdauer in min

$\frac{V}{y}$ ... Ablussmenge / min

$G = \mathbb{R}^+ \times \mathbb{R}^+$

$$\begin{array}{lll} \text{I} & 7{,}5\cdot\frac{V}{x} - 7{,}5\cdot\frac{V}{y} = V & |:V \\ \text{II} & 3{,}6\cdot\frac{V}{x} - 1\cdot\frac{V}{y} = V & |:V \\ \hline \text{I} & \frac{7{,}5}{x} - \frac{7{,}5}{y} = 1 & \\ \text{II} & \frac{3{,}6}{x} - \frac{1}{y} = 1 & |\cdot(-7{,}5) \\ \hline \text{I} & \frac{7{,}5}{x} - \frac{7{,}5}{y} = 1 & \\ \text{II} & -\frac{27}{x} + \frac{7{,}5}{y} = -7{,}5 & + \\ \hline \end{array}$$

$$\begin{array}{lll} -\frac{19{,}5}{x} & = -6{,}5 & |\cdot x \\ -19{,}5 & = -6{,}5x & |:(-6{,}5) \\ x & = 3 & \end{array}$$

aus II:

$$\begin{array}{lll} \frac{3{,}6}{3} - \frac{1}{y} & = 1 & \\ 1{,}2 - \frac{1}{y} & = 1 & \\ -\frac{1}{y} & = -0{,}2 & |\cdot(-y) \\ 1 & = 0{,}2y & \\ y & = 5 & \end{array}$$

$(3\ ;\ 5) \in G \Rightarrow L = \{(3\ ;\ 5)\}$

Probe: $\frac{7{,}5}{3} - \frac{7{,}5}{5} = 2{,}5 - 1{,}5 = 1$ w.A.

$\frac{3{,}6}{3} - \frac{1}{5} = 1{,}2 - 0{,}2 = 1$ w.A.

Die Wanne kann in 3 Minuten gefüllt und in 5 Minuten entleert werden.

24 x ... Öffnungszeit der Rohre

y ... Fassungsvermögen in l

1. Rohr: 50 l in 7 min

$\frac{50}{7}$ ... Menge in Liter pro Minute

2. Rohr: 25 l in 3 min

$\frac{25}{3}$ ... Menge in Liter pro Minute

$G = \mathbb{R}^+ \times \mathbb{R}^+$

$$\begin{array}{lll} \text{I} & \frac{50}{7}\cdot x = y - 10 & |\cdot 7 \\ \text{II} & \frac{25}{3}\cdot x = y + 15 & |\cdot 3 \\ \hline \text{I} & 50x - 7y = -70 & \\ \text{II} & 25x - 3y = 45 & |\cdot(-2) \\ \hline \text{I} & 50x - 7y = -70 & \\ \text{II} & -50x + 6y = -90 & + \\ \hline & -y = -160 & \\ & y = 160 & \end{array}$$

aus I:

$$\begin{array}{lll} \frac{50}{7}\cdot x = 160 - 10 & |\cdot 7 \\ 50x = 150\cdot 7 & |:50 \\ x = 3\cdot 7 & \\ x = 21 & \end{array}$$

$(21\ ;\ 160) \in G \Rightarrow L = \{(21\ ;\ 160)\}$

Probe: $\frac{50}{7} \cdot 21 + 10 = 160$ $\qquad$ $\frac{25}{3} \cdot 21 - 15 = 160$

$160 = 160$ w.A. $\qquad$ $160 = 160$ w.A.

Das Becken fasst 160 Liter.
Zeit, die die Rohre zum Füllen des Beckens brauchen:

1. Rohr: $160 : \frac{50}{7} = 22{,}4$ $\qquad$ Beachten Sie: $\frac{50}{7}$ l fließen pro Minute zu

2. Rohr: $160 : \frac{25}{3} = 19{,}2$ $\qquad$ $\frac{25}{3}$ l fließen pro Minute zu

Das 1. Rohr braucht 22,4 Minuten um das Becken zu füllen, das 2. Rohr 19,2 Minuten.

25 x ... Anzahl der Liter pro Minute, die durch das Rohr zugeleitet werden
y ... Volumen des Beckens in l

$$\begin{array}{lrcll} \text{I} & 17x & = & y-40 & \\ \text{II} & (17+16)x & = & y+40 & |\cdot(-1) \\ \hline \text{I} & 17x & = & y-40 & \\ \text{II} & -33x & = & -y-40 & \} + \\ \hline & -16x & = & -80 & \\ & x & = & 5 & \end{array}$$

$G = \mathbb{R}^+ x \mathbb{R}^+$

aus I: $17 \cdot 5 = y - 40$
$85 = y - 40 \quad |+40$
$y = 125$
$(5 ; 125) \in G \Rightarrow L = \{(5 ; 125)\}$

Probe: $17 \cdot 5 = 125 - 40$ $\qquad$ $33 \cdot 5 = 125 + 40$
$85 = 85$ w.A. $\qquad$ $165 = 165$ w.A.

Das Rohr liefert 5 l pro Minute. Das Becken fasst 125 l Wasser.

26 x ... Eigengeschwindigkeit des Dampfers
y ... Fließgeschwindigkeit

Anmerkung: Stromabwärts erhöht sich die Eigengeschwindigkeit des Dampfers um die Fließgeschwindigkeit (x+y). Stromaufwärts wirkt die Fließgeschwindigkeit der Eigengeschwindigkeit entgegen (x-y).

	Geschwindigkeit v	Zeit t	Weg s
stromabwärts	x+y	12,25	(x+v) · 12,25
stromaufwärts	x−y	21,25	(x−y) · 21,25

$$\begin{array}{llcll} \text{I} & (x+y)\cdot 12{,}25 & = & 282 & \\ \text{II} & (x-y)\cdot 21{,}25 & = & 282 & \\ \hline \text{I} & 12{,}25x + 12{,}25y & = & 282 & |\cdot 21{,}25 \\ \text{II} & 21{,}25x - 21{,}25y & = & 282 & |\cdot 12{,}25 \\ \hline \text{I} & 260{,}3125x + 260{,}3125y & = & 5992{,}5 & \\ \text{II} & 260{,}3125x - 260{,}3125y & = & 3454{,}5 & \} + \\ \hline & 520{,}625\,x & = & 9447 & \\ & x & = & 18{,}145... \approx 18{,}15 & \end{array}$$

$G = \mathbb{R}^+ x\ \mathbb{R}^+$

aus I: $12{,}25 \cdot 18{,}145... + 12{,}25y = 282$
$222{,}28... + 12{,}25y = 282$
$12{,}25y = 59{,}71...$
$y = 4{,}874... \approx 4{,}87$
$(18{,}15 ; 4{,}87) \in G \Rightarrow L = \{(18{,}15 ; 4{,}87)\}$

Probe: $(18{,}15 + 4{,}87) \cdot 12{,}25 = 281{,}995 \approx 282$ w.A.
$(18{,}15 - 4{,}87) \cdot 21{,}25 = 282{,}2 \approx 282$ w.A.

Die Eigengeschwindigkeit des Dampfers beträgt 18,15km/h, die Fließgeschwindigkeit der Donau 4,87km/h.

27 x ... Geschwindigkeit des Läufers 1 in m/s
y ... Geschwindigkeit des Läufers 2 in m/s

	Geschwindigkeit v	Zeit t	Weg s	Geschwindigkeit v	Zeit t	Weg s
Läufer 1	x	40	40x	x	200	200x
Läufer 2	y	40	40y	y	200	200y

$$\begin{array}{lrcll} \text{I} & 40x + 40y & = & 400 & |: 40 \\ \text{II} & 200x - 200y & = & 400 & |: 200 \\ \hline \text{I} & x + y & = & 10 & \\ \text{II} & x - y & = & 2 & \} + \\ \hline & 2x & = & 12 & \\ & x & = & 6 & \end{array}$$

$G = \mathbb{R}^+ x\ \mathbb{R}^+$

aus I: $6 + y = 10$
$y = 4$

$(6 ; 4) \in G \Rightarrow L = \{(6 ; 4)\}$

Probe: $6 \cdot 40=240$ $200 \cdot 6=1200$
$4 \cdot 40=160$ $240+160=400$ w.A. $200 \cdot 4= 800$ $1200-800=400$ w.A.

Die Läufer laufen mit 6m/s bzw. 4m/s.

28 v_1 ... Geschwindigkeit des Personenzuges
v_2 ... Geschwindigkeit des Schnellzuges

$v_1 : v_2 = 3 : 4$

$v_1 = \frac{3}{4}v_2$

x ... Geschwindigkeit des Schnellzuges
y ... Fahrzeit des Schnellzuges

	Geschwindigkeit v	Zeit t	Weg s
Personenzug	$\frac{3}{4}x$	$y+2,5$	$\frac{3}{4}x(y+2,5)$
Schnellzug	x	y	xy

I $\frac{3}{4}x(y+2,5) = 420$ $|\cdot 4$ $G=\mathbb{R}^+ \times \mathbb{R}^+$

II $xy = 420$
I $3xy + 7,5x = 1680$
II $xy = 420$
$3 \cdot 420+7,5x = 1680$
$1260+7,5x = 1680$
$7,5x = 420$
$x = 56$

Einsetzmethode
aus II: $56 \cdot y = 420$
$y = 7,5$

$(56 ; 7,5) \in G \Rightarrow L=\{(56 ; 7,5)\}$

Berechnung der Geschwindigkeit des Personenzuges:

$v_1 = 56,\ v_2 = \frac{3}{4} \cdot 56 = 3 \cdot 14 = 42$

Probe: $56 : 42 = 3 : 4$ w.A.
$42 \cdot 10 = 420$ w.A.
$56 \cdot 7,5 = 420$ w.A.

Fahrzeit des Personenzuges: $7,5+2,5=10$

Der Personenzug fährt mit einer Geschwindigkeit von 42km/h, der Eilzug mit 56km/h.

29 x ... Zeit bis zum Treffpunkt in h
y ... Geschwindigkeit des Radfahrers R_2 in km/h

	Geschwindigkeit v in km/h	Zeit t in h	Weg s in km
R_1	12	x	12x
R_2	y	x	xy

$G=\mathbb{R}^+ \times \mathbb{R}^+$

I $12x = 75$ $|:12$
II $xy = 62,5$
I $x = 6,25$

R_1 ist bis zum Zusammentreffen $137,5:2+6,25=75$ km gefahren
R_2 ist bis zum Zusammentreffen $137,5:2-6,25=62,5$ km gefahren

aus II: $6,25y = 62,5$
$y = 10$

$(6,25 ; 10) \in G \Rightarrow L=\{(6,25 ; 10)\}$

Probe: $6,25 \cdot 12 = 75$
$10 \cdot 6,25 = 62,5$ $75+62,5 = 137,5$ w.A.

Die beiden Freunde treffen einander nach $6,25 = 6\frac{1}{4}$ Stunden. Der Radfahrer R_2 fährt mit einer Geschwindigkeit von 10km/h.

30 x ... fahrplanmäßige Geschwindigkeit
y ... Zeit laut Fahrplan

	Geschwindigkeit v in km/h	Zeit t in h	Weg s in km
Z	x	y	xy
Z_1	$x-6$	$y+\frac{30}{60}$	$(x-6)(y+\frac{30}{60})$
Z_2	$x+6$	$y-\frac{25}{60}$	$(x+6)(y-\frac{25}{60})$

Wir vergleichen die Wege der Züge Z und Z_1 bzw. Z und Z_2. Diese müssen gleich sein.

$G=\mathbb{R}^+ \times \mathbb{R}^+$

$$\text{I} \quad (x-6)(y+\tfrac{30}{60}) = xy$$
$$\text{II} \quad (x+6)(y-\tfrac{25}{60}) = xy$$

$$\text{I} \quad (x-6)(y+\tfrac{1}{2}) = xy$$
$$\text{II} \quad (x+6)(y-\tfrac{5}{12}) = xy$$

$$\text{I} \quad xy+\tfrac{1}{2}x-6y-3 = xy$$
$$\text{II} \quad xy-\tfrac{5}{12}x+6y-\tfrac{5}{2} = xy$$

$$\text{I} \quad \tfrac{1}{2}x-6y = 3$$
$$\text{II} \quad -\tfrac{5}{12}x+6y = \tfrac{5}{2} \quad \Big\} +$$

$$\tfrac{1}{12}x = \tfrac{11}{2}$$
$$x = 66$$

aus I: $\frac{1}{2}\cdot 66-6y = 3$
$33-6y = 3$
$-6y = -30$
$y = 5$

$(66 ; 5) \in G \Rightarrow L=\{(66 ; 5)\}$

Gesamtstrecke: $s = xy$
$s = 66\cdot 5 = 330$

Probe:

	v	t	s	
Z_1	$66-6$	$5+\frac{1}{2}$	$60\cdot\frac{11}{2}=330$	w.A.
Z_2	$66+6$	$5-\frac{25}{60}$	$72\cdot\frac{275}{60}=330$	w.A.

Die beiden Orte liegen 330 km voneinander entfernt, die fahrplanmäßige Geschwindigkeit beträgt 66 km/h, die Fahrzeit laut Fahrplan ist 5 Stunden.

31 x ... längere Parallelseite
y ... kürzere Parallelseite
x–y ... Differenz
$\frac{x+y}{2}$ ... Länge der Mittellinie

$G=\mathbb{R}^+ \times \mathbb{R}^+$

$$\text{I} \quad \tfrac{x+y}{2} = 19 \quad |\cdot 2$$
$$\text{II} \quad x-y = 8$$

$$\text{I} \quad x+y = 38$$
$$\text{II} \quad x-y = 8 \quad \Big\} +$$
$$2x = 46$$
$$x = 23$$

aus I: $23+y=38$
$y=15$

$(23 ; 15) \in G \Rightarrow L=\{(23 ; 15)\}$

Probe: $23-15 = 8$ w.A.
$\frac{23+15}{2} = 19$ w.A.

Die Parallelseiten sind 23 cm und 15 cm lang.

32

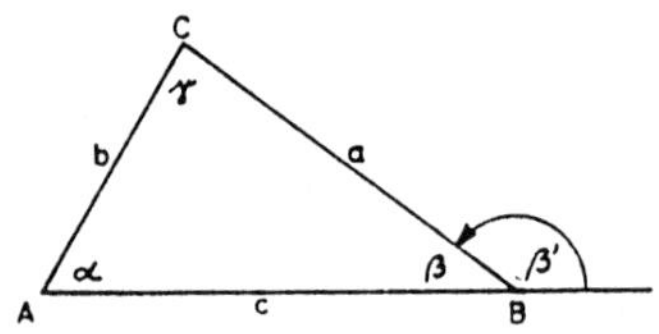

β' ... Außenwinkel
β ... anliegender Innenwinkel
$\alpha+\gamma=\beta'$

I $\alpha : \gamma = 5 : 7 \quad |\cdot\gamma$
II $\alpha + \gamma = 144$

$G=\{\alpha\in\mathbb{R}^+ | \alpha<180\} \times \{\gamma\in\mathbb{R}^+ | \gamma<180\}$

I $\alpha = \frac{5}{7}\gamma$
II $\alpha + \gamma = 144$

Einsetzmethode

$\frac{5}{7}\gamma + \gamma = 144$

$\frac{12}{7}\gamma = 144 \quad |\cdot 7$

$12\gamma = 1008 \quad |:12$

$\gamma = 84$

aus I: $\alpha = \frac{5}{7}\gamma$
$\alpha = 60$

$(60 ; 84)\in G \Rightarrow L=\{(60 ; 84)\}$

Probe: $60 : 84 = 5 : 7$
$5 : 7 = 5 : 7$ w.A.

$60 + 84 = 144$ w.A.

$\beta = 180° - 144° = 36°$

Die Innenwinkel sind $\alpha = 60°$, $\beta = 36°$, $\gamma = 84°$.

33

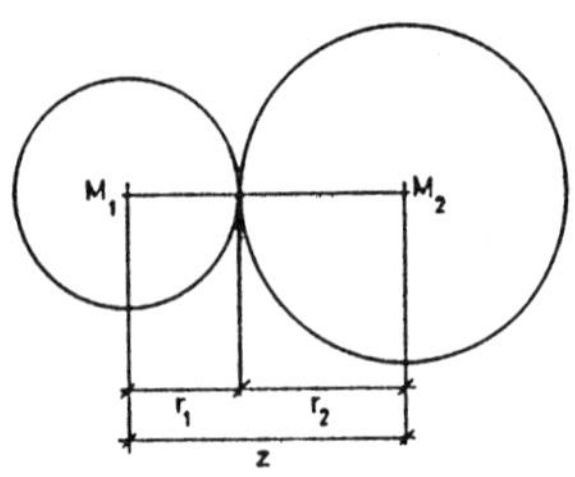

r_1, r_2 ... Radien

Zentralabstand: r_1+r_2

$A_1 : A_2 = r_1^2\pi : r_2^2\pi$
$A_1 : A_2 = r_1^2 : r_2^2$
$64 : 81 = r_1^2 : r_2^2$
$8 : 9 = r_1 : r_2$

Wir schließen vom Verhältnis der Flächen auf das Verhältnis der Radien.

I $r_1 + r_2 = 119$
II $r_1 : r_2 = 8 : 9$

$G=\mathbb{R}^+ \times \mathbb{R}^+$

I $r_1 + r_2 = 119$
II $r_1 = \frac{8}{9}r_2$

Einsetzmethode

$\frac{8}{9}r_2 + r_2 = 119$

$\frac{17}{9}r_2 = 119$

$17r_2 = 1071$

$r_2 = 63$

aus I: $r_1+63=119$
$r_1= 56$

$(56 ; 63)\in G \Rightarrow L=\{(56 ; 63)\}$

Probe: $56+63=119$
$119=119$ w.A.

$56^2 : 63^2 = 64 : 81$
$3136 : 3969 = 64 : 81$
$(49\cdot 64):(49\cdot 81) = 64 : 81$
$64 : 81 = 64 : 81$ w.A.

Die Radien sind 56 cm und 63 cm lang.

1	(a)	$\alpha=35{,}7897°$	(b)	$\beta=142{,}3014°$	(c)	$\gamma=228{,}63°$	(d)	$\delta=300{,}5083°$
2	(a)	$\alpha=65°50'24''$	(b)	$\beta=98°07'12''$	(c)	$\gamma=101°46'58{,}8''$	(d)	$\delta=276°08'35{,}52''$
3	(a)	$\alpha=1{,}08596..\text{rad}$	(b)	$\beta=2{,}36345..\text{rad}$	(c)	$\gamma=5{,}41088..\text{rad}$	(d)	$\delta=0{,}37384..\text{rad}$
4	(a)	$\alpha=70{,}73163..°$ $\alpha=70°43'53{,}9''$	(b)	$\beta=123{,}07133..°$ $\beta=123°04'16{,}8''$	(c)	$\gamma=25{,}78310..°$ $\gamma=25°46'59{,}2''$	(d)	$\delta=173{,}86404..°$ $\delta=173°51'50{,}6''$

5 Hinweis:
Speichern Sie den Winkel, bevor Sie den Wert der gesuchten Winkelfunktion berechnen.

(a)	$\sin\alpha = 0{,}7344$ $\cos\alpha = 0{,}6787$	(b)	$\sin\beta = 0{,}6740$ $\cos\beta = -0{,}7387$	(c)	$\sin\gamma = -0{,}4247$ $\cos\gamma = -0{,}9053$	(d)	$\sin\delta = -0{,}7249$ $\cos\delta = 0{,}6889$
(e)	$\sin\alpha = 0{,}9753$ $\cos\alpha = 0{,}2210$	(f)	$\sin\beta = 0{,}4264$ $\cos\beta = -0{,}9045$	(g)	$\sin\gamma = -0{,}5290$ $\cos\gamma = -0{,}8486$	(h)	$\sin\delta = -0{,}2610$ $\cos\delta = 0{,}9653$
(i)	$\sin\alpha = 0{,}2503$ $\cos\alpha = 0{,}9682$	(j)	$\sin\beta = 0{,}8758$ $\cos\beta = 0{,}4828$	(k)	$\sin\gamma = -0{,}9990$ $\cos\gamma = 0{,}0436$	(l)	$\sin\delta = -0{,}8410$ $\cos\delta = 0{,}5410$
(m)	$\sin\alpha = 0{,}5878$ $\cos\alpha = -0{,}8090$	(n)	$\sin\beta = 0{,}9511$ $\cos\beta = 0{,}3090$	(o)	$\sin\gamma = -0{,}4339$ $\cos\gamma = 0{,}9010$		

6 (a) $\alpha_1=68{,}4348°$
$\alpha_2=180°-\alpha_1=180°-68{,}4348°=111{,}5652°$

(b) $\alpha_1=-20{,}4873°$ $\quad\alpha_1=-20{,}4873°+360°=339{,}5127°$
$\alpha_2=180°-\alpha_1=180°-(-20{,}4873°)=200{,}4873°$

(c) $\alpha_1=74{,}9893°$
$\alpha_2=360°-\alpha_1=360°-74{,}9893°=285{,}0107°$

(d) $\alpha_1=124{,}6109°$
$\alpha_2=360°-\alpha_1=360°-124{,}6109°=235{,}3891°$

7 (a) $\beta_1=0{,}8213\text{rad}$
$\beta_2=\pi-\beta_1=\pi-0{,}8213\text{rad}=2{,}3203\text{rad}$

(b) $\beta_1=-0{,}9738\text{rad}$ $\quad\beta_1=2\pi-0{,}9738\text{rad}=5{,}3094\text{rad}$
$\beta_2=\pi-\beta_1=\pi-(-0{,}9738\text{rad})=4{,}1153\text{rad}$

(c) $\alpha_1=0{,}8724\text{rad}$
$\alpha_2=2\pi-\alpha_1=2\pi-0{,}8724\text{rad}=5{,}4108\text{rad}$

(d) $\alpha_1=1{,}9050\text{rad}$
$\alpha_2=2\pi-\alpha_1=2\pi-1{,}9050\text{rad}=4{,}3782\text{rad}$

8
(a) $\sin 146°=\sin(180°-34°)=\sin 34°$ — 2.Quadrant ⇒ Reduktionsformel: $\sin(180°-\alpha)=\sin\alpha$
(b) $\sin 235°=\sin(180°+55°)=-\sin 55°$ — 3.Quadrant ⇒ Reduktionsformel: $\sin(180°+\alpha)=-\sin\alpha$
(c) $\sin 344°=\sin(360°-16°)=-\sin 16°$ — 4.Quadrant ⇒ Reduktionsformel: $\sin(360°-\alpha)=-\sin\alpha$
(d) $\cos 155°=\cos(180°-25°)=-\cos 25°$ — 2.Quadrant ⇒ Reduktionsformel: $\cos(180°-\alpha)=-\cos\alpha$
(e) $\cos 256°=\cos(180°+76°)=-\cos 76°$ — 3.Quadrant ⇒ Reduktionsformel: $\cos(180°+\alpha)=-\cos\alpha$
(f) $\cos 295°=\cos(360°-65°)=\cos 65°$ — 4.Quadrant ⇒ Reduktionsformel: $\cos(360°-\alpha)=\cos\alpha$

(g) $\frac{\pi}{2}<\frac{2}{3}\pi<\pi$ (2.Quadrant): Reduktionsformel: $\sin(\pi-\alpha)=\sin\alpha$
$\frac{2}{3}\pi=\pi-\frac{1}{3}\pi \quad : \quad \sin(\pi-\frac{1}{3}\pi)=\sin\frac{1}{3}\pi$

(h) $\pi<\frac{4}{3}\pi<\frac{3}{2}\pi$ (3.Quadrant): Reduktionsformel: $\sin(\pi+\alpha)=-\sin\alpha$
$\frac{4}{3}\pi=\pi+\frac{1}{3}\pi \quad : \quad \sin(\pi+\frac{1}{3}\pi)=-\sin\frac{1}{3}\pi$

(i) $\frac{3}{2}\pi<\frac{15}{8}\pi<2\pi$ (4.Quadrant): Reduktionsformel: $\sin(2\pi-\alpha)=-\sin\alpha$
$\frac{15}{8}\pi=\frac{16}{8}\pi-\frac{1}{8}\pi=2\pi-\frac{1}{8}\pi \quad : \quad \sin(2\pi-\frac{1}{8}\pi)=-\sin\frac{1}{8}\pi$

(j) $\frac{\pi}{2}<\frac{7}{9}\pi<\pi$ (2.Quadrant): Reduktionsformel: $\cos(\pi-\alpha)=-\cos\alpha$
$\frac{7}{9}\pi=\frac{9}{9}\pi-\frac{2}{9}\pi=\pi-\frac{2}{9}\pi \quad : \quad \cos(\pi-\frac{2}{9}\pi)=-\cos\frac{2}{9}\pi$

(k) $\pi < \frac{5}{4}\pi < \frac{3}{2}\pi$ (3.Quadrant): Reduktionsformel: $\cos(\pi+\alpha) = -\cos\alpha$

$\frac{5}{4}\pi = \pi + \frac{1}{4}\pi \quad : \quad \cos(\pi + \frac{1}{4}\pi) = -\cos\frac{1}{4}\pi$

(l) $\frac{3}{2}\pi < \frac{17}{9}\pi < 2\pi$ (4.Quadrant): Reduktionsformel: $\cos(2\pi-\alpha) = \cos\alpha$

$\frac{17}{9}\pi = \frac{18}{9}\pi - \frac{1}{9}\pi = 2\pi - \frac{1}{9}\pi \quad : \quad \cos(2\pi - \frac{1}{9}\pi) = \cos\frac{1}{9}\pi$

9 (a) $\tan\alpha = 4{,}5320$ (b) $\tan\alpha = -0{,}5038$ (c) $\tan\alpha = 0{,}4116$ (d) $\tan\alpha = -0{,}0945$
(e) $\tan\beta = 21{,}6547$ (f) $\tan\beta = -5{,}0182$ (g) $\tan\beta = 4{,}1087$ (h) $\tan\beta = -11{,}2004$
(i) $\tan\gamma = 0{,}6523$ (j) $\tan\gamma = -1{,}0602$ (k) $\tan\gamma = 1{,}2638$ (l) $\tan\gamma = -0{,}2651$
(m) $\tan\delta = 4{,}3813$ (n) $\tan\delta = -2{,}4142$ (o) $\tan\delta = 0{,}2936$ (p) $\tan\delta = -1{,}7321$

10 (a) $\tan\alpha > 0$, daher muß α im 1. bzw. im 3.Quadranten liegen.
$\alpha_1 = 87{,}5186°$ Reduktionsformel: $\tan(180°+\alpha) = \tan\alpha$
$\alpha_2 = 180° + \alpha_1 = 267{,}5186°$

(b) $\tan\beta > 0$, daher muß β im 1. bzw. im 3.Quadranten liegen.
$\beta_1 = 80{,}1140°$ Reduktionsformel: $\tan(180°+\alpha) = \tan\alpha$
$\beta_2 = 180° + \beta_1 = 260{,}1140°$

(c) $\tan\alpha < 0$, daher muß α im 2. bzw. im 4.Quadranten liegen.
$\alpha_1 = -81{,}5360°$ $\alpha_1 = -81{,}5360° + 360° = 278{,}4640°$ Reduktionsformel: $\tan(180°+\alpha) = \tan\alpha$
$\alpha_2 = 180° + \alpha_1 = 180° + (-81{,}5360°) = 98{,}4640°$

(d) $\tan\beta < 0$, daher muß β im 2. bzw. im 4.Quadranten liegen.
$\beta_1 = -76{,}9812°$ $\beta_1 = -76{,}9812° + 360° = 283{,}0188°$ Reduktionsformel: $\tan(180°+\alpha) = \tan\alpha$
$\beta_2 = 180° + \beta_1 = 180° + (-76{,}9812°) = 103{,}0188°$

11 (a) $\gamma_1 = 1{,}5046\text{rad}$ Reduktionsformel: $\tan(\pi+\alpha) = \tan\alpha$
$\gamma_2 = \pi + \gamma_1 = 4{,}6462\text{rad}$

(b) $\alpha_1 = 1{,}5627\text{rad}$ Reduktionsformel: $\tan(\pi+\alpha) = \tan\alpha$
$\alpha_2 = \pi + \alpha_1 = 4{,}7043\text{rad}$

(c) $\gamma_1 = -1{,}5576\text{rad}$ $\gamma_1 = -1{,}5576 + 2\pi = 4{,}7255\text{rad}$ Reduktionsformel: $\tan(\pi+\alpha) = \tan\alpha$
$\gamma_2 = \pi + \gamma_1 = \pi + (-1{,}5576) = 1{,}5839\text{rad}$

(d) $\delta_1 = -1{,}5681\text{rad}$ $\delta_1 = -1{,}5681 + 2\pi = 4{,}7151\text{rad}$ Reduktionsformel: $\tan(\pi+\alpha) = \tan\alpha$
$\delta_2 = \pi + \delta_1 = \pi + (-1{,}5681) = 1{,}5735\text{rad}$

12 (a) 2.Quadrant: Reduktionsformel: $\tan(180°-\alpha) = -\tan\alpha$ $\tan(180°-75°) = -\tan 75°$
(b) 2.Quadrant: Reduktionsformel: $\tan(180°-\alpha) = -\tan\alpha$ $\tan(180°-47°) = -\tan 47°$
(c) 3.Quadrant: Reduktionsformel: $\tan(180°+\alpha) = \tan\alpha$ $\tan(180°+47°) = \tan 47°$
(d) 3.Quadrant: Reduktionsformel: $\tan(180°+\alpha) = \tan\alpha$ $\tan(180°+74°) = \tan 74°$
(e) 4.Quadrant: Reduktionsformel: $\tan(180°+\alpha) = \tan\alpha$ $\tan(180°+103°) = \tan 103° =$
Reduktionsformel: $\tan(180°-\alpha) = -\tan\alpha$ $= \tan(180°-77°) = -\tan 77°$
(f) 4.Quadrant: Reduktionsformel: $\tan(180°+\alpha) = \tan\alpha$ $\tan(180°+112°) = \tan 112° =$
Reduktionsformel: $\tan(180°-\alpha) = -\tan\alpha$ $= \tan(180°-68°) = -\tan 68°$

13 (a) $\cos^2\alpha = 1 - \left(\frac{7}{9}\right)^2$

$\cos^2\alpha = 1 - \frac{49}{81} = \frac{32}{81}$

$\cos\alpha = \pm\sqrt{\frac{32}{81}} = \pm\frac{4\sqrt{2}}{9}$

$\cos\alpha = \frac{4\sqrt{2}}{9}$ da $0° < \alpha < 90°$

$\tan\alpha = \frac{\frac{7}{9}}{\frac{4\sqrt{2}}{9}} = \frac{7}{4\sqrt{2}}$

(b)
$$\cos^2\alpha = 1-\left(\frac{4}{5}\right)^2$$
$$\cos^2\alpha = 1 - \frac{16}{25} = \frac{9}{25}$$
$$\cos\alpha = \pm\sqrt{\frac{9}{25}} = \pm\frac{3}{5}$$
$$\cos\alpha = -\frac{3}{5} \qquad \text{da } 90^\circ < \alpha < 180^\circ$$
$$\tan\alpha = \frac{\frac{4}{5}}{-\frac{3}{5}} = -\frac{4}{3}$$

(c)
$$\cos^2\alpha = 1-\left(-\frac{24}{35}\right)^2$$
$$\cos^2\alpha = 1 - \frac{576}{1225} = \frac{649}{1225}$$
$$\cos\alpha = \pm\sqrt{\frac{649}{1225}} = \pm\frac{\sqrt{649}}{35}$$
$$\cos\alpha = -\frac{\sqrt{649}}{35} \qquad \text{da } 180^\circ < \alpha < 270^\circ$$
$$\tan\alpha = \frac{-\frac{24}{35}}{-\frac{\sqrt{649}}{35}} = \frac{24}{\sqrt{649}}$$

(d)
$$\cos^2\alpha = 1-\left(-\frac{26}{33}\right)^2$$
$$\cos^2\alpha = 1 - \frac{676}{1089} = \frac{413}{1089}$$
$$\cos\alpha = \pm\sqrt{\frac{413}{1089}} = \pm\frac{\sqrt{413}}{33}$$
$$\cos\alpha = \frac{\sqrt{413}}{33} \qquad \text{da } 270^\circ < \alpha < 360^\circ$$
$$\tan\alpha = \frac{-\frac{26}{33}}{\frac{\sqrt{413}}{33}} = -\frac{26}{\sqrt{413}}$$

(e)
$$\sin^2\alpha = 1-\left(\sqrt{\frac{2}{3}}\right)^2$$
$$\sin^2\alpha = 1 - \frac{2}{3} = \frac{1}{3}$$
$$\sin\alpha = \pm\sqrt{\frac{1}{3}}$$
$$\sin\alpha = \sqrt{\frac{1}{3}} \qquad \text{da } 0^\circ < \alpha < 90^\circ$$
$$\tan\alpha = \frac{\sqrt{\frac{1}{3}}}{\sqrt{\frac{2}{3}}} = \sqrt{\frac{\frac{1}{3}}{\frac{2}{3}}} = \sqrt{\frac{1}{2}}$$

(f) $\sin^2\alpha = 1-\left(-\frac{13}{15}\right)^2$

$\sin^2\alpha = 1 - \frac{169}{225} = \frac{56}{225}$

$\sin\alpha = \pm\sqrt{\frac{56}{225}} = \pm\frac{2\sqrt{14}}{15}$

$\sin\alpha = -\frac{2\sqrt{14}}{15}$ da $90° < \alpha < 180°$

$\tan\alpha = \frac{-\frac{2\sqrt{14}}{15}}{-\frac{13}{15}} = \frac{2\sqrt{14}}{13}$

(g) $\sin^2\alpha = 1 - (-0{,}8)^2$

$\sin^2\alpha = 1 - 0{,}64 = 0{,}36$

$\sin\alpha = \pm\sqrt{0{,}36} = \pm 0{,}6$

$\sin\alpha = -0{,}6$ da $180° < \alpha < 270°$

$\tan\alpha = \frac{-0{,}6}{-0{,}8} = \frac{6}{8} = \frac{3}{4} = 0{,}75$

(h) $\sin^2\alpha = 1 - \left(\frac{1}{9}\right)^2$

$\sin^2\alpha = 1 - \frac{1}{81} = \frac{80}{81}$

$\sin\alpha = \pm\sqrt{\frac{80}{81}} = \pm\frac{2\sqrt{20}}{9}$

$\sin\alpha = -\frac{2\sqrt{20}}{9}$ da $270° < \alpha < 360°$

$\tan\alpha = \frac{-\frac{2\sqrt{20}}{9}}{\frac{1}{9}} = -2\sqrt{20}$

(i) $\left(\frac{4}{3}\right)^2 + 1 = \frac{1}{\cos^2\alpha}$

$\frac{16}{9} + 1 = \frac{1}{\cos^2\alpha}$

$\frac{25}{9} = \frac{1}{\cos^2\alpha}$

$25\cos^2\alpha = 9$

$\cos^2\alpha = \frac{9}{25}$

$\cos\alpha = \pm\sqrt{\frac{9}{25}} = \pm\frac{3}{5}$

$\cos\alpha = \frac{3}{5}$ da $0° < \alpha < 90°$

$\sin^2\alpha = 1 - \left(\frac{3}{5}\right)^2$

$\sin^2\alpha = 1 - \frac{9}{25} = \frac{16}{25}$

$\sin\alpha = \pm\sqrt{\frac{16}{25}} = \pm\frac{4}{5}$

$\sin\alpha = \frac{4}{5}$ da $0° < \alpha < 90°$

(j)
$$(-3{,}2)^2 + 1 = \frac{1}{\cos^2\alpha}$$
$$10{,}24 + 1 = \frac{1}{\cos^2\alpha}$$
$$11{,}24 = \frac{1}{\cos^2\alpha}$$
$$11{,}24\cos^2\alpha = 1$$
$$\cos^2\alpha = \frac{1}{11{,}24} = \frac{100}{1124} = \frac{25}{281}$$
$$\cos\alpha = \pm\sqrt{\frac{25}{281}} = \pm\frac{5}{\sqrt{281}}$$
$$\cos\alpha = -\frac{5}{\sqrt{281}} \qquad \text{da } 90° < \alpha < 180°$$
$$\sin^2\alpha = 1 - \left(-\frac{5}{\sqrt{281}}\right)^2$$
$$\sin^2\alpha = 1 - \frac{25}{281} = \frac{256}{281}$$
$$\sin\alpha = \pm\sqrt{\frac{256}{281}} = \pm\frac{16}{\sqrt{281}}$$
$$\sin\alpha = \frac{16}{\sqrt{281}} \qquad \text{da } 90° < \alpha < 180°$$

(k)
$$2{,}7^2 + 1 = \frac{1}{\cos^2\alpha}$$
$$7{,}29 + 1 = \frac{1}{\cos^2\alpha}$$
$$8{,}29 = \frac{1}{\cos^2\alpha}$$
$$8{,}29\cos^2\alpha = 1$$
$$\cos^2\alpha = \frac{1}{8{,}29}$$
$$\cos\alpha = \pm\sqrt{\frac{1}{8{,}29}}$$
$$\cos\alpha = -\sqrt{\frac{1}{8{,}29}} \qquad \text{da } 180° < \alpha < 270°$$
$$\sin^2\alpha = 1 - \left(-\sqrt{\frac{1}{8{,}29}}\right)^2$$
$$\sin^2\alpha = 1 - \frac{1}{8{,}29} = \frac{7{,}29}{8{,}29}$$
$$\sin\alpha = \pm\sqrt{\frac{7{,}29}{8{,}29}} = \pm\frac{2{,}7}{\sqrt{8{,}29}}$$
$$\sin\alpha = -\frac{2{,}7}{\sqrt{8{,}29}} \qquad \text{da } 180° < \alpha < 270°$$

(l)
$$(\sqrt{7})^2 + 1 = \frac{1}{\cos^2\alpha}$$
$$7 + 1 = \frac{1}{\cos^2\alpha}$$
$$8 = \frac{1}{\cos^2\alpha}$$
$$8\cos^2\alpha = 1$$
$$\cos^2\alpha = \frac{1}{8}$$
$$\cos\alpha = \pm\sqrt{\frac{1}{8}}$$
$$\cos\alpha = \sqrt{\frac{1}{8}} \qquad \text{da } 270° < \alpha < 360°$$
$$\sin^2\alpha = 1 - \left(\sqrt{\frac{1}{8}}\right)^2$$
$$\sin^2\alpha = 1 - \frac{1}{8} = \frac{7}{8}$$
$$\sin\alpha = \pm\sqrt{\frac{7}{8}}$$
$$\sin\alpha = -\sqrt{\frac{7}{8}} \qquad \text{da } 270° < \alpha < 360°$$

14 (a)
$$\frac{1 - \sin^2\alpha}{1 - \sin\alpha} = \frac{1^2 - \sin^2\alpha}{1 - \sin\alpha} = \frac{(1-\sin\alpha)(1+\sin\alpha)}{1 - \sin\alpha} = 1 + \sin\alpha$$

(b)
$$\frac{\cos\alpha \cdot \cos^2\alpha}{\sin\alpha \cdot (1 - \sin^2\alpha)} = \frac{\cos\alpha \cdot (1 - \sin^2\alpha)}{\sin\alpha \cdot (1 - \sin^2\alpha)} = \frac{\cos\alpha}{\sin\alpha} = \frac{1}{\tan\alpha}$$

(c)
$$\frac{\sin^2\alpha + 2\cdot\sin\alpha\cdot\cos\alpha + \cos^2\alpha - 2\cdot\sin\alpha\cdot\cos\alpha}{1 + \tan^2\alpha} = \frac{\sin^2\alpha + \cos^2\alpha}{1 + \tan^2\alpha} = \frac{1}{1 + \tan^2\alpha} = \frac{1}{\frac{1}{\cos^2\alpha}} = \cos^2\alpha$$

(d)
$$\frac{\sin 2\alpha}{\cos 2\alpha} = \tan 2\alpha$$

(e)
$$\frac{\cos^2\beta - \sin^2\alpha}{(\cos\alpha\cdot\cos\beta + \sin\alpha\cdot\sin\beta)(\cos\alpha\cdot\cos\beta - \sin\alpha\cdot\sin\beta)} = \qquad \text{Vergleiche Summensätze}$$
$$= \frac{\cos^2\beta - \sin^2\alpha}{\cos^2\alpha\cdot\cos^2\beta - \sin^2\alpha\cdot\sin^2\beta} =$$
$$= \frac{\cos^2\beta - \sin^2\alpha}{\cos^2\beta\cdot(1-\sin^2\alpha) - \sin^2\alpha\cdot(1-\cos^2\beta)} =$$
$$= \frac{\cos^2\beta - \sin^2\alpha}{\cos^2\beta - \cos^2\beta\cdot\sin^2\alpha - \sin^2\alpha + \sin^2\alpha\cdot\cos^2\beta} =$$
$$= \frac{\cos^2\beta - \sin^2\alpha}{\cos^2\beta - \sin^2\alpha} = 1$$

(f)
$$\frac{\cos\alpha\cdot\sqrt{\frac{1}{\cos^2\alpha}}}{\tan\alpha} = \qquad 1+\tan^2\alpha = \frac{1}{\cos^2\alpha}$$
$$= \frac{\cos\alpha\cdot\frac{1}{\cos\alpha}}{\tan\alpha} = \frac{1}{\tan\alpha}$$

(g)
$$(\sin 60°\cdot\cos\alpha + \cos 60°\cdot\sin\alpha + \cos 30°\cdot\cos\alpha - \sin 30°\cdot\sin\alpha)\cdot\tan\alpha =$$
$$= \left(\frac{1}{2}\cdot\sqrt{3}\cdot\cos\alpha + \frac{1}{2}\cdot\sin\alpha + \frac{1}{2}\cdot\sqrt{3}\cdot\cos\alpha - \frac{1}{2}\cdot\sin\alpha\right)\cdot\tan\alpha =$$
$$= \sqrt{3}\cdot\cos\alpha\cdot\tan\alpha = \sqrt{3}\cdot\cos\alpha\cdot\frac{\sin\alpha}{\cos\alpha} = \sqrt{3}\cdot\sin\alpha$$

(h) $\sin\frac{\pi}{2}\cdot\cos\alpha - \cos\frac{\pi}{2}\cdot\sin\alpha + \cos\frac{\pi}{2}\cdot\cos\alpha - \sin\frac{\pi}{2}\cdot\sin\alpha =$
$= 1\cdot\cos\alpha - 0\cdot\sin\alpha + 0\cdot\cos\alpha - 1\cdot\sin\alpha = \cos\alpha - \sin\alpha$

(i) Umkehrung des Summensatzes
$\cos\left[\alpha+\left(\frac{5\pi}{4}-\alpha\right)\right] = \cos\frac{5\pi}{4} = -\frac{1}{2}\sqrt{2}$

(j) $$\frac{\left(\sin\frac{\pi}{4}\cdot\cos\alpha + \cos\frac{\pi}{4}\cdot\sin\alpha\right)\cdot\left(\sin\frac{\pi}{2}\cdot\cos\alpha - \cos\frac{\pi}{2}\cdot\sin\alpha\right)}{\left(\cos\frac{\pi}{4}\cdot\cos\alpha + \sin\frac{\pi}{4}\cdot\sin\alpha\right)} =$$
$$= \frac{\left(\frac{1}{2}\cdot\sqrt{2}\cdot\cos\alpha + \frac{1}{2}\cdot\sqrt{2}\cdot\sin\alpha\right)\cdot\left(1\cdot\cos\alpha - 0\cdot\sin\alpha\right)}{\left(\frac{1}{2}\cdot\sqrt{2}\cdot\cos\alpha + \frac{1}{2}\cdot\sqrt{2}\cdot\sin\alpha\right)} = \cos\alpha$$

15 (a) $\cos 3\alpha =$
$= \cos(2\alpha+\alpha) = \cos 2\alpha\cdot\cos\alpha - \sin 2\alpha\cdot\sin\alpha =$
$= (\cos^2\alpha - \sin^2\alpha)\cdot\cos\alpha - 2\cdot\sin\alpha\cdot\cos\alpha\cdot\sin\alpha =$
$= \cos^3\alpha - \sin^2\alpha\cdot\cos\alpha - 2\cdot\sin^2\alpha\cdot\cos\alpha =$
$= \cos^3\alpha - 3\cdot\sin^2\alpha\cdot\cos\alpha =$
$= \cos^3\alpha - 3\cdot(1 - \cos^2\alpha)\cdot\cos\alpha =$
$= \cos^3\alpha - 3\cdot\cos\alpha + 3\cdot\cos^3\alpha =$
$= 4\cdot\cos^3\alpha - 3\cdot\cos\alpha$ w.z.z.w

(b) $\sin 4\alpha = \sin(2\alpha+2\alpha) =$
$= \sin 2\alpha\cdot\cos 2\alpha + \cos 2\alpha\cdot\sin 2\alpha =$
$= 2\cdot\sin 2\alpha\cdot\cos 2\alpha =$
$= 2\cdot(2\cdot\sin\alpha\cdot\cos\alpha)\cdot(\cos^2\alpha - \sin^2\alpha) =$
$= 4\cdot\sin\alpha\cdot\cos^3\alpha - 4\cdot\sin^3\alpha\cdot\cos\alpha =$
$= 4\cdot\sin\alpha\cdot\cos^3\alpha - 4\cdot\sin\alpha\cdot\sin^2\alpha\cdot\cos\alpha =$
$= 4\cdot\sin\alpha\cdot\cos^3\alpha - 4\cdot\sin\alpha\cdot(1 - \cos^2\alpha)\cdot\cos\alpha =$
$= 4\cdot\sin\alpha\cdot\cos^3\alpha - 4\cdot\sin\alpha\cdot\cos\alpha + 4\cdot\sin\alpha\cdot\cos^3\alpha =$
$= 8\cdot\sin\alpha\cdot\cos^3\alpha - 4\cdot\sin\alpha\cdot\cos\alpha$ w.z.z.w

(c) $$\tan(2\alpha+\alpha) = \frac{\tan 2\alpha + \tan\alpha}{1 - \tan 2\alpha\cdot\tan\alpha} =$$
$$= \frac{\frac{2\cdot\tan\alpha}{1-\tan^2\alpha} + \tan\alpha}{1 - \frac{2\cdot\tan\alpha}{1-\tan^2\alpha}\cdot\tan\alpha} = \frac{\frac{2\cdot\tan\alpha + \tan\alpha\cdot(1-\tan^2\alpha)}{1-\tan^2\alpha}}{\frac{(1-\tan^2\alpha) - 2\cdot\tan^2\alpha}{1-\tan^2\alpha}} =$$
$$= \frac{2\cdot\tan\alpha + \tan\alpha - \tan^3\alpha}{1 - \tan^2\alpha - 2\cdot\tan^2\alpha} = \frac{3\cdot\tan\alpha - \tan^3\alpha}{1 - 3\cdot\tan^2\alpha}$$ w.z.z.w

16 (a) $\sin^2 x - 3\cdot(1 - \sin^2 x) = 1$
$\sin^2 x - 3 + 3\cdot\sin^2 x = 1$
$4\cdot\sin^2 x = 4$
$\sin^2 x = 1$
$\sin x = \pm 1$
$\sin x = 1 : x = 90°$
$\sin x = -1 : x = 270°$ $L=\{90°;\ 270°\}$

(b) $8\cdot\sin^2 x - 2\cdot(1 - \sin^2 x) = 1$
$8\cdot\sin^2 x - 2 + 2\cdot\sin^2 x = 1$
$10\cdot\sin^2 x = 3$
$\sin^2 x = 0{,}3$
$\sin x = \pm\sqrt{0{,}3}$
$\sin x = \sqrt{0{,}3}$: $(x=33{,}210..° = 33{,}21°) \vee (x=146{,}789..° = 146{,}79°)$
$\sin x = -\sqrt{0{,}3}$: $(x=-33{,}210..° = 326{,}789..° = 326{,}79°) \vee (x=213{,}210..° = 213{,}21°)$
$L=\{33{,}21°;\ 146{,}79°;\ 213{,}21°;\ 326{,}79°\}$

(c)
$$\sin^2 x + 2\cdot\sin x\cdot\cos x + \cos^2 x = \cos^2 x - \sin^2 x - 2\cdot\sin x\cdot\cos x$$
$$2\cdot\sin^2 x + 4\cdot\sin x\cdot\cos x = 0$$
$$\sin^2 x + 2\cdot\sin x\cdot\cos x = 0$$
$$\sin x\cdot(\sin x + 2\cdot\cos x) = 0$$
$$(\sin x = 0) \vee (\sin x + 2\cdot\cos x = 0)$$
$$\sin x = -2\cdot\cos x$$
$$\frac{\sin x}{\cos x} = -2$$
$$\tan x = -2$$

$\sin x = 0$: $(x=0°)\vee(x=180°)\vee(x=360°)$

$\tan x = -2$: $x=-63{,}434..° + k\cdot 180° = -63{,}43° + k\cdot 180°$

$(x=-63{,}43° + 180° = 116{,}57°)\vee(x=-63{,}43° + 2\cdot 180° = 296{,}57°)$

$L=\{0°;\ 116{,}57°;\ 180°;\ 296{,}57°;\ 360°\}$

(d)
$$\cos x - \sin x = 1 - \frac{\cos x}{\sin x} \qquad |\cdot\sin x$$
$$\sin x\cdot(\cos x - \sin x) = \sin x - \cos x$$
$$\sin x\cdot(\cos x - \sin x) = -(\cos x - \sin x)$$
$$\sin x\cdot(\cos x - \sin x) + (\cos x - \sin x) = 0$$
$$(\cos x - \sin x)\cdot(\sin x + 1) = 0$$
$$(\cos x - \sin x = 0) \vee (\sin x + 1 = 0)$$
$$(\cos x = \sin x) \vee (\sin x = -1)$$
$$(1 = \tan x)$$

$\tan x = 1$: $(x=45°)\vee(x=225°)$

$\sin x = -1$: $x=270°$

$L=\{45°;\ 225°;\ 270°\}$

(e)
$$7\cdot\sin^2 x + \sin x\cdot\sqrt{1 - \sin^2 x} - 6 = 0$$
$$\sin x\cdot\sqrt{1 - \sin^2 x} = 6 - 7\cdot\sin^2 x \qquad |^2$$
$$\sin^2 x\cdot(1 - \sin^2 x) = 36 - 84\cdot\sin^2 x + 49\cdot\sin^4 x$$
$$\sin^2 x - \sin^4 x = 36 - 84\cdot\sin^2 x + 49\cdot\sin^4 x$$
$$0 = 50\cdot\sin^4 x - 85\cdot\sin^2 x + 36$$

Substitution: $\sin^2 x = u$

$$50u^2 - 85u + 36 = 0$$
$$u = \frac{85\pm\sqrt{85^2 - 4\cdot 50\cdot 36}}{2\cdot 50} = \frac{85\pm\sqrt{25}}{100} = \frac{85\pm 5}{100}$$
$$\left(u = \frac{90}{100} = 0{,}9\right) \vee \left(u = \frac{80}{100} = 0{,}8\right)$$

$u=0{,}9$: $\sin^2 x = 0{,}9$

$\sin x = \pm\sqrt{0{,}9}$

$\sin x = \sqrt{0{,}9}$: $(x=71{,}565..° = 71{,}57°)\vee(x=108{,}434..° = 108{,}43°)$

$\sin x = -\sqrt{0{,}9}$: $(x=-71{,}565..° = -71{,}57° = -71{,}57° + 360° = 288{,}43°)\vee$
$\vee(x=71{,}565..° + 180° = 251{,}565..° = 251{,}57°)$

$u=0{,}8$: $\sin^2 x = 0{,}8$

$\sin x = \pm\sqrt{0{,}8}$

$\sin x = \sqrt{0{,}8}$: $(x=63{,}434..° = 63{,}43°)\vee(x=116{,}565..° = 116{,}57°)$

$\sin x = -\sqrt{0{,}8}$: $(x=-63{,}434..° = -63{,}43° = -63{,}43° + 360° = 296{,}57°)\vee$
$\vee(x=63{,}434..° + 180° = 243{,}434..° = 243{,}43°)$

Da Quadrieren nicht immer eine Äquivalenzumformung ist, muß man mit jeder der Lösungen eine Probe machen. (Vergleichen Sie: Kap. A 5 Wurzelgleichungen)

Probe: $x=71{,}57°$

$7\sin^2 71{,}57° + \sin 71{,}57° \cdot \cos 71{,}57° - 6 = 0$
$0{,}6 = 0$ f.A.

$x=108{,}43°$

$7\sin^2 108{,}43° + \sin 108{,}43° \cdot \cos 108{,}43° - 6 = 0$
$0 = 0$ w.A.

$x=251{,}57°$

$7\sin^2 251{,}57° + \sin 251{,}57° \cdot \cos 251{,}57° - 6 = 0$
$0{,}6 = 0$ f.A.

$x=288{,}43°$

$7\sin^2 288{,}43° + \sin 288{,}43° \cdot \cos 288{,}43° - 6 = 0$
$0{,}004 \approx 0$ w.A. Ungenauigkeit durch Rundung

$x=63{,}43°$

$7\sin^2 63{,}43° + \sin 63{,}43° \cdot \cos 63{,}43° - 6 = 0$
$0 = 0$ w.A.

$x=116{,}57°$

$7\sin^2 116{,}57° + \sin 116{,}57° \cdot \cos 116{,}57° - 6 = 0$
$-0{,}8 = 0$ f.A.

$x=243{,}43°$

$7\sin^2 243{,}43° + \sin 243{,}43° \cdot \cos 243{,}43° - 6 = 0$
$0 = 0$ w.A.

$x=296{,}57°$

$7\sin^2 296{,}57° + \sin 296{,}57° \cdot \cos 296{,}57° - 6 = 0$
$-0{,}8 = 0$ f.A.

$L=\{63{,}43°;\ 108{,}43°;\ 243{,}43°;\ 288{,}43°\}$

(f)

$$2 \cdot \sin x \cdot \cos x = 1{,}5 \cdot \sin x$$
$$2 \cdot \sin x \cdot \cos x - 1{,}5 \cdot \sin x = 0$$
$$\sin x \cdot (2 \cdot \cos x - 1{,}5) = 0$$
$$(\sin x = 0) \vee (2 \cdot \cos x - 1{,}5 = 0)$$
$$(2 \cdot \cos x = 1{,}5)$$
$$(\cos x = 0{,}75)$$

$\sin x = 0$: $(x=0°) \vee (x=180°) \vee (x=360°)$
$\cos x = 0{,}75$: $(x=41{,}409..° = 41{,}41°) \vee (x=360° - 41{,}409..° = 318{,}590..° = 318{,}59°)$

$L=\{0°;\ 41{,}41°;\ 180°;\ 318{,}59°;\ 360°\}$

17 (a)

$$8 \cdot \sin^2 x - 2 \cdot \sin x \cdot \cos x = 6 \cdot \cos^2 x + 2 \qquad |:2$$
$$4 \cdot \sin^2 x - \sin x \cdot \cos x - 3 \cdot \cos^2 x - 1 = 0$$
$$4 \cdot \sin^2 x - \sin x \cdot \sqrt{1-\sin^2 x} - 3 \cdot (1-\sin^2 x) - 1 = 0$$
$$4 \cdot \sin^2 x - \sin x \cdot \sqrt{1-\sin^2 x} - 3 + 3 \cdot \sin^2 x - 1 = 0$$
$$7 \cdot \sin^2 x - \sin x \cdot \sqrt{1-\sin^2 x} - 4 = 0$$
$$7 \cdot \sin^2 x - 4 = \sin x \cdot \sqrt{1-\sin^2 x} \qquad |^2$$
$$49 \cdot \sin^4 x - 56 \cdot \sin^2 x + 16 = \sin^2 x \cdot (1-\sin^2 x)$$
$$49 \cdot \sin^4 x - 56 \cdot \sin^2 x + 16 = \sin^2 x - \sin^4 x$$
$$50 \cdot \sin^4 x - 57 \cdot \sin^2 x + 16 = 0$$

Substitution: $\sin^2 x = u$

$$50u^2 - 57u + 16 = 0$$
$$u = \frac{57 \pm \sqrt{57^2 - 4 \cdot 50 \cdot 16}}{2 \cdot 50} = \frac{57 \pm \sqrt{49}}{100} = \frac{57 \pm 7}{100}$$
$$\left(u = \frac{64}{100} = 0{,}64\right) \vee \left(u = \frac{50}{100} = 0{,}5\right)$$

$u=0{,}64 \quad \sin^2 x = 0{,}64$

$\sin x = \pm\sqrt{0{,}64} = \pm 0{,}8$

$\sin x = 0{,}8 : (x=0{,}92729..\text{rad}=0{,}9273\text{rad}) \vee (x=2{,}21429..\text{rad}=2{,}2143\text{rad})$

$\sin x = -0{,}8 : (x=-0{,}92729..\text{rad}+2\pi=5{,}35589..\text{rad}=5{,}3559\text{rad}) \vee$
$\vee [x=\pi-(-0{,}92729..\text{rad})=4{,}06888..\text{rad}=4{,}0689\text{rad})]$

$u=0{,}5 \quad \sin^2 x = 0{,}5$

$\sin x = \pm\sqrt{0{,}5}$

$\sin x = \sqrt{0{,}5} = \sqrt{\frac{1}{2}} = \frac{\sqrt{2}}{2} : \left(x=\frac{\pi}{4}\right) \vee \left(x=\frac{3\pi}{4}\right)$

$\sin x = -\sqrt{0{,}5} : \left(x=-\frac{\pi}{4}+2\pi=\frac{7\pi}{4}\right) \vee \left(x=\pi-(-\frac{\pi}{4})=\frac{5\pi}{4}\right)$

Da Quadrieren nicht immer eine Äquivalenzumformung ist, muß man mit jeder der Lösungen eine Probe machen.

Probe:

$x=0{,}9273\text{rad}$
$8\cdot\sin^2 0{,}9273 - \sin(2\cdot 0{,}9273) = 6\cdot\cos^2 0{,}9273 + 2$
$4{,}1600 = 4{,}1600$ w.A.

$x=2{,}2143\text{rad}$
$8\cdot\sin^2 2{,}2143 - \sin(2\cdot 2{,}2143) = 6\cdot\cos^2 2{,}2143 + 2$
$6{,}0799 = 4{,}1600$ f.A.

$x=4{,}0689\text{rad}$
$8\cdot\sin^2 4{,}0689 - \sin(2\cdot 4{,}0689) = 6\cdot\cos^2 4{,}0689 + 2$
$4{,}1600 = 4{,}1600$ w.A.

$x=5{,}3559\text{rad}$
$8\cdot\sin^2 5{,}3559 - \sin(2\cdot 5{,}3559) = 6\cdot\cos^2 5{,}3559 + 2$
$6{,}0799 = 4{,}1600$ f.A.

$x=\frac{\pi}{4}=0{,}78539..\text{rad}=0{,}7854$
$8\cdot\sin^2 0{,}7854 - \sin(2\cdot 0{,}7854) = 6\cdot\cos^2 0{,}7854 + 2$
$3 = 5$ f.A.

$x=\frac{3\pi}{4}=2{,}35619..\text{rad}=2{,}3562$
$8\cdot\sin^2 2{,}3562 - \sin(2\cdot 2{,}3562) = 6\cdot\cos^2 2{,}3562 + 2$
$5 = 5$ w.A.

$x=\frac{5\pi}{4}=3{,}92699..\text{rad}=3{,}9270$
$8\cdot\sin^2 3{,}9270 - \sin(2\cdot 3{,}9270) = 6\cdot\cos^2 3{,}9270 + 2$
$3 = 5$ f.A.

$x=\frac{7\pi}{4}=5{,}49778..\text{rad}=5{,}4978$
$8\cdot\sin^2 5{,}4978 - \sin(2\cdot 5{,}4978) = 6\cdot\cos^2 5{,}4978 + 2$
$5 = 5$ w.A.

$L=\{0{,}9273+2k\pi;\ 2{,}3562+2k\pi;\ 4{,}0689+2k\pi;\ 5{,}4978+2k\pi\}$ mit $k\in\mathbb{Z}$ (Ergebnisse in rad)

(b) $\frac{\sin x}{\cos x} = 4\cdot 2\cdot\sin x\cdot\cos x + 2\cdot\sin x \quad |\cdot\cos x$

$\sin x = 8\cdot\sin x\cdot\cos^2 x + 2\cdot\sin x\cdot\cos x$

$8\cdot\sin x\cdot\cos^2 x + 2\cdot\sin x\cdot\cos x - \sin x = 0$

$\sin x\cdot(8\cdot\cos^2 x + 2\cdot\cos x - 1) = 0$

$(\sin x = 0) \vee (8\cdot\cos^2 x + 2\cdot\cos x - 1 = 0)$

$\cos x = u$

$8u^2 + 2u - 1 = 0$

$u=\frac{-2\pm\sqrt{4-4\cdot 8\cdot(-1)}}{2\cdot 8} = \frac{-2\pm\sqrt{36}}{16} = \frac{-2\pm 6}{16}$

$\left(u=\frac{-8}{16}=-0{,}5\right) \vee \left(u=\frac{4}{16}=\frac{1}{4}=0{,}25\right)$

$$\cos x = -0{,}5 : (x=2{,}09439..+2k\pi=2{,}0944+2k\pi)\vee$$
$$\vee(x=4{,}18879..+2k\pi=4{,}1888+2k\pi)$$
$$\cos x = 0{,}25 : (x=1{,}31811..+2k\pi=1{,}3181+2k\pi)\vee$$
$$\vee(x=4{,}96506..+2k\pi=4{,}9651+2k\pi)$$

$$\sin x = 0: x=k\cdot\pi \text{ mit } k\in\mathbb{Z}$$

$$L=\{k\pi;\ 1{,}3181+2k\pi,\ 2{,}0944+2k\pi;\ 4{,}1888+2k\pi,\ 4{,}9651+2k\pi\} \text{ mit } k\in\mathbb{Z}$$

(Ergebnisse in rad)

18 (a)

$$24\cdot\cos^2 x = 22 - 5\cdot 2\cdot\sin x\cdot\cos x + 2\cdot(\cos^2 x - \sin^2 x)$$
$$24\cdot\cos^2 x = 22 - 10\cdot\sin x\cdot\cos x + 2\cdot\cos^2 x - 2\cdot\sin^2 x$$
$$24\cdot\cos^2 x = 22 - 10\cdot\sin x\cdot\cos x + 2\cdot\cos^2 x - 2\cdot(1 - \cos^2 x)$$
$$24\cdot\cos^2 x = 22 - 10\cdot\sin x\cdot\cos x + 2\cdot\cos^2 x - 2 + 2\cdot\cos^2 x$$
$$20\cdot\cos^2 x = 20 - 10\cdot\sin x\cdot\cos x \quad |:10$$
$$2\cdot\cos^2 x = 2 - \sin x\cdot\cos x$$
$$2\cdot\cos^2 x - 2 = -\cos x\cdot\sqrt{1-\cos^2 x} \quad |^2$$
$$4\cdot\cos^4 x - 8\cdot\cos^2 x + 4 = \cos^2 x\cdot(1-\cos^2 x)$$
$$4\cdot\cos^4 x - 8\cdot\cos^2 x + 4 = \cos^2 x - \cos^4 x$$
$$5\cdot\cos^4 x - 9\cdot\cos^2 x + 4 = 0$$

Substitution: $\cos^2 x=u$

$$5u^2 - 9u + 4 = 0$$
$$u=\frac{9\pm\sqrt{81-4\cdot 5\cdot 4}}{2\cdot 5} = \frac{9\pm 1}{10}$$
$$\left(u=\frac{8}{10}=0{,}8\right)\vee\left(u=\frac{10}{10}=1\right)$$

Zunächst ermittelt man die Lösungen in $[0;\ 2\pi]$ und errechnet dann - aufgrund der Periodizität der cos-Funktion (Periodenlänge ist 2π) - die Lösungen in $G=[-\pi;\ \pi]$.
Ob diese Lösungen tatsächlich Lösungen der gegebenen Gleichung sind, erkennt man mit einer Probe.

$u=0{,}8$: $\cos^2 x = 0{,}8$

$$\cos x = \pm\sqrt{0{,}8}$$
$$\cos x = \sqrt{0{,}8} : (x=0{,}46364..\text{rad}=0{,}4636\text{rad})\vee(x=5{,}81953..\text{rad}=5{,}8195\text{rad})$$

5,8195rad liegt nicht in $G=[-\pi;\ \pi]$
$5{,}8195\text{rad}-2\pi=-0{,}46368..\text{rad}=-0{,}4637\text{rad}$ liegt in $G=[-\pi;\ \pi]$

$$\cos x = -\sqrt{0{,}8} : (x=2{,}67794..\text{rad}=2{,}6779\text{rad})\vee(x=3{,}60524..\text{rad}=3{,}6052\text{rad})$$

3,6052rad liegt nicht in $G=[-\pi;\ \pi]$
$3{,}6052\text{rad}-2\pi=-2{,}67798..\text{rad}=-2{,}6780\text{rad}$ liegt in $G=[-\pi;\ \pi]$

$u=1$: $\cos^2 x = 1$

$$\cos x = \pm 1$$
$$\cos x = 1 : (x=0\text{rad})\vee(x=2\pi)$$

2π liegt nicht in $G=[-\pi;\ \pi]$
Einzige Lösung für $\cos x = 1$: $x=0\text{rad}$

$$\cos x = -1 : \left(x=\frac{3\pi}{2}\right)$$

$\frac{3\pi}{2}$ liegt nicht in $G=[-\pi;\ \pi]$

$\frac{3\pi}{2} - 2\pi = -\frac{\pi}{2}$ liegt in $G=[-\pi;\ \pi]$

Probe:

$x=0{,}4636\text{rad}$

$$24\cdot\cos^2 0{,}4636 = 22 - 5\cdot\sin(2\cdot 0{,}4636) + 2\cdot\cos(2\cdot 0{,}4636)$$
$$19{,}200.. = 19{,}200.. \quad \text{w.A.}$$

$x=-0{,}4637\text{rad}$

$$24\cdot\cos^2(-0{,}4637) = 22 - 5\cdot\sin[2\cdot(-0{,}4637)] + 2\cdot\cos[2\cdot(-0{,}4637)]$$
$$19{,}198.. = 27{,}200..\quad \text{f.A.}$$

$x=2{,}6779\text{rad}$

$$24\cdot\cos^2 2{,}6779 = 22 - 5\cdot\sin(2\cdot 2{,}6779) + 2\cdot\cos(2\cdot 2{,}6779)$$
$$19{,}199.. = 27{,}200..\quad \text{f.A.}$$

$x=-2{,}6780\text{rad}$

$$24\cdot\cos^2(-2{,}6780) = 22 - 5\cdot\sin[2\cdot(-2{,}6780)] + 2\cdot\cos[2\cdot(-2{,}6780)]$$
$$19{,}201.. = 19{,}201..\quad \text{w.A.}$$

$x=0\text{rad}$

$$24\cdot\cos^2 0 = 22 - 5\cdot\sin 0 + 2\cdot\cos 0$$
$$24 = 24\quad \text{w.A.}$$

$x=-\frac{\pi}{2}=-1{,}57079..\text{rad}=-1{,}5708$

$$24\cdot\cos^2(-1{,}5708) = 22 - 5\cdot\sin[2\cdot(-1{,}5708)] + 2\cdot\cos[2\cdot(-1{,}5708)]$$
$$0 = 20\quad \text{f.A.}$$

$L=\{-2{,}6780;\ 0;\ 0{,}4634\}$ Ergebnisse in rad

(b) Nebenrechnung:
$$\sin 3x = \sin(2x+x) = \sin 2x\cdot\cos x+\cos 2x\cdot\sin x =$$
$$= (2\sin x\cdot\cos x)\cdot\cos x+(\cos^2x-\sin^2x)\cdot\sin x =$$
$$= 2\sin x\cdot\cos^2x+\sin x\cdot\cos^2x-\sin^3x =$$
$$= 3\sin x\cdot\cos^2x-\sin^3x$$

$$4\sin x\cdot\cos^2x - (3\sin x\cdot\cos^2x-\sin^3x) = \frac{1}{2}\cdot\sqrt{3}$$
$$\sin x\cdot\cos^2x + \sin^3x = \frac{1}{2}\cdot\sqrt{3}$$
$$\sin x\cdot(\cos^2x + \sin^2x) = \frac{1}{2}\cdot\sqrt{3} \qquad \sin^2x+\cos^2x=1$$
$$\sin x = \frac{1}{2}\cdot\sqrt{3}$$

$(x=1{,}04719..\text{rad}=1{,}0472\text{rad})\vee(x=\pi-1{,}0472\text{rad}=2{,}09439..\text{rad}=2{,}0944\text{rad})$

Weitere Lösungen in $[-\pi;\ \pi]$ existieren nicht, da $(1{,}0472-2\pi)$rad bzw. $(2{,}0944-2\pi)$rad nicht in der Grundmenge liegen.

$L=\{1{,}0472;\ 2{,}0944\}$ Ergebnisse in rad

Wichtiger Hinweis:
Bei allen Anwendungen der Winkelfunktionen in der Geometrie ist es sinnvoll, eine (maßstabsgetreue) Skizze anzufertigen und die gegebenen Bestimmungsstücke zu kennzeichnen.

19 (a)
$$b^2 = c^2 - a^2$$
$$b = 243{,}09..$$
$$b = 243{,}1\text{cm}$$
$$\sin\alpha = \frac{a}{c}$$
$$\alpha = 17{,}575..^\circ$$
$$\alpha = 17{,}58^\circ$$
$$\beta = 90^\circ - \alpha$$
$$\beta = 72{,}42^\circ$$
$$A = \frac{a\cdot b}{2}$$
$$A = 9359{,}222..$$
$$A = 9359{,}22\text{cm}^2$$

Skizze zum Beispiel 19

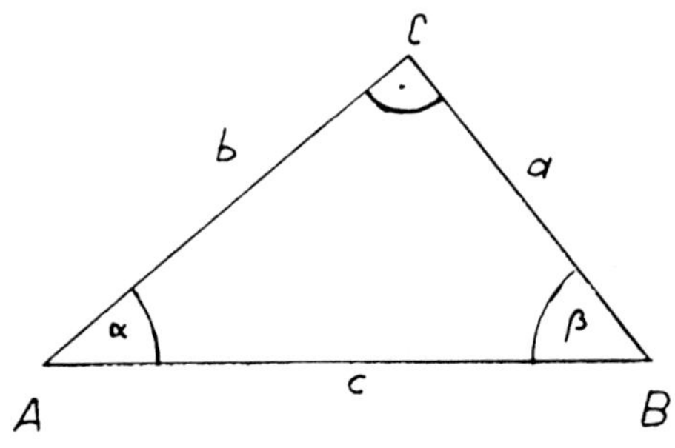

(b) $c^2 = a^2 + b^2$
$c = 49{,}57..$
$c = 49{,}6\text{cm}$
$\tan\alpha = \frac{a}{b}$
$\alpha = 41{,}729..^\circ$
$\alpha = 41{,}73^\circ$
$\beta = 90^\circ - \alpha$
$\beta = 48{,}27^\circ$
$A = \frac{a \cdot b}{2}$
$A = 610{,}5\text{cm}^2$

(c) $\sin\alpha = \frac{a}{c}$
$c \cdot \sin\alpha = a$
$c = \frac{a}{\sin\alpha}$ $\alpha = 45{,}5025^\circ$
$c = 55{,}51..$
$c = 55{,}5\text{cm}$
$b^2 = c^2 - a^2$
$b = 38{,}91..$
$b = 38{,}9\text{cm}$
$\beta = 90^\circ - \alpha$
$\beta = 44{,}4975^\circ = 44^\circ 29' 51''$
$A = \frac{a \cdot b}{2}$
$A = 770{,}418..$
$A = 770{,}42\text{cm}^2$

(d) $\sin\beta = \frac{b}{c}$
$c \cdot \sin\beta = b$ $\beta = 65{,}8083..^\circ$
$b = 186{,}99..$
$b = 187\text{cm}$
$a^2 = c^2 - b^2$
$a = 84{,}007..$
$a = 84\text{cm}$
$\alpha = 90^\circ - \beta$
$\alpha = 24{,}1916..^\circ = 24^\circ 11' 30''$
$A = \frac{a \cdot b}{2}$
$A = 7854{,}234..$
$A = 7854{,}23\text{cm}^2$

(e) $A = \frac{a \cdot b}{2}$
$2A = a \cdot b$
$a = \frac{2A}{b}$
$a = 13\text{cm}$
$c^2 = a^2 + b^2$
$c = 85\text{cm}$
$\sin\alpha = \frac{a}{c}$
$\alpha = 8{,}7974..^\circ$
$\alpha = 8{,}80^\circ$
$\beta = 90^\circ - \alpha$
$\beta = 81{,}20^\circ$

(f) $\sin\beta = \frac{b}{c}$
$c \cdot \sin\beta = b$
$c = \frac{b}{\sin\beta}$
$c = 202{,}67..$
$c = 202{,}7\text{cm}$
$a^2 = c^2 - b^2$
$a = 170{,}22..$
$a = 170{,}2\text{cm}$
$\alpha = 90^\circ - \beta$
$\alpha = 57{,}13^\circ$
$A = \frac{a \cdot b}{2}$
$A = 9362{,}145..$
$A = 9362{,}15\text{cm}^2$

(g) $\sin\alpha = \frac{a}{c}$
$c \cdot \sin\alpha = a$
$a = 104{,}55..$
$a = 104{,}6\text{cm}$
$b^2 = c^2 - a^2$
$b = 85{,}39..$
$b = 85{,}4\text{cm}$
$\beta = 90^\circ - \alpha$
$\beta = 39{,}24^\circ$
$A = \frac{a \cdot b}{2}$
$A = 4464{,}464..$
$A = 4464{,}46\text{cm}^2$

20

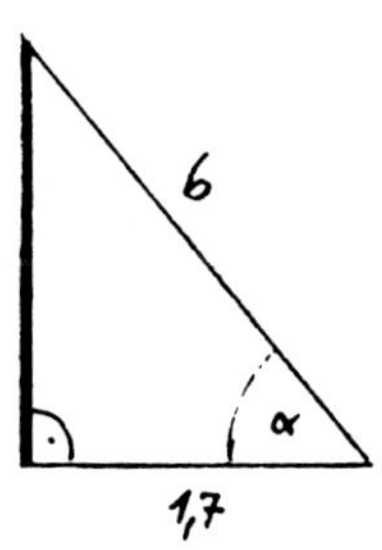

$\cos\alpha = \frac{1{,}7}{6}$
$\alpha = 73{,}540..^\circ$
$\alpha = 73{,}54^\circ$

21 $\tan\alpha = \frac{h}{s}$

$h = s \cdot \tan\alpha$

$h = 33{,}799..$

$h = 33{,}80\text{m}$

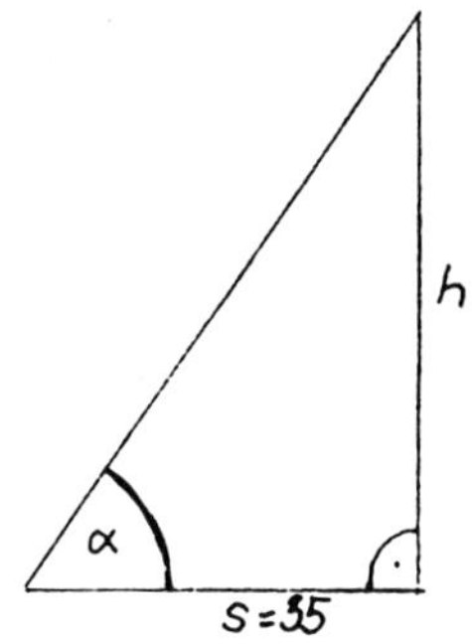

22 Skizze

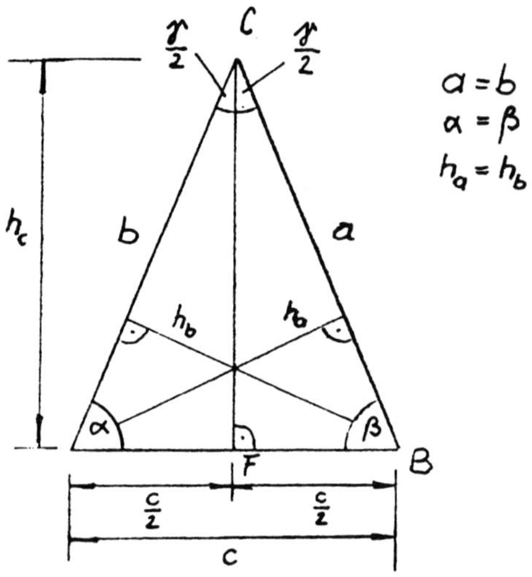

(a) Formeln für die Berechnungen

$h_c^2 = a^2 - \left(\frac{c}{2}\right)^2$

$\sin\alpha = \frac{h_c}{a}$

$\gamma = 180° - 2\alpha$

$A = \frac{c \cdot h_c}{2}$

$A = \frac{a \cdot h_a}{2}$

$2A = a \cdot h_a$

$h_a = \frac{2A}{a}$

Berechnung der speziellen Zahlenwerte

$h_c = 44{,}53..$
$h_c = 44{,}5\text{cm}$

$\alpha = 75{,}522..°$
$\alpha = 75{,}52°$

$\gamma = 28{,}955..°$
$\gamma = 28{,}96°$

$A = 512{,}095..$
$A = 512{,}10\text{cm}^2$

$h_a = 22{,}26..$
$h_a = 22{,}3\text{cm}$

(b) Formeln für die Berechnungen

$a^2 = \left(\frac{c}{2}\right)^2 + h_c^2$

$A = \frac{c \cdot h_c}{2}$

$A = \frac{a \cdot h_a}{2}$

$2A = a \cdot h_a$

$h_a = \frac{2A}{a}$

$\sin\alpha = \frac{h_c}{a}$

$\gamma = 180° - 2\alpha$

Berechnung der speziellen Zahlenwerte

$a = 20{,}62..$
$a = 20{,}6\text{cm}$

$A = 194{,}925..$
$A = 194{,}93\text{cm}^2$

$h_a = 18{,}904..$
$h_a = 18{,}9\text{cm}$

$\alpha = 33{,}227..°$
$\alpha = 33{,}23°$

$\gamma = 113{,}544..°$
$\gamma = 113{,}54°$

(c) Formeln für die Berechnungen

$$\cos\alpha = \frac{\frac{c}{2}}{a}$$

$$a\cdot\cos\alpha = \frac{c}{2}$$

$$a = \frac{\frac{c}{2}}{\cos\alpha}$$

$$h_c^2 = a^2 - \left(\frac{c}{2}\right)^2$$

$$A = \frac{c\cdot h_c}{2}$$

$$A = \frac{a\cdot h_a}{2}$$

$$2A = a\cdot h_a$$

$$h_a = \frac{2A}{a}$$

$$\gamma = 180° - 2\alpha$$

Berechnung der speziellen Zahlenwerte

$a = 28{,}58..$
$a = 28{,}6\text{cm}$

$h_c = 22{,}60..$
$h_c = 22{,}6\text{cm}$

$A = 395{,}527..$
$A = 395{,}53\text{cm}^2$

$h_a = 27{,}67..$
$h_a = 27{,}7\text{cm}$

$\gamma = 75{,}5°$

(d) Formeln für die Berechnungen

$$\sin\frac{\gamma}{2} = \frac{\frac{c}{2}}{a}$$

$$a\cdot\sin\frac{\gamma}{2} = \frac{c}{2}$$

$$a = \frac{\frac{c}{2}}{\sin\frac{\gamma}{2}}$$

$$h_c^2 = a^2 - \left(\frac{c}{2}\right)^2$$

$$A = \frac{c\cdot h_c}{2}$$

$$A = \frac{a\cdot h_a}{2}$$

$$2A = a\cdot h_a$$

$$h_a = \frac{2A}{a}$$

$$\alpha = 90° - \frac{\gamma}{2}$$

Berechnung der speziellen Zahlenwerte

$a = 79{,}89..$
$a = 79{,}9\text{cm}$

$h_c = 75{,}91..$
$h_c = 75{,}9\text{cm}$

$A = 1890{,}217..$
$A = 1890{,}22\text{cm}^2$

$h_a = 47{,}31..$
$h_a = 47{,}3\text{cm}$

$\alpha = 71{,}84°$

(e) Formeln für die Berechnungen

$$\sin\alpha = \frac{h_c}{a}$$

$$a\cdot\sin\alpha = h_c$$

$$a = \frac{h_c}{\sin\alpha}$$

$$\left(\frac{c}{2}\right)^2 = a^2 - h_c^2$$

Berechnung der speziellen Zahlenwerte

$a = 21{,}64..$
$a = 21{,}6\text{cm}$

$\frac{c}{2} = 13{,}77..$
$c = 27{,}55..$
$c = 27{,}6\text{cm}$

$$A = \frac{c \cdot h_c}{2}$$ $A = 230{,}062..$; $A = 230{,}06\text{cm}^2$

$$A = \frac{a \cdot h_a}{2}$$

$$2A = a \cdot h_a$$

$$h_a = \frac{2A}{a}$$ $h_a = 21{,}25..$; $h_a = 21{,}3\text{cm}$

$$\gamma = 180° - 2\alpha$$ $\gamma = 79{,}04°$

(f) Formeln für die Berechnungen — Berechnung der speziellen Zahlenwerte

$$A = \frac{c \cdot h_c}{2}$$

$$c = \frac{2A}{h_c}$$ $c = 26{,}4\text{cm}$

$$a^2 = \left(\frac{c}{2}\right)^2 + {h_c}^2$$ $a = 49{,}3\text{cm}$

$$A = \frac{a \cdot h_a}{2}$$

$$2A = a \cdot h_a$$

$$h_a = \frac{2A}{a}$$ $h_a = 25{,}43..$; $h_a = 25{,}4\text{cm}$

$$\sin \alpha = \frac{h_c}{a}$$ $\alpha = 74{,}469..°$; $\alpha = 74{,}47°$

$$\gamma = 180° - 2\alpha$$ $\gamma = 31{,}060..$; $\gamma = 31{,}06°$

(g) Formeln für die Berechnungen — Berechnung der speziellen Zahlenwerte

$$A = \frac{a \cdot h_a}{2}$$ $A = 440\text{cm}^2$

$$\sin \gamma = \frac{h_a}{a}$$ $\gamma = 59{,}246..°$; $\gamma = 59{,}25°$

$$\alpha = 90° - \left(\frac{\gamma}{2}\right)$$ $\alpha = 60{,}376..°$; $\alpha = 60{,}38°$

$$\cos \alpha = \frac{\frac{c}{2}}{a}$$

$$\frac{c}{2} = a \cdot \cos \alpha$$ $\frac{c}{2} = 15{,}817..$

$c = 31{,}634..$; $c = 31{,}63\text{cm}$

$$A = \frac{c \cdot h_c}{2}$$

$$2A = c \cdot h_c$$

$$h_c = \frac{2A}{c}$$ $h_c = 27{,}81..$; $h_c = 27{,}8\text{cm}$

23 Skizze

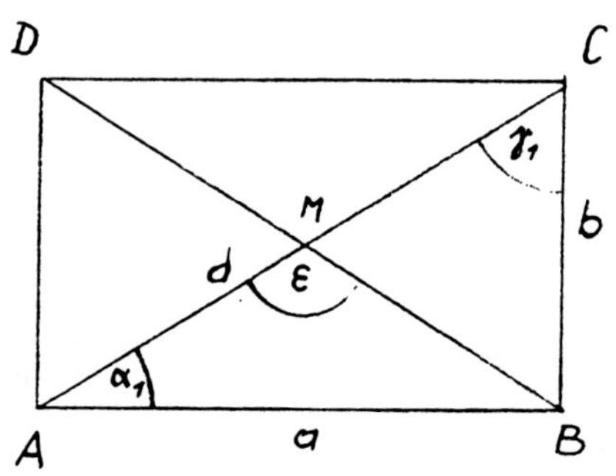

(a) Formeln für die Berechnungen | Berechnung der speziellen Zahlenwerte

$d^2 = a^2 + b^2$ | $d = 175cm$

$\sin \alpha_1 = \frac{b}{d}$ | $\alpha_1 = 16{,}260..^\circ$, $\alpha_1 = 16{,}26^\circ$

$\gamma_1 = 90^\circ - \alpha_1$ | $\gamma_1 = 73{,}739..^\circ$, $\gamma_1 = 73{,}74^\circ$

$\varepsilon = 180^\circ - 2\alpha_1$ | $\varepsilon = 147{,}479..^\circ$, $\varepsilon = 147{,}48^\circ$

$A = a \cdot b$ | $A = 8232cm^2$

(b) Formeln für die Berechnungen | Berechnung der speziellen Zahlenwerte

$a^2 = d^2 - b^2$ | $a = 11{,}76..$, $a = 11{,}8cm$

$\sin \alpha_1 = \frac{b}{d}$ | $\alpha_1 = 43{,}602..^\circ$, $\alpha_1 = 43{,}60^\circ$

$\gamma_1 = 90^\circ - \alpha_1$ | $\gamma_1 = 46{,}397..^\circ$, $\gamma_1 = 46{,}40^\circ$

$\varepsilon = 180^\circ - 2\alpha_1$ | $\varepsilon = 92{,}794..^\circ$, $\varepsilon = 92{,}79^\circ$

$A = a \cdot b$ | $A = 131{,}712..$, $A = 131{,}71cm^2$

(c) Formeln für die Berechnungen | Berechnung der speziellen Zahlenwerte

$A = a \cdot b$

$21{,}6 = a \cdot b \Rightarrow a = \frac{21{,}6}{b}$

$\tan \alpha_1 = \frac{b}{a} \Rightarrow a = \frac{b}{\tan 28{,}07^\circ}$

Durch Gleichsetzen erhält man eine Gleichung in b.

$$\frac{b}{\tan 28{,}07^\circ} = \frac{21{,}6}{b}$$

$b^2 = 21{,}6 \cdot \tan 28{,}07^\circ$ | $b = 3{,}39..$, $b = 3{,}4cm$

$A = a \cdot b$

$a = \frac{A}{b}$ | $a = 6{,}36..$, $a = 6{,}4cm$

$d^2 = a^2 + b^2$ | $d = 7{,}21..$, $d = 7{,}2cm$

$\gamma_1 = 90^\circ - \alpha_1$ | $\gamma_1 = 61{,}93^\circ$

$\varepsilon = 180^\circ - 2\alpha_1$ | $\varepsilon = 123{,}86^\circ$

(d) Formeln für die Berechnungen | Berechnung der speziellen Zahlenwerte

$A = a \cdot b$

$10{,}62 = a \cdot b \Rightarrow a = \frac{10{,}62}{b}$

$\tan \gamma_1 = \frac{a}{b} \Rightarrow a = b \cdot \tan 70{,}15^\circ$

Durch Gleichsetzen erhält man eine Gleichung in b.

$$b \cdot \tan 70{,}15^\circ = \frac{10{,}62}{b}$$

$b^2 = \frac{10{,}62}{\tan 70{,}15^\circ}$ | $b = 1{,}95..$, $b = 2{,}0cm$

Formeln	Werte
$A = a \cdot b$	
$a = \frac{A}{b}$	$a = 5{,}42..$ $a = 5{,}4\text{cm}$
$d^2 = a^2 + b^2$	$d = 5{,}76..$ $d = 5{,}8\text{cm}$
$\alpha_1 = 90° - \gamma_1$	$\alpha_1 = 19{,}85°$
$\varepsilon = 180° - 2\alpha_1$	$\varepsilon = 140{,}3°$

(e) Formeln für die Berechnungen — Berechnung der speziellen Zahlenwerte

Formeln für die Berechnungen	Berechnung der speziellen Zahlenwerte
$\varepsilon = 180° - 2\alpha_1$ $2\alpha_1 = 180° - \varepsilon$	
$\alpha_1 = 90° - \frac{\varepsilon}{2}$	$\alpha_1 = 22{,}62°$
$\cos\alpha_1 = \frac{a}{d}$	
$d = \frac{a}{\cos\alpha_1}$	$d = 13{,}00..$ $d = 13\text{cm}$
$b^2 = d^2 - a^2$	$b = 5\text{cm}$
$\gamma_1 = 90° - \alpha_1$	$\gamma_1 = 67{,}38°$
$A = a \cdot b$	$A = 60\text{cm}^2$

Beachten Sie, wenn Sie bei den folgenden Beispielen die Sinusfunktion zur Berechnung verwenden: Zu jedem positiven Wert von sin α sind 2 Winkel in $[0°; 180°]$ möglich. Daher muß man bei der Berechnung in Dreiecken bzw. "Teildreiecken" stets überlegen, welcher Winkel möglich ist. In jedem Dreieck gilt: Der längeren Seite liegt der größere Winkel gegenüber (z.B.: für $c>a>b$ gilt: $\gamma>\alpha>\beta$). Eine maßstäbliche Zeichnung vereinfacht die Überlegungen.

24 Skizze

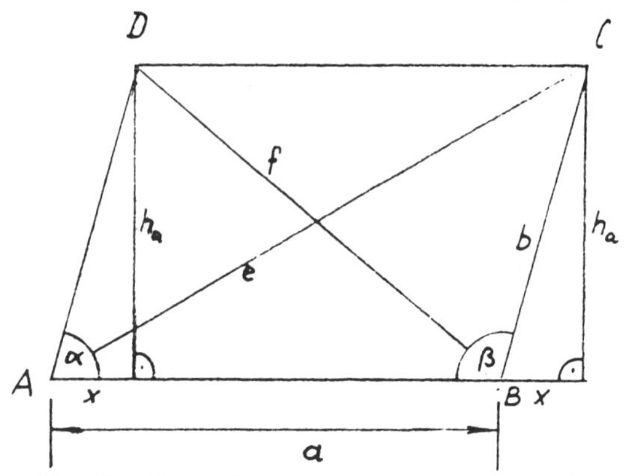

(a) Formeln für die Berechnungen — Berechnung der speziellen Zahlenwerte

$$(a+x)^2 + h_a^2 = e^2$$
$$h_a^2 = e^2 - (a+x)^2$$

$$x^2 + h_a^2 = b^2$$
$$h_a^2 = b^2 - x^2$$

Durch Gleichsetzen erhält man eine Gleichung in x.

$$e^2 - (a+x)^2 = b^2 - x^2$$
$$e^2 - (a^2 + 2ax + x^2) = b^2 - x^2$$
$$e^2 - a^2 - 2ax - x^2 = b^2 - x^2$$
$$-2ax = b^2 + a^2 - e^2 \quad |:(-2a)$$
$$x = \frac{e^2 - a^2 - b^2}{2a}$$

$x = 30{,}297..$

$h_a^2=b^2-x^2$ — $h_a = 40{,}277..$

$f^2=(a-x)^2+h_a^2$ — $f = 40{,}55..$, $f = 40{,}6\text{cm}$

$\tan\alpha = \frac{h_a}{x}$ — $\alpha = 53{,}048..°$, $\alpha = 53{,}05°$

$\beta=180°-\alpha$ — $\beta = 126{,}952..°$, $\beta = 126{,}95°$

$A=a\cdot h_a$ — $A = 1409{,}698..$, $A = 1409{,}70\text{cm}^2$

(b) Formeln für die Berechnungen — Berechnung der speziellen Zahlenwerte

$(a-x)^2+h_a^2=f^2$

$h_a^2=f^2-(a-x)^2$

$x^2+h_a^2=b^2$

$h_a^2=b^2-x^2$

Durch Gleichsetzen erhält man eine Gleichung in x.

$$f^2-(a-x)^2=b^2-x^2$$
$$f^2-(a^2-2ax+x^2)=b^2-x^2$$
$$f^2-a^2+2ax-x^2=b^2-x^2$$
$$2ax=a^2+b^2-f^2 \quad |:2a$$
$$x=\frac{a^2+b^2-f^2}{2a}$$

$x = 143{,}30..$

$h_a^2=b^2-x^2$ — $h_a = 59{,}71..$

$e^2=(a+x)^2+h_a^2$ — $e = 267{,}06..$, $e = 267{,}1\text{cm}$

$\tan\alpha = \frac{h_a}{x}$ — $\alpha = 22{,}619..°$, $\alpha = 22{,}62°$

$\beta=180°-\alpha$ — $\beta = 157{,}380..°$, $\beta = 157{,}38°$

$A=a\cdot h_a$ — $A = 6986{,}250..$, $A = 6986{,}25\text{cm}^2$

(c) Formeln für die Berechnungen — Berechnung der speziellen Zahlenwerte

$\sin\alpha = \frac{h_a}{b}$

$h_a = b\cdot\sin\alpha$ — $h_a = 21{,}20..$

$\cos\alpha = \frac{x}{b}$

$x = b\cdot\cos\alpha$ — $x = 27{,}84..$

$e^2=(a+x)^2+h_a^2$ — $e = 77{,}78..$, $e = 77{,}8\text{cm}$

$f^2=(a-x)^2+h_a^2$ — $f = 28{,}58..$, $f = 28{,}6\text{cm}$

$\beta=180°-\alpha$ — $\beta = 142{,}7°$

$A=a\cdot h_a$ — $A = 996{,}850..$, $A = 996{,}85\text{cm}^2$

(d) Formeln für die Berechnungen — Berechnung der speziellen Zahlenwerte

$\alpha=180°-\beta$ — $\alpha = 75°$

$\sin\alpha = \frac{h_a}{b}$

$h_a = b\cdot\sin\alpha$ — $h_a = 26{,}46..$

$\cos\alpha = \frac{x}{b}$

$x = b\cdot\cos\alpha$ — $x = 7{,}091..$

$e^2=(a+x)^2+h_a^2$

$(a+x)^2=e^2-h_a^2$

$(a+x)=\sqrt{e^2-h_a^2}$

$a=\sqrt{e^2-h_a^2}-x$ — $a = 64{,}92..$, $a = 64{,}9\text{cm}$

$f^2=(a-x)^2+h_a^2$ — $f = 63{,}59..$, $f = 63{,}6\text{cm}$

$A=a\cdot h_a$ — $A = 1718{,}162..$, $A = 1718{,}16\text{cm}^2$

(e) Formeln für die Berechnungen — Berechnung der speziellen Zahlenwerte

$\sin\alpha = \frac{h_a}{b}$

$h_a = b\cdot\sin\alpha$ — $h_a = 24{,}00..$

$A=a\cdot h_a$

$a=\frac{A}{h_a}$ — $a = 66{,}99..$, $a = 67\text{cm}$

$\cos\alpha = \frac{x}{b}$

$x = b\cdot\cos\alpha$ — $x = 22{,}64..$

$e^2=(a+x)^2+h_a^2$ — $e = 92{,}80..$, $e = 92{,}8\text{cm}$

$f^2=(a-x)^2+h_a^2$ — $f = 50{,}42..$, $f = 50{,}4\text{cm}$

$\beta=180°-\alpha$ — $\beta = 133{,}34°$

25 Skizze

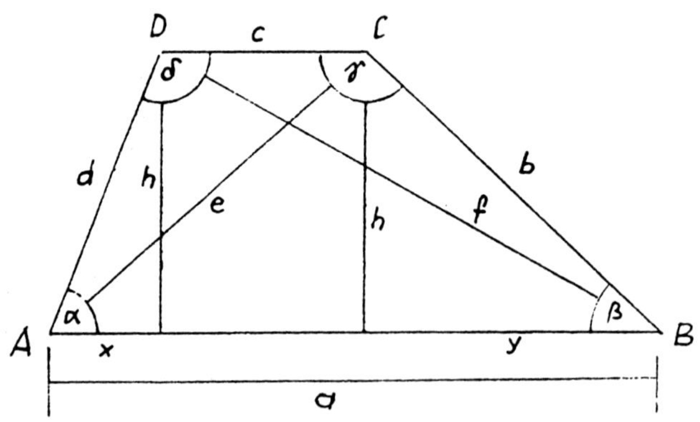

(a) Formeln für die Berechnungen — Berechnung der speziellen Zahlenwerte

$\sin\alpha = \frac{h}{d}$

$h = d\cdot\sin\alpha$ — $h = 45{,}77..$

$\cos\alpha = \frac{x}{d}$

$x = d\cdot\cos\alpha$ — $x = 29{,}38..$

$f^2=(a-x)^2+h^2$ — $f = 124{,}90..$, $f = 124{,}9\text{cm}$

$y=a-c-x$	$y = 69{,}01..$
$b^2=y^2+h^2$	$b = 82{,}81..$ $b = 82{,}8\text{cm}$
$e^2=(a-y)^2+h^2$	$e = 89{,}22..$ $e = 89{,}2\text{cm}$
$\tan\beta = \frac{h}{y}$	$\beta = 33{,}558..^\circ$ $\beta = 33{,}56^\circ$
$\gamma=180^\circ-\beta$	$\gamma = 146{,}441..^\circ$ $\gamma = 146{,}44^\circ$
$\delta=180^\circ-\alpha$	$\delta = 122{,}7^\circ$
$A=\frac{a+c}{2}\cdot h$	$A = 4413{,}017..$ $A = 4413{,}02\text{cm}^2$

(b)

Formeln für die Berechnungen	Berechnung der speziellen Zahlenwerte
$\alpha=180^\circ-\delta$	$\alpha = 72^\circ$
$\sin\alpha = \frac{h}{d}$	
$h = d\cdot\sin\alpha$	$h = 31{,}38..$
$\cos\alpha = \frac{x}{d}$	
$x = d\cdot\cos\alpha$	$x = 10{,}19..$
$\sin\beta = \frac{h}{b}$	
$b = \frac{h}{\sin\beta}$	$b = 49{,}13..$ $b = 49{,}1\text{cm}$
$\cos\beta = \frac{y}{b}$	
$y = b\cdot\cos\beta$	$y = 37{,}80..$
$c=a-x-y$	$c = 69{,}99..$ $c = 70\text{cm}$
$e^2=(a-y)^2+h^2$	$e = 86{,}11..$ $e = 86{,}1\text{cm}$
$f^2=(a-x)^2+h^2$	$f = 112{,}27..$ $f = 112{,}3\text{cm}$
$\gamma=180^\circ-\beta$	$\gamma = 140{,}3^\circ$
$A=\frac{a+c}{2}\cdot h$	$A = 2950{,}164..$ $A = 2950{,}16\text{cm}^2$

(c)

Formeln für die Berechnungen	Berechnung der speziellen Zahlenwerte
$\tan\alpha = \frac{h}{x} \Rightarrow x = \frac{h}{\tan\alpha}$	
$\tan\beta = \frac{h}{y} \Rightarrow y = \frac{h}{\tan\beta}$	
$c = a - x - y$	
$c = a - \frac{h}{\tan\alpha} - \frac{h}{\tan\beta}$	
$c = a - h\cdot\left(\frac{1}{\tan\alpha} + \frac{1}{\tan\beta}\right)$	
$h\cdot\left(\frac{1}{\tan\alpha} + \frac{1}{\tan\beta}\right) = a - c$	
$h = \frac{a-c}{\frac{1}{\tan\alpha} + \frac{1}{\tan\beta}}$	$h = 44{,}54..$

$\sin\alpha = \frac{h}{d}$	
$d = \frac{h}{\sin\alpha}$	$d = 51{,}43..$ $d = 51{,}4\text{cm}$
$\cos\alpha = \frac{x}{d}$	
$x = d\cdot\cos\alpha$	$x = 25{,}71..$
$\sin\beta = \frac{h}{b}$	
$b = \frac{h}{\sin\beta}$	$b = 45{,}71..$ $b = 45{,}7\text{cm}$
$\cos\beta = \frac{y}{b}$	
$y = b\cdot\cos\beta$	$y = 10{,}28..$
$e^2=(a-y)^2+h^2$	$e = 120{,}26..$ $e = 120{,}3\text{cm}$
$f^2=(a-x)^2+h^2$	$f = 106{,}08..$ $f = 106{,}1\text{cm}$
$\gamma=180^\circ-\beta$	$\gamma = 103^\circ$
$\delta=180^\circ-\alpha$	$\delta = 120^\circ$
$A=\frac{a+c}{2}\cdot h$	$A = 4632{,}410..$ $A = 4632{,}41\text{cm}^2$

(d)

Formeln für die Berechnungen	Berechnung der speziellen Zahlenwerte
$\alpha=180^\circ-\delta$	$\alpha = 80^\circ$
$\beta=180^\circ-\gamma$	$\beta = 65^\circ$
$\sin\alpha = \frac{h}{d}$	
$h = d\cdot\sin\alpha$	$h = 68{,}93..$
$\cos\alpha = \frac{x}{d}$	
$x = d\cdot\cos\alpha$	$x = 12{,}15..$
$\sin\beta = \frac{h}{b}$	
$b = \frac{h}{\sin\beta}$	$b = 76{,}06..$ $b = 76{,}1\text{cm}$
$\cos\beta = \frac{y}{b}$	
$y = b\cdot\cos\beta$	$y = 32{,}14..$
$a=c+x+y$	$a = 100{,}30..$ $a = 100{,}3\text{cm}$
$e^2=(a-y)^2+h^2$	$e = 96{,}94..$ $e = 96{,}9\text{cm}$
$f^2=(a-x)^2+h^2$	$f = 111{,}90..$ $f = 111{,}9\text{cm}$
$A=\frac{a+c}{2}\cdot h$	$A = 5387{,}425..$ $A = 5387{,}43\text{cm}^2$

(e)

Formeln für die Berechnungen	Berechnung der speziellen Zahlenwerte
$\sin\alpha = \frac{h}{d}$	
$h = d\cdot\sin\alpha$	$h = 41{,}01..$
$\cos\alpha = \frac{x}{d}$	
$x = d\cdot\cos\alpha$	$x = 41{,}01..$
$e^2=(a-y)^2+h^2$	
$(a-y)^2=e^2-h^2$	
$a-y=\sqrt{e^2-h^2}$	
$y=a-\sqrt{e^2-h^2}$	$y = 31{,}75..$
$b^2=y^2+h^2$	$b = 51{,}86..$ $b = 51{,}9$cm
$c=a-x-y$	$c = 42{,}23..$ $c = 42{,}2$cm
$f^2=(a-x)^2+h^2$	$f = 84{,}59..$ $f = 84{,}6$cm
$\tan\beta = \frac{h}{y}$	$\beta = 52{,}250..^\circ$ $\beta = 52{,}25^\circ$
$\gamma=180^\circ-\beta$	$\gamma = 127{,}749..^\circ$ $\gamma = 127{,}75^\circ$
$\delta=180^\circ-\alpha$	$\delta = 135^\circ$
$A=\frac{a+c}{2}\cdot h$	$A = 3224{,}244..$ $A = 3224{,}24$cm^2

(f)

Formeln für die Berechnungen	Berechnung der speziellen Zahlenwerte
$A=\frac{a+c}{2}\cdot h$	
$2A=(a+c)\cdot h$	
$h=\frac{2A}{a+c}$	$h = 35$
$\sin\alpha = \frac{h}{d}$	
$d = \frac{h}{\sin\alpha}$	$d = 37{,}49..$ $d = 37{,}5$cm
$\cos\alpha = \frac{x}{d}$	
$x = d\cdot\cos\alpha$	$x = 13{,}43..$
$c=a-x-y$	
$y=a-x-c$	$y = 30{,}56$
$b^2=h^2+y^2$	$b = 46{,}46..$ $b = 46{,}5$cm
$\tan\beta = \frac{h}{y}$	$\beta = 48{,}869..^\circ$ $\beta = 48{,}87^\circ$
$\gamma=180^\circ-\beta$	$\gamma = 131{,}130..^\circ$ $\gamma = 131{,}13^\circ$
$\delta=180^\circ-\alpha$	$\delta = 111^\circ$
$e^2=(a-y)^2+h^2$	$e = 96{,}03..$ $e = 96$cm
$f^2=(a-x)^2+h^2$	$f = 112{,}16..$ $f = 112{,}2$cm

26 **Anmerkung**:

In jeder Raute gilt: $\alpha+\beta=180°$.

Um mit Hilfe der Sinusfunktion den "richtigen" Winkel zu berechnen [es gilt ja $\sin(180°-x)=\sin x$], hilft folgende Überlegung (siehe Skizzen):

(1) $e>f$: α ist ein spitzer Winkel ($0°<\alpha<90°$), und β ist ein stumpfer (der dazu supplementäre) Winkel ($90°<\beta<180°$).

(2) $e<f$: β ist ein spitzer Winkel ($0°<\beta<90°$), und α ist ein stumpfer (der dazu supplementäre) Winkel ($90°<\alpha<180°$).

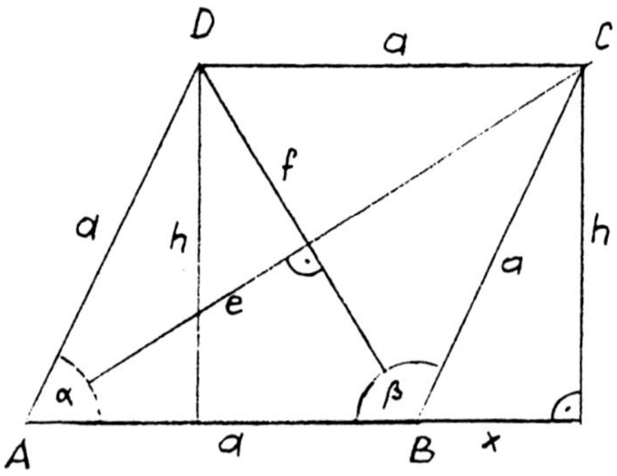

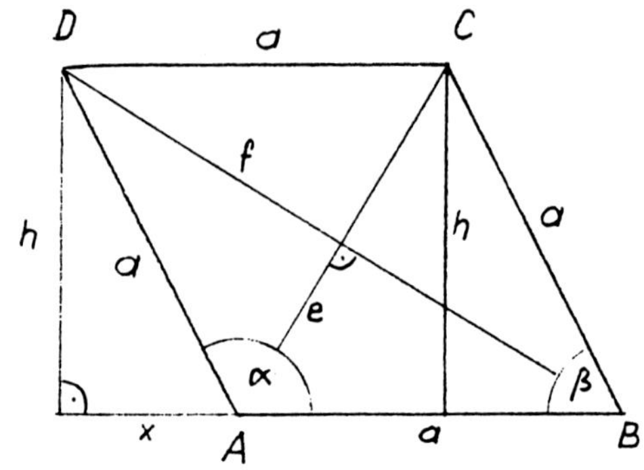

(a)

Formeln für die Berechnungen	Berechnung der speziellen Zahlenwerte
$\left(\frac{e}{2}\right)^2+\left(\frac{f}{2}\right)^2=a^2$	
$\left(\frac{f}{2}\right)^2=a^2-\left(\frac{e}{2}\right)^2$	$\frac{f}{2}=11{,}7$ $f=23{,}4\text{cm}$
$A=\frac{e\cdot f}{2}$	$A=102{,}96\text{cm}^2$
$A=a\cdot h$ $h=\frac{A}{a}$	$h=8{,}23..$ $h=8{,}2\text{cm}$
$\sin\alpha=\frac{h}{a}$	$(\alpha_1=41{,}219..°)\vee(\alpha_2=180°-\alpha_1)$ $(\alpha_1=41{,}22°)\quad\vee(\alpha_2=138{,}78°)$ $\alpha=138{,}78°$, da $e<f$
$\beta=180°-\alpha$	$\beta=41{,}22°$

(b)

Formeln für die Berechnungen	Berechnung der speziellen Zahlenwerte
$A=\frac{e\cdot f}{2}$ $2A=e\cdot f$ $f=\frac{2A}{e}$	$f=10{,}5\text{cm}$
$a^2=\left(\frac{e}{2}\right)^2+\left(\frac{f}{2}\right)^2$	$a=6{,}85$ $a=6{,}9\text{cm}$
$A=a\cdot h$ $h=\frac{A}{a}$	$h=6{,}74..$ $h=6{,}7\text{cm}$
$\sin\alpha=\frac{h}{a}$	$(\alpha_1=79{,}933..°)\vee(\alpha_2=180°-\alpha_1)$ $(\alpha_1=79{,}93°)\quad\vee(\alpha_2=100{,}07°)$ $\alpha=100{,}07°$, da $e<f$
$\beta=180°-\alpha$	$\beta=79{,}93°$

(c) Formeln für die Berechnungen

$\sin\frac{\alpha}{2} = \frac{h}{e}$

$\sin\alpha = \frac{h}{a}$

$a = \frac{h}{\sin\alpha}$

$x^2 = a^2 - h^2$

$f^2 = (a-x)^2 + h^2$

$\beta = 180° - \alpha$

$A = \frac{e \cdot f}{2}$

Berechnung der speziellen Zahlenwerte

$\frac{\alpha}{2} = 36{,}869..°$

Der supplementäre Winkel zu $\frac{\alpha}{2}$ kann nicht Lösung sein, da sonst $\alpha > 180°$ wäre.

$\alpha = 73{,}739..°$
$\alpha = 73{,}74°$

$a = 75\text{cm}$

$x = 21\text{cm}$

$f = 90\text{cm}$

$\beta = 106{,}260..°$
$\beta = 106{,}26°$

$A = 5400\text{cm}^2$

(d) Formeln für die Berechnungen

$\sin\alpha = \frac{h}{a}$

$a = \frac{h}{\sin\alpha}$

$x^2 = a^2 - h^2$

$e^2 = (a+x)^2 + h^2$

$f^2 = (a-x)^2 + h^2$

$\beta = 180° - \alpha$

$A = a \cdot h$

Berechnung der speziellen Zahlenwerte

$a = 62{,}49..$
$a = 62{,}5\text{cm}$

$x = 17{,}49..$

$e = 99{,}99..$
$e = 100\text{cm}$

$f = 75{,}00..$
$f = 75\text{cm}$

$\beta = 106{,}26°$

$A = 3749{,}996..$
$A = 3750\text{cm}^2$

(e) Formeln für die Berechnungen

$\alpha = 180° - \beta$

$\sin\alpha = \frac{h}{a} \Rightarrow h = a \cdot \sin\alpha$

$A = a \cdot h \Rightarrow h = \frac{A}{a}$

Durch Gleichsetzen erhält man eine Gleichung in a.

$a \cdot \sin\alpha = \frac{A}{a}$

$a^2 = \frac{A}{\sin\alpha}$

$h = \frac{A}{a}$

$x^2 = a^2 - h^2$

$e^2 = (a+x)^2 + h^2$

$f^2 = (a-x)^2 + h^2$

Berechnung der speziellen Zahlenwerte

$\beta = 44{,}76°$

$a = 20{,}13..$
$a = 20{,}1\text{cm}$

$h = 14{,}18..$
$h = 14{,}2\text{cm}$

$x = 14{,}30..$

$e = 37{,}24..$
$e = 37{,}2\text{cm}$

$f = 15{,}33..$
$f = 15{,}3\text{cm}$

(f) Formeln für die Berechnungen — Berechnung der speziellen Zahlenwerte

Formeln für die Berechnungen	Berechnung der speziellen Zahlenwerte
$\sin\alpha = \frac{h}{a}$	
$h = a\cdot\sin\alpha$	$h = 13{,}48..$ $h = 13{,}5\text{cm}$
$x^2=a^2-h^2$	$x = 2{,}39..$
$e^2=(a+x)^2+h^2$	$e = 21{,}00..$ $e = 21\text{cm}$
$f^2=(a-x)^2+h^2$	$f = 17{,}59..$ $f = 17{,}6\text{cm}$
$\beta=180°-\alpha$	$\beta = 100{,}07°$
$A=a\cdot h$	$A = 184{,}798..$ $A = 184{,}80\text{cm}^2$

(g) Formeln für die Berechnungen — Berechnung der speziellen Zahlenwerte

Formeln für die Berechnungen	Berechnung der speziellen Zahlenwerte
$\alpha=180°-\beta$	$\alpha = 41{,}22°$
$\sin\frac{\alpha}{2} = \frac{\frac{f}{2}}{a}$	
$a = \frac{\frac{f}{2}}{\sin\frac{\alpha}{2}}$	$a = 88{,}35..$ $a = 88{,}4\text{cm}$
$\left(\frac{e}{2}\right)^2+\left(\frac{f}{2}\right)^2 = a^2$	
$\left(\frac{e}{2}\right)^2 = a^2-\left(\frac{f}{2}\right)^2$	$\frac{e}{2} = 82{,}69..$
	$e = 165{,}39..$ $e = 165{,}4\text{cm}$
$A=\frac{e\cdot f}{2}$	$A = 5143{,}714..$ $A = 5143{,}71\text{cm}^2$
$A=a\cdot h$ $h=\frac{A}{a}$	$h = 58{,}21..$ $h = 58{,}2\text{cm}$

27 Skizze

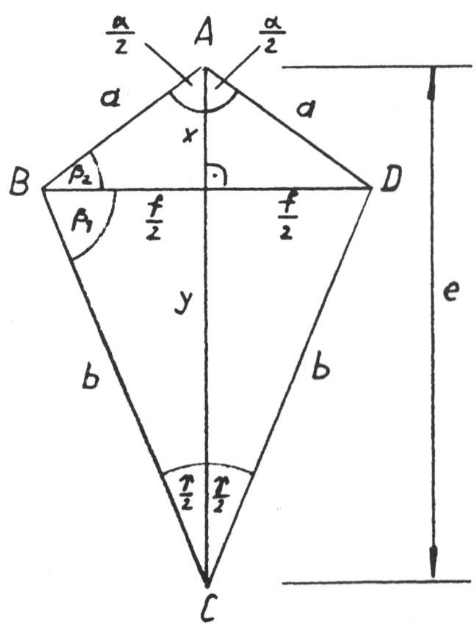

(a) Formeln für die Berechnungen

$\cos\frac{\alpha}{2} = \frac{x}{a}$

$x = a \cdot \cos\frac{\alpha}{2}$

$\left(\frac{f}{2}\right)^2 = a^2 - x^2$

$y = e - x$

$b^2 = y^2 + \left(\frac{f}{2}\right)^2$

$\sin\frac{\gamma}{2} = \frac{\frac{f}{2}}{b}$

$2\beta = 360° - \alpha - \gamma$

$A = \frac{e \cdot f}{2}$

Berechnung der speziellen Zahlenwerte

$x = 25{,}62..$

$\frac{f}{2} = 35{,}76..$

$f = 71{,}53..$

$f = 71{,}5\text{cm}$

$y = 67{,}37..$

$b = 76{,}27..$

$b = 76{,}3\text{cm}$

$\frac{\gamma}{2} = 27{,}964..°$

Der supplementäre Winkel zu $\frac{\gamma}{2}$ kann nicht Lösung sein, da sonst $\gamma > 180°$ wäre.

$\gamma = 55{,}929..°$

$\gamma = 55{,}93°$

$2\beta = 195{,}320..°$

$\beta = 97{,}66°$

$A = 3326{,}168..$

$A = 3326{,}17\text{cm}^2$

(b) Formeln für die Berechnungen

$\sin\frac{\gamma}{2} = \frac{\frac{f}{2}}{b}$

$\frac{f}{2} = b \cdot \sin\frac{\gamma}{2}$

$\cos\frac{\gamma}{2} = \frac{y}{b}$

$y = b \cdot \cos\frac{\gamma}{2}$

$x = e - y$

$\tan\frac{\alpha}{2} = \frac{\frac{f}{2}}{x}$

$\beta = 180° - \frac{\alpha}{2} - \frac{\gamma}{2}$

$a^2 = x^2 + \left(\frac{f}{2}\right)^2$

$A = \frac{e \cdot f}{2}$

Berechnung der speziellen Zahlenwerte

$\frac{f}{2} = 41{,}99..$

$f = 83{,}99..$

$f = 84\text{cm}$

$y = 37{,}04..$

$x = 59{,}95..$

$\frac{\alpha}{2} = 35{,}010..°$

$\alpha = 70{,}020..°$

$\alpha = 70{,}02°$

$\beta = 96{,}399..°$

$\beta = 96{,}40°$

$a = 73{,}20..$

$a = 73{,}2\text{cm}$

$A = 4073{,}976..$

$A = 4073{,}98\text{cm}^2$

(c) Formeln für die Berechnungen

$\cos\frac{\alpha}{2} = \frac{x}{a}$

$x = a \cdot \cos\frac{\alpha}{2}$

$\left(\frac{f}{2}\right)^2 = a^2 - x^2$

Berechnung der speziellen Zahlenwerte

$x = 65{,}355..$

$\frac{f}{2} = 27{,}74..$

$f = 55{,}48..$

$f = 55{,}5\text{cm}$

$y^2=b^2-\left(\frac{f}{2}\right)^2$	$y = 36{,}693..$
$e=x+y$	$e = 102{,}04..$ $e = 102cm$
$\cos\frac{\gamma}{2} = \frac{y}{b}$	$\frac{\gamma}{2} = 37{,}091..°$ $\gamma = 74{,}182..°$ $\gamma = 74{,}18°$
$2\beta=360°-\alpha-\gamma$	$2\beta = 239{,}817..°$ $\beta = 119{,}908..°$ $\beta = 119{,}91°$
$A=\frac{e\cdot f}{2}$	$A = 2831{,}033..$ $A = 2831{,}03cm^2$

(d)

Formeln für die Berechnungen	Berechnung der speziellen Zahlenwerte
$A=\frac{e\cdot f}{2}$	
$f=\frac{2A}{e}$	$f = 86cm$
$y^2=b^2-\left(\frac{f}{2}\right)^2$	$y = 96{,}886..$
$x=e-y$	$x = 45{,}113..$
$a^2=x^2+\left(\frac{f}{2}\right)^2$	$a = 62{,}32..$ $a = 62{,}3cm$
$\cos\frac{\alpha}{2} = \frac{x}{a}$	$\frac{\alpha}{2} = 43{,}625..°$ $\alpha = 87{,}251..°$ $\alpha = 87{,}25°$
$\cos\frac{\gamma}{2} = \frac{y}{b}$	$\frac{\gamma}{2} = 23{,}932..°$ $\gamma = 47{,}865..°$ $\gamma = 47{,}87°$
$2\beta=360°-\alpha-\gamma$	$2\beta = 224{,}884..°$ $\beta = 112{,}442..°$ $\beta = 112{,}44°$

(e)

Formeln für die Berechnungen	Berechnung der speziellen Zahlenwerte
$y^2=b^2-\left(\frac{f}{2}\right)^2$	$y = 37{,}400..$
$\cos\beta_1 = \frac{\frac{f}{2}}{b}$	$\beta_1 = 37{,}786..°$
$\beta_2 = \beta-\beta_1$	$\beta_2 = 19{,}913..°$
$\cos\beta_2 = \frac{\frac{f}{2}}{a}$	
$a = \frac{\frac{f}{2}}{\cos\beta_2}$	$a = 51{,}30..$ $a = 51{,}3cm$
$x^2=a^2-\left(\frac{f}{2}\right)^2$	$x = 17{,}475..$
$e=x+y$	$e = 54{,}87..$ $e = 54{,}9cm$

$\frac{\alpha}{2} = 90° - \beta_2$

$\frac{\alpha}{2} = 70{,}086..°$
$\alpha = 140{,}172..°$
$\alpha = 140{,}17°$

$\frac{\gamma}{2} = 90° - \beta_1$

$\frac{\gamma}{2} = 52{,}213..°$
$\gamma = 104{,}427..°$
$\gamma = 104{,}43°$

$A = \frac{e \cdot f}{2}$

$A = 2647{,}218..$
$A = 2647{,}22 cm^2$

28 (a) Skizze

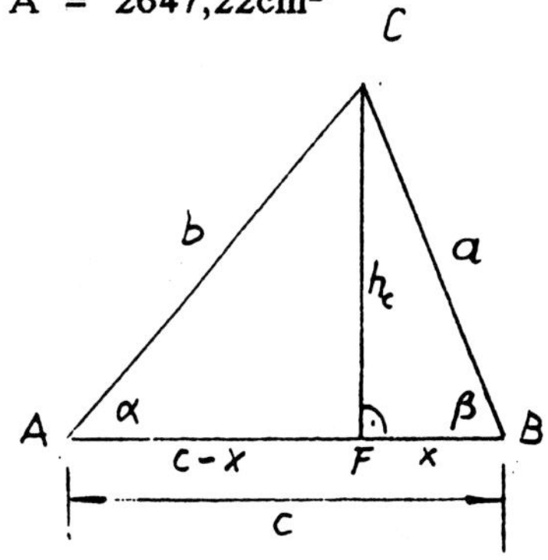

Formeln für die Berechnungen

$h_c^2 = b^2 - (c-x)^2$ bzw.
$h_c^2 = a^2 - x^2$

Gleichsetzen:

$b^2 - (c-x)^2 = a^2 - x^2$
$b^2 - c^2 + 2cx - x^2 = a^2 - x^2$
$2cx = a^2 - b^2 + c^2$
$x = \frac{a^2 - b^2 + c^2}{2c}$

Berechnung der speziellen Zahlenwerte

$x = 8{,}833..$
$c - x = 6{,}166..$

$\cos\beta = \frac{x}{a}$

$\beta = 36{,}579..°$
$\beta = 36{,}58°$

$\cos\alpha = \frac{c-x}{b}$

$\alpha = 46{,}749..°$
$\alpha = 46{,}75°$

$\alpha + \beta + \gamma = 180°$
$\gamma = 180° - (\alpha + \beta)$

$\gamma = 96{,}670..°$
$\gamma = 96{,}67°$

$h_c^2 = a^2 - x^2$

$h_c = 6{,}555..$
$h_c = 6{,}56$

$A = \frac{1}{2} \cdot c \cdot h_c$

$A = 49{,}164..$
$A = 49{,}16$

(b) Skizze zur 1.Lösung

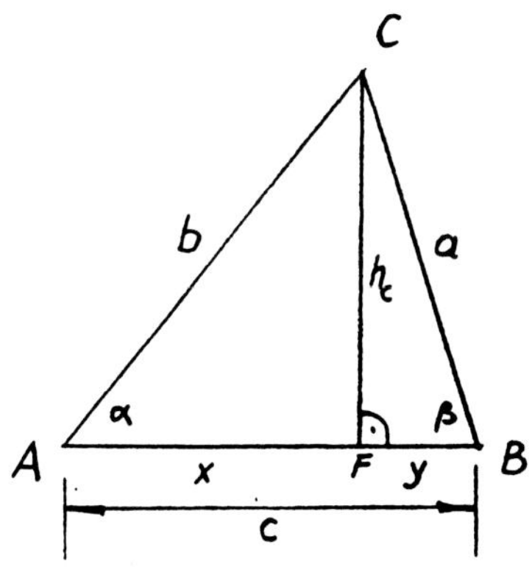

Formeln für die Berechnungen

Berechnung der speziellen Zahlenwerte

$x^2 = b^2 - h_c^2$

$x = 7{,}299..$
$x = 7{,}30$

$y^2 = a^2 - h_c^2$

$y = 1{,}857..$
$y = 1{,}86$

$\cos\beta = \frac{y}{a}$

$\beta = 71{,}650..°$
$\beta = 71{,}65°$

$\cos \alpha = \frac{x}{b}$ — $\alpha = 37{,}495..^\circ$, $\alpha = 37{,}50^\circ$

$c = x + y$ — $c = 9{,}156..$, $c = 9{,}16$

$\gamma = 180^\circ - (\alpha + \beta)$ — $\gamma = 70{,}854..^\circ$, $\gamma = 70{,}85^\circ$

$A = \frac{1}{2} \cdot c \cdot h_c$ — $A = 25{,}638..$, $A = 25{,}64$

Skizze zur 2.Lösung

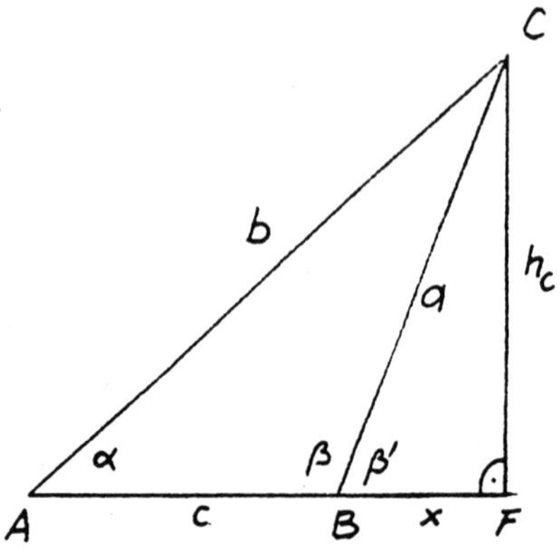

Formeln für die Berechnungen

$x^2 = a^2 - h_c^2$

$\cos \beta' = \frac{x}{a}$

$\beta = 180^\circ - \beta'$

$\sin \alpha = \frac{h_c}{b}$

$\gamma = 180^\circ - (\alpha + \beta)$

$\cos \alpha = \frac{c+x}{b}$

$c + x = b \cdot \cos \alpha$
$c = b \cdot \cos \alpha - x$

$A = \frac{1}{2} \cdot c \cdot h_c$

Berechnung der speziellen Zahlenwerte

$x = 1{,}857..$
$x = 1{,}86$

$\beta' = 71{,}650..^\circ$

$\beta = 108{,}349..^\circ$
$\beta = 108{,}35^\circ$

$\alpha = 37{,}495..^\circ$
$\alpha = 37{,}50^\circ$

α muß ein spitzer Winkel sein, da β stumpf ist.

$\gamma = 34{,}155..^\circ$
$\gamma = 34{,}16^\circ$

$c = 5{,}441..$
$c = 5{,}44$

$A = 15{,}237..$
$A = 15{,}24$

(c)

Skizze

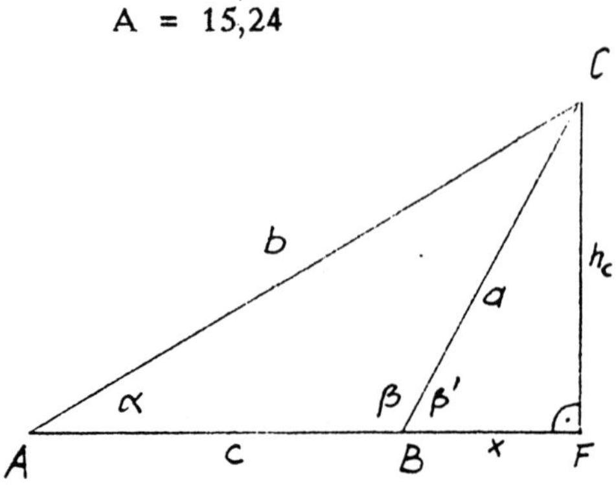

Formeln für die Berechnungen

$h_c^2 = b^2 - (c+x)^2$ bzw.
$h_c^2 = a^2 - x^2$

Gleichsetzen:

$$b^2 - (c+x)^2 = a^2 - x^2$$
$$b^2 - c^2 - 2cx - x^2 = a^2 - x^2$$
$$2cx = b^2 - c^2 - a^2$$
$$x = \frac{b^2 - c^2 - a^2}{2c}$$

Berechnung der speziellen Zahlenwerte

$x = 24{,}114..$

	$c+x = 111{,}114..$
$\cos\beta' = \frac{x}{a}$	$\beta' = 65{,}431..^\circ$ $\beta' = 65{,}43^\circ$
$\beta = 180^\circ - \beta'$	$\beta = 114{,}57^\circ$
$\cos\alpha = \frac{c+x}{b}$	$\alpha = 25{,}394..^\circ$ $\alpha = 25{,}39^\circ$
$\alpha+\beta+\gamma=180^\circ$ $\gamma=180^\circ-(\alpha+\beta)$	$\gamma = 40{,}036..^\circ$ $\gamma = 40{,}04^\circ$
$h_c^2=b^2-(c+x)^2$	$h_c = 52{,}749..$ $h_c = 52{,}75$
$A=\frac{1}{2}\cdot c\cdot h_c$	$A = 2294{,}586..$ $A = 2294{,}59$

(d)

Formeln	Berechnungen
$\sin\alpha = \frac{h_b}{c}$	$\alpha=52{,}698..^\circ$ $\alpha=52{,}70^\circ$
$x^2=c^2-h_b^2$	$x=2{,}666..$
$\sin\gamma = \frac{h_b}{a}$	$\gamma=24{,}941..^\circ$ $\gamma=24{,}94^\circ$
$y^2=a^2-h_b^2$	$y=7{,}525..$
$\beta=180^\circ-(\alpha+\gamma)$	$\beta=102{,}360..^\circ$ $\beta=102{,}36^\circ$
$b=x+y$	$b=10{,}192..$ $b=10{,}19$
$A=\frac{1}{2}\cdot b\cdot h_b$	$A=17{,}836..$ $A=17{,}84$

Skizze

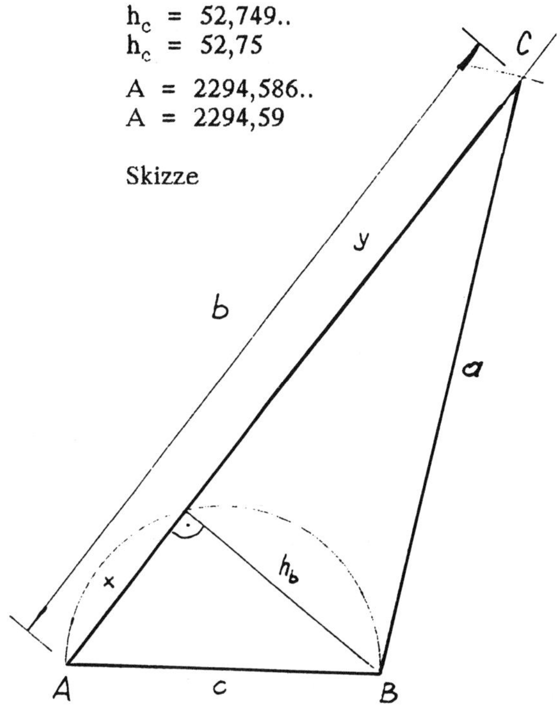

29 $r\cdot h=60 \Rightarrow h=\frac{60}{r}$

Skizze

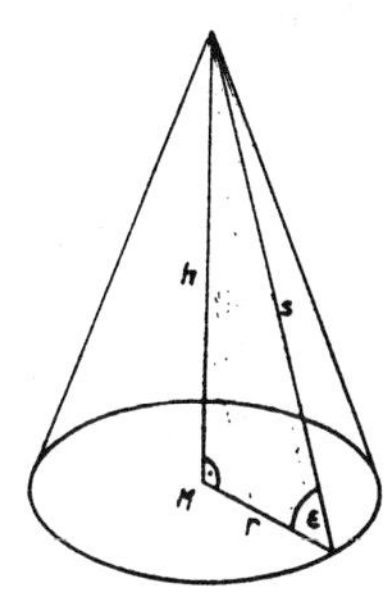

$$\cos\varepsilon = \frac{r}{s} \Rightarrow s=\frac{r}{\cos\varepsilon}$$

$$s^2 = r^2 + h^2$$

$$\frac{r^2}{\cos^2\varepsilon} = r^2 + \frac{60^2}{r^2} \qquad |\cdot r^2\cdot\cos^2\varepsilon$$

$$r^4 = r^4\cdot\cos^2\varepsilon + 3600\cdot\cos^2\varepsilon$$

$$r^4 - r^4\cdot\cos^2\varepsilon = 3600\cdot\cos^2\varepsilon$$

$$r^4\cdot(1-\cos^2\varepsilon) = 3600\cdot\cos^2\varepsilon \qquad 1-\cos^2\varepsilon=\sin^2\varepsilon$$

$$r^4 = 3600\cdot\frac{\cos^2\varepsilon}{\sin^2\varepsilon}$$

$$r^2 = 60\cdot\frac{\cos\varepsilon}{\sin\varepsilon}$$

$$r = \sqrt{60\cdot\frac{\cos\varepsilon}{\sin\varepsilon}}$$

$$r = 5$$

$$\Rightarrow h = 12$$

$$\Rightarrow s = 13$$

$V = \frac{r^2\cdot\pi\cdot h}{3}$	$V = 100\pi\ cm^3 = 314{,}16cm^3$
$O = r\pi\cdot(r+s)$	$O = 90\pi\ cm^2 = 282{,}74cm^2$

30 Skizze

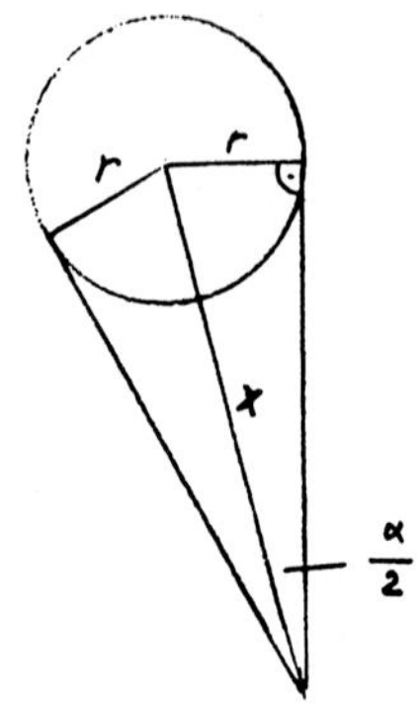

$$\sin\frac{\alpha}{2} = \frac{r}{x}$$

$$x = \frac{r}{\sin\frac{\alpha}{2}}$$

$$x = 257{,}883..$$

$$x = 258\text{m}$$

31 Skizze

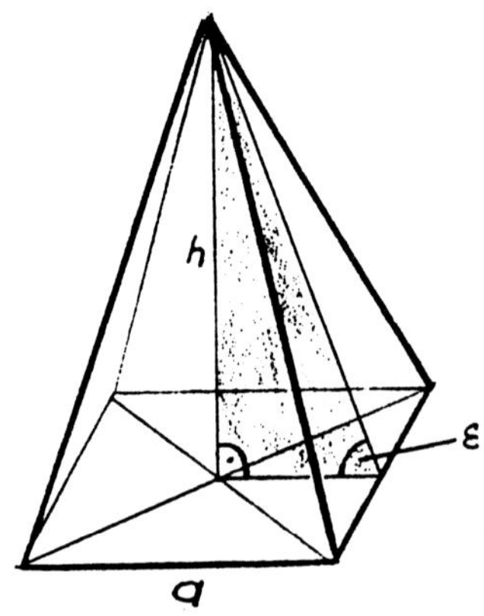

$$\tan\varepsilon = \frac{h}{\frac{a}{2}}$$

$$\varepsilon = 75{,}256..^\circ$$

$$\varepsilon = 75{,}26^\circ$$

32 (a) Skizze

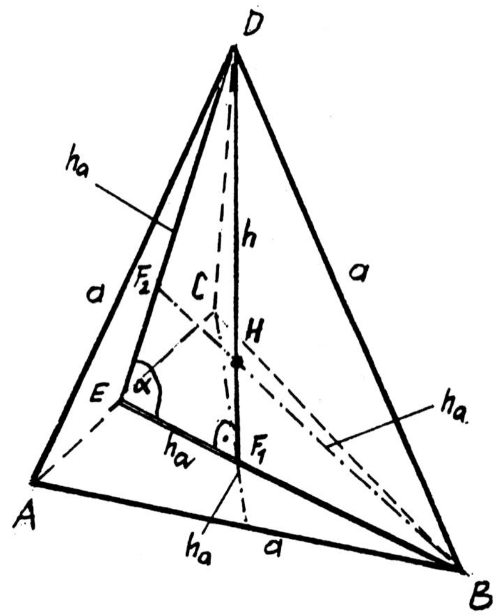

Jede Seitenfläche ist ein gleichseitiges Dreieck mit der Seitenlänge a und der

Seitenflächenhöhe: $h_a = \frac{a}{2} \cdot \sqrt{3}$

Für die Körperhöhe h gilt: $h = \frac{a}{3} \cdot \sqrt{6}$
(Ableitung der Formel siehe Mathematik positiv 4.Klasse)

$$\sin\alpha = \frac{h}{h_a}$$

$$\sin\alpha = \frac{\frac{a}{3}\cdot\sqrt{6}}{\frac{a}{2}\cdot\sqrt{3}} = \frac{2a\cdot\sqrt{6}}{3a\cdot\sqrt{3}} = \frac{2\cdot\sqrt{6}}{3\cdot\sqrt{3}}$$

$$\alpha = 70{,}528..^\circ$$

$$\alpha = 70{,}53^\circ$$

Anmerkung: Die Größe des Winkels ist von der Kantenlänge unabhängig.

(b)

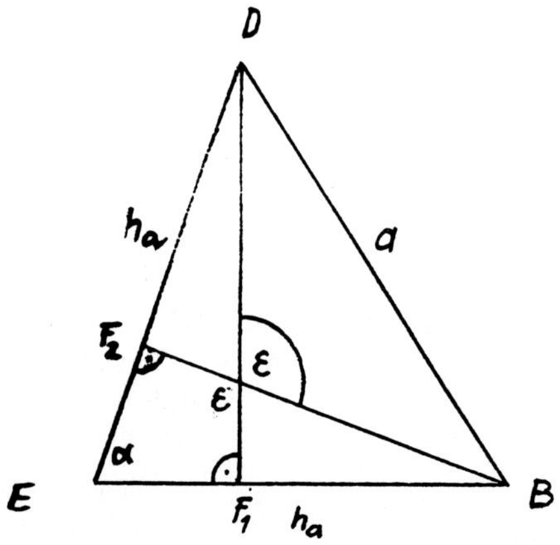

Aus den Skizzen erkennt man einen Zusammenhang zwischen dem Winkel α und dem gesuchten Winkel ε. Da im Viereck EF_1HF_2 die Winkelsumme 360° ist, gilt für ε:

$$\varepsilon = 360°-90°-90°-\alpha$$
$$\varepsilon = 180°-\alpha$$
$$\varepsilon = 109{,}47°$$

33 Beachten Sie:
Bei dieser Aufgabe gibt es 2 Lösungen:

Abtragen der Sehnen vom Punkt P aus in
(a) dieselbe Richtung
(b) entgegengesetzte Richtungen

Skizze

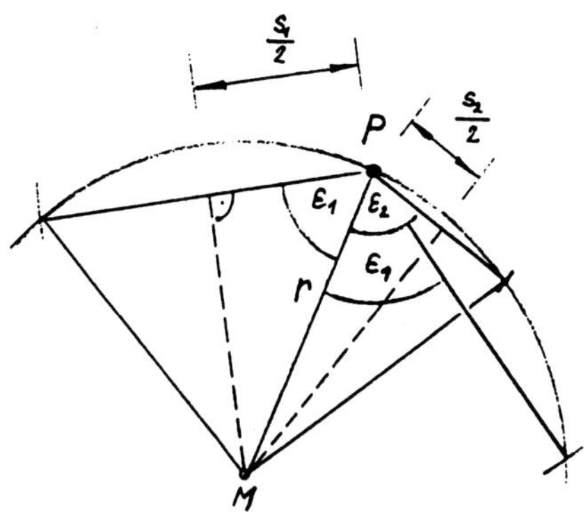

$$\cos \varepsilon_1 = \frac{\frac{s_1}{2}}{r}$$
$$\varepsilon_1 = 53{,}576..°$$

$$\cos \varepsilon_2 = \frac{\frac{s_2}{2}}{r}$$
$$\varepsilon_2 = 74{,}595..°$$

(a) $\alpha_2 = \varepsilon_2-\varepsilon_1$
$\alpha_2 = 21{,}019..°$
$\alpha_2 = 21{,}02°$

(b) $\alpha_1 = \varepsilon_1+\varepsilon_2$
$\alpha_1 = 128{,}172..°$
$\alpha_1 = 128{,}17°$

34 Skizze

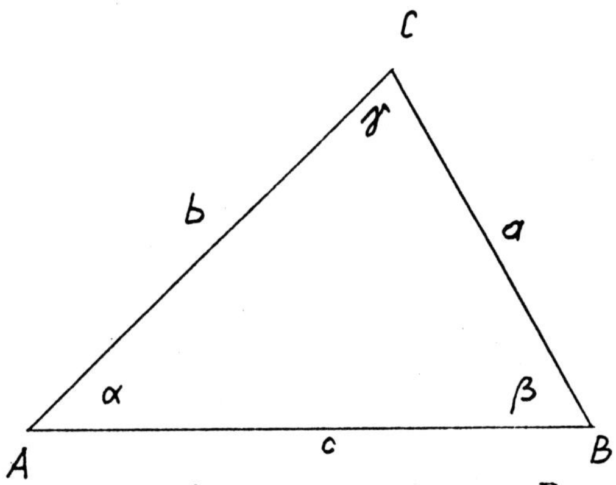

(a) Formeln für die Berechnungen | Berechnung der speziellen Zahlenwerte

$\gamma=180°-\alpha-\beta$ | $\gamma = 93°$

$$\frac{c}{\sin \gamma} = \frac{a}{\sin \alpha}$$

$$a = \frac{c \cdot \sin \alpha}{\sin \gamma}$$ | $a = 40{,}467..$, $a = 40{,}47$

$$\frac{c}{\sin \gamma} = \frac{b}{\sin \beta}$$

$$b = \frac{c \cdot \sin \beta}{\sin \gamma}$$ | $b = 30{,}606..$, $b = 30{,}61$

$$2r = \frac{c}{\sin \gamma}$$ | $2r = 52{,}071..$, $r = 26{,}035..$, $r = 26{,}04$

$$A = \frac{a \cdot b}{2} \cdot \sin \gamma$$ | $A = 618{,}434..$, $A = 618{,}43$

(b) Formeln für die Berechnungen — Berechnung der speziellen Zahlenwerte

$\alpha = 180° - \beta - \gamma$ — $\alpha = 59{,}64°$

$\frac{a}{\sin\alpha} = \frac{b}{\sin\beta}$

$b = \frac{a \cdot \sin\beta}{\sin\alpha}$ — $b = 39{,}065..$; $b = 39{,}07$

$\frac{c}{\sin\gamma} = \frac{a}{\sin\alpha}$

$c = \frac{a \cdot \sin\gamma}{\sin\alpha}$ — $c = 51{,}046..$; $c = 51{,}05$

$2r = \frac{a}{\sin\alpha}$ — $2r = 53{,}310..$; $r = 26{,}655..$; $r = 26{,}66$

$A = \frac{a \cdot b}{2} \cdot \sin\gamma$ — $A = 860{,}328..$; $A = 860{,}33$

(c) Formeln für die Berechnungen — Berechnung der speziellen Zahlenwerte

$\beta = 180° - \alpha - \gamma$ — $\beta = 61{,}53°$

$\frac{a}{\sin\alpha} = \frac{c}{\sin\gamma}$

$a = \frac{c \cdot \sin\alpha}{\sin\gamma}$ — $a = 48{,}002..$; $a = 48$

$\frac{c}{\sin\gamma} = \frac{b}{\sin\beta}$

$b = \frac{c \cdot \sin\beta}{\sin\gamma}$ — $b = 76{,}757..$; $b = 76{,}76$

$2r = \frac{c}{\sin\gamma}$ — $2r = 87{,}316..$; $r = 43{,}658..$; $r = 43{,}66$

$A = \frac{a \cdot b}{2} \cdot \sin\gamma$ — $A = 1835{,}584..$; $A = 1835{,}58$

(d) Formeln für die Berechnungen — Berechnung der speziellen Zahlenwerte

$\beta = 180° - \alpha - \gamma$ — $\beta = 60{,}61°$

$\frac{a}{\sin\alpha} = \frac{b}{\sin\beta}$

$a = \frac{b \cdot \sin\alpha}{\sin\beta}$ — $a = 790{,}682..$; $a = 790{,}68$

$\frac{c}{\sin\gamma} = \frac{b}{\sin\beta}$

$c = \frac{b \cdot \sin\gamma}{\sin\beta}$ — $c = 532{,}955..$; $c = 532{,}96$

$2r = \frac{b}{\sin\beta}$ — $2r = 807{,}988..$; $r = 403{,}994..$; $r = 403{,}99$

$A = \frac{a \cdot b}{2} \cdot \sin\gamma$ — $A = 183\,582{,}239..$; $A = 183\,582{,}24$

(e) Formeln für die Berechnungen — Berechnung der speziellen Zahlenwerte

Formeln für die Berechnungen	Berechnung der speziellen Zahlenwerte
$\gamma = 180° - \alpha - \beta$	$\gamma = 61°$
$\frac{a}{\sin\alpha} = \frac{b}{\sin\beta}$	
$b = \frac{a \cdot \sin\beta}{\sin\alpha}$	$b = 109{,}659..$ $b = 109{,}66$
$\frac{c}{\sin\gamma} = \frac{a}{\sin\alpha}$	
$c = \frac{a \cdot \sin\gamma}{\sin\alpha}$	$c = 103{,}663..$ $c = 103{,}66$
$2r = \frac{a}{\sin\alpha}$	$2r = 118{,}524..$ $r = 59{,}262..$ $r = 59{,}26$
$A = \frac{a \cdot b}{2} \cdot \sin\gamma$	$A = 4435{,}869..$ $A = 4435{,}87$

(f) Formeln für die Berechnungen — Berechnung der speziellen Zahlenwerte

Formeln für die Berechnungen	Berechnung der speziellen Zahlenwerte
$\gamma = 180° - \alpha - \beta$	$\gamma = 38{,}8°$
$\frac{a}{\sin\alpha} = \frac{b}{\sin\beta}$	
$a = \frac{b \cdot \sin\alpha}{\sin\beta}$	$a = 69{,}203..$ $a = 69{,}20$
$\frac{c}{\sin\gamma} = \frac{b}{\sin\beta}$	
$c = \frac{b \cdot \sin\gamma}{\sin\beta}$	$c = 80{,}706..$ $c = 80{,}71$
$2r = \frac{b}{\sin\beta}$	$2r = 128{,}799..$ $r = 64{,}399..$ $r = 64{,}40$
$A = \frac{a \cdot b}{2} \cdot \sin\gamma$	$A = 2645{,}165..$ $A = 2645{,}17$

(g) Formeln für die Berechnungen — Berechnung der speziellen Zahlenwerte

Es gibt 2 Dreiecke als Lösung:
Da $b > c$ muß auch $\beta > \gamma$ gelten; β kann entweder ein spitzer Winkel ($> 56{,}3°$) oder ein stumpfer Winkel sein.

Formeln für die Berechnungen	1. Dreieck	2. Dreieck
$\frac{b}{\sin\beta} = \frac{c}{\sin\gamma}$		
$\sin\beta = \frac{b \cdot \sin\gamma}{c}$		
$\sin\beta = 0{,}96047..$	$\beta_1 = 73{,}837..°$ $\beta_1 = 73{,}84°$	$\beta_2 = 106{,}162..°$ $\beta_2 = 106{,}16°$
$\alpha = 180° - \beta - \gamma$	$\alpha_1 = 49{,}86°$	$\alpha_2 = 17{,}54°$
$\frac{c}{\sin\gamma} = \frac{a}{\sin\alpha}$		

$a = \frac{c \cdot \sin\alpha}{\sin\gamma}$	$a_1 = 66{,}621..$ $\quad a_2 = 26{,}259..$ $a_1 = 66{,}62$ $\quad a_2 = 26{,}26$
$2r = \frac{c}{\sin\gamma}$	$2r = 87{,}144..$ $r = 43{,}572..$ $r = 43{,}57$
$A = \frac{a \cdot b}{2} \cdot \sin\gamma$	$A_1 = 2319{,}583..$ $\quad A_2 = 914{,}279..$ $A_1 = 2319{,}58$ $\quad A_2 = 914{,}28$

(h) Formeln für die Berechnungen — Berechnung der speziellen Zahlenwerte

$\frac{b}{\sin\beta} = \frac{a}{\sin\alpha}$	
$\sin\beta = \frac{b \cdot \sin\alpha}{a}$	$\beta = 43{,}019..^\circ$ $\beta = 43{,}02^\circ$ β kann nur ein spitzer Winkel ($<76{,}4^\circ$) sein, da $\beta<\alpha$ sein muß, weil auch $b<a$ gilt.
$\gamma=180^\circ-\alpha-\beta$	$\gamma = 60{,}580..^\circ$ $\gamma = 60{,}58^\circ$
$\frac{c}{\sin\gamma} = \frac{a}{\sin\alpha}$	
$c = \frac{a \cdot \sin\gamma}{\sin\alpha}$	$c = 186{,}405..$ $c = 186{,}41$
$2r = \frac{a}{\sin\alpha}$	$2r = 214{,}000..$ $r = 107$
$A = \frac{a \cdot b}{2} \cdot \sin\gamma$	$A = 13226{,}027..$ $A = 13226{,}03$

(i) Formeln für die Berechnungen — Berechnung der speziellen Zahlenwerte

$\frac{b}{\sin\beta} = \frac{c}{\sin\gamma}$	
$\sin\gamma = \frac{c \cdot \sin\beta}{b}$	$\gamma = 73{,}889..^\circ$ $\gamma = 73{,}89^\circ$ γ kann nur ein spitzer Winkel ($<85{,}2^\circ$) sein, da $\gamma<\beta$ sein muß, weil auch $c<b$ gilt.
$\alpha=180^\circ-\beta-\gamma$	$\alpha = 20{,}910..^\circ$ $\alpha = 20{,}91^\circ$
$\frac{b}{\sin\beta} = \frac{a}{\sin\alpha}$	
$a = \frac{b \cdot \sin\alpha}{\sin\beta}$	$a = 3{,}592..$ $a = 3{,}59$
$2r = \frac{b}{\sin\beta}$	$2r = 10{,}065..$ $r = 5{,}032..$ $r = 5{,}03$
$A = \frac{a \cdot b}{2} \cdot \sin\gamma$	$A = 17{,}308..$ $A = 17{,}31$

(j) Formeln für die Berechnungen — Berechnung der speziellen Zahlenwerte

Es gibt 2 Dreiecke als Lösung:
Da a>b muß auch $\alpha>\beta$ gelten; α kann entweder ein spitzer Winkel (>37,42°) oder ein stumpfer Winkel sein.

Formeln	1. Dreieck	2. Dreieck
$\frac{b}{\sin\beta} = \frac{a}{\sin\alpha}$		
$\sin\alpha = \frac{a\cdot\sin\beta}{b}$		
$\sin\alpha = 0{,}92938..$	$\alpha_1 = 68{,}339..^\circ$ $\alpha_1 = 68{,}34^\circ$	$\alpha_2 = 111{,}660..^\circ$ $\alpha_2 = 111{,}66^\circ$
$\gamma=180^\circ-\alpha-\beta$	$\gamma_1 = 74{,}240..^\circ$ $\gamma_1 = 74{,}24^\circ$	$\gamma_2 = 30{,}919..^\circ$ $\gamma_2 = 30{,}92^\circ$
$\frac{c}{\sin\gamma} = \frac{b}{\sin\beta}$		
$c = \frac{b\cdot\sin\gamma}{\sin\beta}$	$c_1 = 86{,}001..$ $c_1 = 86$	$c_2 = 45{,}915..$ $c_2 = 45{,}92$
$2r = \frac{b}{\sin\beta}$	$2r = 89{,}360..$ $r = 44{,}680..$ $r = 44{,}68$	
$A = \frac{a\cdot b}{2}\cdot\sin\gamma$	$A_1 = 2170{,}053..$ $A_1 = 2170{,}05$	$A_2 = 1158{,}581..$ $A_2 = 1158{,}58$

(k) Formeln für die Berechnungen — Berechnung der speziellen Zahlenwerte

Es gibt 2 Dreiecke als Lösung:
Da c>a muß auch $\gamma>\alpha$ gelten; γ kann entweder ein spitzer Winkel (>48,08°) oder ein stumpfer Winkel sein.

Formeln	1. Dreieck	2. Dreieck
$\frac{c}{\sin\gamma} = \frac{a}{\sin\alpha}$		
$\sin\gamma = \frac{c\cdot\sin\alpha}{a}$		
$\sin\gamma = 0{,}88166..$	$\gamma_1 = 61{,}844..^\circ$ $\gamma_1 = 61{,}84^\circ$	$\gamma_2 = 118{,}155..^\circ$ $\gamma_2 = 118{,}16^\circ$
$\beta=180^\circ-\alpha-\gamma$	$\beta_1 = 70{,}075..^\circ$ $\beta_1 = 70{,}08^\circ$	$\beta_2 = 13{,}764..^\circ$ $\beta_2 = 13{,}76^\circ$
$\frac{a}{\sin\alpha} = \frac{b}{\sin\beta}$		
$b = \frac{a\cdot\sin\beta}{\sin\alpha}$	$b_1 = 103{,}859..$ $b_1 = 103{,}86$	$b_2 = 26{,}284..$ $b_2 = 26{,}28$
$2r = \frac{a}{\sin\alpha}$	$2r = 110{,}472..$ $r = 55{,}236..$ $r = 55{,}24$	
$A = \frac{a\cdot b}{2}\cdot\sin\gamma$	$A_1 = 3763{,}523..$ $A_1 = 3763{,}52$	$A_2 = 952{,}468..$ $A_2 = 952{,}47$

35 (a) Formeln für die Berechnungen — Berechnung der speziellen Zahlenwerte

$$\frac{a}{\sin\alpha} = \frac{b}{\sin\beta} \qquad a+b=36 \qquad a=36-b$$

$$\frac{36-b}{\sin\alpha} = \frac{b}{\sin\beta}$$

$$(36-b)\cdot\sin\beta = b\cdot\sin\alpha$$
$$36\cdot\sin\beta - b\cdot\sin\beta = b\cdot\sin\alpha$$
$$-b\cdot\sin\alpha - b\cdot\sin\beta = -36\cdot\sin\beta$$
$$-b\cdot(\sin\alpha + \sin\beta) = -36\cdot\sin\beta$$
$$b = \frac{36\cdot\sin\beta}{\sin\alpha+\sin\beta} \qquad b = 15{,}29.. \quad b = 15{,}3\text{cm}$$

$$a=36-b \qquad a = 20{,}70.. \quad a = 20{,}7\text{cm}$$

$$\gamma=180^\circ-\alpha-\beta \qquad \gamma = 72{,}67^\circ$$

$$\frac{c}{\sin\gamma} = \frac{a}{\sin\alpha}$$
$$c = \frac{a\cdot\sin\gamma}{\sin\alpha} \qquad c = 21{,}76.. \quad c = 21{,}8\text{cm}$$

(b) Formeln für die Berechnungen — Berechnung der speziellen Zahlenwerte

$$\frac{a}{\sin\alpha} = \frac{b}{\sin\beta} \qquad a-b=12 \qquad a=12+b$$

$$\frac{12+b}{\sin\alpha} = \frac{b}{\sin\beta}$$

$$(12+b)\cdot\sin\beta = b\cdot\sin\alpha$$
$$12\cdot\sin\beta + b\cdot\sin\beta = b\cdot\sin\alpha$$
$$b\cdot\sin\beta - b\cdot\sin\alpha = -12\cdot\sin\beta$$
$$b\cdot(\sin\beta - \sin\alpha) = -12\cdot\sin\beta$$
$$b = \frac{-12\cdot\sin\beta}{\sin\beta-\sin\alpha} \qquad b = 67{,}63.. \quad b = 67{,}6\text{cm}$$

$$a=12+b \qquad a = 79{,}63.. \quad a = 79{,}6\text{cm}$$

$$\gamma=180^\circ-\alpha-\beta \qquad \gamma = 45{,}64^\circ$$

$$\frac{c}{\sin\gamma} = \frac{a}{\sin\alpha}$$
$$c = \frac{a\cdot\sin\gamma}{\sin\alpha} \qquad c = 58{,}17.. \quad c = 58{,}2\text{cm}$$

36 Skizze

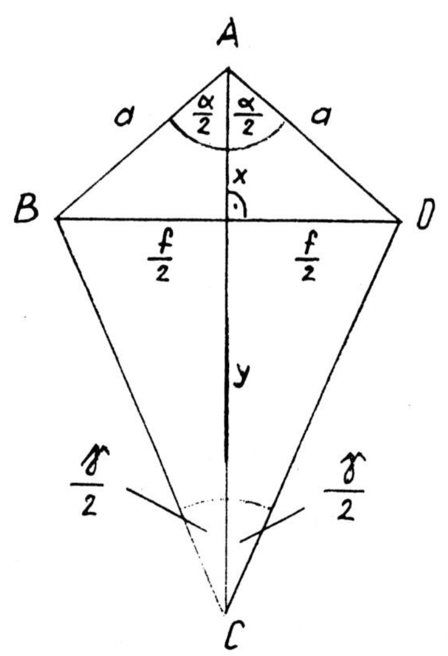

Formeln für die Berechnungen	Berechnung der speziellen Zahlenwerte 1. Deltoid	2. Deltoid
$\frac{a}{\sin\frac{\gamma}{2}} = \frac{e}{\sin\beta}$		
$\sin\beta = \frac{e\cdot\sin\frac{\gamma}{2}}{a}$	$\beta_1 = 73{,}972..^\circ$	$\beta_2 = 106{,}027..^\circ$
$\frac{\alpha}{2} = 180^\circ - \beta - \frac{\gamma}{2}$	$\frac{\alpha_1}{2} = 73{,}027..^\circ$	$\frac{\alpha_2}{2} = 40{,}972..^\circ$
$\sin\frac{\alpha}{2} = \frac{\frac{f}{2}}{a}$		
$\frac{f}{2} = a\cdot\sin\frac{\alpha}{2}$	$\frac{f_1}{2} = 6{,}5038..$	$\frac{f_2}{2} = 4{,}4587..$
	1. Volumen	2. Volumen
$V = V_1 + V_2$		
$V_1 = \frac{1}{3}\cdot\left(\frac{f}{2}\right)^2\cdot\pi\cdot x$		
$V_2 = \frac{1}{3}\cdot\left(\frac{f}{2}\right)^2\cdot\pi\cdot y$		
$V = \frac{1}{3}\cdot\left(\frac{f}{2}\right)^2\cdot\pi\cdot x + \frac{1}{3}\cdot\left(\frac{f}{2}\right)^2\cdot\pi\cdot y$		
$V = \frac{1}{3}\cdot\left(\frac{f}{2}\right)^2\cdot\pi\cdot(x + y)$		
$V = \frac{1}{3}\cdot\left(\frac{f}{2}\right)^2\cdot\pi\cdot e$	$V_1 = 531{,}5561..$ $V_1 = 531{,}556\text{cm}^3$	$V_2 = 249{,}8204..$ $V_2 = 249{,}820\text{cm}^3$

37 (a)

Formeln für die Berechnungen	Berechnung der speziellen Zahlenwerte
$c^2=a^2+b^2-2ab\cdot\cos\gamma$	$c = 81{,}253..$ $c = 81{,}25$
$\frac{a}{\sin\alpha} = \frac{c}{\sin\gamma}$	
$\sin\alpha = \frac{a\cdot\sin\gamma}{c}$	$\alpha = 44{,}662..^\circ$ $\alpha = 44{,}66^\circ$
$\beta=180^\circ-\alpha-\gamma$	$\beta = 30{,}817..^\circ$ $\beta = 30{,}82^\circ$
$A = \frac{a\cdot b}{2}\cdot\sin\gamma$	$A = 1227{,}984..$ $A = 1227{,}98$

(b)

Formeln für die Berechnungen	Berechnung der speziellen Zahlenwerte	
$b^2=a^2+c^2-2ac\cdot\cos\beta$	$b = 63{,}685..$ $b = 63{,}69$	
$\frac{a}{\sin\alpha} = \frac{b}{\sin\beta}$		
$\sin\alpha = \frac{a\cdot\sin\beta}{b}$	$\alpha_1 = 75{,}405..^\circ$ $\alpha_1 = 75{,}41^\circ$	$\alpha_2 = 104{,}594..^\circ$ $\alpha_2 = 104{,}59^\circ$
$\gamma=180^\circ-\alpha-\beta$	$\gamma_1 = 61{,}964..^\circ$ $\gamma_1 = 61{,}96^\circ$	$\gamma_2 = 32{,}775..^\circ$ $\gamma_2 = 32{,}78^\circ$

Die zweite Lösung ($\alpha_2=104{,}59^\circ$ bzw. $\gamma_2=32{,}78^\circ$) ist nicht möglich, da aus $a>c>b$ auch $\alpha>\gamma>\beta$ folgt.

$104{,}29^\circ > 32{,}78^\circ > 42{,}63^\circ$ f.A.

Nur die erste Lösung ist möglich:

$75{,}41^\circ > 61{,}96^\circ > 42{,}63^\circ$ w.A.

$A = \frac{a \cdot c}{2} \cdot \sin\beta$

$A = 2557{,}677..$
$A = 2557{,}68$

(c) Formeln für die Berechnungen

Berechnung der speziellen Zahlenwerte

$a^2 = b^2 + c^2 - 2bc \cdot \cos\alpha$

$a = 849{,}290..$
$a = 849{,}29$

$\frac{a}{\sin\alpha} = \frac{b}{\sin\beta}$

$\sin\beta = \frac{b \cdot \sin\alpha}{a}$

$\beta = 58{,}048..^\circ$
$\beta = 58{,}05^\circ$

Eindeutig, da wegen $a > b$ auch $\alpha > \beta$ gelten muß.

$\gamma = 180^\circ - \alpha - \beta$

$\gamma = 38{,}251..^\circ$
$\gamma = 38{,}25^\circ$

$A = \frac{b \cdot c}{2} \cdot \sin\alpha$

$A = 190\,604{,}437..$
$A = 190\,604{,}44$

(d) Formeln für die Berechnungen

Berechnung der speziellen Zahlenwerte

$a^2 = b^2 + c^2 - 2bc \cdot \cos\alpha$

$\cos\alpha = \frac{b^2 + c^2 - a^2}{2bc}$

$\alpha = 103{,}696..^\circ$
$\alpha = 103{,}70^\circ$

$\frac{a}{\sin\alpha} = \frac{b}{\sin\beta}$

$\sin\beta = \frac{b \cdot \sin\alpha}{a}$

$\beta = 42{,}580..^\circ$
$\beta = 42{,}58^\circ$

$\gamma = 180^\circ - \alpha - \beta$

$\gamma = 33{,}723..^\circ$
$\gamma = 33{,}72^\circ$

$A = \frac{a \cdot b}{2} \cdot \sin\gamma$

$A = 2425{,}054..$
$A = 2425{,}05$

38 Skizze

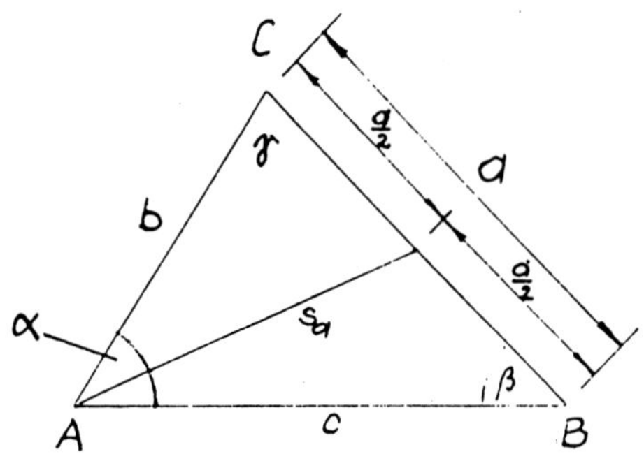

Formeln für die Berechnungen

Berechnung der speziellen Zahlenwerte

$s_a^2 = \left(\frac{a}{2}\right)^2 + c^2 - 2 \cdot \frac{a}{2} \cdot c \cdot \cos\beta$

$\cos\beta = \frac{\left(\frac{a}{2}\right)^2 + c^2 - s_a^2}{a \cdot c}$

$\beta = 55{,}620..^\circ$
$\beta = 55{,}62^\circ$

$b^2 = a^2 + c^2 - 2ac \cdot \cos\beta$

$b = 56{,}22..$
$b = 56{,}2\text{cm}$

$\frac{a}{\sin\alpha} = \frac{b}{\sin\beta}$

$\sin\alpha = \frac{a \cdot \sin\beta}{b}$

$\alpha = 44{,}797..^\circ$
$\alpha = 44{,}80^\circ$

Die 2. Lösung für α ist nicht möglich, da aus $b>a$ auch $\beta>\alpha$ folgen muß.

$\gamma=180°-\alpha-\beta$

$\gamma = 79{,}581..°$
$\gamma = 79{,}58°$

39

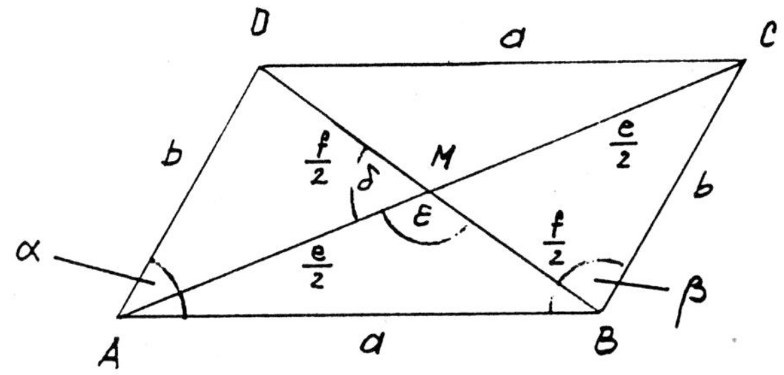

Formeln für die Berechnungen

$$a^2 = \left(\frac{e}{2}\right)^2 + \left(\frac{f}{2}\right)^2 - 2\cdot\frac{e}{2}\cdot\frac{f}{2}\cdot\cos\varepsilon$$

$$\delta = 180°-\varepsilon$$

$$b^2 = \left(\frac{e}{2}\right)^2 + \left(\frac{f}{2}\right)^2 - 2\cdot\frac{e}{2}\cdot\frac{f}{2}\cdot\cos\delta$$

$$e^2=a^2+b^2-2ab\cdot\cos\beta$$

$$\cos\beta = \frac{a^2+b^2-e^2}{2ab}$$

$$\alpha = 180°-\beta$$

Berechnung der speziellen Zahlenwerte

$a = 70{,}4..$
$a = 70\text{mm}$

$\delta = 112{,}2°$

$b = 88{,}5..$
$b = 89\text{mm}$

$\beta = 145{,}666..°$
$\beta = 145{,}67°$

$\alpha = 34{,}33°$

40 Skizze

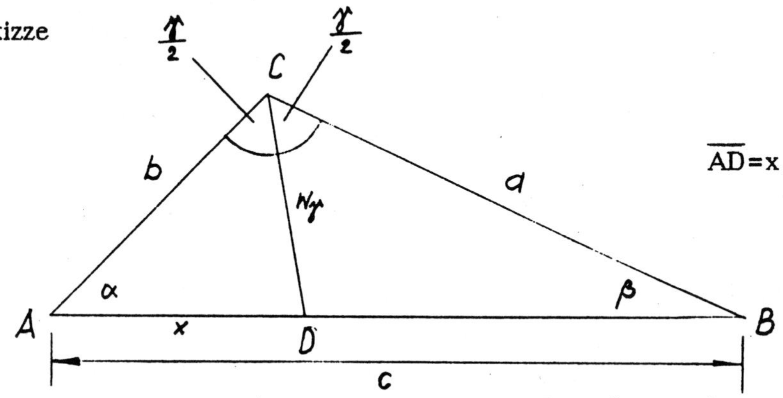

$\overline{AD}=x$

Formeln für die Berechnungen

$$x^2=b^2+w_\gamma^2-2\cdot b\cdot w_\gamma\cdot\cos\frac{\gamma}{2}$$

$$\cos\frac{\gamma}{2} = \frac{b^2+w_\gamma^2-x^2}{2bw_\gamma}$$

$$w_\gamma^2=x^2+b^2-2xb\cdot\cos\alpha$$

$$\cos\alpha = \frac{x^2+b^2-w_\gamma^2}{2xb}$$

$$\beta=180°-\alpha-\gamma$$

Berechnung der speziellen Zahlenwerte

$\frac{\gamma}{2} = 56{,}524..°$
$\gamma = 113{,}048..°$
$\gamma = 113{,}05°$

$\alpha = 36{,}346..°$
$\alpha = 36{,}35°$

$\beta = 30{,}605..°$
$\beta = 30{,}61°$

$$\frac{b}{\sin \beta} = \frac{a}{\sin \alpha}$$

$$a = \frac{b \cdot \sin \alpha}{\sin \beta}$$ a = 105,9..
a = 106mm

$$\frac{b}{\sin \beta} = \frac{c}{\sin \gamma}$$

$$c = \frac{b \cdot \sin \gamma}{\sin \beta}$$ c = 164,4..
c = 164mm

41 Skizze

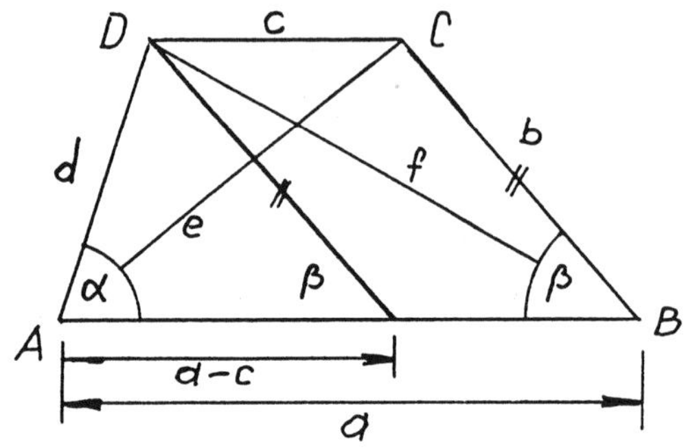

Formeln für die Berechnungen | Berechnung der speziellen Zahlenwerte

$$b^2=(a-c)^2+d^2-2\cdot(a-c)\cdot d\cdot\cos\alpha$$

$$\cos\alpha = \frac{(a-c)^2+d^2-b^2}{2\cdot(a-c)\cdot d}$$ α = 38,224..°
α = 38,22°

$$d^2=(a-c)^2+b^2-2\cdot(a-c)\cdot b\cdot\cos\beta$$

$$\cos\beta = \frac{(a-c)^2+b^2-d^2}{2\cdot(a-c)\cdot b}$$ β = 63,346..°
β = 63,35°

$\gamma=180°-\beta$ γ = 116,653..°
γ = 116,65°

$\delta=180°-\alpha$ δ = 141,775..°
δ = 141,78°

$e^2=a^2+b^2-2ab\cdot\cos\beta$ e = 9,26..
e = 9,3cm

$f^2=a^2+d^2-2ad\cdot\cos\alpha$ f = 6,99..
f = 7cm

42 Skizze

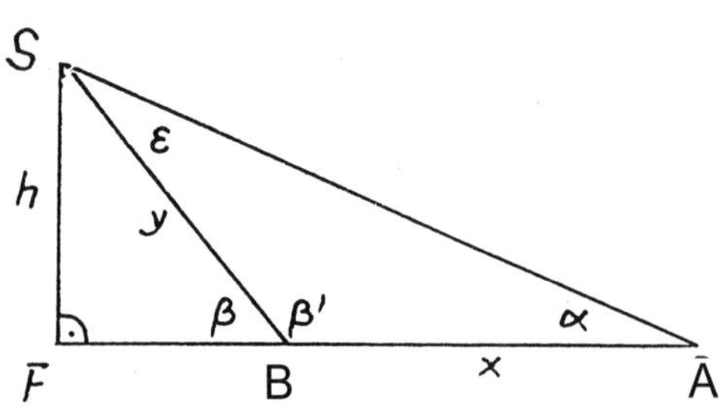

$\overline{AB} = x$

$\overline{BS} = y$

Formeln für die Berechnungen | Berechnung der speziellen Zahlenwerte

$\beta' = 180°-\beta$ β' = 137,18°

$\varepsilon = 180°-\beta'-\alpha$ ε = 11,58°

$\frac{x}{\sin\varepsilon} = \frac{y}{\sin\alpha}$

$y = \frac{x \cdot \sin\alpha}{\sin\varepsilon}$ $\quad$ $y = 90{,}426..$

$y = 90{,}43\text{m}$

$\sin\beta = \frac{h}{y}$

$h = y \cdot \sin\beta$ $\quad$ $h = 61{,}462..$

$h = 61{,}46\text{m}$

43 Skizze

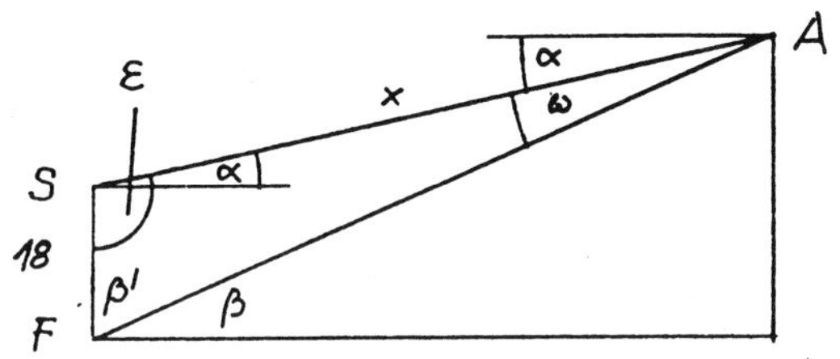

Formeln für die Berechnungen

$\beta' = 90° - \beta$

$\varepsilon = 90° + \alpha$

$\omega = 180° - \varepsilon - \beta'$

$\frac{18}{\sin\omega} = \frac{x}{\sin\beta'}$

$x = \frac{18 \cdot \sin\beta'}{\sin\omega}$

Berechnung der speziellen Zahlenwerte

$\beta' = 74{,}8°$

$\varepsilon = 101{,}82°$

$\omega = 3{,}38°$

$x = 294{,}621..$

$x = 294{,}62\text{m}$

44 Skizze

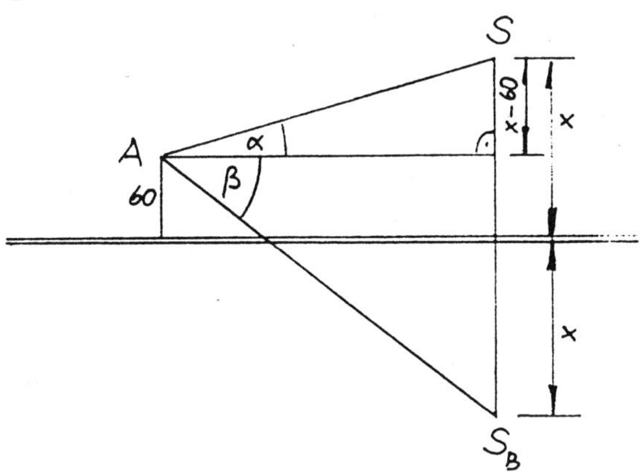

Formeln für die Berechnungen

Berechnung der speziellen Zahlenwerte

$\tan\alpha = \frac{x-60}{z}$

$z = \frac{x-60}{\tan\alpha}$

$\tan\beta = \frac{x+60}{z}$

$z = \frac{x+60}{\tan\beta}$

Durch Gleichsetzen erhält man eine Gleichung in x.

$$\frac{x-60}{\tan\alpha} = \frac{x+60}{\tan\beta}$$

$$(x-60) \cdot \tan\beta = (x+60) \cdot \tan\alpha$$

$$x \cdot \tan\beta - 60 \cdot \tan\beta = x \cdot \tan\alpha + 60 \cdot \tan\alpha$$

$$x \cdot \tan\beta - x \cdot \tan\alpha = 60 \cdot \tan\alpha + 60 \cdot \tan\beta$$
$$x \cdot (\tan\beta - \tan\alpha) = 60 \cdot (\tan\alpha + \tan\beta)$$
$$x = \frac{60 \cdot (\tan\alpha + \tan\beta)}{\tan\beta - \tan\alpha}$$

$x = 678{,}456..$
$x = 678{,}46\text{m}$

45 Skizze

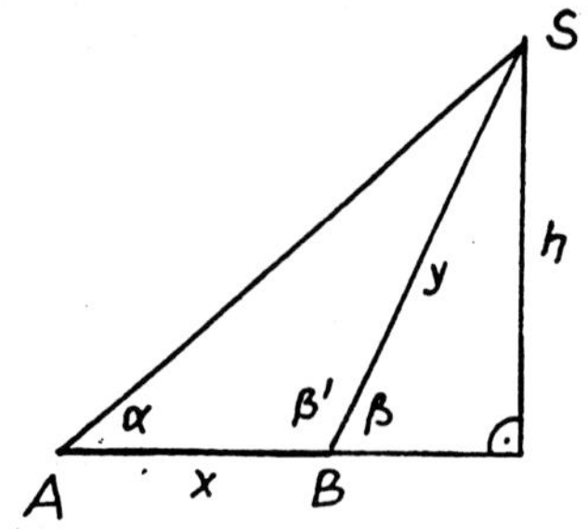

$\overline{AB} = x$

$\overline{BS} = y$

Formeln für die Berechnungen

$\beta' = 180° - \beta$

$\varepsilon = 180° - \beta' - \alpha$

$\frac{x}{\sin\varepsilon} = \frac{y}{\sin\alpha}$

$y = \frac{x \cdot \sin\alpha}{\sin\varepsilon}$

$\sin\beta = \frac{h}{y}$

$h = y \cdot \sin\beta$

Berechnung der speziellen Zahlenwerte

$\beta' = 108{,}4°$

$\varepsilon = 8{,}2°$

$y = 626{,}909..$

$h = 594{,}859..$
$h = 594{,}86\text{m}$

46 Skizze

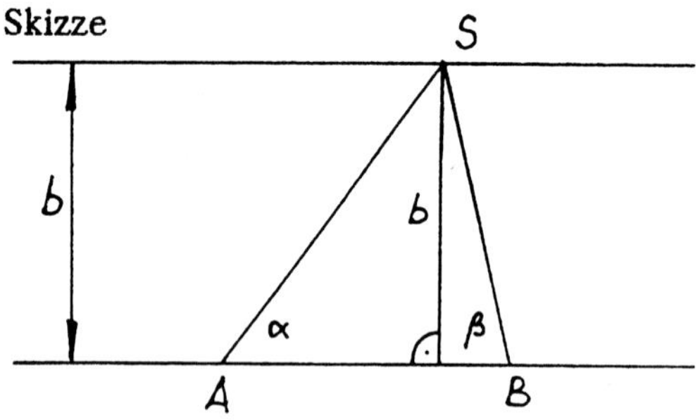

S..Fußpunkt der Meßstange

$\measuredangle SAB = \alpha$

$\measuredangle SBA = \beta$

Formeln für die Berechnungen

$\varepsilon = 180° - \alpha - \beta$

$\frac{60}{\sin\varepsilon} = \frac{a}{\sin\alpha}$

$a = \frac{60 \cdot \sin\alpha}{\sin\varepsilon}$

$\sin\beta = \frac{b}{a}$

$b = a \cdot \sin\beta$

Berechnung der speziellen Zahlenwerte

$\varepsilon = 67{,}1°$

$a = 56{,}65..$

$b = 44{,}925..$
$b = 44{,}93\text{m}$

47 Skizze

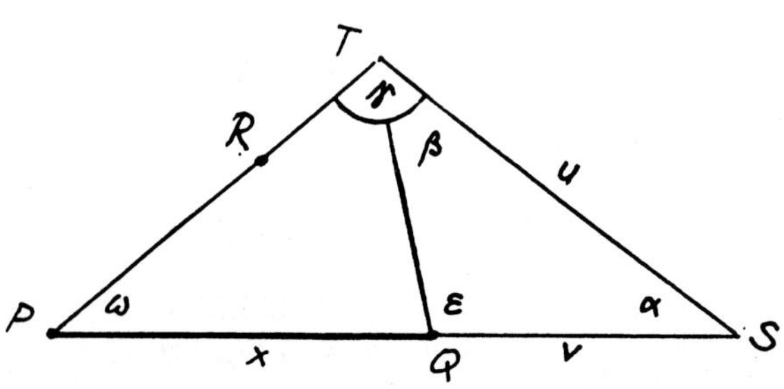

$\overline{ST} = u$

$\overline{QS} = v$

Formeln für die Berechnungen

$\varepsilon = 180° - \alpha - \beta$

$\frac{u}{\sin \varepsilon} = \frac{v}{\sin \beta}$

$v = \frac{u \cdot \sin \beta}{\sin \varepsilon}$

$\omega = 180° - \gamma - \alpha$

$\frac{x+v}{\sin \gamma} = \frac{u}{\sin \omega}$

$x+v = \frac{u \cdot \sin \gamma}{\sin \omega}$

$x = \frac{u \cdot \sin \gamma}{\sin \omega} - v$

Berechnung der speziellen Zahlenwerte

$\varepsilon = 95{,}3°$

$v = 118{,}695..$

$\omega = 21{,}2°$

$x = 660{,}553..$

$x = 660{,}55\text{m}$

48 Skizze

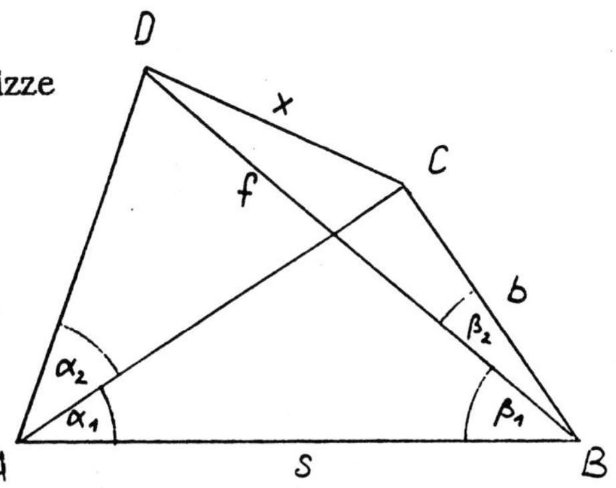

$\overline{AB} = s$ $\quad \sphericalangle CAB = \alpha_1$

$\overline{BD} = f$ $\quad \sphericalangle DAC = \alpha_2$

$\overline{BC} = b$ $\quad \sphericalangle ABD = \beta_1$

$\overline{CD} = x$ $\quad \sphericalangle DBC = \beta_2$

(a) Formeln für die Berechnungen

$\delta_2 = 180° - (\alpha_1 + \alpha_2 + \beta_1)$

$\gamma_1 = 180° - (\alpha_1 + \beta_1 + \beta_2)$

$\alpha = \alpha_1 + \alpha_2$

$\frac{f}{\sin \alpha} = \frac{s}{\sin \delta_2}$

$f = \frac{s \cdot \sin \alpha}{\sin \delta_2}$

$\frac{b}{\sin \alpha_1} = \frac{s}{\sin \gamma_1}$

$b = \frac{s \cdot \sin \alpha_1}{\sin \gamma_1}$

$x^2 = b^2 + f^2 - 2 \cdot b \cdot f \cdot \cos \beta_2$

Berechnung der speziellen Zahlenwerte

$\delta_2 = 17°$

$\gamma_1 = 18°$

$\alpha = 106{,}8°$

$f = 965{,}925..$

$b = 929{,}796..$

$x = 474{,}341..$

$x = 474{,}34\text{m}$

(b) Formeln für die Berechnungen

$\delta_2 = 180° - (\alpha_1 + \alpha_2 + \beta_1)$

$\gamma_1 = 180° - (\alpha_1 + \beta_1 + \beta_2)$

$\alpha = \alpha_1 + \alpha_2$

$\frac{f}{\sin \alpha} = \frac{s}{\sin \delta_2}$

$f = \frac{s \cdot \sin \alpha}{\sin \delta_2}$

$\frac{b}{\sin \alpha_1} = \frac{s}{\sin \gamma_1}$

$b = \frac{s \cdot \sin \alpha_1}{\sin \gamma_1}$

$x^2 = b^2 + f^2 - 2 \cdot b \cdot f \cdot \cos \beta_2$

Berechnung der speziellen Zahlenwerte

$\delta_2 = 36{,}9°$

$\gamma_1 = 26{,}5°$

$\alpha = 90°$

$f = 499{,}650..$

$b = 501{,}218..$

$x = 440{,}323..$

$x = 440{,}32\text{m}$

49 (a) $r = \sqrt{5^2+12^2} = 13$

$\tan \varphi = \frac{12}{5}$

$\varphi = 67{,}380..^\circ$
$\varphi = 67{,}38^\circ$

A im 1. Quadranten
A(13; 67,38°)

(b) $r = \sqrt{(-3)^2+10^2} = \sqrt{109}$

$\tan \varphi = -\frac{10}{3}$

$\varphi' = -73{,}300..^\circ$
$\varphi = -73{,}300..^\circ + 180^\circ$
$\varphi = 106{,}699..^\circ$
$\varphi = 106{,}70^\circ$

B im 2. Quadranten
$B\left(\sqrt{109}\ ;\ 106{,}70^\circ\right)$

(c) $(-2)^2 = 4 \quad \left(-\sqrt{5}\right)^2 = 5$

$r = \sqrt{4+5} = 3$

$\tan \varphi = \frac{-\sqrt{5}}{-2}$

$\varphi' = 48{,}189..^\circ$
$\varphi = 48{,}189..^\circ + 180^\circ$
$\varphi = 228{,}189..^\circ$
$\varphi = 228{,}19^\circ$

C im 3. Quadranten
C(3; 228,19°)

(d) $\left(\sqrt{3}\right)^2 = 3 \quad \left(-\sqrt{13}\right)^2 = 13$

$r = \sqrt{3+13} = 4$

$\tan \varphi = \frac{-\sqrt{13}}{\sqrt{3}}$

$\varphi' = -64{,}341..^\circ$
$\varphi = -64{,}341..^\circ + 360^\circ$
$\varphi = 295{,}658..^\circ$
$\varphi = 295{,}66^\circ$

D im 4. Quadranten
D(4; 295,66°)

50 $x = r \cdot \cos \varphi \qquad y = r \cdot \sin \varphi$

(a) $x = 4{,}7 \cdot \cos 98^\circ = -0{,}654..$
$x = -0{,}65$
$y = 4{,}7 \cdot \sin 98^\circ = 4{,}654..$
$y = 4{,}65$

E(−0,65; 4,65)

(b) $x = 7{,}6 \cdot \cos 7{,}65\text{rad} = 1{,}539..$
$x = 1{,}54$
$y = 7{,}6 \cdot \sin 7{,}65\text{rad} = 7{,}442..$
$y = 7{,}44$

F(1,54; 7,44)

(c) $x = 3{,}51 \cdot \cos \frac{7\pi}{5} = -1{,}084..$
$x = -1{,}08$
$y = 3{,}51 \cdot \sin \frac{7\pi}{5} = -3{,}338..$
$y = -3{,}34$

G(−1,08; −3,34)

(d) $x = \sqrt{26} \cdot \cos 315^\circ = 3{,}605..$
$x = 3{,}61$
$y = \sqrt{26} \cdot \sin 315^\circ = -3{,}605..$
$y = -3{,}61$

H(3,61; −3,61)

1 $\overrightarrow{AB}=\begin{pmatrix}5\\2\end{pmatrix}$ $\quad |\overrightarrow{AB}| = \sqrt{5^2+2^2} = \sqrt{25+4} = \sqrt{29}$

$\overrightarrow{BC}=\begin{pmatrix}3\\-4\end{pmatrix}$ $\quad |\overrightarrow{BC}| = \sqrt{3^2+(-4)^2} = \sqrt{9+16} = \sqrt{25} = 5$

$\overrightarrow{CD}=\begin{pmatrix}-3\\-4\end{pmatrix}$ $\quad |\overrightarrow{CD}| = \sqrt{(-3)^2+(-4)^2} = \sqrt{9+16} = \sqrt{25} = 5$

$\overrightarrow{DE}=\begin{pmatrix}-5\\1\end{pmatrix}$ $\quad |\overrightarrow{DE}| = \sqrt{(-5)^2+1^2} = \sqrt{25+1} = \sqrt{26}$

$\overrightarrow{EA}=\begin{pmatrix}0\\5\end{pmatrix}$ $\quad |\overrightarrow{EA}| = \sqrt{0^2+5^2} = \sqrt{5^2} = 5$

$|\overrightarrow{AB}| + |\overrightarrow{BC}| + |\overrightarrow{CD}| + |\overrightarrow{DE}| + |\overrightarrow{EA}| = \sqrt{29} + 5 + 5 + \sqrt{26} + 5 = 25{,}48$

2 (a) $\overrightarrow{OA}= \begin{pmatrix}-3\\4\end{pmatrix}$ $\quad \overrightarrow{OB}=\begin{pmatrix}-2\\-1\end{pmatrix}$ $\quad \overrightarrow{OC}=\begin{pmatrix}2\\3\end{pmatrix}$

(b) $\overrightarrow{AB}= \begin{pmatrix}1\\-5\end{pmatrix}$ $\quad \overrightarrow{BC}=\begin{pmatrix}4\\4\end{pmatrix}$ $\quad \overrightarrow{CA}=\begin{pmatrix}-5\\1\end{pmatrix}$

(c) $|\overrightarrow{AB}| = \sqrt{1^2+(-5)^2} = \sqrt{1+25} = \sqrt{26}$ $\qquad |\overrightarrow{BC}| = \sqrt{4^2+4^2} = \sqrt{16+16} = \sqrt{32}$

$|\overrightarrow{CA}| = \sqrt{(-5)^2+1^2} = \sqrt{25+1} = \sqrt{26}$

$u = \sqrt{26} + \sqrt{32} + \sqrt{26} = 15{,}85$

3 (a) $|\overrightarrow{AB}| = \sqrt{(-4)^2+y^2}$

$$\begin{aligned}\sqrt{(-4)^2+y^2} &= 5\\ \sqrt{16+y^2} &= 5 \qquad |^2\\ 16+y^2 &= 25\\ y^2 &= 9\\ (y_1=3)&\vee(y_2=-3)\end{aligned}$$

$\overrightarrow{AB}=\begin{pmatrix}-4\\3\end{pmatrix} \vee \overrightarrow{AB}=\begin{pmatrix}-4\\-3\end{pmatrix}$

(b) $|\overrightarrow{PQ}| = \sqrt{x^2+5^2}$

$$\begin{aligned}\sqrt{x^2+5^2} &= 13\\ \sqrt{x^2+25} &= 13 \qquad |^2\\ x^2+25 &= 169\\ x^2 &= 144\\ (x_1=12)&\vee(x_2=-12)\end{aligned}$$

$\overrightarrow{PQ}=\begin{pmatrix}12\\5\end{pmatrix} \vee \overrightarrow{PQ}=\begin{pmatrix}-12\\5\end{pmatrix}$

(c) $|\overrightarrow{RS}| = \sqrt{x^2+(-7)^2}$

$$\begin{aligned}\sqrt{x^2+49} &= \sqrt{58} \qquad |^2\\ x^2+49 &= 58\\ x^2 &= 9\\ (x_1=3)&\vee(x_2=-3)\end{aligned}$$

$\overrightarrow{RS}=\begin{pmatrix}3\\-7\end{pmatrix} \vee \overrightarrow{RS}=\begin{pmatrix}-3\\-7\end{pmatrix}$

(d) $|\overrightarrow{BC}| = \sqrt{(-13)^2+y^2}$

$$\begin{aligned}\sqrt{169+y^2} &= \sqrt{653} \qquad |^2\\ 169+y^2 &= 653\\ y^2 &= 484\\ (y_1=22)&\vee(y_2=-22)\end{aligned}$$

$\overrightarrow{BC}=\begin{pmatrix}-13\\22\end{pmatrix} \vee \overrightarrow{BC}=\begin{pmatrix}-13\\-22\end{pmatrix}$

4 (a) $\overrightarrow{AB}=\begin{pmatrix}1\\-2\end{pmatrix}$ $\quad \overrightarrow{BC}=\begin{pmatrix}6\\1\end{pmatrix}$ $\quad \overrightarrow{CD}=\begin{pmatrix}-1\\4\end{pmatrix}$ $\quad \overrightarrow{DE}=\begin{pmatrix}-4\\0\end{pmatrix}$ $\quad \overrightarrow{EA}=\begin{pmatrix}-2\\-3\end{pmatrix}$

(b) (1) $\overrightarrow{AD}=\begin{pmatrix}6\\3\end{pmatrix}$ $\quad \overrightarrow{AC}=\begin{pmatrix}7\\-1\end{pmatrix}$ $\quad \overrightarrow{BE}=\begin{pmatrix}1\\5\end{pmatrix}$ $\quad \overrightarrow{BD}=\begin{pmatrix}5\\5\end{pmatrix}$ $\quad \overrightarrow{CE}=\begin{pmatrix}-5\\4\end{pmatrix}$

(2) $\overrightarrow{AD}=\overrightarrow{AB}+\overrightarrow{BC}+\overrightarrow{CD}$ $\qquad \overrightarrow{AD}=\begin{pmatrix}1\\-2\end{pmatrix}+\begin{pmatrix}6\\1\end{pmatrix}+\begin{pmatrix}-1\\4\end{pmatrix}=\begin{pmatrix}6\\3\end{pmatrix}$

$\overrightarrow{AC}=\overrightarrow{AB}+\overrightarrow{BC}$ $\qquad \overrightarrow{AC}=\begin{pmatrix}1\\-2\end{pmatrix}+\begin{pmatrix}6\\1\end{pmatrix}=\begin{pmatrix}7\\-1\end{pmatrix}$

$\overrightarrow{BE}=\overrightarrow{BC}+\overrightarrow{CD}+\overrightarrow{DE}$ $\qquad \overrightarrow{BE}=\begin{pmatrix}6\\1\end{pmatrix}+\begin{pmatrix}-1\\4\end{pmatrix}+\begin{pmatrix}-4\\0\end{pmatrix}=\begin{pmatrix}1\\5\end{pmatrix}$

$\overrightarrow{BD}=\overrightarrow{BC}+\overrightarrow{CD}$ $\qquad \overrightarrow{BD}=\begin{pmatrix}6\\1\end{pmatrix}+\begin{pmatrix}-1\\4\end{pmatrix}=\begin{pmatrix}5\\5\end{pmatrix}$

$\overrightarrow{CE}=\overrightarrow{CD}+\overrightarrow{DE}$ $\qquad \overrightarrow{CE}=\begin{pmatrix}-1\\4\end{pmatrix}+\begin{pmatrix}-4\\0\end{pmatrix}=\begin{pmatrix}-5\\4\end{pmatrix}$

(c) $|\overrightarrow{AB}| = \sqrt{1^2+(-2)^2} = \sqrt{1+4} = \sqrt{5}$ $\quad |\overrightarrow{BC}| = \sqrt{6^2+1^2} = \sqrt{36+1} = \sqrt{37}$

$|\overrightarrow{CD}| = \sqrt{(-1)^2+4^2} = \sqrt{1+16} = \sqrt{17}$ $\quad |\overrightarrow{DE}| = \sqrt{(-4)^2+0} = 4$

$|\overrightarrow{EA}| = \sqrt{(-2)^2+(-3)^2} = \sqrt{4+9} = \sqrt{13}$

$u = \sqrt{5} + \sqrt{37} + \sqrt{17} + 4 + \sqrt{13} = 20{,}05$

5

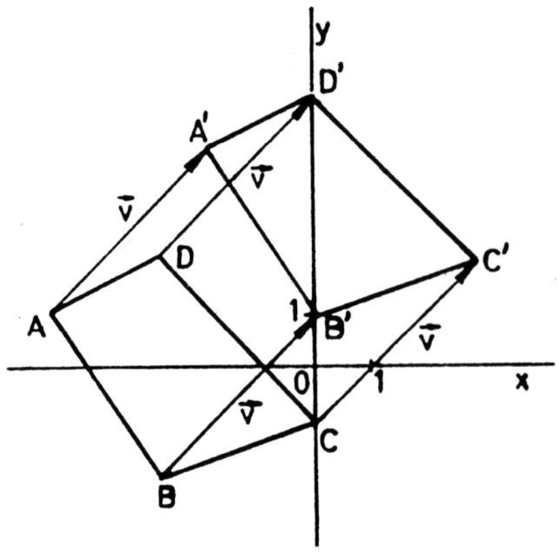

A'(−2/4)
B'(0/1)
C'(3/2)
D'(0/5)

$\overrightarrow{OA'} = \overrightarrow{OA} + \vec{v}$ $\quad \overrightarrow{OA'} = \begin{pmatrix} -5 \\ 1 \end{pmatrix} + \begin{pmatrix} 3 \\ 3 \end{pmatrix} = \begin{pmatrix} -2 \\ 4 \end{pmatrix}$ $\quad$ A'(−2/4)

$\overrightarrow{OB'} = \overrightarrow{OB} + \vec{v}$ $\quad \overrightarrow{OB'} = \begin{pmatrix} -3 \\ -2 \end{pmatrix} + \begin{pmatrix} 3 \\ 3 \end{pmatrix} = \begin{pmatrix} 0 \\ 1 \end{pmatrix}$ $\quad$ B'(0/1)

$\overrightarrow{OC'} = \overrightarrow{OC} + \vec{v}$ $\quad \overrightarrow{OC'} = \begin{pmatrix} 0 \\ -1 \end{pmatrix} + \begin{pmatrix} 3 \\ 3 \end{pmatrix} = \begin{pmatrix} 3 \\ 2 \end{pmatrix}$ $\quad$ C'(3/2)

$\overrightarrow{OD'} = \overrightarrow{OD} + \vec{v}$ $\quad \overrightarrow{OD'} = \begin{pmatrix} -3 \\ 2 \end{pmatrix} + \begin{pmatrix} 3 \\ 3 \end{pmatrix} = \begin{pmatrix} 0 \\ 5 \end{pmatrix}$ $\quad$ D'(0/5)

6 $\overrightarrow{AC} = -\vec{e} - \vec{d} + \vec{c}$ $\quad \overrightarrow{EB} = \vec{e} - \vec{a}$ $\quad \overrightarrow{BC} = \vec{a} - \vec{e} - \vec{d} + \vec{c}$

$\overrightarrow{BD} = \vec{a} - \vec{e} - \vec{d}$ $\quad \overrightarrow{AD} = -\vec{e} - \vec{d}$ $\quad \overrightarrow{CE} = -\vec{c} + \vec{d}$

7 $\overrightarrow{PQ} = \frac{3}{5}\vec{a} + \frac{1}{2}\vec{d}$ $\quad \overrightarrow{QR} = \frac{1}{2}\vec{d} - \frac{4}{5}\vec{a}$ $\quad \overrightarrow{RP} = -\frac{1}{5}\vec{a} - \vec{d} + \frac{2}{5}\vec{a} = \frac{1}{5}\vec{a} - \vec{d}$

$\overrightarrow{PQ} + \overrightarrow{QR} + \overrightarrow{RP} = \frac{3}{5}\vec{a} + \frac{1}{2}\vec{d} + \frac{1}{2}\vec{d} - \frac{4}{5}\vec{a} + \frac{1}{5}\vec{a} - \vec{d} = 0 \cdot \vec{a} + 0 \cdot \vec{b} = \vec{o}$

8 (a)

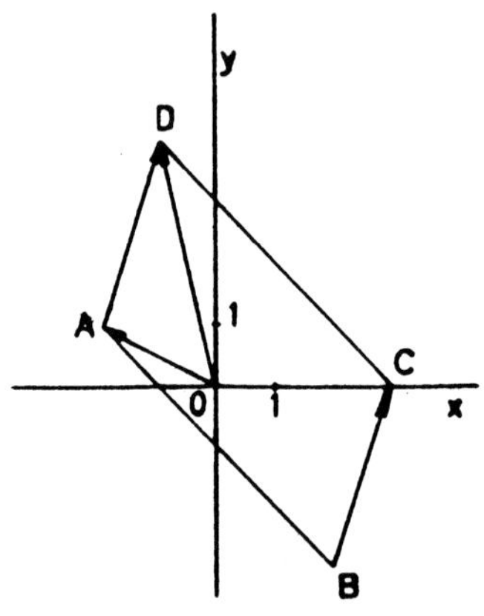

$\overrightarrow{OD} = \overrightarrow{OA} + \overrightarrow{BC}$

$\overrightarrow{OD} = \begin{pmatrix} -2 \\ 1 \end{pmatrix} + \begin{pmatrix} 1 \\ 3 \end{pmatrix} = \begin{pmatrix} -1 \\ 4 \end{pmatrix}$ $\quad$ D(−1/4)

$\overrightarrow{AB} = \begin{pmatrix} 4 \\ -4 \end{pmatrix}$ $\quad |\overrightarrow{AB}| = \sqrt{32}$

$\overrightarrow{BC} = \begin{pmatrix} 1 \\ 3 \end{pmatrix}$ $\quad |\overrightarrow{BC}| = \sqrt{10}$

$u = 2 \cdot \sqrt{32} + 2 \cdot \sqrt{10}$

$u = 17{,}64$

(b)

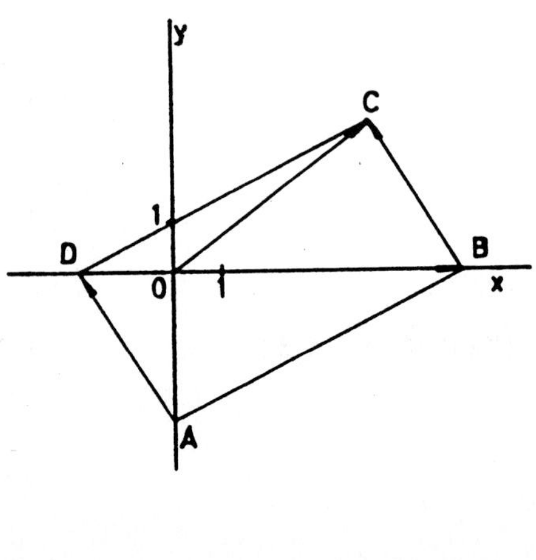

$\overrightarrow{OC} = \overrightarrow{OB} + \overrightarrow{AD}$

$\overrightarrow{OC} = \begin{pmatrix} 6 \\ 0 \end{pmatrix} + \begin{pmatrix} -2 \\ 3 \end{pmatrix} = \begin{pmatrix} 4 \\ 3 \end{pmatrix}$ $\quad$ C(4/3)

$\overrightarrow{AB} = \begin{pmatrix} 6 \\ 3 \end{pmatrix}$ $\quad |\overrightarrow{AB}| = \sqrt{45}$

$\overrightarrow{BC} = \begin{pmatrix} -2 \\ 3 \end{pmatrix}$ $\quad |\overrightarrow{BC}| = \sqrt{13}$

$u = 2 \cdot \sqrt{45} + 2 \cdot \sqrt{13} = 20{,}63$

(c)

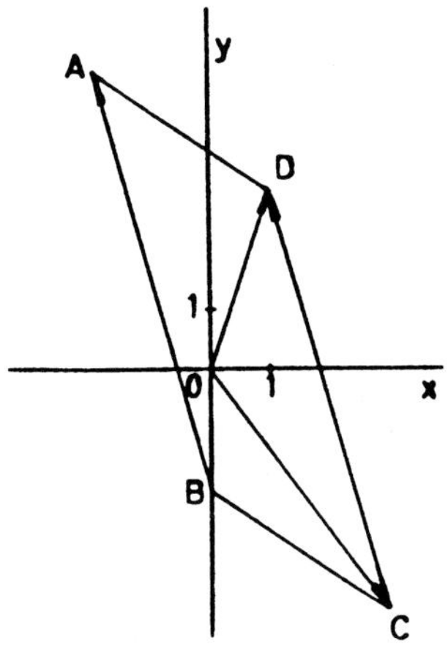

$\overrightarrow{OD} = \overrightarrow{OA} + \overrightarrow{BC}$

$\overrightarrow{OD} = \begin{pmatrix} -2 \\ 5 \end{pmatrix} + \begin{pmatrix} 3 \\ -2 \end{pmatrix} = \begin{pmatrix} 1 \\ 3 \end{pmatrix}$ D(1/3)

$\overrightarrow{AB} = \begin{pmatrix} 2 \\ -7 \end{pmatrix}$ $|\overrightarrow{AB}| = \sqrt{53}$

$\overrightarrow{BC} = \begin{pmatrix} 3 \\ -2 \end{pmatrix}$ $|\overrightarrow{BC}| = \sqrt{13}$

$u = 2 \cdot \sqrt{53} + 2 \cdot \sqrt{13}$

$u = 21{,}77$

9 (a) $\overrightarrow{EA} = \begin{pmatrix} -6 \\ -1 \end{pmatrix}$ Koordinaten des Vektors der letzten Wegstrecke

$\overrightarrow{AB} = \begin{pmatrix} 1 \\ -3 \end{pmatrix}$ $|\overrightarrow{AB}| = \sqrt{1^2+(-3)^2} = \sqrt{1+9} = \sqrt{10}$

$\overrightarrow{BC} = \begin{pmatrix} 4 \\ -2 \end{pmatrix}$ $|\overrightarrow{BC}| = \sqrt{4^2+(-2)^2} = \sqrt{16+4} = \sqrt{20}$

$\overrightarrow{CD} = \begin{pmatrix} 3 \\ 3 \end{pmatrix}$ $|\overrightarrow{CD}| = \sqrt{3^2+3^2} = \sqrt{9+9} = \sqrt{18}$

$\overrightarrow{DE} = \begin{pmatrix} -2 \\ 3 \end{pmatrix}$ $|\overrightarrow{DE}| = \sqrt{(-2)^2+3^2} = \sqrt{4+9} = \sqrt{13}$

$\overrightarrow{EA} = \begin{pmatrix} -6 \\ -1 \end{pmatrix}$ $|\overrightarrow{EA}| = \sqrt{(-6)^2+(-1)^2} = \sqrt{36+1} = \sqrt{37}$

Länge des Wanderweges: $\sqrt{10}+\sqrt{20}+\sqrt{18}+\sqrt{13}+\sqrt{37} = 21{,}57$
Der Wanderweg ist 21,57 km lang.

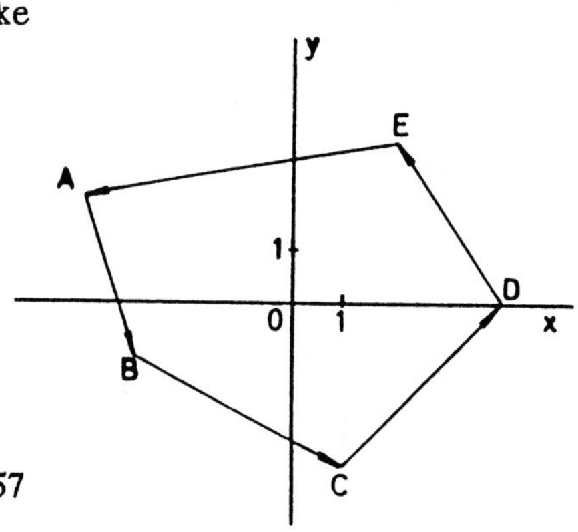

(b) $\overrightarrow{FA} = \begin{pmatrix} 1 \\ -3 \end{pmatrix}$ Koordinaten des Vektors der letzten Wegstrecke

$\overrightarrow{AB} = \begin{pmatrix} 3 \\ -2 \end{pmatrix}$ $|\overrightarrow{AB}| = \sqrt{3^2+(-2)^2} = \sqrt{9+4} = \sqrt{13}$

$\overrightarrow{BC} = \begin{pmatrix} 3 \\ 1 \end{pmatrix}$ $|\overrightarrow{BC}| = \sqrt{3^2+1^2} = \sqrt{9+1} = \sqrt{10}$

$\overrightarrow{CD} = \begin{pmatrix} -1 \\ 3 \end{pmatrix}$ $|\overrightarrow{CD}| = \sqrt{(-1)^2+3^2} = \sqrt{1+9} = \sqrt{10}$

$\overrightarrow{DE} = \begin{pmatrix} -3 \\ 1 \end{pmatrix}$ $|\overrightarrow{DE}| = \sqrt{(-3)^2+1^2} = \sqrt{9+1} = \sqrt{10}$

$\overrightarrow{EF} = \begin{pmatrix} -3 \\ 0 \end{pmatrix}$ $|\overrightarrow{EF}| = \sqrt{(-3)^2+0^2} = 3$

$\overrightarrow{FA} = \begin{pmatrix} 1 \\ -3 \end{pmatrix}$ $|\overrightarrow{FA}| = \sqrt{1^2+(-3)^2} = \sqrt{1+9} = \sqrt{10}$

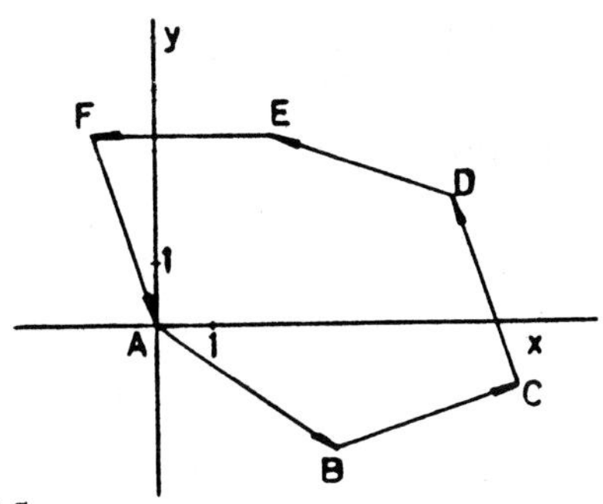

Länge des Wanderweges: $\sqrt{13}+\sqrt{10}+\sqrt{10}+\sqrt{10}+3+\sqrt{10} = 19{,}25$
Der Wanderweg ist 19,25 km lang.

(c) $\overrightarrow{OE} = \overrightarrow{OA} + \overrightarrow{AB} + \overrightarrow{BC} + \overrightarrow{CD} + \overrightarrow{DE}$

$\overrightarrow{OE} = \begin{pmatrix} -3 \\ 2 \end{pmatrix} + \begin{pmatrix} 2 \\ -3 \end{pmatrix} + \begin{pmatrix} 3 \\ -1 \end{pmatrix} + \begin{pmatrix} 2 \\ 4 \end{pmatrix} + \begin{pmatrix} -3 \\ 2 \end{pmatrix} = \begin{pmatrix} 1 \\ 4 \end{pmatrix}$ E(1/4)

$\overrightarrow{EA} = \begin{pmatrix} -4 \\ -2 \end{pmatrix}$ Vektor der letzten Wegstrecke

$|\overrightarrow{AB}| = \sqrt{2^2+(-3)^2} = \sqrt{4+9} = \sqrt{13}$

$|\overrightarrow{BC}| = \sqrt{3^2+(-1)^2} = \sqrt{9+1} = \sqrt{10}$

$|\overrightarrow{CD}| = \sqrt{2^2+4^2} = \sqrt{4+16} = \sqrt{20}$

$|\overrightarrow{DE}| = \sqrt{(-3)^2+2^2} = \sqrt{9+4} = \sqrt{13}$

$|\overrightarrow{EA}| = \sqrt{(-4)^2+(-2)^2} = \sqrt{16+4} = \sqrt{20}$

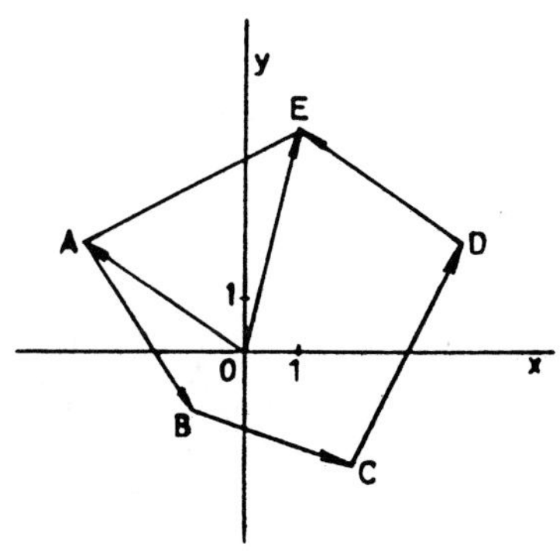

Länge des Wanderweges: $\sqrt{13}+\sqrt{10}+\sqrt{20}+\sqrt{13}+\sqrt{20} = 19{,}32$
Der Wanderweg ist 19,32 km lang.

10 (a) $\vec{a} = \begin{pmatrix} -0{,}51 \\ 0{,}68 \end{pmatrix} = 0{,}17 \cdot \begin{pmatrix} -3 \\ 4 \end{pmatrix}$ $\quad \vec{a}_o = \frac{1}{\sqrt{(-3)^2+4^2}} \cdot \begin{pmatrix} -3 \\ 4 \end{pmatrix} = \frac{1}{\sqrt{9+16}} \cdot \begin{pmatrix} -3 \\ 4 \end{pmatrix} = \frac{1}{5}\begin{pmatrix} -3 \\ 4 \end{pmatrix}$

(b) $\vec{b} = \begin{pmatrix} 0{,}36 \\ 0{,}15 \end{pmatrix} = 0{,}03 \cdot \begin{pmatrix} 12 \\ 5 \end{pmatrix}$ $\quad \vec{b}_o = \frac{1}{\sqrt{12^2+5^2}} \cdot \begin{pmatrix} 12 \\ 5 \end{pmatrix} = \frac{1}{\sqrt{144+25}} \cdot \begin{pmatrix} 12 \\ 5 \end{pmatrix} = \frac{1}{13}\begin{pmatrix} 12 \\ 5 \end{pmatrix}$

(c) $\vec{c} = \begin{pmatrix} -39 \\ 52 \end{pmatrix} = 13 \cdot \begin{pmatrix} -3 \\ 4 \end{pmatrix}$ $\quad \vec{c}_o = \frac{1}{\sqrt{(-3)^2+4^2}} \cdot \begin{pmatrix} -3 \\ 4 \end{pmatrix} = \frac{1}{\sqrt{9+16}} \cdot \begin{pmatrix} -3 \\ 4 \end{pmatrix} = \frac{1}{5}\begin{pmatrix} -3 \\ 4 \end{pmatrix}$

(d) $\vec{d} = \begin{pmatrix} -3{,}15 \\ 1{,}35 \end{pmatrix} = 0{,}45 \cdot \begin{pmatrix} -7 \\ 3 \end{pmatrix}$ $\quad \vec{d}_o = \frac{1}{\sqrt{(-7)^2+3^2}} \cdot \begin{pmatrix} -7 \\ 3 \end{pmatrix} = \frac{1}{\sqrt{49+9}} \cdot \begin{pmatrix} -7 \\ 3 \end{pmatrix} = \frac{1}{\sqrt{58}}\begin{pmatrix} -7 \\ 3 \end{pmatrix}$

(e) $\vec{e} = \begin{pmatrix} 62 \\ -155 \end{pmatrix} = 31 \cdot \begin{pmatrix} 2 \\ -5 \end{pmatrix}$ $\quad \vec{e}_o = \frac{1}{\sqrt{2^2+(-5)^2}} \cdot \begin{pmatrix} 2 \\ -5 \end{pmatrix} = \frac{1}{\sqrt{4+25}} \cdot \begin{pmatrix} 2 \\ -5 \end{pmatrix} = \frac{1}{\sqrt{29}}\begin{pmatrix} 2 \\ -5 \end{pmatrix}$

(f) $\vec{f} = \begin{pmatrix} a^2-b^2 \\ a+b \end{pmatrix} = (a+b) \cdot \begin{pmatrix} a-b \\ 1 \end{pmatrix}$ $\quad \vec{f}_o = \frac{1}{\sqrt{(a-b)^2+1}} \begin{pmatrix} a-b \\ 1 \end{pmatrix}$

11 (a) $\vec{a}_o = \frac{1}{\sqrt{12^2+9^2}}\begin{pmatrix} 12 \\ 9 \end{pmatrix} = \frac{1}{\sqrt{144+81}}\begin{pmatrix} 12 \\ 9 \end{pmatrix} = \frac{1}{\sqrt{225}}\begin{pmatrix} 12 \\ 9 \end{pmatrix} = \frac{1}{15}\begin{pmatrix} 12 \\ 9 \end{pmatrix} = \frac{1}{5}\begin{pmatrix} 4 \\ 3 \end{pmatrix} = \begin{pmatrix} \frac{4}{5} \\ \frac{3}{5} \end{pmatrix}$

$\vec{b}_o = \frac{1}{\sqrt{24^2+10^2}}\begin{pmatrix} 24 \\ 10 \end{pmatrix} = \frac{1}{\sqrt{576+100}}\begin{pmatrix} 24 \\ 10 \end{pmatrix} = \frac{1}{\sqrt{676}}\begin{pmatrix} 24 \\ 10 \end{pmatrix} = \frac{1}{26}\begin{pmatrix} 24 \\ 10 \end{pmatrix} = \frac{1}{13}\begin{pmatrix} 12 \\ 5 \end{pmatrix} = \begin{pmatrix} \frac{12}{13} \\ \frac{5}{13} \end{pmatrix}$

$\vec{a}_o + \vec{b}_o = \begin{pmatrix} \frac{4}{5} \\ \frac{3}{5} \end{pmatrix} + \begin{pmatrix} \frac{12}{13} \\ \frac{5}{13} \end{pmatrix} = \begin{pmatrix} \frac{52}{65} + \frac{60}{65} \\ \frac{39}{65} + \frac{25}{65} \end{pmatrix} = \begin{pmatrix} \frac{112}{65} \\ \frac{64}{65} \end{pmatrix} = \frac{16}{65}\begin{pmatrix} 7 \\ 4 \end{pmatrix}$

$\vec{w} = \begin{pmatrix} 7 \\ 4 \end{pmatrix}$

(b) $\vec{c}_o = \frac{1}{\sqrt{7^2+5^2}}\begin{pmatrix} 7 \\ 5 \end{pmatrix} = \frac{1}{\sqrt{49+25}}\begin{pmatrix} 7 \\ 5 \end{pmatrix} = \frac{1}{\sqrt{74}}\begin{pmatrix} 7 \\ 5 \end{pmatrix}$

$\vec{d}_o = \frac{1}{\sqrt{1^2+6^2}}\begin{pmatrix} 1 \\ 6 \end{pmatrix} = \frac{1}{\sqrt{1+36}}\begin{pmatrix} 1 \\ 6 \end{pmatrix} = \frac{1}{\sqrt{37}}\begin{pmatrix} 1 \\ 6 \end{pmatrix}$

$\vec{c}_o + \vec{d}_o = \frac{1}{\sqrt{74}}\begin{pmatrix} 7 \\ 5 \end{pmatrix} + \frac{1}{\sqrt{37}}\begin{pmatrix} 1 \\ 6 \end{pmatrix} = \frac{1}{\sqrt{74}}\begin{pmatrix} 7 \\ 5 \end{pmatrix} + \frac{1}{\sqrt{37}} \cdot \frac{\sqrt{2}}{\sqrt{2}}\begin{pmatrix} 1 \\ 6 \end{pmatrix} =$ $\qquad \sqrt{37} \cdot \sqrt{2} = \sqrt{74}$

$= \frac{1}{\sqrt{74}}\begin{pmatrix} 7 \\ 5 \end{pmatrix} + \frac{1}{\sqrt{74}}\begin{pmatrix} \sqrt{2} \\ 6\sqrt{2} \end{pmatrix} = \frac{1}{\sqrt{74}}\left[\begin{pmatrix} 7 \\ 5 \end{pmatrix} + \begin{pmatrix} \sqrt{2} \\ 6\sqrt{2} \end{pmatrix}\right] = \frac{1}{\sqrt{74}}\begin{pmatrix} 7+\sqrt{2} \\ 5+6\sqrt{2} \end{pmatrix}$

$\vec{w} = \begin{pmatrix} 7+\sqrt{2} \\ 5+6\sqrt{2} \end{pmatrix}$

(c) $\vec{e}_o = \frac{1}{\sqrt{1^2+(-2)^2}}\begin{pmatrix} 1 \\ -2 \end{pmatrix} = \frac{1}{\sqrt{1+4}}\begin{pmatrix} 1 \\ -2 \end{pmatrix} = \frac{1}{\sqrt{5}}\begin{pmatrix} 1 \\ -2 \end{pmatrix}$

$\vec{f}_o = \frac{1}{\sqrt{10^2+5^2}}\begin{pmatrix} 10 \\ 5 \end{pmatrix} = \frac{1}{\sqrt{100+25}}\begin{pmatrix} 10 \\ 5 \end{pmatrix} = \frac{1}{\sqrt{125}}\begin{pmatrix} 10 \\ 5 \end{pmatrix} = \frac{1}{5\sqrt{5}}\begin{pmatrix} 10 \\ 5 \end{pmatrix} = \frac{1}{\sqrt{5}}\begin{pmatrix} 2 \\ 1 \end{pmatrix}$

$\vec{e}_o + \vec{f}_o = \frac{1}{\sqrt{5}}\begin{pmatrix} 1 \\ -2 \end{pmatrix} + \frac{1}{\sqrt{5}}\begin{pmatrix} 2 \\ 1 \end{pmatrix} = \frac{1}{\sqrt{5}}\left[\begin{pmatrix} 1 \\ -2 \end{pmatrix} + \begin{pmatrix} 2 \\ 1 \end{pmatrix}\right] = \frac{1}{\sqrt{5}}\begin{pmatrix} 3 \\ -1 \end{pmatrix}$

$\vec{w} = \begin{pmatrix} 3 \\ -1 \end{pmatrix}$

12 $\overrightarrow{AB} = \begin{pmatrix} 7 \\ -1 \end{pmatrix} \quad \overrightarrow{AC} = \begin{pmatrix} 1 \\ 7 \end{pmatrix} \quad \overrightarrow{BC} = \begin{pmatrix} -6 \\ 8 \end{pmatrix}$

(a) $\overrightarrow{AB} \cdot \overrightarrow{AC} = 0$

$\begin{pmatrix} 7 \\ -1 \end{pmatrix} \cdot \begin{pmatrix} 1 \\ 7 \end{pmatrix} = 0$ w.A. $\Rightarrow \measuredangle CAB = 90°$

(b) $|\overrightarrow{AB}| = \sqrt{7^2+(-1)^2} = \sqrt{49+1} = \sqrt{50}$ $\qquad |\overrightarrow{AC}| = \sqrt{1^2+7^2} = \sqrt{1+49} = \sqrt{50}$

$|\overrightarrow{BC}| = \sqrt{(-6)^2+8^2} = \sqrt{36+64} = \sqrt{100} = 10$

$|\overrightarrow{BC}|^2 = |\overrightarrow{AB}|^2 + |\overrightarrow{AC}|^2$

$10^2 = (\sqrt{50})^2 + (\sqrt{50})^2$

$100 = 50 + 50$ w.A. $\Rightarrow \Delta ABC$ ist rechtwinklig.

13 $\overrightarrow{AB} = \begin{pmatrix} 0 \\ -4 \end{pmatrix} \quad \overrightarrow{BC} = \begin{pmatrix} 4 \\ 0 \end{pmatrix} \quad \overrightarrow{DC} = \begin{pmatrix} 0 \\ -4 \end{pmatrix} \quad \overrightarrow{AD} = \begin{pmatrix} 4 \\ 0 \end{pmatrix}$

Ein Quadrat liegt dann vor, wenn (a) alle Seiten gleich lang sind und
(b) jeder Winkel ein rechter Winkel ist.

(a) $|\overrightarrow{AB}| = 4 \quad |\overrightarrow{BC}| = 4 \quad |\overrightarrow{CD}| = 4 \quad |\overrightarrow{AC}| = 4$

(b) $\overrightarrow{AB} \cdot \overrightarrow{BC} = \begin{pmatrix} 0 \\ -4 \end{pmatrix} \cdot \begin{pmatrix} 4 \\ 0 \end{pmatrix} = 0 \quad \Rightarrow \measuredangle ABC = 90^\circ$

$\overrightarrow{BC} \cdot \overrightarrow{CD} = \begin{pmatrix} 4 \\ 0 \end{pmatrix} \cdot \begin{pmatrix} 0 \\ 4 \end{pmatrix} = 0 \quad \Rightarrow \measuredangle BCD = 90^\circ$

$\overrightarrow{AD} \cdot \overrightarrow{DC} = \begin{pmatrix} 4 \\ 0 \end{pmatrix} \cdot \begin{pmatrix} 0 \\ -4 \end{pmatrix} = 0 \quad \Rightarrow \measuredangle ADC = 90^\circ$

$\overrightarrow{AB} \cdot \overrightarrow{AD} = \begin{pmatrix} 0 \\ -4 \end{pmatrix} \cdot \begin{pmatrix} 4 \\ 0 \end{pmatrix} = 0 \quad \Rightarrow \measuredangle DAB = 90^\circ$

Es liegt ein Quadrat vor.

Länge der Diagonalen: $d = a\sqrt{2}$
$d = 4\sqrt{2} = 5{,}66$

Länge des Umfangs: $u = 4a$
$u = 16$

Flächeninhalt: $A = a^2$
$A = 16$

14

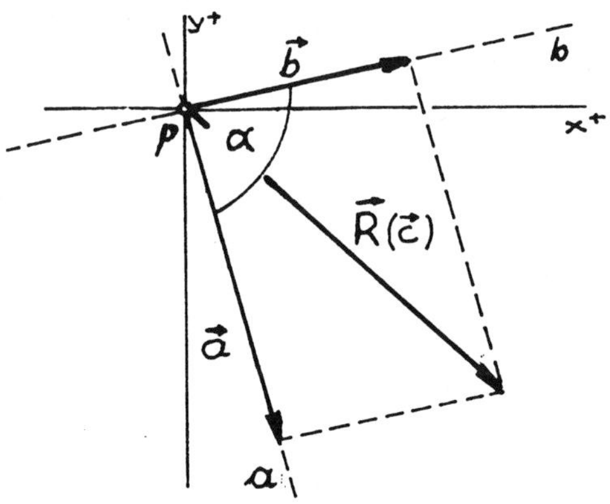

$\vec{R}$ .... Resultierende
a .... Wirkungslinie von $\vec{a}$
b .... Wirkungslinie von $\vec{b}$

(1) (a)

$\cos\alpha = \dfrac{\vec{a} \cdot \vec{b}}{|\vec{a}| \cdot |\vec{b}|}$

$\vec{a} \cdot \vec{b} = \begin{pmatrix} 2 \\ -7 \end{pmatrix} \cdot \begin{pmatrix} 5 \\ 1 \end{pmatrix} = 10 - 7 = 3$

$|\vec{a}| = \sqrt{2^2 + (-7)^2} = \sqrt{53}$

$|\vec{b}| = \sqrt{5^2 + 1^2} = \sqrt{26}$

$\cos\alpha = \dfrac{3}{\sqrt{53} \cdot \sqrt{26}}$

$\alpha = 85{,}364...^\circ$

$\alpha = 85{,}36^\circ$

(b) $\vec{a} + \vec{b} = \vec{c}$

$\vec{c} = \begin{pmatrix} 2 \\ -7 \end{pmatrix} + \begin{pmatrix} 5 \\ 1 \end{pmatrix} = \begin{pmatrix} 7 \\ -6 \end{pmatrix}, \quad |\vec{c}| = \sqrt{85}$

$\vec{a} \cdot \vec{c} = \begin{pmatrix} 2 \\ -7 \end{pmatrix} \cdot \begin{pmatrix} 7 \\ -6 \end{pmatrix} = 14 + 42 = 56$

$\vec{b} \cdot \vec{c} = \begin{pmatrix} 5 \\ 1 \end{pmatrix} \cdot \begin{pmatrix} 7 \\ -6 \end{pmatrix} = 35 - 6 = 29$

$$\cos\alpha_1 = \frac{\vec{a}\cdot\vec{c}}{|\vec{a}|\cdot|\vec{c}|} \qquad \cos\alpha_1 = \frac{56}{\sqrt{53}\cdot\sqrt{85}} \quad \Rightarrow \alpha_1 = 33{,}45^\circ$$

$$\cos\alpha_2 = \frac{\vec{b}\cdot\vec{c}}{|\vec{b}|\cdot|\vec{c}|} \qquad \cos\alpha_2 = \frac{29}{\sqrt{26}\cdot\sqrt{85}} \quad \Rightarrow \alpha_2 = 51{,}91^\circ$$

(2) (a)

$$\cos\alpha = \frac{\vec{a}\cdot\vec{b}}{|\vec{a}|\cdot|\vec{b}|}$$

$$\vec{a}\cdot\vec{b} = \begin{pmatrix}-5\\-3\end{pmatrix}\cdot\begin{pmatrix}-2\\4\end{pmatrix} = 10 - 12 = -2$$

$$|\vec{a}| = \sqrt{(-5)^2 + (-3)^2} = \sqrt{34}$$

$$|\vec{b}| = \sqrt{(-2)^2 + 4^2} = \sqrt{20}$$

$$\cos\alpha = \frac{-2}{\sqrt{34}\cdot\sqrt{20}}$$

$$\alpha = 94{,}398\ldots^\circ$$

$$\alpha = 94{,}40^\circ$$

(b) $\vec{a} + \vec{b} = \vec{c}$

$$\vec{c} = \begin{pmatrix}-5\\-3\end{pmatrix} + \begin{pmatrix}-2\\4\end{pmatrix} = \begin{pmatrix}-7\\1\end{pmatrix}, \qquad |\vec{c}| = \sqrt{50}$$

$$\vec{a}\cdot\vec{c} = \begin{pmatrix}-5\\-3\end{pmatrix}\cdot\begin{pmatrix}-7\\1\end{pmatrix} = 35 - 3 = 32$$

$$\vec{b}\cdot\vec{c} = \begin{pmatrix}-2\\4\end{pmatrix}\cdot\begin{pmatrix}-7\\1\end{pmatrix} = 14 + 4 = 18$$

$$\cos\alpha_1 = \frac{\vec{a}\cdot\vec{c}}{|\vec{a}|\cdot|\vec{c}|} \qquad \cos\alpha_1 = \frac{32}{\sqrt{34}\cdot\sqrt{50}} \quad \Rightarrow \alpha_1 = 39{,}09^\circ$$

$$\cos\alpha_2 = \frac{\vec{b}\cdot\vec{c}}{|\vec{b}|\cdot|\vec{c}|} \qquad \cos\alpha_2 = \frac{18}{\sqrt{20}\cdot\sqrt{50}} \quad \Rightarrow \alpha_2 = 55{,}30^\circ$$

15

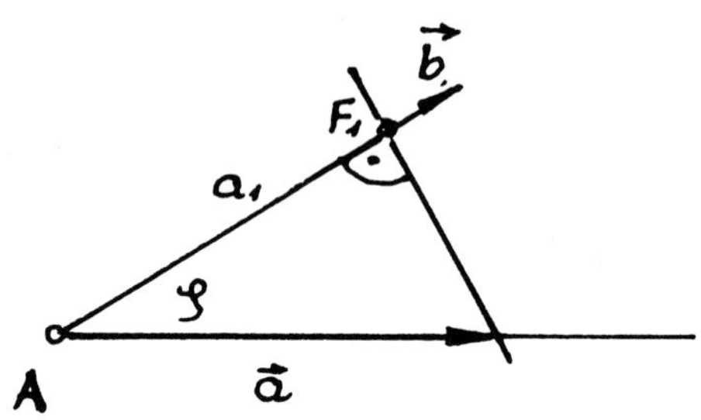

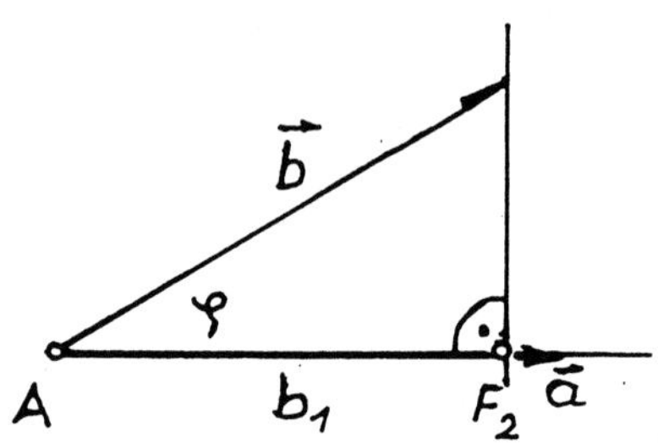

$$a_1 = \frac{\vec{a}\cdot\vec{b}}{|\vec{b}|} \qquad b_1 = \frac{\vec{a}\cdot\vec{b}}{|\vec{a}|}$$

$$\overrightarrow{AF_1} = a_1\cdot\vec{b}_0 \qquad \overrightarrow{AF_2} = b_1\cdot\vec{a}_0$$

$$\vec{b}_0 = \frac{1}{|\vec{b}|}\cdot\vec{b} \qquad \vec{a}_0 = \frac{1}{|\vec{a}|}\cdot\vec{a}$$

$$\vec{a}\cdot\vec{b} = \begin{pmatrix}2\\-1\end{pmatrix}\cdot\begin{pmatrix}5\\8\end{pmatrix} = 10 - 8 = 2$$

$$|\vec{a}| = \sqrt{2^2 + (-1)^2} = \sqrt{5}$$

$$|\vec{b}| = \sqrt{5^2 + 8^2} = \sqrt{89}$$

$$a_1 = \frac{2}{\sqrt{89}} = 0{,}211\ldots \qquad b_1 = \frac{2}{\sqrt{5}} = 0{,}894\ldots$$

$$a_1 = 0{,}21 \qquad b_1 = 0{,}89$$

$$\overrightarrow{AF_1} = \frac{2}{\sqrt{89}}\cdot\frac{1}{\sqrt{89}}\cdot\begin{pmatrix}5\\8\end{pmatrix} \qquad \overrightarrow{AF_2} = \frac{2}{\sqrt{5}}\cdot\frac{1}{\sqrt{5}}\cdot\begin{pmatrix}2\\-1\end{pmatrix}$$

$$\overrightarrow{AF}_1 = \frac{2}{89}\cdot\begin{pmatrix}5\\8\end{pmatrix} = \begin{pmatrix}\frac{10}{89}\\\frac{16}{89}\end{pmatrix} = \begin{pmatrix}0,11\\0,18\end{pmatrix} \qquad \overrightarrow{AF}_2 = \frac{2}{5}\cdot\begin{pmatrix}2\\-1\end{pmatrix} = \begin{pmatrix}\frac{4}{5}\\-\frac{2}{5}\end{pmatrix} = \begin{pmatrix}0,8\\-0,4\end{pmatrix}$$

16 (a)

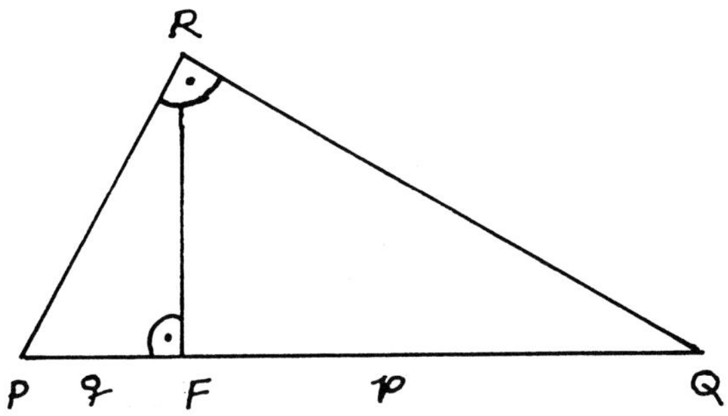

$\overrightarrow{PQ} = \begin{pmatrix}9\\-8\end{pmatrix}$

$\overrightarrow{QR} = \begin{pmatrix}-4\\10\end{pmatrix}$

$\overrightarrow{PR} = \begin{pmatrix}5\\2\end{pmatrix}$

$\overrightarrow{PR}\cdot\overrightarrow{QR} = \begin{pmatrix}5\\2\end{pmatrix}\cdot\begin{pmatrix}-4\\10\end{pmatrix} =$

$= -20 + 20 = 0 \Rightarrow$ Das ΔPQR ist rechtwinklig mit dem rechten Winkel in R.

PQ ist die Hypotenuse.

$q = \dfrac{\overrightarrow{PR}\cdot\overrightarrow{PQ}}{|\overrightarrow{PQ}|}$ $\qquad \overrightarrow{PR}\cdot\overrightarrow{PQ} = \begin{pmatrix}5\\2\end{pmatrix}\cdot\begin{pmatrix}9\\-8\end{pmatrix} = 45 - 16 = 29$

$|\overrightarrow{PQ}| = \sqrt{9^2 + (-8)^2} = \sqrt{145}$

$q = \dfrac{29}{\sqrt{145}}$

$q = 2,408...$

$q = 2,41$

$p = |\overrightarrow{PQ}| - q$

$p = \sqrt{145} - 2,408...$

$p = 9,633...$

$p = 9,63$

$\overrightarrow{0F} = \overrightarrow{0P} + q\cdot\overrightarrow{PQ}_0$

$\overrightarrow{0F} = \begin{pmatrix}-5\\0\end{pmatrix} + \dfrac{29}{\sqrt{145}}\cdot\dfrac{1}{\sqrt{145}}\cdot\begin{pmatrix}9\\-8\end{pmatrix}$

$\overrightarrow{0F} = \begin{pmatrix}-5\\0\end{pmatrix} + \dfrac{29}{145}\cdot\begin{pmatrix}9\\-8\end{pmatrix} = \begin{pmatrix}-5\\0\end{pmatrix} + \dfrac{1}{5}\cdot\begin{pmatrix}9\\-8\end{pmatrix} = \begin{pmatrix}-5\\0\end{pmatrix} + \begin{pmatrix}1,8\\-1,6\end{pmatrix} = \begin{pmatrix}-3,2\\-1,6\end{pmatrix}$ $\qquad F(-3,2/-1,6)$

$A = \frac{1}{2}\cdot|\overrightarrow{PR}|\cdot|\overrightarrow{QR}|$ $\qquad |\overrightarrow{PR}| = \sqrt{5^2 + 2^2} = \sqrt{29}$

$A = \frac{1}{2}\cdot\sqrt{29}\cdot\sqrt{116}$ $\qquad |\overrightarrow{QR}| = \sqrt{(-4)^2 + 10^2} = \sqrt{116}$

$A = 29$ FE $\qquad$ FE ... Flächeneinheiten

(b)

$\overrightarrow{PQ} = \begin{pmatrix}4\\-8\end{pmatrix}$

$\overrightarrow{QR} = \begin{pmatrix}6\\3\end{pmatrix}$

$\overrightarrow{PR} = \begin{pmatrix}10\\-5\end{pmatrix}$

$\overrightarrow{PQ}\cdot\overrightarrow{QR} = \begin{pmatrix}4\\-8\end{pmatrix}\cdot\begin{pmatrix}6\\3\end{pmatrix} =$

$= 24 - 24 = 0 \Rightarrow$ Das ΔPQR ist rechtwinklig mit dem rechten Winkel in Q.

RP ist die Hypotenuse.

$q = \dfrac{\overrightarrow{RQ}\cdot\overrightarrow{RP}}{|\overrightarrow{RP}|}$ $\qquad \overrightarrow{RQ}\cdot\overrightarrow{RP} = \begin{pmatrix}-6\\-3\end{pmatrix}\cdot\begin{pmatrix}-10\\5\end{pmatrix} = 60 - 15 = 45$

$|\overrightarrow{RP}| = \sqrt{(-10)^2 + 5^2} = \sqrt{125}$

$q = \dfrac{45}{\sqrt{125}}$

$q = 4,024...$

$q = 4,02$

$p = |\overrightarrow{RP}| - q$

$p = \sqrt{125} - 4{,}024\ldots$

$p = 7{,}155\ldots$

$p = 7{,}16$

$\overrightarrow{0F} = \overrightarrow{0R} + q \cdot \overrightarrow{RP}_0$

$\overrightarrow{0F} = \begin{pmatrix} 7 \\ -3 \end{pmatrix} + \frac{45}{\sqrt{125}} \cdot \frac{1}{\sqrt{125}} \cdot \begin{pmatrix} -10 \\ 5 \end{pmatrix}$

$\overrightarrow{0F} = \begin{pmatrix} 7 \\ -3 \end{pmatrix} + \frac{45}{125} \cdot \begin{pmatrix} -10 \\ 5 \end{pmatrix} = \begin{pmatrix} 7 \\ -3 \end{pmatrix} + \frac{9}{25} \cdot \begin{pmatrix} -10 \\ 5 \end{pmatrix} = \begin{pmatrix} 7 \\ -3 \end{pmatrix} + \begin{pmatrix} -3{,}6 \\ 1{,}8 \end{pmatrix} = \begin{pmatrix} 3{,}4 \\ -1{,}2 \end{pmatrix}$ F(3,4/−1,2)

$A = \frac{1}{2} \cdot |\overrightarrow{PQ}| \cdot |\overrightarrow{QR}|$ $\qquad |\overrightarrow{PQ}| = \sqrt{4^2 + (-8)^2} = \sqrt{80}$

$A = \frac{1}{2} \cdot \sqrt{80} \cdot \sqrt{45}$ $\qquad |\overrightarrow{QR}| = \sqrt{6^2 + 3^2} = \sqrt{45}$

$A = 30$ FE $\qquad$ FE . . . Flächeneinheiten

17 $\overrightarrow{OC} = \overrightarrow{OM} + \overrightarrow{AM}$ $\qquad \overrightarrow{OC} = \begin{pmatrix} 1 \\ 2 \end{pmatrix} + \begin{pmatrix} 4 \\ 0 \end{pmatrix} = \begin{pmatrix} 5 \\ 2 \end{pmatrix}$ C(5/2)

$\overrightarrow{OD} = \overrightarrow{OM} + \overrightarrow{BM}$ $\qquad \overrightarrow{OD} = \begin{pmatrix} 1 \\ 2 \end{pmatrix} + \begin{pmatrix} -1 \\ 3 \end{pmatrix} = \begin{pmatrix} 0 \\ 5 \end{pmatrix}$ D(0/5)

Länge der Diagonalen: $\overrightarrow{AC} = \begin{pmatrix} 8 \\ 0 \end{pmatrix}$ $\quad |\overrightarrow{AC}| = \sqrt{8^2} = 8$

$\overrightarrow{BD} = \begin{pmatrix} -2 \\ 6 \end{pmatrix}$ $\quad |\overrightarrow{BD}| = \sqrt{(-2)^2+6^2} = \sqrt{4+36} = \sqrt{40}$

Umfang: $u = 2 \cdot |\overrightarrow{AB}| + 2 \cdot |\overrightarrow{BC}|$

$\overrightarrow{AB} = \begin{pmatrix} 5 \\ -3 \end{pmatrix}$ $\quad |\overrightarrow{AB}| = \sqrt{5^2+(-3)^2} = \sqrt{25+9} = \sqrt{34}$

$\overrightarrow{BC} = \begin{pmatrix} 3 \\ 3 \end{pmatrix}$ $\quad |\overrightarrow{BC}| = \sqrt{3^2+3^2} = \sqrt{9+9} = \sqrt{18}$

$u = 2 \cdot \sqrt{34} + 2 \cdot \sqrt{18} = 20{,}15$

18 Ein Quadrat liegt dann vor, wenn
(a) alle 4 Seiten gleich lang sind und
(b) jeder Winkel ein rechter Winkel ist.

$\overrightarrow{AB} = \begin{pmatrix} 7 \\ -1 \end{pmatrix} \quad \overrightarrow{BC} = \begin{pmatrix} 1 \\ 7 \end{pmatrix} \quad \overrightarrow{AD} = \begin{pmatrix} 1 \\ 7 \end{pmatrix} \quad \overrightarrow{DC} = \begin{pmatrix} 7 \\ -1 \end{pmatrix}$

(a) $|\overrightarrow{AB}| = \sqrt{7^2+(-1)^2} = \sqrt{49+1} = \sqrt{50} \quad |\overrightarrow{BC}| = \sqrt{50} \quad |\overrightarrow{AD}| = \sqrt{50} \quad |\overrightarrow{DC}| = \sqrt{50}$

(b) $\overrightarrow{AB} \cdot \overrightarrow{BC} = \begin{pmatrix} 7 \\ -1 \end{pmatrix} \cdot \begin{pmatrix} 1 \\ 7 \end{pmatrix} = 7 \cdot 1 + (-1) \cdot 7 = 0 \Rightarrow \sphericalangle ABC = 90°$

$\overrightarrow{BC} \cdot \overrightarrow{DC} = \begin{pmatrix} 1 \\ 7 \end{pmatrix} \cdot \begin{pmatrix} 7 \\ -1 \end{pmatrix} = 1 \cdot 7 + 7 \cdot (-1) = 0 \Rightarrow \sphericalangle BCD = 90°$

$\overrightarrow{AB} \cdot \overrightarrow{AD} = \begin{pmatrix} 7 \\ -1 \end{pmatrix} \cdot \begin{pmatrix} 1 \\ 7 \end{pmatrix} = 0 \Rightarrow \sphericalangle DAB = 90°$

$\overrightarrow{AD} \cdot \overrightarrow{DC} = \begin{pmatrix} 1 \\ 7 \end{pmatrix} \cdot \begin{pmatrix} 7 \\ -1 \end{pmatrix} = 0 \Rightarrow \sphericalangle CDA = 90°$

$\Rightarrow$ es liegt ein Quadrat vor.

19 Ein Deltoid liegt dann vor, wenn (a) $|\overrightarrow{AB}| = |\overrightarrow{AD}|$ und $|\overrightarrow{BC}| = |\overrightarrow{CD}|$ gilt und
(b) die Diagonalen aufeinander normal stehen.

(a)
$$\overrightarrow{AB} = \begin{pmatrix} 5 \\ -5 \end{pmatrix} \quad |\overrightarrow{AB}| = \sqrt{5^2+(-5)^2} = \sqrt{25+25} = \sqrt{50}$$
$$\overrightarrow{AD} = \begin{pmatrix} 7 \\ 1 \end{pmatrix} \quad |\overrightarrow{AD}| = \sqrt{7^2+1^2} = \sqrt{49+1} = \sqrt{50}$$
$\Rightarrow |\overrightarrow{AB}| = |\overrightarrow{AD}|$ w.A.

$$\overrightarrow{BC} = \begin{pmatrix} 2{,}5 \\ 2{,}5 \end{pmatrix} \quad |\overrightarrow{BC}| = \sqrt{2{,}5^2+2{,}5^2} = \sqrt{6{,}25+6{,}25} = \sqrt{12{,}5}$$
$$\overrightarrow{CD} = \begin{pmatrix} -0{,}5 \\ 3{,}5 \end{pmatrix} \quad |\overrightarrow{CD}| = \sqrt{(-0{,}5)^2+3{,}5^2} = \sqrt{0{,}25+12{,}25} = \sqrt{12{,}5}$$
$\Rightarrow |\overrightarrow{BC}| = |\overrightarrow{CD}|$ w.A.

(b)
$$\overrightarrow{AC} = \begin{pmatrix} 7{,}5 \\ -2{,}5 \end{pmatrix} \quad \overrightarrow{BD} = \begin{pmatrix} 2 \\ 6 \end{pmatrix}$$
$$\overrightarrow{AC} \cdot \overrightarrow{BD} = \begin{pmatrix} 7{,}5 \\ -2{,}5 \end{pmatrix} \cdot \begin{pmatrix} 2 \\ 6 \end{pmatrix} = 7{,}5 \cdot 2 + (-2{,}5) \cdot 6 = 15 - 15 = 0$$
$\Rightarrow \overrightarrow{AC} \perp \overrightarrow{BD}$ w.A.

$\Rightarrow$ es liegt ein Deltoid vor.

20 (a)
$$\vec{u} = \begin{pmatrix} 2 \\ -0{,}8 \end{pmatrix} = 0{,}4 \begin{pmatrix} 5 \\ -2 \end{pmatrix} \quad \vec{u}_o = \frac{1}{\sqrt{5^2+(-2)^2}} \begin{pmatrix} 5 \\ -2 \end{pmatrix} = \frac{1}{\sqrt{29}} \begin{pmatrix} 5 \\ -2 \end{pmatrix}$$
$$\vec{v} = \begin{pmatrix} 6 \\ 15 \end{pmatrix} = 3 \begin{pmatrix} 2 \\ 5 \end{pmatrix} \quad \vec{v}_o = \frac{1}{\sqrt{2^2+5^2}} \begin{pmatrix} 2 \\ 5 \end{pmatrix} = \frac{1}{\sqrt{29}} \begin{pmatrix} 2 \\ 5 \end{pmatrix}$$
$$\vec{u}_o + \vec{v}_o = \frac{1}{\sqrt{29}} \begin{pmatrix} 5 \\ -2 \end{pmatrix} + \frac{1}{\sqrt{29}} \begin{pmatrix} 2 \\ 5 \end{pmatrix} = \frac{1}{\sqrt{29}} \left[\begin{pmatrix} 5 \\ -2 \end{pmatrix} + \begin{pmatrix} 2 \\ 5 \end{pmatrix} \right] = \frac{1}{\sqrt{29}} \begin{pmatrix} 7 \\ 3 \end{pmatrix}$$
$$\vec{w} = \begin{pmatrix} 7 \\ 3 \end{pmatrix}$$

(b)
$$\vec{a} = \begin{pmatrix} -9 \\ 3 \end{pmatrix} = 3 \begin{pmatrix} -3 \\ 1 \end{pmatrix} \quad \vec{a}_o = \frac{1}{\sqrt{(-3)^2+1^2}} \begin{pmatrix} -3 \\ 1 \end{pmatrix} = \frac{1}{\sqrt{10}} \begin{pmatrix} -3 \\ 1 \end{pmatrix}$$
$$\vec{b} = \begin{pmatrix} 4 \\ 12 \end{pmatrix} = 4 \begin{pmatrix} 1 \\ 3 \end{pmatrix} \quad \vec{b}_o = \frac{1}{\sqrt{1^2+3^2}} \begin{pmatrix} 1 \\ 3 \end{pmatrix} = \frac{1}{\sqrt{10}} \begin{pmatrix} 1 \\ 3 \end{pmatrix}$$
$$\vec{a}_o + \vec{b}_o = \frac{1}{\sqrt{10}} \begin{pmatrix} -3 \\ 1 \end{pmatrix} + \frac{1}{\sqrt{10}} \begin{pmatrix} 1 \\ 3 \end{pmatrix} = \frac{1}{\sqrt{10}} \left[\begin{pmatrix} -3 \\ 1 \end{pmatrix} + \begin{pmatrix} 1 \\ 3 \end{pmatrix} \right] = \frac{1}{\sqrt{10}} \begin{pmatrix} -2 \\ 4 \end{pmatrix} = \frac{2}{\sqrt{10}} \begin{pmatrix} -1 \\ 2 \end{pmatrix}$$
$$\vec{w} = \begin{pmatrix} -1 \\ 2 \end{pmatrix}$$

21 (a)
$$\overrightarrow{OH}_{AB} = \frac{1}{2}(\overrightarrow{OA} + \overrightarrow{OB}) = \frac{1}{2} \left[\begin{pmatrix} -1 \\ -1 \end{pmatrix} + \begin{pmatrix} 6 \\ -1 \end{pmatrix} \right] = \frac{1}{2} \begin{pmatrix} 5 \\ -2 \end{pmatrix} = \begin{pmatrix} 2{,}5 \\ -1 \end{pmatrix} \qquad H_{AB}(2{,}5/-1)$$
$$\overrightarrow{OH}_{BC} = \frac{1}{2}(\overrightarrow{OB} + \overrightarrow{OC}) = \frac{1}{2} \left[\begin{pmatrix} 6 \\ -1 \end{pmatrix} + \begin{pmatrix} -4 \\ 4 \end{pmatrix} \right] = \frac{1}{2} \begin{pmatrix} 2 \\ 3 \end{pmatrix} = \begin{pmatrix} 1 \\ 1{,}5 \end{pmatrix} \qquad H_{BC}(1/1{,}5)$$
$$\overrightarrow{OH}_{AC} = \frac{1}{2}(\overrightarrow{OA} + \overrightarrow{OC}) = \frac{1}{2} \left[\begin{pmatrix} -1 \\ -1 \end{pmatrix} + \begin{pmatrix} -4 \\ 4 \end{pmatrix} \right] = \frac{1}{2} \begin{pmatrix} -5 \\ 3 \end{pmatrix} = \begin{pmatrix} -2{,}5 \\ 1{,}5 \end{pmatrix} \qquad H_{AC}(-2{,}5/1{,}5)$$

Richtung der Schwerlinien:
$$s_a\!: \overrightarrow{AH}_{BC} = \begin{pmatrix} 2 \\ 2{,}5 \end{pmatrix} \qquad s_b\!: \overrightarrow{BH}_{AC} = \begin{pmatrix} -8{,}5 \\ 2{,}5 \end{pmatrix} \qquad s_c\!: \overrightarrow{CH}_{AB} = \begin{pmatrix} 6{,}5 \\ -5 \end{pmatrix}$$

Schwerpunkt S:
$$\overrightarrow{OS} = \frac{1}{3}(\overrightarrow{OA} + \overrightarrow{OB} + \overrightarrow{OC}) = \frac{1}{3} \left[\begin{pmatrix} -1 \\ -1 \end{pmatrix} + \begin{pmatrix} 6 \\ -1 \end{pmatrix} + \begin{pmatrix} -4 \\ 4 \end{pmatrix} \right] = \frac{1}{3} \begin{pmatrix} 1 \\ 2 \end{pmatrix} \qquad S\left(\tfrac{1}{3}/\tfrac{2}{3}\right)$$

Umfang u:
$$\overrightarrow{AB} = \begin{pmatrix} 7 \\ 0 \end{pmatrix} \quad |\overrightarrow{AB}| = \sqrt{7^2+0^2} = 7$$
$$\overrightarrow{BC} = \begin{pmatrix} -10 \\ 5 \end{pmatrix} \quad |\overrightarrow{BC}| = \sqrt{(-10)^2+5^2} = \sqrt{100+25} = \sqrt{125}$$
$$\overrightarrow{AC} = \begin{pmatrix} -3 \\ 5 \end{pmatrix} \quad |\overrightarrow{AC}| = \sqrt{(-3)^2+5^2} = \sqrt{9+25} = \sqrt{34}$$
$$u = 7 + \sqrt{125} + \sqrt{34} = 24{,}01$$

(b) $\overrightarrow{OH}_{AB} = \frac{1}{2}(\overrightarrow{OA} + \overrightarrow{OB}) = \frac{1}{2}\left[\begin{pmatrix} -3 \\ 1 \end{pmatrix} + \begin{pmatrix} 9 \\ 7 \end{pmatrix}\right] = \frac{1}{2}\begin{pmatrix} 6 \\ 8 \end{pmatrix} = \begin{pmatrix} 3 \\ 4 \end{pmatrix}$ $H_{AB}(3/4)$

$\overrightarrow{OH}_{BC} = \frac{1}{2}(\overrightarrow{OB} + \overrightarrow{OC}) = \frac{1}{2}\left[\begin{pmatrix} 9 \\ 7 \end{pmatrix} + \begin{pmatrix} 1 \\ 10 \end{pmatrix}\right] = \frac{1}{2}\begin{pmatrix} 10 \\ 17 \end{pmatrix} = \begin{pmatrix} 5 \\ 8,5 \end{pmatrix}$ $H_{BC}(5/8,5)$

$\overrightarrow{OH}_{AC} = \frac{1}{2}(\overrightarrow{OA} + \overrightarrow{OC}) = \frac{1}{2}\left[\begin{pmatrix} -3 \\ 1 \end{pmatrix} + \begin{pmatrix} 1 \\ 10 \end{pmatrix}\right] = \frac{1}{2}\begin{pmatrix} -2 \\ 11 \end{pmatrix} = \begin{pmatrix} -1 \\ 5,5 \end{pmatrix}$ $H_{AC}(-1/5,5)$

Richtung der Schwerlinien:

s_a: $\overrightarrow{AH}_{BC} = \begin{pmatrix} 8 \\ 7,5 \end{pmatrix}$ s_b: $\overrightarrow{BH}_{AC} = \begin{pmatrix} -10 \\ -1,5 \end{pmatrix}$ s_c: $\overrightarrow{CH}_{AB} = \begin{pmatrix} 2 \\ -6 \end{pmatrix}$

Schwerpunkt S:

$\overrightarrow{OS} = \frac{1}{3}(\overrightarrow{OA} + \overrightarrow{OB} + \overrightarrow{OC}) = \frac{1}{3}\left[\begin{pmatrix} -3 \\ 1 \end{pmatrix} + \begin{pmatrix} 9 \\ 7 \end{pmatrix} + \begin{pmatrix} 1 \\ 10 \end{pmatrix}\right] = \frac{1}{3}\begin{pmatrix} 7 \\ 18 \end{pmatrix}$ $S\left(\frac{7}{3}/\ 6\right)$

Umfang u:

$\overrightarrow{AB} = \begin{pmatrix} 12 \\ 6 \end{pmatrix}$ $|\overrightarrow{AB}| = \sqrt{12^2+6^2} = \sqrt{144+36} = \sqrt{180}$

$\overrightarrow{AC} = \begin{pmatrix} 4 \\ 9 \end{pmatrix}$ $|\overrightarrow{AC}| = \sqrt{4^2+9^2} = \sqrt{16+81} = \sqrt{97}$

$\overrightarrow{BC} = \begin{pmatrix} -8 \\ 3 \end{pmatrix}$ $|\overrightarrow{BC}| = \sqrt{(-8)^2+3^2} = \sqrt{64+9} = \sqrt{73}$

$u = \sqrt{180} + \sqrt{97} + \sqrt{73} = 31,81$

22 (a) $\overrightarrow{OS} = \frac{1}{3}(\overrightarrow{OA} + \overrightarrow{OB} + \overrightarrow{OC})$

$3 \cdot \overrightarrow{OS} = \overrightarrow{OA} + \overrightarrow{OB} + \overrightarrow{OC}$

$\overrightarrow{OC} = 3 \cdot \overrightarrow{OS} - \overrightarrow{OA} - \overrightarrow{OB}$

$\overrightarrow{OC} = 3 \cdot \begin{pmatrix} 1 \\ 2 \end{pmatrix} - \begin{pmatrix} -2 \\ 3 \end{pmatrix} - \begin{pmatrix} 2 \\ -1 \end{pmatrix} = \begin{pmatrix} 3 \\ 6 \end{pmatrix} - \begin{pmatrix} -2 \\ 3 \end{pmatrix} - \begin{pmatrix} 2 \\ -1 \end{pmatrix} = \begin{pmatrix} 3+2-2 \\ 6-3+1 \end{pmatrix} = \begin{pmatrix} 3 \\ 4 \end{pmatrix}$ $C(3/4)$

Vektoren in Richtung der Schwerlinien:

$s_a(A,S)$: $\overrightarrow{AS} = \begin{pmatrix} 3 \\ -1 \end{pmatrix}$ $s_b(B,S)$: $\overrightarrow{BS} = \begin{pmatrix} -1 \\ 3 \end{pmatrix}$ $s_c(C,S)$: $\overrightarrow{CS} = \begin{pmatrix} -2 \\ -2 \end{pmatrix}$

(b) $\overrightarrow{OS} = \frac{1}{3}(\overrightarrow{OA} + \overrightarrow{OB} + \overrightarrow{OC})$

$3 \cdot \overrightarrow{OS} = \overrightarrow{OA} + \overrightarrow{OB} + \overrightarrow{OC}$

$\overrightarrow{OA} = 3 \cdot \overrightarrow{OS} - \overrightarrow{OB} - \overrightarrow{OC}$

$\overrightarrow{OA} = 3 \cdot \begin{pmatrix} -1 \\ 0 \end{pmatrix} - \begin{pmatrix} 2 \\ 0 \end{pmatrix} - \begin{pmatrix} -2 \\ 3 \end{pmatrix} = \begin{pmatrix} -3 \\ 0 \end{pmatrix} - \begin{pmatrix} 2 \\ 0 \end{pmatrix} - \begin{pmatrix} -2 \\ 3 \end{pmatrix} = \begin{pmatrix} -3-2+2 \\ -3 \end{pmatrix} = \begin{pmatrix} -3 \\ -3 \end{pmatrix}$ $A(-3/-3)$

Vektoren in Richtung der Schwerlinien:

$s_a(A,S)$: $\overrightarrow{AS} = \begin{pmatrix} 2 \\ 3 \end{pmatrix}$ $s_b(B,S)$: $\overrightarrow{BS} = \begin{pmatrix} -3 \\ 0 \end{pmatrix}$ $s_c(C,S)$: $\overrightarrow{CS} = \begin{pmatrix} 1 \\ -3 \end{pmatrix}$

(c) $\overrightarrow{OS} = \frac{1}{3}(\overrightarrow{OA} + \overrightarrow{OB} + \overrightarrow{OC})$

$3 \cdot \overrightarrow{OS} = \overrightarrow{OA} + \overrightarrow{OB} + \overrightarrow{OC}$

$\overrightarrow{OB} = 3 \cdot \overrightarrow{OS} - \overrightarrow{OA} - \overrightarrow{OC}$

$\overrightarrow{OB} = 3 \cdot \begin{pmatrix} 1 \\ 2 \end{pmatrix} - \begin{pmatrix} 2 \\ 3 \end{pmatrix} - \begin{pmatrix} 5 \\ -1 \end{pmatrix} = \begin{pmatrix} 3 \\ 6 \end{pmatrix} - \begin{pmatrix} 2 \\ 3 \end{pmatrix} - \begin{pmatrix} 5 \\ -1 \end{pmatrix} = \begin{pmatrix} 3-2-5 \\ 6-3+1 \end{pmatrix} = \begin{pmatrix} -4 \\ 4 \end{pmatrix}$ $B(-4/4)$

Vektoren in Richtung der Schwerlinien:

$s_a(A,S)$: $\overrightarrow{AS} = \begin{pmatrix} -1 \\ -1 \end{pmatrix}$ $s_b(B,S)$: $\overrightarrow{BS} = \begin{pmatrix} 5 \\ -2 \end{pmatrix}$ $s_c(C,S)$: $\overrightarrow{CS} = \begin{pmatrix} -4 \\ 3 \end{pmatrix}$

(d) $\overrightarrow{OS} = \frac{1}{3}(\overrightarrow{OA} + \overrightarrow{OB} + \overrightarrow{OC})$

$3 \cdot \overrightarrow{OS} = \overrightarrow{OA} + \overrightarrow{OB} + \overrightarrow{OC}$

$\overrightarrow{OC} = 3 \cdot \overrightarrow{OS} - \overrightarrow{OA} - \overrightarrow{OB}$

$\overrightarrow{OC} = 3 \cdot \begin{pmatrix} -1 \\ 2 \end{pmatrix} - \begin{pmatrix} -6 \\ -2 \end{pmatrix} - \begin{pmatrix} 4 \\ 2 \end{pmatrix} = \begin{pmatrix} -3 \\ 6 \end{pmatrix} - \begin{pmatrix} -6 \\ -2 \end{pmatrix} - \begin{pmatrix} 4 \\ 2 \end{pmatrix} = \begin{pmatrix} -3+6-4 \\ 6+2-2 \end{pmatrix} = \begin{pmatrix} -1 \\ 6 \end{pmatrix}$ $C(-1/6)$

Vektoren in Richtung der Schwerlinien:

$s_a(A,S)$: $\overrightarrow{AS} = \begin{pmatrix} 5 \\ 4 \end{pmatrix}$ $s_b(B,S)$: $\overrightarrow{BS} = \begin{pmatrix} -5 \\ 0 \end{pmatrix}$ $s_c(C,S)$: $\overrightarrow{CS} = \begin{pmatrix} 0 \\ -4 \end{pmatrix}$

23 (a) $\alpha=\sphericalangle CAB$, $\beta=\sphericalangle ABC$, $\gamma=\sphericalangle BCA$

Richtung der Winkelsymmetrale des Winkels α: w_α

$\overrightarrow{AB} = \begin{pmatrix} 10 \\ 5 \end{pmatrix} = 5\begin{pmatrix} 2 \\ 1 \end{pmatrix}$ $\overrightarrow{AB}_o = \frac{1}{\sqrt{2^2+1^2}}\begin{pmatrix} 2 \\ 1 \end{pmatrix} = \frac{1}{\sqrt{5}}\begin{pmatrix} 2 \\ 1 \end{pmatrix}$

$\overrightarrow{AC} = \begin{pmatrix} 4 \\ 8 \end{pmatrix} = 4\begin{pmatrix} 1 \\ 2 \end{pmatrix}$ $\overrightarrow{AC}_o = \frac{1}{\sqrt{1^2+2^2}}\begin{pmatrix} 1 \\ 2 \end{pmatrix} = \frac{1}{\sqrt{5}}\begin{pmatrix} 1 \\ 2 \end{pmatrix}$

w_α: $\overrightarrow{AB}_o + \overrightarrow{AC}_o = \frac{1}{\sqrt{5}}\begin{pmatrix} 2 \\ 1 \end{pmatrix} + \frac{1}{\sqrt{5}}\begin{pmatrix} 1 \\ 2 \end{pmatrix} = \frac{1}{\sqrt{5}}\left[\begin{pmatrix} 2 \\ 1 \end{pmatrix} + \begin{pmatrix} 1 \\ 2 \end{pmatrix}\right] = \frac{1}{\sqrt{5}}\begin{pmatrix} 3 \\ 3 \end{pmatrix} = \frac{3}{\sqrt{5}}\begin{pmatrix} 1 \\ 1 \end{pmatrix}$

$\vec{u} = \begin{pmatrix} 1 \\ 1 \end{pmatrix}$

Richtung der Winkelsymmetrale des Winkels β: w_β

$\overrightarrow{BA} = -\overrightarrow{AB}$

Anmerkung: Da die Vektoren $\overrightarrow{AB}$ und $\overrightarrow{BA}$ entgegengesetzt orientiert sind, sind auch die Einheitsvektoren entgegengesetzt orientiert und es gilt: $\overrightarrow{BA}_o = -\overrightarrow{AB}_o$.

$\overrightarrow{BA}_o = -\frac{1}{\sqrt{5}}\begin{pmatrix} 2 \\ 1 \end{pmatrix} = \frac{1}{\sqrt{5}}\begin{pmatrix} -2 \\ -1 \end{pmatrix}$

$\overrightarrow{BC} = \begin{pmatrix} -6 \\ 3 \end{pmatrix} = 3\begin{pmatrix} -2 \\ 1 \end{pmatrix}$ $\overrightarrow{BC}_o = \frac{1}{\sqrt{(-2)^2+1^2}}\begin{pmatrix} -2 \\ 1 \end{pmatrix} = \frac{1}{\sqrt{5}}\begin{pmatrix} -2 \\ 1 \end{pmatrix}$

w_β: $\overrightarrow{BA}_o + \overrightarrow{BC}_o = \frac{1}{\sqrt{5}}\begin{pmatrix} -2 \\ -1 \end{pmatrix} + \frac{1}{\sqrt{5}}\begin{pmatrix} -2 \\ 1 \end{pmatrix} = \frac{1}{\sqrt{5}}\left[\begin{pmatrix} -2 \\ -1 \end{pmatrix} + \begin{pmatrix} -2 \\ 1 \end{pmatrix}\right] = \frac{1}{\sqrt{5}}\begin{pmatrix} -4 \\ 0 \end{pmatrix} = \frac{-4}{\sqrt{5}}\begin{pmatrix} 1 \\ 0 \end{pmatrix}$

$\vec{v} = \begin{pmatrix} 1 \\ 0 \end{pmatrix}$

Richtung der Winkelsymmetrale des Winkels γ: w_γ

$\overrightarrow{CA} = -\overrightarrow{AC}$ $\overrightarrow{CA}_o = -\frac{1}{\sqrt{5}}\begin{pmatrix} 1 \\ 2 \end{pmatrix} = \frac{1}{\sqrt{5}}\begin{pmatrix} -1 \\ -2 \end{pmatrix}$

$\overrightarrow{CB} = -\overrightarrow{BC}$ $\overrightarrow{CB}_o = -\frac{1}{\sqrt{5}}\begin{pmatrix} -2 \\ 1 \end{pmatrix} = \frac{1}{\sqrt{5}}\begin{pmatrix} 2 \\ -1 \end{pmatrix}$

w_γ: $\overrightarrow{CA}_o + \overrightarrow{CB}_o = \frac{1}{\sqrt{5}}\begin{pmatrix} -1 \\ -2 \end{pmatrix} + \frac{1}{\sqrt{5}}\begin{pmatrix} 2 \\ -1 \end{pmatrix} = \frac{1}{\sqrt{5}}\left[\begin{pmatrix} -1 \\ -2 \end{pmatrix} + \begin{pmatrix} 2 \\ -1 \end{pmatrix}\right] = \frac{1}{\sqrt{5}}\begin{pmatrix} 1 \\ -3 \end{pmatrix}$

$\vec{w} = \begin{pmatrix} 1 \\ -3 \end{pmatrix}$

(b) $\alpha=\sphericalangle CAB$, $\beta=\sphericalangle ABC$, $\gamma=\sphericalangle BCA$

Richtung der Winkelsymmetrale des Winkels α: w_α

$\overrightarrow{AB} = \begin{pmatrix} 5 \\ -15 \end{pmatrix} = 5\begin{pmatrix} 1 \\ -3 \end{pmatrix}$ $\overrightarrow{AB}_o = \frac{1}{\sqrt{1^2+(-3)^2}}\begin{pmatrix} 1 \\ -3 \end{pmatrix} = \frac{1}{\sqrt{10}}\begin{pmatrix} 1 \\ -3 \end{pmatrix}$

$\overrightarrow{AC} = \begin{pmatrix} 9 \\ -3 \end{pmatrix} = 3\begin{pmatrix} 3 \\ -1 \end{pmatrix}$ $\overrightarrow{AC}_o = \frac{1}{\sqrt{3^2+(-1)^2}}\begin{pmatrix} 3 \\ -1 \end{pmatrix} = \frac{1}{\sqrt{10}}\begin{pmatrix} 3 \\ -1 \end{pmatrix}$

w_α: $\overrightarrow{AB}_o + \overrightarrow{AC}_o = \frac{1}{\sqrt{10}}\begin{pmatrix} 1 \\ -3 \end{pmatrix} + \frac{1}{\sqrt{10}}\begin{pmatrix} 3 \\ -1 \end{pmatrix} = \frac{1}{\sqrt{10}}\left[\begin{pmatrix} 1 \\ -3 \end{pmatrix} + \begin{pmatrix} 3 \\ -1 \end{pmatrix}\right] = \frac{1}{\sqrt{10}}\begin{pmatrix} 4 \\ -4 \end{pmatrix} = \frac{4}{\sqrt{10}}\begin{pmatrix} 1 \\ -1 \end{pmatrix}$

$\vec{u} = \begin{pmatrix} 1 \\ -1 \end{pmatrix}$

Richtung der Winkelsymmetrale des Winkels β: w_β

$\overrightarrow{BA} = -\overrightarrow{AB}$ $\overrightarrow{BA}_o = -\frac{1}{\sqrt{10}}\begin{pmatrix} 1 \\ -3 \end{pmatrix} = \frac{1}{\sqrt{10}}\begin{pmatrix} -1 \\ 3 \end{pmatrix}$

$\overrightarrow{BC} = \begin{pmatrix} 4 \\ 12 \end{pmatrix} = 4\begin{pmatrix} 1 \\ 3 \end{pmatrix}$ $\overrightarrow{BC}_o = \frac{1}{\sqrt{1^2+3^2}}\begin{pmatrix} 1 \\ 3 \end{pmatrix} = \frac{1}{\sqrt{10}}\begin{pmatrix} 1 \\ 3 \end{pmatrix}$

w_β: $\overrightarrow{BA}_o + \overrightarrow{BC}_o = \frac{1}{\sqrt{10}}\begin{pmatrix} -1 \\ 3 \end{pmatrix} + \frac{1}{\sqrt{10}}\begin{pmatrix} 1 \\ 3 \end{pmatrix} = \frac{1}{\sqrt{10}}\left[\begin{pmatrix} -1 \\ 3 \end{pmatrix} + \begin{pmatrix} 1 \\ 3 \end{pmatrix}\right] = \frac{1}{\sqrt{10}}\begin{pmatrix} 0 \\ 6 \end{pmatrix} = \frac{6}{\sqrt{10}}\begin{pmatrix} 0 \\ 1 \end{pmatrix}$

$\vec{v} = \begin{pmatrix} 0 \\ 1 \end{pmatrix}$

Richtung der Winkelsymmetrale des Winkels γ: w_γ

$\vec{CA} = -\vec{AC}$ $\qquad \vec{CA}_o = -\frac{1}{\sqrt{10}}\begin{pmatrix}3\\-1\end{pmatrix} = \frac{1}{\sqrt{10}}\begin{pmatrix}-3\\1\end{pmatrix}$

$\vec{CB} = -\vec{BC}$ $\qquad \vec{CB}_o = -\frac{1}{\sqrt{10}}\begin{pmatrix}1\\3\end{pmatrix} = \frac{1}{\sqrt{10}}\begin{pmatrix}-1\\-3\end{pmatrix}$

$$w_\gamma\colon\ \vec{CA}_o + \vec{CB}_o = \frac{1}{\sqrt{10}}\begin{pmatrix}-3\\1\end{pmatrix} + \frac{1}{\sqrt{10}}\begin{pmatrix}-1\\-3\end{pmatrix} = \frac{1}{\sqrt{10}}\left[\begin{pmatrix}-3\\1\end{pmatrix} + \begin{pmatrix}-1\\-3\end{pmatrix}\right] = \frac{1}{\sqrt{10}}\begin{pmatrix}-4\\-2\end{pmatrix} = \frac{-2}{\sqrt{10}}\begin{pmatrix}2\\1\end{pmatrix}$$

$\vec{w} = \begin{pmatrix}2\\1\end{pmatrix}$

24 (a)

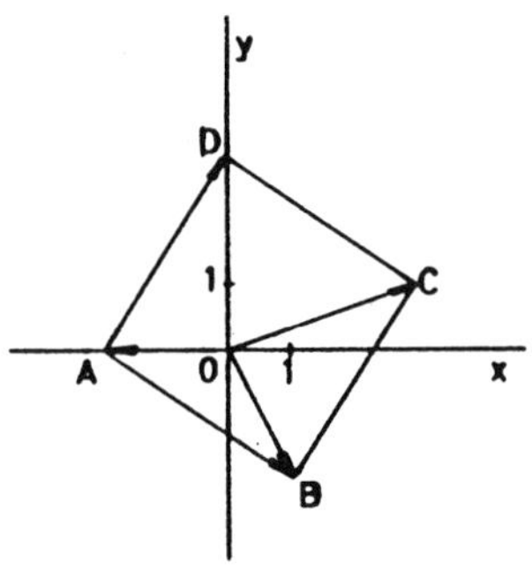

$\vec{AB} = \begin{pmatrix}3\\-2\end{pmatrix} \qquad \vec{n} = \begin{pmatrix}2\\3\end{pmatrix}$

$\vec{OC} = \vec{OB} \pm \vec{n}$

$\vec{OC} = \begin{pmatrix}1\\-2\end{pmatrix} \pm \begin{pmatrix}2\\3\end{pmatrix}$

$\vec{OC}_1 = \begin{pmatrix}1\\-2\end{pmatrix} + \begin{pmatrix}2\\3\end{pmatrix} \qquad C_1(3/1)$

$\vec{OC}_2 = \begin{pmatrix}1\\-2\end{pmatrix} - \begin{pmatrix}2\\3\end{pmatrix} \qquad C_2(-1/-5)$

$C_1 = C$ ... positiver Umlaufsinn (ergibt sich aus der Zeichnung): C(3/1)

$\vec{OD} = \vec{OA} + \vec{BC}$

$\vec{OD} = \begin{pmatrix}-2\\0\end{pmatrix} + \begin{pmatrix}2\\3\end{pmatrix} = \begin{pmatrix}0\\3\end{pmatrix} \qquad D(0/3)$

(b)

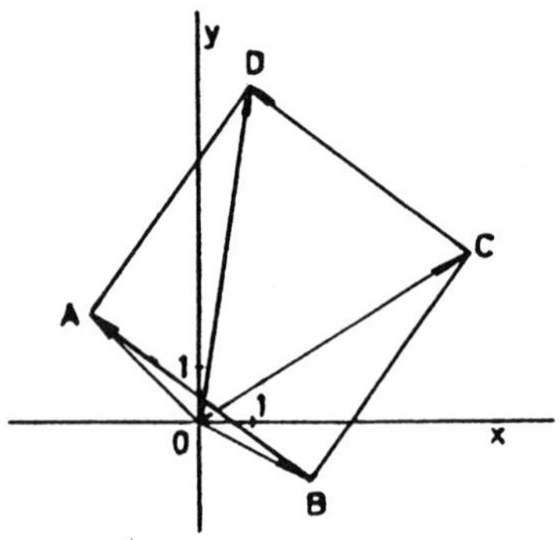

$\vec{BC} = \begin{pmatrix}3\\4\end{pmatrix} \qquad \vec{n} = \begin{pmatrix}4\\-3\end{pmatrix}$

$\vec{OA} = \vec{OB} \pm \vec{n}$

$\vec{OA} = \begin{pmatrix}2\\-1\end{pmatrix} \pm \begin{pmatrix}4\\-3\end{pmatrix}$

$\vec{OA}_1 = \begin{pmatrix}2\\-1\end{pmatrix} + \begin{pmatrix}4\\-3\end{pmatrix} \qquad A_1(6/-4)$

$\vec{OA}_2 = \begin{pmatrix}2\\-1\end{pmatrix} - \begin{pmatrix}4\\-3\end{pmatrix} \qquad A_2(-2/2)$

$A_2 = A$ ... positiver Umlaufsinn (Zeichnung) A(-2/2)

$\vec{OD} = \vec{OA} + \vec{BC}$

$\vec{OD} = \begin{pmatrix}-2\\2\end{pmatrix} + \begin{pmatrix}3\\4\end{pmatrix} = \begin{pmatrix}1\\6\end{pmatrix} \qquad D(1/6)$

25 Für das Quadrat gilt: Die Diagonalen stehen aufeinander normal und halbieren einander.

(a) $\vec{OM}_{AC} = \frac{1}{2}(\vec{OA} + \vec{OC})$

$\vec{OM}_{AC} = \frac{1}{2}\left[\begin{pmatrix}-4\\3\end{pmatrix} + \begin{pmatrix}2\\-1\end{pmatrix}\right] = \frac{1}{2}\begin{pmatrix}-2\\2\end{pmatrix} = \begin{pmatrix}-1\\1\end{pmatrix} \qquad M_{AC}(-1/1)$

$\vec{AM}_{AC} = \begin{pmatrix}3\\-2\end{pmatrix} \qquad \vec{n} = \begin{pmatrix}2\\3\end{pmatrix}$

Durch Abtragen des Vektors $\vec{n}$ von M_{AC} aus erhält man die Punkte B, D des Quadrats.

$\vec{OB}, \vec{OD}\colon\ \vec{OM}_{AC} \pm \vec{n}$

$\vec{OB}, \vec{OD}\colon\ \begin{pmatrix}-1\\1\end{pmatrix} \pm \begin{pmatrix}2\\3\end{pmatrix}$

Beachten Sie den positiven Umlaufsinn.

$\begin{pmatrix}-1\\1\end{pmatrix} + \begin{pmatrix}2\\3\end{pmatrix} = \begin{pmatrix}1\\4\end{pmatrix} \qquad D(1/4)$

$\begin{pmatrix}-1\\1\end{pmatrix} - \begin{pmatrix}2\\3\end{pmatrix} = \begin{pmatrix}-3\\-2\end{pmatrix} \qquad B(-3/-2)$

Umfang u:

$\vec{AB} = \begin{pmatrix}1\\-5\end{pmatrix} \qquad |\vec{AB}| = \sqrt{1^2+(-5)^2} = \sqrt{1+25} = \sqrt{26}$

$$u = 4\cdot\sqrt{26} = 20{,}4$$

Flächeninhalt $A = a^2$

$$A = (\sqrt{26})^2 = 26$$

(b) $\overrightarrow{OM_{BD}} = \frac{1}{2}(\overrightarrow{OB} + \overrightarrow{OD})$

$\overrightarrow{OM_{BD}} = \frac{1}{2}\left[\begin{pmatrix}-2\\1\end{pmatrix} + \begin{pmatrix}2\\3\end{pmatrix}\right] = \frac{1}{2}\begin{pmatrix}0\\4\end{pmatrix} = \begin{pmatrix}0\\2\end{pmatrix}$ $M_{BD}(0/2)$

$\overrightarrow{BM_{BD}} = \begin{pmatrix}2\\1\end{pmatrix}$ $\vec{n} = \begin{pmatrix}1\\-2\end{pmatrix}$ Durch Abtragen des Vektors $\vec{n}$ von M_{BD} aus erhält man die Punkte A, C des Quadrats.

$\overrightarrow{OA}, \overrightarrow{OC}$: $\overrightarrow{OM_{BD}} \pm \vec{n}$

$\overrightarrow{OA}, \overrightarrow{OC}$: $\begin{pmatrix}0\\2\end{pmatrix} \pm \begin{pmatrix}1\\-2\end{pmatrix}$ Beachten Sie den positiven Umlaufsinn.

$\begin{pmatrix}0\\2\end{pmatrix} + \begin{pmatrix}1\\-2\end{pmatrix} = \begin{pmatrix}1\\0\end{pmatrix}$ C(1/0)

$\begin{pmatrix}0\\2\end{pmatrix} - \begin{pmatrix}1\\-2\end{pmatrix} = \begin{pmatrix}-1\\4\end{pmatrix}$ A(−1/4)

Umfang u:

$\overrightarrow{AB} = \begin{pmatrix}-1\\-3\end{pmatrix}$ $|\overrightarrow{AB}| = \sqrt{(-1)^2+(-3)^2} = \sqrt{1+9} = \sqrt{10}$

$$u = 4\cdot\sqrt{10} = 12{,}65$$

Flächeninhalt $A = a^2$

$$A = (\sqrt{10})^2 = 10$$

(c) $\overrightarrow{OM_{AC}} = \frac{1}{2}(\overrightarrow{OA} + \overrightarrow{OC})$

$\overrightarrow{OM_{AC}} = \frac{1}{2}\left[\begin{pmatrix}-2\\-2\end{pmatrix} + \begin{pmatrix}2\\4\end{pmatrix}\right] = \frac{1}{2}\begin{pmatrix}0\\2\end{pmatrix} = \begin{pmatrix}0\\1\end{pmatrix}$ $M_{AC}(0/1)$

$\overrightarrow{AM_{AC}} = \begin{pmatrix}2\\3\end{pmatrix}$ $\vec{n} = \begin{pmatrix}3\\-2\end{pmatrix}$ Durch Abtragen des Vektors $\vec{n}$ von M_{AC} aus erhält man die Punkte B, D des Quadrats.

$\overrightarrow{OB}, \overrightarrow{OD}$: $\overrightarrow{OM_{AC}} \pm \vec{n}$

$\overrightarrow{OB}, \overrightarrow{OD}$: $\begin{pmatrix}0\\1\end{pmatrix} \pm \begin{pmatrix}3\\-2\end{pmatrix}$ Beachten Sie den positiven Umlaufsinn.

$\begin{pmatrix}0\\1\end{pmatrix} + \begin{pmatrix}3\\-2\end{pmatrix} = \begin{pmatrix}3\\-1\end{pmatrix}$ B(3/−1)

$\begin{pmatrix}0\\1\end{pmatrix} - \begin{pmatrix}3\\-2\end{pmatrix} = \begin{pmatrix}-3\\3\end{pmatrix}$ D(−3/3)

Umfang u:

$\overrightarrow{AB} = \begin{pmatrix}5\\1\end{pmatrix}$ $|\overrightarrow{AB}| = \sqrt{5^2+1^2} = \sqrt{25+1} = \sqrt{26}$

$$u = 4\cdot\sqrt{26} = 20{,}4$$

Flächeninhalt $A = a^2$

$$A = (\sqrt{26})^2 = 26$$

26 (a) E ... Schnittpunkt der Diagonalen

$\overrightarrow{OE} = \overrightarrow{OA} + \frac{1}{4}\overrightarrow{AC}$ E teilt AC innen im Verhältnis 1 : 3, d.h. $\overrightarrow{AE} = \frac{1}{4}\overrightarrow{AC}$

$\overrightarrow{OE} = \begin{pmatrix}-3\\5\end{pmatrix} + \frac{1}{4}\begin{pmatrix}6\\-8\end{pmatrix} = \begin{pmatrix}-3\\5\end{pmatrix} + \begin{pmatrix}1{,}5\\-2\end{pmatrix} = \begin{pmatrix}-1{,}5\\3\end{pmatrix}$ E(−1,5/3)

$\overrightarrow{BD}\perp\overrightarrow{AC}$: $\overrightarrow{BD} = \begin{pmatrix}8\\6\end{pmatrix} = 2\begin{pmatrix}4\\3\end{pmatrix}$ $\overrightarrow{BD}_o = \frac{1}{\sqrt{4^2+3^2}}\begin{pmatrix}4\\3\end{pmatrix} = \frac{1}{5}\begin{pmatrix}4\\3\end{pmatrix}$

$\overrightarrow{OB}, \overrightarrow{OD}$: $\overrightarrow{OE} \pm \frac{1}{2}|\overrightarrow{BD}|\cdot\overrightarrow{BD}_o$

$\overrightarrow{OB}, \overrightarrow{OD}$: $\overrightarrow{OE} \pm \frac{1}{2}\cdot 6\cdot\frac{1}{5}\begin{pmatrix}4\\3\end{pmatrix} = \begin{pmatrix}-1,5\\3\end{pmatrix} \pm \begin{pmatrix}2,4\\1,8\end{pmatrix}$ Beachten Sie den positiven Umlaufsinn!

$\begin{pmatrix}-1,5\\3\end{pmatrix} + \begin{pmatrix}2,4\\1,8\end{pmatrix} = \begin{pmatrix}0,9\\4,8\end{pmatrix}$ D(0,9/4,8)

$\begin{pmatrix}-1,5\\3\end{pmatrix} - \begin{pmatrix}2,4\\1,8\end{pmatrix} = \begin{pmatrix}-3,9\\1,2\end{pmatrix}$ B(−3,9/1,2)

(b) E ... Schnittpunkt der Diagonalen

$\overrightarrow{OE} = \overrightarrow{OA} + \frac{2}{5}\overrightarrow{AC}$ E teilt AC innen im Verhältnis 2:3, d.h. $\overrightarrow{AE} = \frac{2}{5}\overrightarrow{AC}$

$\overrightarrow{OE} = \begin{pmatrix}2\\5\end{pmatrix} + \frac{2}{5}\begin{pmatrix}-4\\-6\end{pmatrix} = \begin{pmatrix}2\\5\end{pmatrix} + \begin{pmatrix}-1,6\\-2,4\end{pmatrix} = \begin{pmatrix}0,4\\2,6\end{pmatrix}$ E(0,4/2,6)

$\overrightarrow{BD}\perp\overrightarrow{AC}$: $\overrightarrow{BD} = \begin{pmatrix}6\\-4\end{pmatrix} = 2\begin{pmatrix}3\\-2\end{pmatrix}$ $\overrightarrow{BD}_o = \frac{1}{\sqrt{3^2+(-2)^2}}\begin{pmatrix}3\\-2\end{pmatrix} = \frac{1}{\sqrt{13}}\begin{pmatrix}3\\-2\end{pmatrix}$

$\overrightarrow{OB}, \overrightarrow{OD}$: $\overrightarrow{OE} \pm \frac{1}{2}|\overrightarrow{BD}|\cdot\overrightarrow{BD}_o$

$\overrightarrow{OB}, \overrightarrow{OD}$: $\overrightarrow{OE} \pm \frac{1}{2}\cdot\sqrt{13}\cdot\frac{1}{\sqrt{13}}\begin{pmatrix}3\\-2\end{pmatrix} = \begin{pmatrix}0,4\\2,6\end{pmatrix} \pm \begin{pmatrix}1,5\\-1\end{pmatrix}$ Beachten Sie den positiven Umlaufsinn!

$\begin{pmatrix}0,4\\2,6\end{pmatrix} + \begin{pmatrix}1,5\\-1\end{pmatrix} = \begin{pmatrix}1,9\\1,6\end{pmatrix}$ D(1,9/1,6)

$\begin{pmatrix}0,4\\2,6\end{pmatrix} - \begin{pmatrix}1,5\\-1\end{pmatrix} = \begin{pmatrix}-1,1\\3,6\end{pmatrix}$ B(−1,1/3,6)

27 (a) $\vec{a}_o = \frac{1}{\sqrt{5^2+7^2}}\begin{pmatrix}5\\7\end{pmatrix} = \frac{1}{\sqrt{25+49}}\begin{pmatrix}5\\7\end{pmatrix} = \frac{1}{\sqrt{74}}\begin{pmatrix}5\\7\end{pmatrix}$

$\vec{v}\|\vec{a} \Rightarrow \vec{v} = \pm d\cdot\vec{a}_o$ Vektor mit der Länge d

$\vec{v} = \pm 2\sqrt{74}\cdot\frac{1}{\sqrt{74}}\begin{pmatrix}5\\7\end{pmatrix} = \pm 2\begin{pmatrix}5\\7\end{pmatrix}$

$\vec{v}_1 = \begin{pmatrix}10\\14\end{pmatrix} \vee \vec{v}_2 = \begin{pmatrix}-10\\-14\end{pmatrix}$

(b) $\vec{b} = 4\begin{pmatrix}1\\-2\end{pmatrix}$ $\vec{b}_o = \frac{1}{\sqrt{1^2+(-2)^2}}\begin{pmatrix}1\\-2\end{pmatrix} = \frac{1}{\sqrt{1+4}}\begin{pmatrix}1\\-2\end{pmatrix} = \frac{1}{\sqrt{5}}\begin{pmatrix}1\\-2\end{pmatrix}$

$\vec{v} = \pm 3\sqrt{5}\cdot\frac{1}{\sqrt{5}}\begin{pmatrix}1\\-2\end{pmatrix} = \pm 3\begin{pmatrix}1\\-2\end{pmatrix}$

$\vec{v}_1 = \begin{pmatrix}3\\-6\end{pmatrix} \vee \vec{v}_2 = \begin{pmatrix}-3\\6\end{pmatrix}$

(c) $\vec{c} = 2\begin{pmatrix}3\\4\end{pmatrix}$ $\vec{c}_o = \frac{1}{\sqrt{3^2+4^2}}\begin{pmatrix}3\\4\end{pmatrix} = \frac{1}{\sqrt{9+16}}\begin{pmatrix}3\\4\end{pmatrix} = \frac{1}{5}\begin{pmatrix}3\\4\end{pmatrix}$

$\vec{v} = \pm 15\cdot\frac{1}{5}\begin{pmatrix}3\\4\end{pmatrix} = \pm 3\begin{pmatrix}3\\4\end{pmatrix}$

$\vec{v}_1 = \begin{pmatrix}9\\12\end{pmatrix} \vee \vec{v}_2 = \begin{pmatrix}-9\\-12\end{pmatrix}$

28 (a) $\vec{v}_o = \frac{1}{\sqrt{3^2+4^2}}\begin{pmatrix}3\\4\end{pmatrix} = \frac{1}{\sqrt{9+16}}\begin{pmatrix}3\\4\end{pmatrix} = \frac{1}{5}\begin{pmatrix}3\\4\end{pmatrix}$

$\overrightarrow{OQ} = \overrightarrow{OP} \pm d\cdot\vec{v}_o$

$\overrightarrow{OQ} = \begin{pmatrix}3\\7\end{pmatrix} \pm 4\cdot\frac{1}{5}\begin{pmatrix}3\\4\end{pmatrix}$

$\overrightarrow{OQ}_1 = \begin{pmatrix}3\\7\end{pmatrix} + \frac{4}{5}\begin{pmatrix}3\\4\end{pmatrix} = \begin{pmatrix}5,4\\10,2\end{pmatrix}$ Q_1(5,4/10,2)

$\overrightarrow{OQ}_2 = \begin{pmatrix}3\\7\end{pmatrix} - \frac{4}{5}\begin{pmatrix}3\\4\end{pmatrix} = \begin{pmatrix}0,6\\3,8\end{pmatrix}$ Q_2(0,6/3,8)

(b) $\vec{v}_o = \frac{1}{\sqrt{3^2+2^2}}\begin{pmatrix}3\\2\end{pmatrix} = \frac{1}{\sqrt{9+4}}\begin{pmatrix}3\\2\end{pmatrix} = \frac{1}{\sqrt{13}}\begin{pmatrix}3\\2\end{pmatrix}$

$$\overrightarrow{OQ} = \overrightarrow{OP} \pm d\cdot\vec{v}_o$$

$$\overrightarrow{OQ} = \begin{pmatrix}0\\2\end{pmatrix} \pm 4\cdot\sqrt{13}\cdot\frac{1}{\sqrt{13}}\begin{pmatrix}3\\2\end{pmatrix} = \begin{pmatrix}0\\2\end{pmatrix} \pm 4\begin{pmatrix}3\\2\end{pmatrix} = \begin{pmatrix}0\\2\end{pmatrix} \pm \begin{pmatrix}12\\8\end{pmatrix}$$

$$\overrightarrow{OQ_1} = \begin{pmatrix}0\\2\end{pmatrix} + \begin{pmatrix}12\\8\end{pmatrix} = \begin{pmatrix}12\\10\end{pmatrix} \qquad Q_1(12/10)$$

$$\overrightarrow{OQ_2} = \begin{pmatrix}0\\2\end{pmatrix} - \begin{pmatrix}12\\8\end{pmatrix} = \begin{pmatrix}-12\\-6\end{pmatrix} \qquad Q_2(-12/-6)$$

(c) $$\vec{v}_o = \frac{1}{\sqrt{(-5)^2+12^2}}\begin{pmatrix}-5\\12\end{pmatrix} = \frac{1}{\sqrt{25+144}}\begin{pmatrix}-5\\12\end{pmatrix} = \frac{1}{13}\begin{pmatrix}-5\\12\end{pmatrix}$$

$$\overrightarrow{OQ} = \overrightarrow{OP} \pm d\cdot\vec{v}_o$$

$$\overrightarrow{OQ} = \begin{pmatrix}-2\\1\end{pmatrix} \pm 26\cdot\frac{1}{13}\begin{pmatrix}-5\\12\end{pmatrix} = \begin{pmatrix}-2\\1\end{pmatrix} \pm 2\begin{pmatrix}-5\\12\end{pmatrix} = \begin{pmatrix}-2\\1\end{pmatrix} \pm \begin{pmatrix}-10\\24\end{pmatrix}$$

$$\overrightarrow{OQ_1} = \begin{pmatrix}-2\\1\end{pmatrix} + \begin{pmatrix}-10\\24\end{pmatrix} = \begin{pmatrix}-12\\25\end{pmatrix} \qquad Q_1(-12/25)$$

$$\overrightarrow{OQ_2} = \begin{pmatrix}-2\\1\end{pmatrix} - \begin{pmatrix}-10\\24\end{pmatrix} = \begin{pmatrix}8\\-23\end{pmatrix} \qquad Q_2(8/-23)$$

(d) $$\vec{v}_o = \frac{1}{\sqrt{1^2+(-1)^2}}\begin{pmatrix}1\\-1\end{pmatrix} = \frac{1}{\sqrt{1+1}}\begin{pmatrix}1\\-1\end{pmatrix} = \frac{1}{\sqrt{2}}\begin{pmatrix}1\\-1\end{pmatrix}$$

$$\overrightarrow{OQ} = \overrightarrow{OP} \pm d\cdot\vec{v}_o$$

$$\overrightarrow{OQ} = \begin{pmatrix}1\\4\end{pmatrix} \pm 2\sqrt{2}\cdot\frac{1}{\sqrt{2}}\begin{pmatrix}1\\-1\end{pmatrix} = \begin{pmatrix}1\\4\end{pmatrix} \pm 2\begin{pmatrix}1\\-1\end{pmatrix} = \begin{pmatrix}1\\4\end{pmatrix} \pm \begin{pmatrix}2\\-2\end{pmatrix}$$

$$\overrightarrow{OQ_1} = \begin{pmatrix}1\\4\end{pmatrix} + \begin{pmatrix}2\\-2\end{pmatrix} = \begin{pmatrix}3\\2\end{pmatrix} \qquad Q_1(3/2)$$

$$\overrightarrow{OQ_2} = \begin{pmatrix}1\\4\end{pmatrix} - \begin{pmatrix}2\\-2\end{pmatrix} = \begin{pmatrix}-1\\6\end{pmatrix} \qquad Q_2(-1/6)$$

29 (a) innere Teilung

$$\overrightarrow{AT} = -\frac{1}{2}\overrightarrow{BT}$$

$$\begin{pmatrix}x_1+4\\y_1-2\end{pmatrix} = -\frac{1}{2}\begin{pmatrix}x_1-2\\y_1-5\end{pmatrix}$$

$$\begin{array}{rcll} x_1+4 &=& -0{,}5\cdot(x_1-2) & |\cdot 2 \\ 2x_1+8 &=& -x_1+2 & \\ 3x_1 &=& -6 & \\ x_1 &=& -2 & \end{array} \qquad \begin{array}{rcll} y_1-2 &=& -0{,}5\cdot(y_1-5) & |\cdot 2 \\ 2y_1-4 &=& -y_1+5 & \\ 3y_1 &=& 9 & \\ y_1 &=& 3 & \end{array}$$

$T_i(-2/3)$

äußere Teilung

$$\overrightarrow{AT} = \frac{1}{2}\overrightarrow{BT}$$

$$\begin{pmatrix}x_1+4\\y_1-2\end{pmatrix} = \frac{1}{2}\begin{pmatrix}x_1-2\\y_1-5\end{pmatrix}$$

$$\begin{array}{rcll} x_1+4 &=& 0{,}5\cdot(x_1-2) & |\cdot 2 \\ 2x_1+8 &=& x_1-2 & \\ x_1 &=& -10 & \end{array} \qquad \begin{array}{rcll} y_1-2 &=& 0{,}5\cdot(y_1-5) & |\cdot 2 \\ 2y_1-4 &=& y_1-5 & \\ y_1 &=& -1 & \end{array}$$

$T_a(-10/-1)$

(b) innere Teilung

$$\begin{pmatrix}x_1+2\\y_1-3\end{pmatrix} = -\frac{3}{2}\begin{pmatrix}x_1-3\\y_1-0\end{pmatrix}$$

$$\begin{array}{rcll} x_1+2 &=& -1{,}5\cdot(x_1-3) & |\cdot 2 \\ 2x_1+4 &=& -3x_1+9 & \\ 5x_1 &=& 5 & \\ x_1 &=& 1 & \end{array} \qquad \begin{array}{rcll} y_1-3 &=& -1{,}5\cdot y_1 & |\cdot 2 \\ 2y_1-6 &=& -3y_1 & \\ 5y_1 &=& 6 & \\ y_1 &=& 1{,}2 & \end{array}$$

$T_i(1/1{,}2)$

äußere Teilung

$$\begin{pmatrix} x_1+2 \\ y_1-3 \end{pmatrix} = \frac{3}{2}\begin{pmatrix} x_1-3 \\ y_1-0 \end{pmatrix}$$

$$\begin{aligned} x_1+2 &= 1{,}5\cdot(x_1-3) \quad |\cdot 2 \\ 2x_1+4 &= 3x_1-9 \\ -x_1 &= -13 \\ x_1 &= 13 \end{aligned} \qquad \begin{aligned} y_1-3 &= 1{,}5\cdot y_1 \quad |\cdot 2 \\ 2y_1-6 &= 3y_1 \\ -y_1 &= 6 \\ y_1 &= -6 \end{aligned}$$

$T_a(13/-6)$

(c) innere Teilung

$$\begin{pmatrix} x_1+6 \\ y_1+2 \end{pmatrix} = -2\begin{pmatrix} x_1-0 \\ y_1-2 \end{pmatrix}$$

$$\begin{aligned} x_1+6 &= -2x_1 \\ 3x_1 &= -6 \\ x_1 &= -2 \end{aligned} \qquad \begin{aligned} y_1+2 &= -2(y_1-2) \\ y_1+2 &= -2y_1+4 \\ 3y_1 &= 2 \\ y_1 &= \frac{2}{3} \end{aligned}$$

$T_i(-2/\frac{2}{3})$

äußere Teilung

$$\begin{pmatrix} x_1+6 \\ y_1+2 \end{pmatrix} = 2\begin{pmatrix} x_1-0 \\ y_1-2 \end{pmatrix}$$

$$\begin{aligned} x_1+6 &= 2x_1 \\ -x_1 &= -6 \\ x_1 &= 6 \end{aligned} \qquad \begin{aligned} y_1+2 &= 2(y_1-2) \\ y_1+2 &= 2y_1-4 \\ -y_1 &= -6 \\ y_1 &= 6 \end{aligned}$$

$T_a(6/6)$

(d) innere Teilung

$$\begin{pmatrix} x_1+2 \\ y_1-5 \end{pmatrix} = -\frac{4}{3}\begin{pmatrix} x_1-1 \\ y_1-3 \end{pmatrix}$$

$$\begin{aligned} x_1+2 &= -\frac{4}{3}(x_1-1) \quad |\cdot 3 \\ 3x_1+6 &= -4x_1+4 \\ 7x_1 &= -2 \\ x_1 &= -\frac{2}{7} \end{aligned} \qquad \begin{aligned} y_1-5 &= -\frac{4}{3}(y_1-3) \quad |\cdot 3 \\ 3y_1-15 &= -4y_1+12 \\ 7y_1 &= 27 \\ y_1 &= \frac{27}{7} \end{aligned}$$

$T_i\left(-\frac{2}{7} \,\middle|\, \frac{27}{7}\right)$

äußere Teilung

$$\begin{pmatrix} x_1+2 \\ y_1-5 \end{pmatrix} = \frac{4}{3}\begin{pmatrix} x_1-1 \\ y_1-3 \end{pmatrix}$$

$$\begin{aligned} x_1+2 &= \frac{4}{3}(x_1-1) \quad |\cdot 3 \\ 3x_1+6 &= 4x_1-4 \\ -x_1 &= -10 \\ x_1 &= 10 \end{aligned} \qquad \begin{aligned} y_1-5 &= \frac{4}{3}(y_1-3) \quad |\cdot 3 \\ 3y_1-15 &= 4y_1-12 \\ -y_1 &= 3 \\ y_1 &= -3 \end{aligned}$$

$T_a(10/-3)$

(e) innere Teilung

$$\begin{pmatrix} x_1-7 \\ y_1+4 \end{pmatrix} = -\frac{3}{4}\begin{pmatrix} x_1-0 \\ y_1-5 \end{pmatrix}$$

$$\begin{aligned} x_1-7 &= -\frac{3}{4}x_1 \quad |\cdot 4 \\ 4x_1-28 &= -3x_1 \\ 7x_1 &= 28 \\ x_1 &= 4 \end{aligned} \qquad \begin{aligned} y_1+4 &= -\frac{3}{4}(y_1-5) \quad |\cdot 4 \\ 4y_1+16 &= -3y_1+15 \\ 7y_1 &= -1 \\ y_1 &= -\frac{1}{7} \end{aligned}$$

$T_i(4/-\frac{1}{7})$

äußere Teilung

$$\begin{pmatrix} x_1-7 \\ y_1+4 \end{pmatrix} = \frac{3}{4}\begin{pmatrix} x_1-0 \\ y_1-5 \end{pmatrix}$$

$$x_1-7 = \frac{3}{4}x_1 \quad |\cdot 4 \qquad y_1+4 = \frac{3}{4}(y_1-5) \quad |\cdot 4$$

$$4x_1-28 = 3x_1 \qquad 4y_1+16 = 3y_1 - 15$$

$$x_1 = 28 \qquad y_1 = -31$$

$T_a(28/-31)$

(f) innere Teilung

$$\begin{pmatrix} x_1+3 \\ y_1+4 \end{pmatrix} = -\frac{5}{3}\begin{pmatrix} x_1-2 \\ y_1-5 \end{pmatrix}$$

$$x_1+3 = -\frac{5}{3}(x_1-2) \quad |\cdot 3 \qquad y_1+4 = -\frac{5}{3}(y_1-5) \quad |\cdot 3$$

$$3x_1+9 = -5x_1+10 \qquad 3y_1+12 = -5y_1+25$$

$$8x_1 = 1 \qquad 8y_1 = 13$$

$$x_1 = \frac{1}{8} \qquad y_1 = \frac{13}{8}$$

$T_i\left(\frac{1}{8} \,\middle|\, \frac{13}{8}\right)$

äußere Teilung

$$\begin{pmatrix} x_1+3 \\ y_1+4 \end{pmatrix} = \frac{5}{3}\begin{pmatrix} x_1-2 \\ y_1-5 \end{pmatrix}$$

$$x_1+3 = \frac{5}{3}(x_1-2) \quad |\cdot 3 \qquad y_1+4 = \frac{5}{3}(y_1-5) \quad |\cdot 3$$

$$3x_1+9 = 5x_1-10 \qquad 3y_1+12 = 5y_1-25$$

$$-2x_1 = -19 \qquad -2y_1 = -37$$

$$x_1 = \frac{19}{2} \qquad y_1 = \frac{37}{2}$$

$T_a\left(\frac{19}{2} \,\middle|\, \frac{37}{2}\right)$

30 (a)

$$\overrightarrow{OP}_1 = \begin{pmatrix} 3 \\ 2 \end{pmatrix} + 3\cdot\begin{pmatrix} 1 \\ 0 \end{pmatrix} = \begin{pmatrix} 3 \\ 2 \end{pmatrix} + \begin{pmatrix} 3 \\ 0 \end{pmatrix} = \begin{pmatrix} 6 \\ 2 \end{pmatrix} \qquad P_1(6/2)$$

$$\overrightarrow{OP}_2 = \begin{pmatrix} 3 \\ 2 \end{pmatrix} + 0{,}5\cdot\begin{pmatrix} 1 \\ 0 \end{pmatrix} = \begin{pmatrix} 3 \\ 2 \end{pmatrix} + \begin{pmatrix} 0{,}5 \\ 0 \end{pmatrix} = \begin{pmatrix} 3{,}5 \\ 2 \end{pmatrix} \qquad P_2(3{,}5/2)$$

$$\overrightarrow{OP}_3 = \begin{pmatrix} 3 \\ 2 \end{pmatrix} + (-2)\cdot\begin{pmatrix} 1 \\ 0 \end{pmatrix} = \begin{pmatrix} 3 \\ 2 \end{pmatrix} + \begin{pmatrix} -2 \\ 0 \end{pmatrix} = \begin{pmatrix} 1 \\ 2 \end{pmatrix} \qquad P_3(1/2)$$

Um die parameterfreie Darstellung zu erhalten, multiplizieren wir mit dem Normalvektor.

$$g: \vec{x} = \begin{pmatrix} 3 \\ 2 \end{pmatrix} + t\cdot\begin{pmatrix} 1 \\ 0 \end{pmatrix} \quad \left|\cdot\begin{pmatrix} 0 \\ 1 \end{pmatrix}\right.$$

$$0\cdot x+1\cdot y = 3\cdot 0+2\cdot 1$$

$$g: \quad y = 2$$

(b)

$$\overrightarrow{OP}_1 = \begin{pmatrix} -2 \\ 0 \end{pmatrix} + 2\cdot\begin{pmatrix} 2 \\ 5 \end{pmatrix} = \begin{pmatrix} -2 \\ 0 \end{pmatrix} + \begin{pmatrix} 4 \\ 10 \end{pmatrix} = \begin{pmatrix} 2 \\ 10 \end{pmatrix} \qquad P_1(2/10)$$

$$\overrightarrow{OP}_2 = \begin{pmatrix} -2 \\ 0 \end{pmatrix} + 0{,}2\cdot\begin{pmatrix} 2 \\ 5 \end{pmatrix} = \begin{pmatrix} -2 \\ 0 \end{pmatrix} + \begin{pmatrix} 0{,}4 \\ 1 \end{pmatrix} = \begin{pmatrix} -1{,}6 \\ 1 \end{pmatrix} \qquad P_2(-1{,}6/1)$$

$$\overrightarrow{OP}_3 = \begin{pmatrix} -2 \\ 0 \end{pmatrix} + (-1)\cdot\begin{pmatrix} 2 \\ 5 \end{pmatrix} = \begin{pmatrix} -2 \\ 0 \end{pmatrix} + \begin{pmatrix} -2 \\ -5 \end{pmatrix} = \begin{pmatrix} -4 \\ -5 \end{pmatrix} \qquad P_3(-4/-5)$$

Um die parameterfreie Darstellung zu erhalten, multiplizieren wir mit dem Normalvektor.

$$g: \vec{x} = \begin{pmatrix} -2 \\ 0 \end{pmatrix} + t\cdot\begin{pmatrix} 2 \\ 5 \end{pmatrix} \quad \left|\cdot\begin{pmatrix} 5 \\ -2 \end{pmatrix}\right.$$

$$5\cdot x-2\cdot y = -2\cdot 5+0\cdot(-2)$$

$$g: \quad 5x - 2y = -10$$

31 (a) $P \in g$: $\vec{OP} = \begin{pmatrix} -2 \\ 1 \end{pmatrix} + t \cdot \begin{pmatrix} 3 \\ -1 \end{pmatrix}$

$\begin{pmatrix} x_P \\ 4 \end{pmatrix} = \begin{pmatrix} -2 \\ 1 \end{pmatrix} + t \cdot \begin{pmatrix} 3 \\ -1 \end{pmatrix}$

$4 = 1 - t \Rightarrow t = -3$

$x_P = -2 + (-3) \cdot 3 = -2 - 9 = -11$

$P(-11/4)$

$Q \in g$: $\vec{OQ} = \begin{pmatrix} -2 \\ 1 \end{pmatrix} + t \cdot \begin{pmatrix} 3 \\ -1 \end{pmatrix}$

$\begin{pmatrix} -5 \\ y_Q \end{pmatrix} = \begin{pmatrix} -2 \\ 1 \end{pmatrix} + t \cdot \begin{pmatrix} 3 \\ -1 \end{pmatrix}$

$-5 = -2 + 3 \cdot t \Rightarrow -3 = 3t \Rightarrow t = -1$

$y_Q = 1 + (-1) \cdot (-1) = 1 + 1 = 2$

$Q(-5/2)$

(b) $P \in g$: $4 \cdot 2 - 2 \cdot y_P = 7$
$8 - 2y_P = 7$
$-2y_P = -1$
$y_P = 0{,}5$

$P(2/0{,}5)$

$Q \in g$: $4 \cdot x_Q - 2 \cdot (-1{,}5) = 7$
$4x_Q + 3 = 7$
$4x_Q = 4$
$x_Q = 1$

$Q(1/-1{,}5)$

(c) $P \in g$: $y_P = \frac{2}{3} \cdot 3 - 2$
$y_P = 2 - 2$
$y_P = 0$

$P(3/0)$

$Q \in g$: $0 = \frac{2}{3} \cdot x_Q - 2$
$2 = \frac{2}{3} x_Q$
$x_Q = 3$

$Q(3/0)$

32 (a) (1) $h: \vec{x} = \begin{pmatrix} 4 \\ 7 \end{pmatrix} + t \cdot \begin{pmatrix} -2 \\ 3 \end{pmatrix}$ (2) $h: \vec{x} = \begin{pmatrix} 4 \\ 7 \end{pmatrix} + s \cdot \begin{pmatrix} 3 \\ 2 \end{pmatrix}$

(b) g: $3x - y = 2 \Rightarrow \vec{n} = \begin{pmatrix} 3 \\ -1 \end{pmatrix}, \vec{a} = \begin{pmatrix} 1 \\ 3 \end{pmatrix}$

(1) $h: \vec{x} = \begin{pmatrix} 2 \\ -1 \end{pmatrix} + t \cdot \begin{pmatrix} 1 \\ 3 \end{pmatrix}$ (2) $h: \vec{x} = \begin{pmatrix} 2 \\ -1 \end{pmatrix} + s \cdot \begin{pmatrix} 3 \\ -1 \end{pmatrix}$

(c) $\vec{n} = \begin{pmatrix} 3 \\ -2 \end{pmatrix}, \vec{a} = \begin{pmatrix} 2 \\ 3 \end{pmatrix}$

(1) $h: \vec{x} = \begin{pmatrix} 0 \\ 2 \end{pmatrix} + t \cdot \begin{pmatrix} 2 \\ 3 \end{pmatrix}$ (2) $h: \vec{x} = \begin{pmatrix} 0 \\ 2 \end{pmatrix} + s \cdot \begin{pmatrix} 3 \\ -2 \end{pmatrix}$

33 (a) $P \in g$? $\begin{pmatrix} 3 \\ -2 \end{pmatrix} = \begin{pmatrix} 2 \\ 0 \end{pmatrix} + t \cdot \begin{pmatrix} 1 \\ -2 \end{pmatrix}$

$(3 = 2 + t) \wedge (-2 = 0 - 2t)$
$(1 = t) \wedge (1 = t)$ w.A.

$\Rightarrow t = 1 \Rightarrow P \in g$

$Q \in g$? $\begin{pmatrix} 4 \\ -6 \end{pmatrix} = \begin{pmatrix} 2 \\ 0 \end{pmatrix} + t \cdot \begin{pmatrix} 1 \\ -2 \end{pmatrix}$

$(4 = 2 + t) \wedge (-6 = 0 - 2t)$
$(2 = t) \wedge (3 = t)$ f.A.

$\Rightarrow \nexists$ eindeutiger Parameterwert $t \in \mathbb{R}$
$\Rightarrow Q \notin g$

(b) $P \in g$? $3 \cdot (-1) + 4 \cdot (-1) = -7$
$-3 + (-4) = -7$
$-7 = -7$ w.A.
$\Rightarrow P \in g$

$Q \in g$? $3 \cdot 2 + 4 \cdot 3 = -7$
$6 + 12 = -7$
$18 = -7$ f.A.
$\Rightarrow Q \notin g$

34 (a) g(P,Q): $\vec{x} = \begin{pmatrix} 5 \\ 5 \end{pmatrix} + t \begin{pmatrix} 8 \\ 14 \end{pmatrix} \quad \Big| \cdot \begin{pmatrix} 14 \\ -8 \end{pmatrix}$

$14x - 8y = 30 \quad |:2$ parameterfreie Form der Geradengleichung

g(P,Q): $7x - 4y = 15$

$S \in g$? $7 \cdot (-7) - 4 \cdot (-16) = 15$
$-49 + 64 = 15$ w.A. $\Rightarrow S \in g \Rightarrow$ P,Q,S liegen auf g

(b) g(A,B): $\vec{x} = \begin{pmatrix} -1 \\ 4 \end{pmatrix} + t \begin{pmatrix} 3 \\ -4 \end{pmatrix} \quad \Big| \cdot \begin{pmatrix} 4 \\ 3 \end{pmatrix}$

g(A,B): $4x + 3y = 8$ parameterfreie Form der Geradengleichung

$C \in g$? $4 \cdot (-3) + 3 \cdot 6 = 8$
$-12 + 18 = 8$ f.A. $\Rightarrow C \notin g(A,B) \Rightarrow$ A,B,C liegen nicht auf einer Geraden.

35 (a)

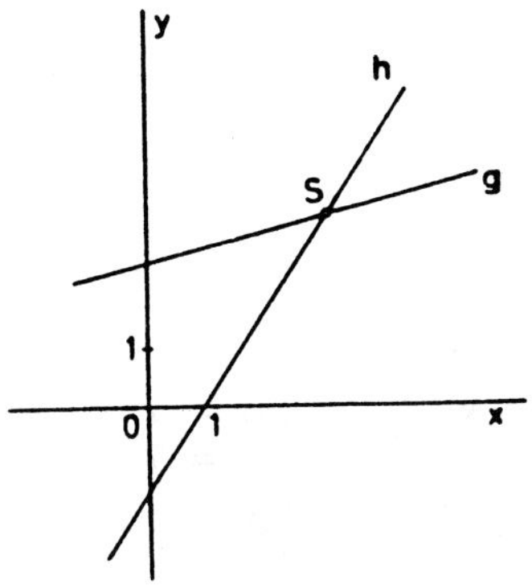

$\vec{a}_1=\begin{pmatrix}4\\1\end{pmatrix}$, $\vec{a}_2=\begin{pmatrix}2\\3\end{pmatrix}$, $\vec{a}_1 \neq c\cdot\vec{a}_2 \Rightarrow$ g,h schneidend

Berechnung des Schnittpunkts S:

$\overrightarrow{OS} = \begin{pmatrix}2\\3\end{pmatrix} + t\begin{pmatrix}4\\1\end{pmatrix} \qquad \overrightarrow{OS} = \begin{pmatrix}1\\0\end{pmatrix} + s\begin{pmatrix}2\\3\end{pmatrix}$

$$\begin{array}{ll} \text{I} & 2+4t = 1+2s \\ \text{II} & 3+t = 3s \\ \hline & 4t-2s = -1 \\ & t-3s = -3 \\ \hline & t=0{,}3 \quad s=1{,}1 \end{array}$$

$\overrightarrow{OS} = \begin{pmatrix}1\\0\end{pmatrix} + 1{,}1\cdot\begin{pmatrix}2\\3\end{pmatrix} = \begin{pmatrix}1\\0\end{pmatrix} + \begin{pmatrix}2{,}2\\3{,}3\end{pmatrix} = \begin{pmatrix}3{,}2\\3{,}3\end{pmatrix}$

S(3,2/3,3)

(b)

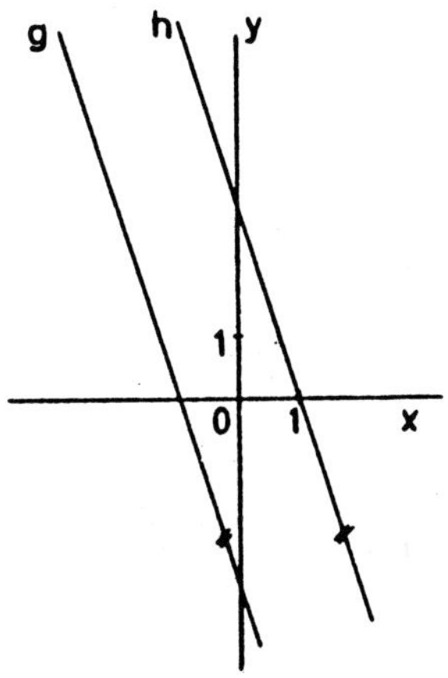

$\vec{a}_1=\begin{pmatrix}-1\\3\end{pmatrix}$, $\vec{n}_2=\begin{pmatrix}3\\1\end{pmatrix}$, $\vec{a}_2=\begin{pmatrix}-1\\3\end{pmatrix} \Rightarrow \vec{a}_1=c\cdot\vec{a}_2$

$\vec{a}_1$, $\vec{a}_2$ proportional, d.h. $(g \equiv h) \vee (g \parallel h)$

$(-1/0) \in h$?

$3\cdot(-1)+0 = 3$ f.A. $\Rightarrow (-1/0) \notin h$

$\Rightarrow g \parallel h$

(c)

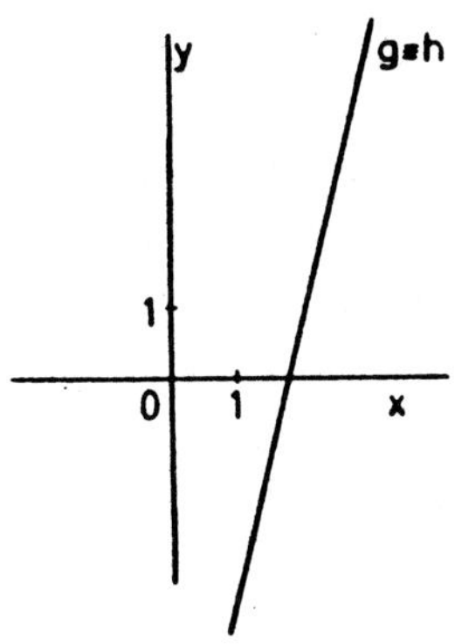

$\vec{a}_1=\begin{pmatrix}1\\4\end{pmatrix}$, $\vec{n}_2=\begin{pmatrix}-8\\2\end{pmatrix}$, $\vec{a}_2=\begin{pmatrix}2\\8\end{pmatrix} \Rightarrow \vec{a}_1=c\cdot\vec{a}_2$

$\vec{a}_1$, $\vec{a}_2$ proportional, d.h. $(g \equiv h) \vee (g \parallel h)$

$(1/-3) \in h$?

$-8\cdot 1+2\cdot(-3) = -14$

$-8 - 6 = -14$ w.A. $\Rightarrow (1/-3) \in h$

$\Rightarrow g \equiv h$

(d)

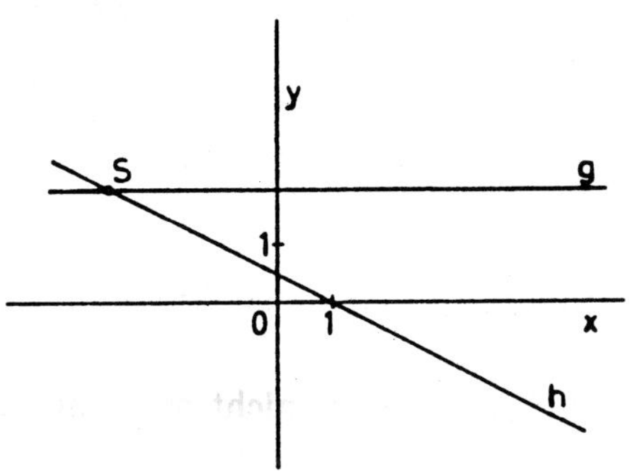

$\vec{a}_1=\begin{pmatrix}-2\\0\end{pmatrix}$, $\vec{a}_2=\begin{pmatrix}-2\\1\end{pmatrix} \Rightarrow \vec{a}_1 \neq c\cdot a_2$

$\Rightarrow$ g,h schneidend

Berechnung des Schnittpunkts S:

$\overrightarrow{OS} = \begin{pmatrix}1\\2\end{pmatrix} + t\begin{pmatrix}-2\\0\end{pmatrix} \qquad \overrightarrow{OS} = \begin{pmatrix}3\\-1\end{pmatrix} + s\begin{pmatrix}-2\\1\end{pmatrix}$

$$\begin{array}{ll} \text{I} & 1-2t = 3-2s \\ \text{II} & 2 = -1+s \quad \Rightarrow s=3 \end{array}$$

$\overrightarrow{OS} = \begin{pmatrix}3\\-1\end{pmatrix} + 3\cdot\begin{pmatrix}-2\\1\end{pmatrix} = \begin{pmatrix}3\\-1\end{pmatrix} + \begin{pmatrix}-6\\3\end{pmatrix} = \begin{pmatrix}-3\\2\end{pmatrix}$

S(−3/2)

(e)

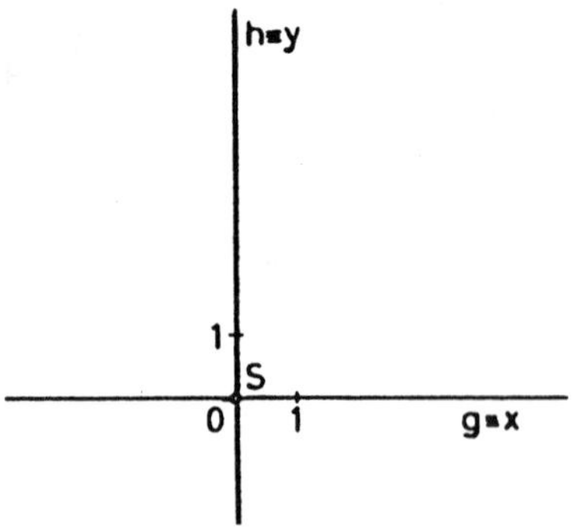

$\vec{a}_1=\begin{pmatrix}1\\0\end{pmatrix}$, $\vec{a}_2=\begin{pmatrix}0\\1\end{pmatrix}$ $\vec{a}_1\neq c\cdot\vec{a}_2 \Rightarrow$ g,h schneidend

Berechnung des Schnittpunkts S:

$\overrightarrow{OS} = \begin{pmatrix}2\\0\end{pmatrix} + t\begin{pmatrix}1\\0\end{pmatrix}$ $\qquad \overrightarrow{OS} = \begin{pmatrix}0\\4\end{pmatrix} + s\begin{pmatrix}0\\1\end{pmatrix}$

$$\begin{array}{ll} \text{I} & 2+t = 0 \quad \Rightarrow t=-2 \\ \text{II} & 0 = 4+s \end{array}$$

$\overrightarrow{OS} = \begin{pmatrix}2\\0\end{pmatrix} +(-2)\cdot\begin{pmatrix}1\\0\end{pmatrix} = \begin{pmatrix}2\\0\end{pmatrix} + \begin{pmatrix}-2\\0\end{pmatrix} = \begin{pmatrix}0\\0\end{pmatrix}$

S(0/0)

(f)

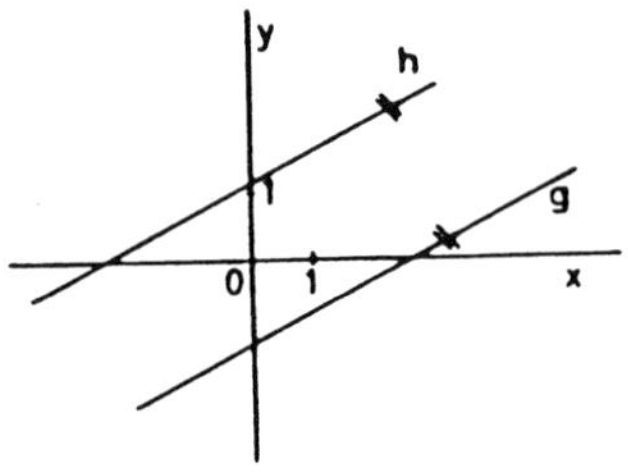

$\vec{n}_1=\begin{pmatrix}2\\-4\end{pmatrix}$, $\vec{a}_1=\begin{pmatrix}4\\2\end{pmatrix}$, $\vec{n}_2=\begin{pmatrix}-3\\6\end{pmatrix}$, $\vec{a}_2=\begin{pmatrix}6\\3\end{pmatrix}$

$\vec{a}_1=c\cdot\vec{a}_2 \Rightarrow (g \equiv h) \vee (g \parallel h)$

Man ermittelt einen Punkt $P\in g$ und überprüft, ob $P\in h$ gilt:

g: $2x-4y=5$ $\quad$ P(2,5/0)

$P\in h$? $\quad -3\cdot 2{,}5+6\cdot 0 = 7$

$-7{,}5 = 7 \qquad$ f.A. $\Rightarrow P\notin h$

$\Rightarrow g \parallel h$

36 (a)

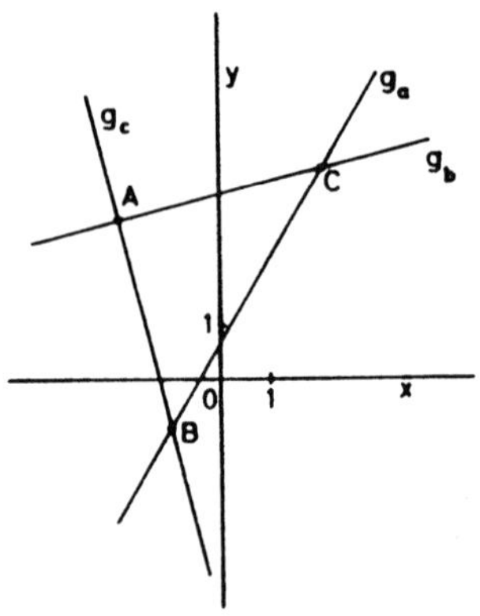

$g(a)\cap g(c) = \{ B \}$

$\overrightarrow{OB} = \begin{pmatrix}0\\-5\end{pmatrix}+t\begin{pmatrix}1\\-4\end{pmatrix}$ $\qquad \overrightarrow{OB} = \begin{pmatrix}5\\9\end{pmatrix} +s\begin{pmatrix}3\\5\end{pmatrix}$

$$\begin{array}{ll} \text{I} & 0+t = 5+3s \\ \underline{\text{II}} & \underline{-5-4t = 9+5s} \\ \text{I} & -3s+t = 5 \\ \text{II} & -5s-4t = 14 \end{array} \Bigg\} \quad s=-2\ ,\ t=-1$$

$\overrightarrow{OB}=\begin{pmatrix}0\\-5\end{pmatrix}+(-1)\begin{pmatrix}1\\-4\end{pmatrix}=\begin{pmatrix}0\\-5\end{pmatrix}+\begin{pmatrix}-1\\4\end{pmatrix}=\begin{pmatrix}-1\\-1\end{pmatrix}$

B(−1/−1)

$g(b)\cap g(c) = \{ A \}$

$\overrightarrow{OA} = \begin{pmatrix}0\\-5\end{pmatrix} +t\begin{pmatrix}1\\-4\end{pmatrix}$ $\qquad \overrightarrow{OA} = \begin{pmatrix}-10\\1\end{pmatrix}+s\begin{pmatrix}4\\1\end{pmatrix}$

$$\begin{array}{ll} \text{I} & 0+t = -10+4s \\ \underline{\text{I}} & \underline{-5-4t = 1+s} \\ & -4s+t = -10 \\ \text{I} & -s-4t = 6 \end{array} \Bigg\} \quad s=2\ ,\ t=-2$$

$\overrightarrow{OA}=\begin{pmatrix}0\\-5\end{pmatrix}+(-2)\begin{pmatrix}1\\-4\end{pmatrix}=\begin{pmatrix}0\\-5\end{pmatrix}+\begin{pmatrix}-2\\8\end{pmatrix}=\begin{pmatrix}-2\\3\end{pmatrix}$

A(−2/3)

$g(a)\cap g(b) = \{ C \}$

$\overrightarrow{OC} = \begin{pmatrix}5\\9\end{pmatrix}+t\begin{pmatrix}3\\5\end{pmatrix}$ $\qquad \overrightarrow{OC} = \begin{pmatrix}-10\\1\end{pmatrix}+s\begin{pmatrix}4\\1\end{pmatrix}$

$$\begin{array}{ll} \text{I} & 5+3t = -10+4s \\ \underline{\text{II}} & \underline{9+5t = 1+s} \\ \text{I} & -4s+3t = -15 \\ \text{II} & -s+5t = -8 \end{array} \Bigg\} \quad s=3\ ,\ t=-1$$

$\overrightarrow{OC}=\begin{pmatrix}5\\9\end{pmatrix}+(-1)\begin{pmatrix}3\\5\end{pmatrix}=\begin{pmatrix}5\\9\end{pmatrix}+\begin{pmatrix}-3\\-5\end{pmatrix}=\begin{pmatrix}2\\4\end{pmatrix}$

C(2/4)

Berechnung des Umfangs u:

$\overrightarrow{AB} = \begin{pmatrix}1\\-4\end{pmatrix}$ $\qquad |\overrightarrow{AB}| = \sqrt{1^2+(-4)^2} = \sqrt{1+16} = \sqrt{17}$

$\overrightarrow{AC} = \begin{pmatrix}4\\1\end{pmatrix}$ $\qquad |\overrightarrow{AC}| = \sqrt{4^2+1^2} = \sqrt{16+1} = \sqrt{17}$

$\overrightarrow{BC} = \begin{pmatrix}3\\5\end{pmatrix}$ $\qquad |\overrightarrow{BC}| = \sqrt{3^2+5^2} = \sqrt{9+25} = \sqrt{34}$

$u = \sqrt{17} + \sqrt{17} + \sqrt{34} = 14{,}08$

(b)

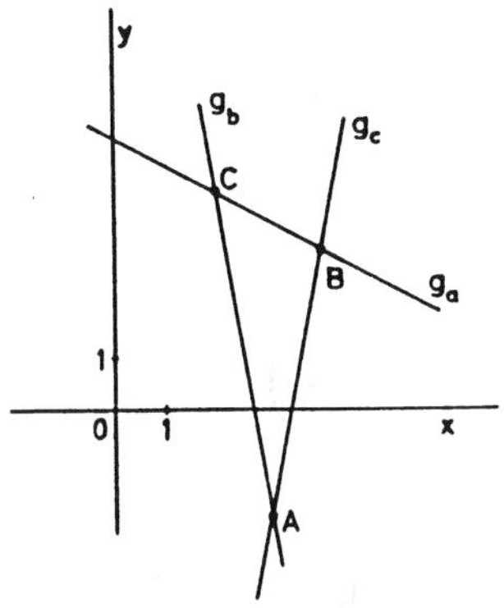

$g(a) \cap g(c) = \{ B \}$

$\vec{OB} = \begin{pmatrix} 0 \\ 5 \end{pmatrix} + t\begin{pmatrix} -2 \\ 1 \end{pmatrix} \qquad \vec{OB} = \begin{pmatrix} 2 \\ -7 \end{pmatrix} + s\begin{pmatrix} 1 \\ 5 \end{pmatrix}$

I $\quad 0-2t = 2+s$
II $\quad 5+t = -7+5s$

I $\quad -s-2t = 2$
II $\quad -5s+t = -12$ $\Big\}$ $s=2\ ,\ t=-2$

$\vec{OB} = \begin{pmatrix} 2 \\ -7 \end{pmatrix} + 2\begin{pmatrix} 1 \\ 5 \end{pmatrix} = \begin{pmatrix} 2 \\ -7 \end{pmatrix} + \begin{pmatrix} 2 \\ 10 \end{pmatrix} = \begin{pmatrix} 4 \\ 3 \end{pmatrix}$

B(4/3)

$g(a) \cap g(b) = \{ C \}$

$\vec{OC} = \begin{pmatrix} 0 \\ 5 \end{pmatrix} + t\begin{pmatrix} -2 \\ 1 \end{pmatrix} \qquad \vec{OC} = \begin{pmatrix} 1 \\ 10 \end{pmatrix} + s\begin{pmatrix} -1 \\ 6 \end{pmatrix}$

I $\quad 0-2t = 1-s$
II $\quad 5+t = 10+6s$

I $\quad s-2t = 1$
II $\quad -6s+t = 5$ $\Big\}$ $s=-1\ ,\ t=-1$

$\vec{OC} = \begin{pmatrix} 0 \\ 5 \end{pmatrix} + (-1)\begin{pmatrix} -2 \\ 1 \end{pmatrix} = \begin{pmatrix} 0 \\ 5 \end{pmatrix} + \begin{pmatrix} 2 \\ -1 \end{pmatrix} = \begin{pmatrix} 2 \\ 4 \end{pmatrix}$

C(2/4)

$g(b) \cap g(c) = \{ A \}$

$\vec{OA} = \begin{pmatrix} 2 \\ -7 \end{pmatrix} + t\begin{pmatrix} 1 \\ 5 \end{pmatrix} \qquad \vec{OA} = \begin{pmatrix} 1 \\ 10 \end{pmatrix} + s\begin{pmatrix} -1 \\ 6 \end{pmatrix}$

I $\quad 2+t = 1-s$
II $\quad -7+5t = 10+6s$

I $\quad s+t = -1$
II $\quad -6s+5t = 17$ $\Big\}$ $s=-2\ ,\ t=1$

$\vec{OA} = \begin{pmatrix} 2 \\ -7 \end{pmatrix} + 1\begin{pmatrix} 1 \\ 5 \end{pmatrix} = \begin{pmatrix} 3 \\ -2 \end{pmatrix}$

A(3/-2)

Berechnung des Umfangs u:

$\vec{AB} = \begin{pmatrix} 1 \\ 5 \end{pmatrix} \qquad |\vec{AB}| = \sqrt{1^2+5^2} = \sqrt{1+25} = \sqrt{26}$

$\vec{AC} = \begin{pmatrix} -1 \\ 6 \end{pmatrix} \qquad |\vec{AC}| = \sqrt{(-1)^2+6^2} = \sqrt{1+36} = \sqrt{37}$

$\vec{BC} = \begin{pmatrix} -2 \\ 1 \end{pmatrix} \qquad |\vec{BC}| = \sqrt{(-2)^2+1^2} = \sqrt{4+1} = \sqrt{5}$

$u = \sqrt{26} + \sqrt{37} + \sqrt{5} = 13{,}42$

37

$g : \vec{a} = \begin{pmatrix} 3 \\ 2 \end{pmatrix} \qquad \vec{a}\cdot\vec{b} = 3\cdot(-1) + 2\cdot 2 = 1$

$| \vec{a} | = \sqrt{3^2 + 2^2} = \sqrt{13}$

$h : \vec{b} = \begin{pmatrix} -1 \\ 2 \end{pmatrix} \qquad | \vec{b} | = \sqrt{(-1)^2 + 2^2} = \sqrt{5}$

$\cos \rho = \dfrac{\vec{a}\cdot\vec{b}}{|\vec{a}|\cdot|\vec{b}|}$

$\cos \rho = \dfrac{1}{\sqrt{13}\cdot\sqrt{5}} \quad \Rightarrow \rho = 82{,}874...^\circ$

$\rho = 82{,}87^\circ$

38 (a) Schwerpunkt S: $\vec{OS} = \frac{1}{3}(\vec{OA}+\vec{OB}+\vec{OC})$

$\vec{OS} = \frac{1}{3}\left[\begin{pmatrix} -8 \\ 2 \end{pmatrix} + \begin{pmatrix} 16 \\ -20 \end{pmatrix} + \begin{pmatrix} 19 \\ 11 \end{pmatrix}\right] = \frac{1}{3}\begin{pmatrix} 27 \\ -7 \end{pmatrix} = \begin{pmatrix} 9 \\ -\frac{7}{3} \end{pmatrix} \qquad S\left(9 \middle| -\frac{7}{3}\right)$

Höhenschnittpunkt H:

$\vec{n}\cdot\vec{x} = \vec{n}\cdot\vec{x}_1$ Normalvektorform der Geradengleichung

$g(h_c)$: $\vec{AB} = \begin{pmatrix} 24 \\ -22 \end{pmatrix} = 2\begin{pmatrix} 12 \\ -11 \end{pmatrix}$

$\vec{n} = \vec{AB},\ C \in g(h_C)$

$\begin{pmatrix} 12 \\ -11 \end{pmatrix}\cdot\vec{x} = \begin{pmatrix} 12 \\ -11 \end{pmatrix}\cdot\begin{pmatrix} 19 \\ 11 \end{pmatrix}$

$g(h_a)$: $\vec{BC} = \begin{pmatrix} 3 \\ 31 \end{pmatrix}$

$\vec{n} = \vec{BC},\ A \in h_a$

$\begin{pmatrix} 3 \\ 31 \end{pmatrix}\cdot\vec{x} = \begin{pmatrix} 3 \\ 31 \end{pmatrix}\cdot\begin{pmatrix} -8 \\ 2 \end{pmatrix}$

$g(h_c)$: $12x-11y = 107$ $g(h_a)$: $3x+31y = 38$

$g(h_c) \cap g(h_a) = \{ H \}$

$$\begin{array}{ll} \text{I} & 12x-11y = 107 \\ \text{II} & 3x+31y = 38 \\ \hline & x = 9,\dot{2} \; ; \; y = 0,\dot{3} \end{array}$$

$H(9,\dot{2}/0,\dot{3})$

Umkreismittelpunkt U:

$\vec{n} \cdot \vec{x} = \vec{n} \cdot \vec{x}_1$ Normalvektorform der Geradengleichung

$$s_{AB}: \; \overrightarrow{OM}_{AB} = \frac{1}{2}(\overrightarrow{OA}+\overrightarrow{OB}) = \frac{1}{2}\left[\begin{pmatrix} -8 \\ 2 \end{pmatrix}+\begin{pmatrix} 16 \\ -20 \end{pmatrix}\right] = \frac{1}{2}\begin{pmatrix} 8 \\ -18 \end{pmatrix} = \begin{pmatrix} 4 \\ -9 \end{pmatrix} \qquad M_{AB}(4/-9)$$

$\vec{n} = \overrightarrow{AB}$, $M_{AB} \in s_{AB}$

$$\begin{pmatrix} 12 \\ -11 \end{pmatrix} \cdot \vec{x} = \begin{pmatrix} 12 \\ -11 \end{pmatrix} \cdot \begin{pmatrix} 4 \\ -9 \end{pmatrix}$$

s_{AB}: $12x-11y = 147$

$$s_{BC}: \; \overrightarrow{OM}_{BC} = \frac{1}{2}(\overrightarrow{OB}+\overrightarrow{OC}) = \frac{1}{2}\left[\begin{pmatrix} 16 \\ -20 \end{pmatrix}+\begin{pmatrix} 19 \\ 11 \end{pmatrix}\right] = \frac{1}{2}\begin{pmatrix} 35 \\ -9 \end{pmatrix} = \begin{pmatrix} 17,5 \\ -4,5 \end{pmatrix} \qquad M_{BC}(17,5/-4,5)$$

$\vec{n} = \overrightarrow{BC}$, $M_{BC} \in s_{BC}$

$$\begin{pmatrix} 3 \\ 31 \end{pmatrix} \cdot \vec{x} = \begin{pmatrix} 3 \\ 31 \end{pmatrix} \cdot \begin{pmatrix} 17,5 \\ -4,5 \end{pmatrix}$$

s_{BC}: $3x+31y = -87$

$s_{AB} \cap s_{BC} = \{ U \}$

$$\begin{array}{ll} \text{I} & 12x-11y = 147 \\ \text{II} & 3x+31y = -87 \\ \hline & x = 8,\dot{8} \; ; \; y = -3,\dot{6} \end{array}$$

$U(8,\dot{8}/-3,\dot{6})$

Euler'sche Gerade e:

$$S\left(9 \,\middle|\, -\frac{7}{3}\right), \quad H(9,\dot{2}/0,\dot{3}) \Rightarrow H\left(9\frac{2}{9} \,\middle|\, \frac{1}{3}\right) \Rightarrow H\left(\frac{83}{9} \,\middle|\, \frac{1}{3}\right),$$

$$U(8,\dot{8}/-3,\dot{6}) \Rightarrow U\left(8\frac{8}{9} \,\middle|\, -3\frac{2}{3}\right) \Rightarrow U\left(\frac{80}{9} \,\middle|\, -\frac{11}{3}\right)$$

$$e: g(S,U) : \overrightarrow{SU} = \begin{pmatrix} -\frac{1}{9} \\ -\frac{4}{3} \end{pmatrix} = -\frac{1}{9}\begin{pmatrix} 1 \\ 12 \end{pmatrix}$$

$$e: \vec{x} = \begin{pmatrix} 9 \\ -\frac{7}{3} \end{pmatrix} + t\begin{pmatrix} 1 \\ 12 \end{pmatrix} \qquad \Big| \cdot \begin{pmatrix} 12 \\ -1 \end{pmatrix}$$

$$12x-y = 108+\frac{7}{3} = 110\frac{1}{3}$$

$$H \in e\ ? \quad 12 \cdot \frac{83}{9} - \frac{1}{3} = 110\frac{1}{3}$$

$$4 \cdot \frac{83}{3} - \frac{1}{3} = 110\frac{1}{3}$$

$$\frac{332}{3} - \frac{1}{3} = 110\frac{1}{3}$$

w.A. $\Rightarrow H \in g(S,U) \Rightarrow$ H,S,U liegen auf e.

(b) Schwerpunkt S: $\overrightarrow{OS} = \frac{1}{3}(\overrightarrow{OA}+\overrightarrow{OB}+\overrightarrow{OC})$

$$\overrightarrow{OS} = \frac{1}{3}\left[\begin{pmatrix} 1 \\ 1 \end{pmatrix}+\begin{pmatrix} 9 \\ 5 \end{pmatrix}+\begin{pmatrix} -1 \\ 11 \end{pmatrix}\right] = \frac{1}{3}\begin{pmatrix} 9 \\ 17 \end{pmatrix} = \begin{pmatrix} 3 \\ \frac{17}{3} \end{pmatrix} \qquad S\left(3 \,\middle|\, \frac{17}{3}\right)$$

Höhenschnittpunkt H:

$\vec{n} \cdot \vec{x} = \vec{n} \cdot \vec{x}_1$ Normalvektorform der Geradengleichung

$$g(h_c): \overrightarrow{AB} = \begin{pmatrix} 8 \\ 4 \end{pmatrix} = 4\begin{pmatrix} 2 \\ 1 \end{pmatrix} \qquad g(h_a): \overrightarrow{BC} = \begin{pmatrix} -10 \\ 6 \end{pmatrix} = 2\begin{pmatrix} -5 \\ 3 \end{pmatrix}$$

$\vec{n} = \overrightarrow{AB}$, $C \in g(h_C)$ $\qquad$ $\vec{n} = \overrightarrow{BC}$, $A \in g(h_a)$

$$\begin{pmatrix} 2 \\ 1 \end{pmatrix} \cdot \vec{x} = \begin{pmatrix} 2 \\ 1 \end{pmatrix} \cdot \begin{pmatrix} -1 \\ 11 \end{pmatrix} \qquad \begin{pmatrix} -5 \\ 3 \end{pmatrix} \cdot \vec{x} = \begin{pmatrix} -5 \\ 3 \end{pmatrix} \cdot \begin{pmatrix} 1 \\ 1 \end{pmatrix}$$

$g(h_c)$: $2x+y = 9$ $g(h_a)$: $-5x+3y = -2$

$g(h_c) \cap g(h_a) = \{ H \}$

$$\begin{array}{ll} \text{I} & 2x+y = 9 \\ \text{II} & -5x+3y = -2 \end{array}$$

$$x = 2,\overline{63} \; ; \; y = 3,\overline{72}$$

$$x=2\frac{63}{99}=2\frac{7}{11}=\frac{29}{11} \; ; \; y=3\frac{72}{99}=3\frac{8}{11}=\frac{41}{11} \qquad H\left(\frac{29}{11}\middle|\frac{41}{11}\right)$$

Umkreismittelpunkt U:

$\vec{n}\cdot\vec{x} = \vec{n}\cdot\vec{x}_1$ Normalvektorform der Geradengleichung

$$s_{AB}: \overrightarrow{OM}_{AB} = \frac{1}{2}(\overrightarrow{OA}+\overrightarrow{OB}) = \frac{1}{2}\left[\begin{pmatrix}1\\1\end{pmatrix}+\begin{pmatrix}9\\5\end{pmatrix}\right] = \frac{1}{2}\begin{pmatrix}10\\6\end{pmatrix} = \begin{pmatrix}5\\3\end{pmatrix} \qquad M_{AB}(5/3)$$

$$\vec{n} = \overrightarrow{AB}, \; M_{AB} \in s_{AB}$$

$$\begin{pmatrix}2\\1\end{pmatrix}\cdot\vec{x} = \begin{pmatrix}2\\1\end{pmatrix}\cdot\begin{pmatrix}5\\3\end{pmatrix}$$

s_{AB}: $2x+y = 13$

$$s_{BC}: \overrightarrow{OM}_{BC} = \frac{1}{2}(\overrightarrow{OB}+\overrightarrow{OC}) = \frac{1}{2}\left[\begin{pmatrix}9\\5\end{pmatrix}+\begin{pmatrix}-1\\11\end{pmatrix}\right] = \frac{1}{2}\begin{pmatrix}8\\16\end{pmatrix} = \begin{pmatrix}4\\8\end{pmatrix} \qquad M_{BC}(4/8)$$

$$\vec{n} = \overrightarrow{BC}, \; M_{BC} \in s_{BC}$$

$$\begin{pmatrix}-5\\3\end{pmatrix}\cdot\vec{x} = \begin{pmatrix}-5\\3\end{pmatrix}\cdot\begin{pmatrix}4\\8\end{pmatrix}$$

s_{BC}: $-5x+3y = 4$

$s_{AB} \cap s_{BC} = \{ U \}$

$$\begin{array}{ll} \text{I} & 2x+y = 13 \\ \text{II} & -5x+3y = 4 \end{array}$$

$$x = 3,\overline{18} \; ; \; y = 6,\overline{63}$$

$$x = 3\frac{18}{99}=3\frac{2}{11}=\frac{35}{11} \qquad y=6\frac{63}{99}=6\frac{7}{11}=\frac{73}{11} \qquad U\left(\frac{35}{11}\middle|\frac{73}{11}\right)$$

Euler'sche Gerade e:

$$e: g(S,H) : \overrightarrow{SH} = \begin{pmatrix}\frac{29}{11}-\frac{33}{11}\\[4pt] \frac{41}{11}-\frac{17}{3}\end{pmatrix} = \begin{pmatrix}-\frac{4}{11}\\[4pt] -\frac{64}{33}\end{pmatrix} = -\frac{4}{33}\begin{pmatrix}3\\16\end{pmatrix}$$

$$e: \vec{x} = \begin{pmatrix}3\\[4pt] \frac{17}{3}\end{pmatrix} + t\begin{pmatrix}3\\16\end{pmatrix} \qquad \Big|\cdot\begin{pmatrix}16\\-3\end{pmatrix}$$

$$16x-3y = 48+\frac{17}{3}\cdot(-3) = 48-17 = 31$$

$$U\in e \; ? \quad 16\cdot\frac{35}{11}-3\cdot\frac{73}{11} = 31$$

$$\frac{560}{11}-\frac{219}{11} = 31$$

$$\frac{341}{11} = 31 \qquad \text{w.A.} \Rightarrow U \in g(S,H) \Rightarrow H,S,U \text{ liegen auf } e.$$

39 (a) Winkelsymmetrale w_α:

$$\overrightarrow{AB}=\begin{pmatrix}12\\-4\end{pmatrix}=4\cdot\begin{pmatrix}3\\-1\end{pmatrix} \qquad \overrightarrow{AB}_o=\frac{1}{\sqrt{3^2+(-1)^2}}\begin{pmatrix}3\\-1\end{pmatrix}=\frac{1}{\sqrt{10}}\begin{pmatrix}3\\-1\end{pmatrix}$$

$$\overrightarrow{AC}=\begin{pmatrix}15\\5\end{pmatrix}=5\cdot\begin{pmatrix}3\\1\end{pmatrix} \qquad \overrightarrow{AC}_o=\frac{1}{\sqrt{3^2+1^2}}\begin{pmatrix}3\\1\end{pmatrix}=\frac{1}{\sqrt{10}}\begin{pmatrix}3\\1\end{pmatrix}$$

$$\overrightarrow{AB}_o+\overrightarrow{AC}_o = \frac{1}{\sqrt{10}}\begin{pmatrix}3\\-1\end{pmatrix} + \frac{1}{\sqrt{10}}\begin{pmatrix}3\\1\end{pmatrix} = \frac{1}{\sqrt{10}}\left[\begin{pmatrix}3\\-1\end{pmatrix}+\begin{pmatrix}3\\1\end{pmatrix}\right] = \frac{1}{\sqrt{10}}\begin{pmatrix}6\\0\end{pmatrix} = \frac{6}{\sqrt{10}}\begin{pmatrix}1\\0\end{pmatrix}$$

w_α: $\vec{x} = \vec{x}_1 + t\cdot\vec{a}$ $\qquad A\in w_\alpha$; $\vec{a}=\overrightarrow{AB}_o+\overrightarrow{AC}_o$ ... Richtung der Winkelsymmetrale

$$w_\alpha: \vec{x} = \begin{pmatrix}-7\\3\end{pmatrix}+t\cdot\begin{pmatrix}1\\0\end{pmatrix}$$

Winkelsymmetrale w_β:

$\overrightarrow{BA}=-\overrightarrow{AB}$ $\qquad$ $\overrightarrow{BA}_o=-\overrightarrow{AB}_o=-\frac{1}{\sqrt{10}}\begin{pmatrix}3\\-1\end{pmatrix}=\frac{1}{\sqrt{10}}\begin{pmatrix}-3\\1\end{pmatrix}$

$\overrightarrow{BC}=\begin{pmatrix}3\\9\end{pmatrix}=3\cdot\begin{pmatrix}1\\3\end{pmatrix}$ $\qquad$ $\overrightarrow{BC}_o=\frac{1}{\sqrt{1^2+3^2}}\begin{pmatrix}1\\3\end{pmatrix}=\frac{1}{\sqrt{10}}\begin{pmatrix}1\\3\end{pmatrix}$

$$\overrightarrow{BA}_o+\overrightarrow{BC}_o = \frac{1}{\sqrt{10}}\begin{pmatrix}-3\\1\end{pmatrix} + \frac{1}{\sqrt{10}}\begin{pmatrix}1\\3\end{pmatrix} = \frac{1}{\sqrt{10}}\left[\begin{pmatrix}-3\\1\end{pmatrix} + \begin{pmatrix}1\\3\end{pmatrix}\right] = \frac{1}{\sqrt{10}}\begin{pmatrix}-2\\4\end{pmatrix} = \frac{2}{\sqrt{10}}\begin{pmatrix}-1\\2\end{pmatrix}$$

w_β: $\vec{x} = \vec{x}_1 + s\cdot\vec{a}$ $\qquad$ $B\in w_\beta$; $\vec{a}=\overrightarrow{BA}_o+\overrightarrow{BC}_o$

w_β: $\vec{x} = \begin{pmatrix}5\\-1\end{pmatrix}+s\cdot\begin{pmatrix}-1\\2\end{pmatrix}$

Berechnung des Inkreismittelpunkts I: $w_\alpha \cap w_\beta = \{ I \}$

$\overrightarrow{OI} = \begin{pmatrix}-7\\3\end{pmatrix}+t\begin{pmatrix}1\\0\end{pmatrix}$ $\qquad$ $\overrightarrow{OI} = \begin{pmatrix}5\\-1\end{pmatrix}+s\begin{pmatrix}-1\\2\end{pmatrix}$

I $\quad -7+t = 5-s$

II $\quad 3 = -1+2s \Rightarrow 4 = 2s \Rightarrow s = 2$

$\overrightarrow{OI} = \begin{pmatrix}5\\-1\end{pmatrix}+2\cdot\begin{pmatrix}-1\\2\end{pmatrix} = \begin{pmatrix}5\\-1\end{pmatrix}+\begin{pmatrix}-2\\4\end{pmatrix} = \begin{pmatrix}3\\3\end{pmatrix}$ $\qquad$ I(3/3)

(b) Winkelsymmetrale w_α:

$\overrightarrow{AB}=\begin{pmatrix}10\\5\end{pmatrix}=5\cdot\begin{pmatrix}2\\1\end{pmatrix}$ $\qquad$ $\overrightarrow{AB}_o=\frac{1}{\sqrt{2^2+1^2}}\begin{pmatrix}2\\1\end{pmatrix}=\frac{1}{\sqrt{5}}\begin{pmatrix}2\\1\end{pmatrix}$

$\overrightarrow{AC}=\begin{pmatrix}4\\8\end{pmatrix}=4\cdot\begin{pmatrix}1\\2\end{pmatrix}$ $\qquad$ $\overrightarrow{AC}_o=\frac{1}{\sqrt{1^2+2^2}}\begin{pmatrix}1\\2\end{pmatrix}=\frac{1}{\sqrt{5}}\begin{pmatrix}1\\2\end{pmatrix}$

$$\overrightarrow{AB}_o+\overrightarrow{AC}_o = \frac{1}{\sqrt{5}}\begin{pmatrix}2\\1\end{pmatrix} + \frac{1}{\sqrt{5}}\begin{pmatrix}1\\2\end{pmatrix} = \frac{1}{\sqrt{5}}\left[\begin{pmatrix}2\\1\end{pmatrix} + \begin{pmatrix}1\\2\end{pmatrix}\right] = \frac{1}{\sqrt{5}}\begin{pmatrix}3\\3\end{pmatrix} = \frac{3}{\sqrt{5}}\begin{pmatrix}1\\1\end{pmatrix}$$

w_α: $\vec{x} = \vec{x}_1 + t\cdot\vec{a}$ $\qquad$ $A\in w_\alpha$; $\vec{a}=\overrightarrow{AB}_o+\overrightarrow{AC}_o$ ... Richtung der Winkelsymmetrale

w_α: $\vec{x} = \begin{pmatrix}1\\-4\end{pmatrix}+t\cdot\begin{pmatrix}1\\1\end{pmatrix}$

Winkelsymmetrale w_β:

$\overrightarrow{BA}=-\overrightarrow{AB}$ $\qquad$ $\overrightarrow{BA}_o=-\overrightarrow{AB}_o=-\frac{1}{\sqrt{5}}\begin{pmatrix}2\\1\end{pmatrix}=\frac{1}{\sqrt{5}}\begin{pmatrix}-2\\-1\end{pmatrix}$

$\overrightarrow{BC}=\begin{pmatrix}-6\\3\end{pmatrix}=3\cdot\begin{pmatrix}-2\\1\end{pmatrix}$ $\qquad$ $\overrightarrow{BC}_o=\frac{1}{\sqrt{(-2)^2+1^2}}\begin{pmatrix}-2\\1\end{pmatrix}=\frac{1}{\sqrt{5}}\begin{pmatrix}-2\\1\end{pmatrix}$

$$\overrightarrow{BA}_o+\overrightarrow{BC}_o = \frac{1}{\sqrt{5}}\begin{pmatrix}-2\\-1\end{pmatrix} + \frac{1}{\sqrt{5}}\begin{pmatrix}-2\\1\end{pmatrix} = \frac{1}{\sqrt{5}}\left[\begin{pmatrix}-2\\-1\end{pmatrix} + \begin{pmatrix}-2\\1\end{pmatrix}\right] = \frac{1}{\sqrt{5}}\begin{pmatrix}-4\\0\end{pmatrix} = \frac{-4}{\sqrt{5}}\begin{pmatrix}1\\0\end{pmatrix}$$

w_β: $\vec{x} = \vec{x}_1 + s\cdot\vec{a}$ $\qquad$ $B\in w_\beta$; $\vec{a}=\overrightarrow{BA}_o+\overrightarrow{BC}_o$

w_β: $\vec{x} = \begin{pmatrix}11\\1\end{pmatrix}+s\cdot\begin{pmatrix}1\\0\end{pmatrix}$

Berechnung des Inkreismittelpunkts I: $w_\alpha \cap w_\beta = \{ I \}$

$\overrightarrow{OI} = \begin{pmatrix}1\\-4\end{pmatrix}+t\begin{pmatrix}1\\1\end{pmatrix}$ $\qquad$ $\overrightarrow{OI} = \begin{pmatrix}11\\1\end{pmatrix}+s\begin{pmatrix}1\\0\end{pmatrix}$

I $\quad 1+t = 11+s$

II $\quad -4+t = 1 \Rightarrow 5 = t$

$\overrightarrow{OI} = \begin{pmatrix}1\\-4\end{pmatrix}+5\cdot\begin{pmatrix}1\\1\end{pmatrix} = \begin{pmatrix}1\\-4\end{pmatrix}+\begin{pmatrix}5\\5\end{pmatrix} = \begin{pmatrix}6\\1\end{pmatrix}$ $\qquad$ I(6/1)